全国计算机技术与软件专业技术资格(水平)考试指定用书

信息处理技术员教程

第 3 版

孙姜燕 主　编
谢　勇 副主编

清華大學出版社
北京

内 容 简 介

本书依据 2018 年审定通过的《信息处理技术员考试大纲》要求，从信息处理岗位需求出发，介绍信息处理的概念和基础知识，重点介绍常用的信息处理方法，并融入了社会上流行的新概念、新知识和新技术。

本书作为全国计算机技术与软件专业技术资格（水平）考试（简称全国软考）信息处理技术员考试的指定教材，可供信息处理技术员考生阅读，也可作为高等院校教学参考用书，还可供在职数据处理人员阅读以丰富知识和提升技能。

本书扉页为防伪页，封面贴有清华大学出版社防伪标签，无上述标识者不得销售。
版权所有，侵权必究。举报：010-62782989，beiqinquan@tup.tsinghua.edu.cn。

图书在版编目（CIP）数据

信息处理技术员教程/孙姜燕主编. —3 版. —北京：清华大学出版社，2018(2025.1重印)
（全国计算机技术与软件专业技术资格（水平）考试指定用书）
ISBN 978-7-302-49924-4

Ⅰ．①信… Ⅱ．①孙… Ⅲ．①信息处理-资格考试-教材 Ⅳ．①G202

中国版本图书馆 CIP 数据核字（2018）第 055003 号

责任编辑：杨如林　柴文强
封面设计：杨玉兰
责任校对：胡伟民
责任印制：刘海龙

出版发行：清华大学出版社
　　　　网　　址：https://www.tup.com.cn，https://www.wqxuetang.com
　　　　地　　址：北京清华大学学研大厦 A 座　　邮　　编：100084
　　　　社 总 机：010-83470000　　邮　　购：010-62786544
　　　　投稿与读者服务：010-62776969，c-service@tup.tsinghua.edu.cn
　　　　质 量 反 馈：010-62772015，zhiliang@tup.tsinghua.edu.cn
印 装 者：大厂回族自治县彩虹印刷有限公司
经　　销：全国新华书店
开　　本：185mm×230mm　　印　张：28.25　　防伪页：1　　字　数：667 千字
　　　　附光盘 1 张
版　　次：2012 年 12 月第 1 版　　2018 年 7 月第 3 版　　印　次：2025 年 1 月第19次印刷
定　　价：99.00 元

产品编号：079256-01

前 言

随着我国信息技术和信息产业的迅猛发展，互联网+、大数据、云计算、物联网、人工智能正在使各行各业产生重大的变革，对国民经济和社会生活各个方面具有深远的影响。大数据时代，数据处理能力已成为社会上最广泛需要的职业能力。信息处理人员是各行各业最基层的专业技术人员。为适应这种技术发展和形势变化，信息处理技术员资格应从以计算机技术为中心转到以信息处理为中心，为社会培养和选拔大批合格的基层数据处理人员。

为此，作者受全国计算机专业技术资格考试办公室委托，根据 2018 年审定通过的《信息处理技术员考试大纲》的要求，结合多年高校教学与企业培训的丰富经验，对《信息处理技术员教程（第 2 版）》一书进行了改编，以适应信息处理岗位的需求。

全书共分 11 章，各章内容安排如下：

第 1 章信息处理技术基础知识，由刘军兰编写，主要介绍信息技术和信息处理基础知识。

第 2 章计算机系统基础知识，由孙姜燕编写，主要介绍计算机的组成、各主要部件的功能和性能指标、信息处理常用设备及计算机系统安装和维护的基本知识。

第 3 章操作系统基础知识，由闵亮编写，主要介绍操作系统和文件管理的基本概念和 Windows 7 基本操作。

第 4 章 文字处理，由苗耀锋、周媛编写，主要介绍文字处理基本知识和 WPS Office 2010 版、Microsoft Office 2010 版文字处理的基本操作。

第 5 章电子表格处理，由谢勇编写，主要介绍电子表格的基本知识和 WPS Office 2010 版、Microsoft Office 2010 版电子表格的基本操作。

第 6 章演示文稿基础知识，由邓小盾编写，主要介绍演示文稿基本知识和 WPS Office 2010 版、Microsoft Office 2010 版演示文稿的基本操作。

第 7 章出版物制作，由樊同科编写，主要介绍新闻/海报基本知识和 Microsoft Publisher 2010 版的基本操作。

第 8 章 Visio 图形设计，由张志强编写，主要介绍图形设计基本知识和 Microsoft Visio 2010 版的基本操作。

第 9 章数据库应用基础知识，由邓小盾编写，主要介绍数据库应用的基本概念、基本理论和 Access 2010 数据库的基本操作。

第 10 章计算机网络与互联网，由陈伟编写，主要介绍 Internet 及其常用软件的基本操作。

第 11 章信息安全与法律法规，由闵亮编写，主要介绍信息安全基本知识及有关的法律、法规要点。

附录 A 介绍计算机使用中常见的简单英文及语句（常用专业英语词汇与例句），附录 B 介绍电子表格处理中常用函数的使用方法，由苏惠明编写。

本书由孙姜燕任主编，谢勇任副主编，参加本书编写工作的还有李艳红、李春晓、盖玉莲、林荣智、刘智慧、商娟叶、刘彩利、苗壮、冯祎琛、谢建春、杨桂珍、王艳、丁海蓉、钱小川、章登科、尤海霞、赵娜、李楠、范艺军、邓润叶、何怡、梁姝娟、欧阳宏基、许玲、苗利锋、王蓓、吴少冰、李梦格、尹忠、韩潇等。

感谢全国计算机软件资格考试资深专家沈林兴老师在本书的编写过程中所给予的悉心指导和帮助！感谢西安外事学院、西安交通大学城市学院、咸阳师范学院给予的支持！

因水平有限，书中难免存在错漏和不妥之处，望读者指正，以利改进和提高。

作　者

2018 年 3 月

目 录

第1章 信息处理技术基础知识 ·········· 1
1.1 信息与信息技术 ·········· 1
- 1.1.1 信息 ·········· 1
- 1.1.2 信息技术 ·········· 4
- 1.1.3 信息化与信息社会 ·········· 6
- 1.1.4 信息系统 ·········· 7
- 1.1.5 习题解析 ·········· 9

1.2 初等数学基础 ·········· 10
- 1.2.1 数列 ·········· 10
- 1.2.2 排列与组合 ·········· 11
- 1.2.3 数据的简单统计 ·········· 12
- 1.2.4 常用统计图表 ·········· 15
- 1.2.5 习题解析 ·········· 19

1.3 信息处理与信息处理实务 ·········· 20
- 1.3.1 信息处理基本概念 ·········· 20
- 1.3.2 数据处理方法 ·········· 24
- 1.3.3 信息处理实务 ·········· 33
- 1.3.4 习题解析 ·········· 35

本章小结 ·········· 37
习题 ·········· 37

第2章 计算机系统基础知识 ·········· 42
2.1 计算机系统概述 ·········· 42
- 2.1.1 计算机的产生与发展 ·········· 42
- 2.1.2 计算机的特点 ·········· 45
- 2.1.3 计算机系统组成 ·········· 46
- 2.1.4 计算机基本工作原理 ·········· 46

2.2 硬件系统基础 ·········· 47
- 2.2.1 计算机硬件系统概述 ·········· 47
- 2.2.2 微型计算机 ·········· 49
- 2.2.3 计算机的应用 ·········· 62
- 2.2.4 习题解析 ·········· 64

2.3 计算机软件系统 ·········· 66
- 2.3.1 系统软件 ·········· 66
- 2.3.2 应用软件 ·········· 69
- 2.3.3 用户、计算机软件和硬件之间的关系 ·········· 70
- 2.3.4 习题解析 ·········· 70

2.4 多媒体基础知识 ·········· 71
- 2.4.1 多媒体相关基本概念 ·········· 71
- 2.4.2 音频 ·········· 76
- 2.4.3 图形和图像 ·········· 78
- 2.4.4 动画和视频 ·········· 82
- 2.4.5 多媒体应用工具 ·········· 84
- 2.4.6 习题解析 ·········· 84

本章小结 ·········· 85
习题 ·········· 85

第3章 操作系统知识 ·········· 90
3.1 操作系统基础知识 ·········· 90
- 3.1.1 操作系统的概念 ·········· 90
- 3.1.2 操作系统的作用 ·········· 91
- 3.1.3 操作系统的功能 ·········· 91
- 3.1.4 操作系统的类型 ·········· 91
- 3.1.5 常见用户界面及其操作 ·········· 93
- 3.1.6 常见操作系统简介 ·········· 93
- 3.1.7 习题解析 ·········· 96

3.2 Windows 7 操作系统的常见界面及使用 ·········· 97
- 3.2.1 Windows 7 的用户桌面 ·········· 97
- 3.2.2 Windows 7 的窗口、图标及其组成部分 ·········· 100
- 3.2.3 Windows 7 系统配置与管理 ·········· 103
- 3.2.4 常见鼠标指针及快捷键 ·········· 104
- 3.2.5 习题解析 ·········· 105

3.3 文件系统的相关概念及操作 ………………… 106
    3.3.1 文件、文件系统及文件目录 ………… 106
    3.3.2 文件管理操作方法 …………………… 108
    3.3.3 习题解析 ……………………………… 111
本章小结 …………………………………………… 112
习题 ………………………………………………… 112

第 4 章 文字处理 …………………………………… 116

4.1 文字处理概述 …………………………………… 116
    4.1.1 文字处理简介 ………………………… 116
    4.1.2 文字处理的一般思路 ………………… 117
4.2 文档基本操作与简单排版 …………………… 117
    4.2.1 知识要点 ……………………………… 117
    4.2.2 习题解析 ……………………………… 126
    4.2.3 案例分析——"推荐信" …………… 128
    4.2.4 实现方法 ……………………………… 128
    4.2.5 案例总结 ……………………………… 134
4.3 表格制作与应用 ……………………………… 135
    4.3.1 知识要点 ……………………………… 135
    4.3.2 习题解析 ……………………………… 137
    4.3.3 案例分析——"课程表" …………… 138
    4.3.4 实现方法 ……………………………… 139
    4.3.5 案例总结 ……………………………… 147
4.4 文字处理中图形的应用 ……………………… 148
    4.4.1 知识要点 ……………………………… 148
    4.4.2 习题解析 ……………………………… 149
    4.4.3 案例分析——"贺卡" ……………… 150
    4.4.4 实现方法 ……………………………… 151
    4.4.5 案例总结 ……………………………… 159
4.5 文字处理综合应用 …………………………… 161
    4.5.1 知识要点 ……………………………… 161
    4.5.2 习题解析 ……………………………… 163
    4.5.3 案例分析——"校庆宣传海报" … 163
    4.5.4 实现方法 ……………………………… 164
    4.5.5 案例总结 ……………………………… 171
4.6 文字处理中的邮件合并应用 ………………… 171
    4.6.1 知识要点 ……………………………… 171
    4.6.2 案例分析——"录取通知书" …… 172
    4.6.3 实现方法 ……………………………… 173
    4.6.4 案例总结 ……………………………… 179
4.7 文字处理高级应用 …………………………… 179
    4.7.1 知识要点 ……………………………… 179
    4.7.2 习题解析 ……………………………… 182
    4.7.3 案例分析——"毕业论文" ………… 183
    4.7.4 实现方法 ……………………………… 184
    4.7.5 案例总结 ……………………………… 196
本章小结 …………………………………………… 197
习题 ………………………………………………… 197

第 5 章 电子表格处理 ……………………………… 201

5.1 电子表格处理基本概念 ……………………… 201
    5.1.1 工作簿、工作表和单元格 …………… 201
    5.1.2 数据格式 ……………………………… 203
    5.1.3 电子表格处理一般思路 ……………… 204
5.2 电子表格处理基本操作 ……………………… 204
    5.2.1 知识要点 ……………………………… 205
    5.2.2 习题解析 ……………………………… 215
    5.2.3 案例分析——"员工档案
          信息主表" …………………………… 217
5.3 使用公式和函数进行数据计算和分析 …… 226
    5.3.1 知识要点 ……………………………… 226
    5.3.2 习题解析 ……………………………… 232
    5.3.3 案例分析——"库存管理表" …… 234
5.4 使用数据清单进行数据统计和分析 ……… 239
    5.4.1 知识要点 ……………………………… 240
    5.4.2 习题解析 ……………………………… 248
    5.4.3 案例分析——"员工
          差旅费用分析" ……………………… 248
5.5 使用图表进行数据展现 ……………………… 253
    5.5.1 知识要点 ……………………………… 253
    5.5.2 习题解析 ……………………………… 257
    5.5.3 案例分析——"销售
          业绩分析" …………………………… 258
本章小结 …………………………………………… 262

习题 ………………………………………… 262

第6章 演示文稿基础知识 …………… 271

6.1 演示文稿的基本概念及思路 ………… 271
    6.1.1 演示文稿基本概念 ………… 271
    6.1.2 制作演示文稿一般思路 …… 274

6.2 演示文稿的基本操作 ………………… 276
    6.2.1 知识要点 …………………… 276
    6.2.2 习题解析 …………………… 280
    6.2.3 案例分析——制作"工作总结"演示文稿 …………………… 281
    6.2.4 实现方法 …………………… 282
    6.2.5 案例总结 …………………… 289

6.3 幻灯片设计中的对象使用 …………… 289
    6.3.1 知识要点 …………………… 289
    6.3.2 习题解析 …………………… 293
    6.3.3 案例分析——制作"新产品策划"演示文稿 …………………… 294
    6.3.4 实现方法 …………………… 294
    6.3.5 案例总结 …………………… 298

6.4 幻灯片动画设计 ……………………… 298
    6.4.1 知识要点 …………………… 298
    6.4.2 习题解析 …………………… 300
    6.4.3 案例分析——制作"市场分析"演示文稿 …………………… 301
    6.4.4 实现方法 …………………… 302
    6.4.5 案例总结 …………………… 304

6.5 幻灯片放映设置 ……………………… 305
    6.5.1 知识要点 …………………… 305
    6.5.2 习题解析 …………………… 306
    6.5.3 案例分析——放映"市场分析"演示文稿 …………………… 307
    6.5.4 实现方法 …………………… 307
    6.5.5 案例总结 …………………… 309

本章小结 ………………………………… 310
习题 ……………………………………… 310

第7章 制作出版物 …………………… 313

7.1 Publisher初识 ………………………… 313
    7.1.1 基本概念 …………………… 313
    7.1.2 创建出版物的一般思路 …… 314

7.2 出版物的创建及保存 ………………… 315
    7.2.1 知识要点 …………………… 315
    7.2.2 习题解析 …………………… 315
    7.2.3 案例分析——制作"生日贺卡" …… 316
    7.2.4 实现方法 …………………… 317
    7.2.5 案例总结 …………………… 317

7.3 出版物上各对象的使用 ……………… 317
    7.3.1 知识要点 …………………… 317
    7.3.2 习题解析 …………………… 323
    7.3.3 案例分析——"制作运动会赛事广告" …………………… 324
    7.3.4 实现方法 …………………… 324
    7.3.5 案例总结 …………………… 324

7.4 出版物的页面设计与打印 …………… 325
    7.4.1 知识要点 …………………… 325
    7.4.2 习题解析 …………………… 328
    7.4.3 案例分析——"制作名片" … 328
    7.4.4 实现方法 …………………… 329
    7.4.5 案例总结 …………………… 329

本章小结 ………………………………… 330
习题 ……………………………………… 330

第8章 Visio图形设计 ………………… 332

8.1 Visio图形设计基本概述 ……………… 332
    8.1.1 Visio图形设计基本概念 …… 332
    8.1.2 Visio图形设计工作界面 …… 333
    8.1.3 Visio图形一般思路 ………… 333

8.2 Visio基本操作 ………………………… 333
    8.2.1 知识要点 …………………… 333
    8.2.2 习题解析 …………………… 337
    8.2.3 案例分析——"软件开发进度计划表（甘特图）" ………… 337
    8.2.4 实现方法 …………………… 338
    8.2.5 案例总结 …………………… 340

8.3 使用形状 ……………………………… 340
    8.3.1 知识要点 ………………………… 340
    8.3.2 习题解析 ………………………… 343
    8.3.3 案例分析——"房屋租赁数据流图" ………………… 344
    8.3.4 实现方法 ………………………… 344
    8.3.5 案例总结 ………………………… 346
8.4 应用图表和主题 ……………………… 346
    8.4.1 知识要点 ………………………… 346
    8.4.2 习题解析 ………………………… 347
    8.4.3 案例分析——"大气污染成分图" ……………………… 350
    8.4.4 实现方法 ………………………… 350
    8.4.5 案例总结 ………………………… 352
8.5 层 ……………………………………… 352
    8.5.1 知识要点 ………………………… 352
    8.5.2 案例分析——"公式与图形" …… 352
    8.5.3 实现方法 ………………………… 354
    8.5.4 案例总结 ………………………… 355
8.6 使用墨迹和容器 ……………………… 355
    8.6.1 知识要点 ………………………… 355
    8.6.2 习题解析 ………………………… 356
    8.6.3 案例分析——"网络拓扑图" …… 357
    8.6.4 实现方法 ………………………… 358
    8.6.5 案例总结 ………………………… 360
8.7 协同办公 ……………………………… 360
    8.7.1 知识要点 ………………………… 360
    8.7.2 案例分析——"改造儿童房" …… 362
    8.7.3 实现方法 ………………………… 363
    8.7.4 案例总结 ………………………… 363
本章小结 …………………………………… 363
习题 ………………………………………… 364

第9章 数据库应用基础知识 ………… 366
9.1 数据库管理系统的基本理论 ………… 366
    9.1.1 数据库系统的发展与分类 ……… 366
    9.1.2 数据库系统的基本概念 ………… 367

9.2 数据库管理系统的功能 ……………… 371
9.3 综合案例分析 ………………………… 372
9.4 习题解析 ……………………………… 378
本章小结 …………………………………… 379
习题 ………………………………………… 380

第10章 计算机网络与互联网 ………… 381
10.1 计算机网络概述 ……………………… 381
    10.1.1 计算机网络定义 ………………… 381
    10.1.2 计算机网络发展 ………………… 382
    10.1.3 计算机网络的功能 ……………… 382
    10.1.4 计算机网络构成 ………………… 383
    10.1.5 计算机网络分类 ………………… 384
    10.1.6 常用网络通信设备的类别和特征 …………………… 388
    10.1.7 习题解析 ………………………… 390
10.2 TCP/IP ……………………………… 391
    10.2.1 TCP/IP 参考模型 ………………… 391
    10.2.2 TCP/IP 主要协议 ………………… 392
    10.2.3 IP 地址 …………………………… 392
    10.2.4 习题解析 ………………………… 394
10.3 互联网基础知识及应用 ……………… 395
    10.3.1 互联网概述 ……………………… 395
    10.3.2 互联网协议 ……………………… 396
    10.3.3 移动互联网概述 ………………… 398
    10.3.4 互联网应用 ……………………… 399
    10.3.5 习题解析 ………………………… 405
10.4 网络新技术 …………………………… 406
    10.4.1 物联网概述 ……………………… 406
    10.4.2 云计算概述 ……………………… 409
    10.4.3 习题解析 ………………………… 412
本章小结 …………………………………… 413
习题 ………………………………………… 413

第11章 信息安全与法律法规 ………… 416
11.1 信息安全 ……………………………… 416
    11.1.1 信息安全基础知识 ……………… 416
    11.1.2 计算机病毒基础知识 …………… 418

11.1.3 信息安全及保障常用技术 …… 421
11.1.4 习题解析 …… 422
11.2 知识产权与法律法规 …… 423
　11.2.1 知识产权基础知识 …… 423
　11.2.2 信息相关法律与法规 …… 425
　11.2.3 习题解析 …… 426
本章小结 …… 427
习题 …… 428

附录 A　计算机常用英语词汇表 …… 430

一、常用词汇及例句 …… 430
二、常用缩略语、术语及例句 …… 435

附录 B　Excel 常用函数及使用方法 …… 439

一、日期与时间函数 …… 439
二、数学与三角函数 …… 439
三、统计函数 …… 441
四、逻辑函数 …… 443
五、文本函数 …… 443
六、查找与引用函数 …… 444

第 1 章 信息处理技术基础知识

本章主要介绍信息与信息技术的基础概念、信息处理的基本过程和数据处理方法,以及进行信息处理应具备的初等数学基础知识信息处理实务的内容。

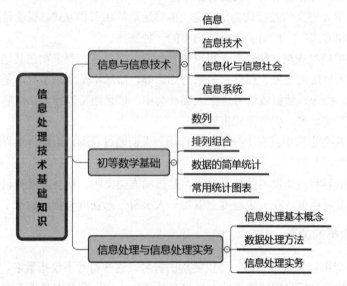

1.1 信息与信息技术

信息在我们的学习与生活中无处不在、无时不有。信息、智能和物质、能量一起,成为当今人类社会赖以生存和发展的四大资源(能量推动物质运动,智能推动信息运动)。随着信息化在全球的快速发展,信息技术影响到人们日常生活的方方面面,成为人们不可或缺的生活模式和生存方式,成为支撑当今经济活动和社会活动的基石。

1.1.1 信息

1. 信息的含义和作用

信息(Information)的英文意思为消息或通知。作为一个严谨的科学术语,信息的定义却不存在一个统一的观点,这是由它的极端复杂性决定的。以下经典定义可以从本质上把握信息的含义:

1928 年,哈特利(R.V.L.Hartley)在《信息传输》一文中首次提出了"消息是信息的载体,信息是包含在各种消息(语言、文字、图像、信号等)中的抽象量",实现了信息在概念上的突破。

1948年，美国数学家、信息论的创始人香农（C.E.Shannon）在《通信的数学理论》中阐明了"信息是人们对事物了解不确定性的减少或消除，是两次不确定性之差"，所谓"不确定性"，指人们对客观事物不了解，"两次不确定性之差"指人们在获得新知识之后，改变了原有的知识状态，减少或消除了原先的"不确定性"。香农给出了信息量的数学表达式，奠定了信息的理论基础。

控制论的奠基人维纳（Winner）指出："信息就是信息，不是物质，也不是能量"，明确了信息是区别于物质与能量的第三类资源。

我国信息论学者钟义信教授认为信息是"事物运动的状态和方式，也就是事物内部结构和外部联系的状态和方式"，指明了信息是物质的一种属性。

根据对信息的研究成果，信息概念可以概括如下：信息是客观事物在其运动、演化以及相互作用等过程中所呈现的现象、属性、关系与规律等。信息不是事物本身，是表示事物之间联系的消息、情报、指令、数据或信号。在人类社会中，信息通常以行为、情感（包括手势、眼神等）和声、图、文、像、影等形式出现。

信息在人类社会生活中具有十分重要的作用。人们通过获得、识别自然界和社会的不同信息来区别不同事物，人们之间只有不断交流信息，才能使生产、生活等活动正常进行。可以说，信息是人类认识世界和改造世界的知识源泉，是推动人类文明、社会发展和科学进步的重要基础。人类社会的发展速度，在一定程度上取决于人类对信息获取与利用的水平。

2. 信息与数据的关系

数据是对客观事物记录下来的、可以鉴别的符号，这些符号不仅指数字，而且包括字符、文字、图形等。数据是信息的物理形式，信息是数据的内容。数据本身没有意义，只有经过解释才有意义，才成为信息。可以说，数据是信息的载体，信息是数据的内涵。信息与数据的关系如图1-1所示。

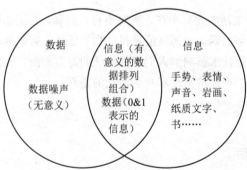

图1-1 信息与数据的关系

信息有多种表现形式，如手势、眼神、声音或图形等，由于数据能够书写，因而被记录、存储和处理，并从中挖掘出更深层的信息，因此数据是信息的最佳表现形式。随着计算机技术的发展，数据的存储和处理已逐渐由人手工完成转向由计算机自动处理。

虽然数据不等于信息，但信息与数据又是"形影不离"的。人们常常把信息处理也称为数据处理。在不影响对问题理解的情况下，"信息"和"数据"这两个术语可以被不加区别地使用。可以说，整个信息化社会是以数据为基础的。

3. 信息的特性和类型

准确把握信息的本质和特点，才能更好地利用信息。尽管从不同的角度对信息存在不同的定义，但是信息的一些基本性质还是具有共识的，主要包括以下特性。

（1）普遍性：只要有事物的地方，就必然存在信息。信息在自然界和人类社会活动中广泛存在。

（2）客观性：信息是客观现实的反映，不随人的主观意志而改变。如果人为地篡改信息，信息就会失去它的价值，甚至不能称之为"信息"了。

（3）识别性：人类可以通过感觉器官和科学仪器等方式来获取、整理和认知信息。这是人类利用信息的前提。

（4）动态性：事物是在不断变化发展的，信息也必然随之运动发展，其内容、形式、容量都会随时间而改变。

（5）时效性：由于信息的动态性，那么特定信息的使用价值必然会随着时间的流逝而衰减。

（6）传递性：信息可以通过各种媒介在人与人、人与物、物与物等之间传递。

（7）共享性：信息与物质、能量显著不同的是，信息在传递过程中并不是"此消彼长"，同一信息可以在同一时间被多个主体共有，而且能够无限复制、传递。

（8）价值性：信息的应用意味着挖掘并利用其中蕴涵的价值，信息是一种资源。

（9）不完全性：关于客观事实的信息是不可能全部得到的，可以根据需要和可能，分清主次，逐步获取。

信息广泛存在于自然界、生物界和人类社会，信息是多种多样、多方面、多层次的，信息的类型亦可根据不同的角度来划分。在信息论中，信息有以下分类。

- 按性质，信息可分为语法信息、语义信息和语用信息。
- 按地位，信息可分为客观信息和主观信息。
- 按作用，信息可分为有用信息、无用信息和干扰信息。
- 按应用部门，信息可分为工业信息、农业信息、军事信息、政治信息、科技信息、文化信息、经济信息、市场信息和管理信息等。
- 按携带信息的信号性质，信息可分为连续信息、离散信息和半连续信息等。
- 按事物的运动方式，信息可分为概率信息、偶发信息、确定信息和模糊信息等。
- 按内容，信息可分为消息、资料和知识三类。
- 按社会性，信息可分为社会信息和自然信息。
- 按空间状态，信息可分为宏观信息、中观信息和微观信息。

- 按信源类型，信息可分为内源性信息和外源性信息。
- 按价值，信息可分为有用信息、无害信息和有害信息。
- 按时间性，信息可分为历史信息、现时信息和预测信息。
- 按载体，信息可分为文字信息、声像信息和实物信息。

1.1.2 信息技术

1. 信息技术的基本概念

信息技术（Information Technology，IT）是指利用计算机和现代通信手段实现产生、获取、检索、识别、变换、处理、控制、传输、分析、显示及利用信息等的相关技术。这意味着一切涉及信息从生产到应用的技术、方法、制度、技能、工具以及物质设备等都是信息技术。因此，信息技术涵盖软、硬信息技术范畴，涉及信息的一切自然技术和社会技术，包括信息劳动者的技能，信息劳动工具和信息劳动对象，信息技术的管理制度、方法体系、解决方案、系统集成和服务体系等。

具体来讲，信息技术主要包括以下四类技术。

（1）感测与识别技术。指获取信息的技术，包括信息识别、信息提取、信息检测等技术。这类技术可以克服人类在感知与识别信息时的局限性，增强信息感知的范围、精度和灵敏度，是人的感觉器官功能的扩展。目前感测技术主要利用红外线、紫外线、次声波、超声波、传感器等手段以及遥感、遥测等技术获取更多信息，加强了人类感知信息的能力。信息识别包括文字识别、语音识别和图形识别、图像识别等，提高了人类判别信息的能力。

（2）信息传递技术。指通信与存储技术，实现信息快速、可靠、安全的转移。这类技术突破了人在交流信息时所受到的空间和时间上的限制，是人的神经网络系统功能的扩展。计算机网络、电信网、移动通信网、无线通信网以及传感器网等都是典型的信息传递技术应用。由于存储、记录可以看成是从"现在"向"未来"或从"过去"向"现在"传递信息的一种活动，因而也属于信息传递技术。

（3）信息处理与再生技术。指计算与处理信息的技术。信息处理包括对信息进行编码、压缩、加密等转换加工处理，对信息去粗取精、去伪存真，在此基础上，从初始信息中分析、推导、演算或抽象出可用信息，形成一些新的更深层次的决策信息，称为信息的"再生"。信息的处理与再生都有赖于现代电子计算机的强大功能，克服了人在处理信息时的局限性，增强了信息加工处理和控制的能力，是人的思维器官功能的扩展，如智能技术、人工神经网络技术等。

（4）信息施用技术。指利用信息的技术，主要解决信息的施效问题，是信息处理过程的最后环节。控制的本质是根据输入的指令信息（决策信息）改变外部事物的运动状态和方式。控制显示技术克服了人在改变事物运动状态及再现信息时的局限性，是人的效应器官（手、脚、嘴）功能的扩展，包括控制技术、显示技术等。

四类技术可以简称为感测、通信、计算机和控制技术，它们在信息系统中虽然各司其职，但是从技术要素层次上看，又是相互包含、相互交叉、相互融合、相互依赖的。由于计算机技术极大地促进了感测、通信和控制技术的水平提高,在其中处于较为核心的位置。

2. 信息技术的特点

信息技术是提高和扩展人类信息处理能力的主要方法和手段。以计算机技术和通信技术为代表的现代信息技术极大扩展和延伸了人的信息功能,使人类信息的交流和传播在时间和空间上大大缩短。其特点如下。

(1) 数字化。数字化就是将许多复杂多变的信息转变为可度量的数字、数据,再建立适当的数字化模型,把它们转变为一系列二进制代码,以便于计算机处理和应用。

(2) 高速、大容量化。信息处理速度越来越快,信息存储容量越来越大。

(3) 智能化。信息技术的发展和趋势主要体现在人工智能理论方法的深化和应用。

(4) 综合、网络化。信息社会的最大特征就是业务综合和网络综合。

(5) 柔性化。运用计算机软件及自动化技术,通过系统结构、人员组织、运作方式和市场营销等方面的改革,使生产系统和管理系统能对市场需求变化做出快速的适应。

计算机、互联网、移动互联网推动了信息技术的高速发展。当前,大数据、云计算、物联网和人工智能,正在将信息技术推向新的高度和新的形态。

3. 信息技术的应用

现代社会中,信息技术广泛应用在物质生产、科研教育、医疗保健、政府和企业管理以及家庭中,对社会发展产生了巨大的影响,不仅从根本上改变了人们的生活习惯、行为方式和价值观念,深刻地影响着经济结构与经济效率,而且作为先进生产力的代表,对社会文化和精神文明产生着深刻的影响。其具体表现如下。

(1) 信息技术已引起传统教育方式发生深刻变化。计算机仿真技术、多媒体技术、虚拟现实技术和远程教育技术以及信息载体的多样性,使学习者可以克服时空障碍,更加主动地安排自己的学习时间和速度,开辟出通达全球的知识传播通道,实现不同地区的学习者、传授者之间的互相对话和交流,不仅大大提高教育的效率,而且给学习者提供一个宽松的、内容丰富的、个性化的学习环境,促使人类知识水平的普遍提高。

(2) 互联网已经成为科学研究和技术开发不可缺少的工具。互联网拥有成千上万个大型图书馆、文献库和信息源,成为科研人员可以随时进入并从中获取最新科技动态的信息宝库,大大节约查阅文献的时间和费用;互联网上信息传递的快捷性和交互性,使身处世界任何地方的研究者都可以成为研究伙伴,在网上进行实时讨论、协同研究,使用网上的主机和软件资源,来完成自己的研究工作。

(3) 信息网络为各种思想文化的传播,提供了更加便捷的渠道,大量的信息通过网络渗入到社会各个角落,成为当今文化传播的重要手段。电子出版以光盘、磁盘和网络出版等多种形式,打破了以往信息媒体纸介质一统天下的局面。多媒体技术的应用和交互式界面的采用为文化、艺术、科技的普及开辟了广阔前景。网络等新型信息介质为各民族优秀文化的继承、传播,为各民族文化的交流、交融提供了崭新的可能性。网络改变着人与人之间的交往方式,改变着人们的工作方式和生活方式，也就必然会对文化的发展产生深远的影响，一种新的适应网络时代和信息经济的先进文化已逐渐形成。

1.1.3　信息化与信息社会

1. 信息化

信息化（Informatization/Informatisation）的概念起源于60年代的日本，首先是由一位日本学者提出来的，而后被译成英文传播到西方，也是20世纪末期以来中文中使用频率非常高的概念之一。关于信息化的表述，在中国学术界和政府内部做过较长时间的研讨。1997年召开的首届全国信息化工作会议，对信息化定义为："信息化是指培育、发展以智能化工具为代表的新的生产力并使之造福于社会的历史过程。"《2006—2020国家信息化发展战略》中进一步描述为："信息化是充分利用信息技术，开发利用信息资源，促进信息交流和知识共享，提高经济增长质量，推动经济社会发展转型的历史进程。"

信息化代表了一种信息技术被高度应用，信息资源被高度共享，从而使得人的智能潜力以及社会物质资源潜力被充分发挥，个人行为、组织决策和社会运行趋于合理化的理想状态。同时信息化也是不断运用信息产业改造传统的经济、社会结构从而通往理想状态的一段持续过程。

"信息化"用作名词，通常指现代信息技术应用，特别是促成应用对象或领域（比如企业或社会）发生转变的过程。例如，"企业信息化"不仅指在企业中应用信息技术，更重要的是深入应用信息技术所促成或能够达成的业务模式、组织架构乃至经营战略转变。"信息化"用作形容词时，常指对象或领域因信息技术的深入应用所达成的新形态或状态。例如，"信息化社会"指信息技术应用到一定程度后达成的社会形态，它包含许多只有在充分应用现代信息技术才能达成的新特征。

信息化构成要素主要有：信息资源、信息网络、信息技术、信息设备、信息产业、信息管理、信息政策、信息标准、信息应用、信息人才等。从产生的角度看，信息化从"小"到"大"的5个层次是：产品信息化、企业信息化、产业信息化、国民经济信息化和社会生活信息化。

信息化是当今世界经济和社会发展的大趋势，信息化程度已成为衡量一个国家现代化水平和综合国力的重要标志，更是我国进行产业优化升级和实现工业化、现代化的关键环节。

2. 信息产业

信息产业又称信息技术产业，它是运用信息手段和技术，收集、整理、储存、传递信息情报，提供信息服务，并提供相应的信息手段、信息技术等服务的产业。

信息产业是一门新兴的产业。它建立在现代科学理论和科学技术基础之上，采用了先进的理论和通信技术，是一类带有高科技性质的服务性产业。信息产业的发展对整个国民经济的发展意义重大，信息产业通过它的活动使经济信息的传递更加及时、准确、全面，有利于各产业提高劳动生产率；信息技术产业加速了科学技术的传递速度，缩短了科学技术从创新到应用于生产领域的距离；信息产业的发展推动了技术密集型产业的发展，有利于国民经济结构上的调整。

信息产业主要包括以下三大产业部门。

（1）信息处理和服务产业，该行业的特点是利用现代的电子计算机系统收集、加工、整理、储存信息，为各行业提供各种各样的信息服务，如计算机中心、信息中心和咨询公司等。

（2）信息处理设备行业，该行业的特点是从事电子计算机的研究和生产（包括相关机器的硬件制造）、计算机的软件开发等活动，如计算机制造公司、软件开发公司等。

（3）信息传递中介行业，该行业的特点是运用现代化的信息传递中介，将信息及时、准确、完整地传到目的地点。因此，印刷业、出版业、新闻广播业、通信邮电业、广告业都可归入其中。

3. 信息社会

信息社会也称信息化社会，是脱离工业化社会以后，信息将起主要作用的社会。社会信息化是指信息技术和信息产业在经济和社会发展中的作用日益加强，并发挥主导作用的动态发展过程。信息社会以信息产业在国民经济中的比重、信息技术在传统产业中的应用程度和信息基础设施建设水平为主要标志。其特征如下。

（1）在信息社会中，信息、知识成为重要的生产力要素，和物质、能量一起构成社会赖以生存的三大资源。目前，有学者认为智能是第四大资源。

（2）信息社会的经济是以信息经济、知识经济为主导的经济，有别于农业社会以农业经济为主导，工业社会以工业经济为主导。

（3）在信息社会，劳动者的知识成为基本要求。

（4）科技与人文在信息、知识的作用下更加紧密地结合起来。

（5）人类生活不断趋向和谐，社会可持续发展。

1.1.4 信息系统

1. 信息系统的概念

信息系统（Information System，IS）是指进行信息处理的系统。在信息处理整个生命周期中，存在着信息收集、表示、加工、传递、存储、检索和解释等过程。如果在信息系统中使用计算机来代替人类完成部分或者全部工作，就是一个计算机信息系统。

计算机信息系统是由计算机硬件、网络和通信设备、计算机软件、信息资源、信息用户和规章制度组成的以处理信息流为目的的人机一体化系统。信息系统的开发涉及计算机硬件技术、计算机软件技术、计算机网络技术和数据库技术。因此，计算机信息系统是以提供信息服务为主要目的的数据密集型、人机交互的计算机应用系统。从技术层面上讲，有以下4个特点。

（1）涉及的数据量大。数据一般需存放在大容量存储器中。

（2）绝大部分数据是持久的，即不随程序运行的结束而消失，而需长期保留在计算机系统中。

（3）这些持久数据为多个应用程序所共享，甚至在一个单位或更大范围内共享。

（4）除具有数据采集、传输、存储和管理等基本功能外，还可向用户提供信息检索、统计报表、事务处理，以及规划、设计、指挥、控制、决策、报警、提示、咨询等信息服务。

从信息系统的发展和系统特点来看，信息系统可分为过程控制系统、信息资源服务系统、管理信息系统和其他信息系统 4 大类。

（1）过程控制系统：用于过程控制的信息控制系统。

（2）信息资源服务系统：提供专门的信息资源服务。

（3）管理信息系统：为企业管理决策服务。

（4）其他信息系统：电子数据交换（EDI）系统、电子商务（EC）系统、企业资源规划（ERP）系统、自动化办公（OA）系统等。

2. 信息系统的功能与效益

信息系统的 5 个基本功能包括：输入、存储、处理、输出和控制。

（1）输入功能：信息系统的输入功能取决于系统所要达到的目的及系统的能力和信息环境的许可。

（2）存储功能：存储功能指的是系统存储各种信息资料和数据的能力。

（3）处理功能：如，基于数据仓库技术的联机分析处理（OLAP）和数据挖掘（DM）技术。

（4）输出功能：信息系统的各种功能都是为了保证最终实现最佳的输出功能。

（5）控制功能：对构成系统的各种信息处理设备进行控制和管理，对整个信息加工、处理、传输、输出等环节通过各种程序进行控制。

信息系统的主要任务是最大限度地利用现代计算机及网络通信技术加强企业的信息管理，通过对企业拥有的人力、物力、财力、设备、技术等资源的调查了解，建立正确的数据，加工处理并编制成各种信息资料及时提供给管理人员，以便进行正确的决策，不断提高企业的管理水平和经济效益。企业的计算机网络已成为企业进行技术改造及提高企业管理水平的重要手段。效益体现在以下方面。

（1）运用自动化系统提高生产能力和新技术所减少的成本。

（2）经过改进的数据收集、储存和分析工具可能会带来以前不知道的销售机会。

（3）改善客户服务和提高产品/服务质量。

（4）改进决策制定过程。

3. 信息系统的应用与发展

20 世纪 50—60 年代，计算机在信息处理领域得到广泛的应用，它极高的处理速度、极大的存储能力和极广阔的应用领域向人们展示了其强大的生命力，以电子计算机为基本处理工具的信息处理技术和系统风靡整个西方世界。各公司纷纷出巨资购买计算机，并抽出大量人力、财力建立信息处理系统，以取代日常的人工信息系统，并解决手工情况下人想做而又没有能力做的数据处理、信息分析和管理决策工作，为企业带来巨大的经济效益。

伴随着信息技术的发展，信息系统经历了简单数据处理系统、孤立的业务管理信息系统、集成一体化智能信息系统三个阶段。

当前，信息系统已经渗透到人们工作、生活和学习的方方面面，在政府运行、企业管理、商业运营、个人生活等方面发挥着巨大的作用。电子政务实现政府组织结构和工作流程的优化重组，通过精简、高效、廉洁、公平的政府运作模式，全方位地向社会提供优质、规范、透明、符合国际水准的管理与服务；电子商务是实现全球范围内消费者的网上购物、商户之间的网上交易和在线电子支付以及各种商务活动、交易活动、金融活动和相关的综合服务活动的一种新型的商业运营模式；数字化校园以教师、学生、管理人员为主体，以教学、科研、管理活动为主要服务对象，实现网上办公、网上管理和网上服务。

信息系统未来的发展趋势：应用范围将越来越广，越来越注重以人为本，向协同生态的方向发展，向网络化方向发展，将更注重知识管理系统的发展，向智能化方向发展，向集成化方向发展，安全性将越来越高。

1.1.5 习题解析

1. 人类赖以生存与发展的基础资源是（　　）。
   A．材料、知识、经济、能源　　　B．智能、信息、能量、物质
   C．工业、农业、商业、信息业　　D．物质、材料、通信、服务

【解析】智能、信息和物质、能量一样，成为人类社会赖以生存和发展的重要资源。

【答案】B。

2. 下列关于信息特性的叙述，不正确的是（　　）。
   A．信息必须依附于某种载体进行传输
   B．信息是不能被识别的
   C．信息能够以不同的形式进行传递，并且可以还原再现
   D．信息具有时效性和时滞性

【解析】信息可以采取直接观察、比较和间接识别等方式给以识别。

【答案】B。

3. 下列关于信息的叙述中，（　　）并不正确。
   A．信息是事物状态的描述　　　　B．信息蕴含于数据之中
   C．信息是数据的载体　　　　　　D．数据是信息的载体

【解析】信息是客观世界各种事物变化和特征的反映，数据是信息的载体。

【答案】C。

4. 以下（　　）不属于目前新兴的信息技术。
   A．文字编辑排版　　B．大数据　　C．云计算　　D．物联网

【解析】云计算、大数据、物联网是当前新兴的信息技术。

【答案】A。

5. 智慧教育是教育信息化的发展趋势，以下（　　）属于智慧教育的特点。
   A．个性化教育，泛在学习　　　　B．标准化、大批量教育学生
   C．以教师为中心传授知识　　　　D．以书本为中心，以考试为目的

【解析】智慧教育是指运用物联网、云计算为代表的一批新兴的信息技术，统筹规划、协调发展教育系统各项信息化工作，转变教育观念、内容与方法，构建网络化、数字化、个性化、智能化、国际化的现代教育体系。

【答案】A。

6. 信息化可分成产品信息化、企业信息化、产业信息化、国民经济信息化、社会生活信息化等不同层次。目前正在兴起的智慧城市、互联网金融等是（　　）的体现和重要发展发现。

A．产品信息化　　　B．产业信息化　　　C．国民经济信息化　　　D．社会生活信息化

【解析】社会生活信息化指包括商务、教育、政务、公共服务、交通、日常生活等在内的整个社会体系采用先进的信息技术，融合各种信息网络，大力开发有关人们日常生活的信息服务，丰富人们的物质、精神生活，拓展人们的活动时空，提升人们生活、工作的质量。目前正在兴起的智慧城市、互联网金融等是社会生活信息化的体现和重要发展方向。

【答案】D。

1.2 初等数学基础

初等数学的数据简单运算和统计应用是信息处理的基础。本节主要介绍数列、排列组合、数据的简单统计、常用统计图表和统计函数。

1.2.1 数列

按一定次序排列的一列数称为数列。数列中的每一个数都叫作这个数列的项。排在第一位的数称为这个数列的第 1 项（通常也叫作首项），排在第二位的数称为这个数列的第 2 项……排在第 n 位的数称为这个数列的第 n 项，数列的一般形式可以写成 $a_1,a_2,a_3,\cdots,a_n,a_{n+1},\cdots$，简记为 $\{a_n\}$。

1. 等比数列

等比数列是指如果一个数列从第 2 项起，每一项与它的前一项的比值等于同一个常数的一种数列，这个常数叫作等比数列的公比，公比通常用字母 q 表示（$q\neq 0$），等比数列 $a_1\neq 0$。其中$\{a_n\}$中的每一项均不为 0。例如：$1,2,4,8,16,\cdots,2^{n-1}$ 是一个等比数列，$q=2$。注：$q=1$ 时，a_n 为常数列。

等比数列在生活中是经常运用的。如：银行有一种支付利息的方式：复利。即把前一期的利息和本金加在一起算作本金，再计算下一期的利息，也就是人们通常说的利滚利。按照复利计算本利和的公式：本利和=本金×(1+利率)^{存期}。

2. 等差数列

等差数列是常见数列的一种，如果一个数列从第二项起，每一项与它的前一项的差等于同一个常数，这个数列就叫作等差数列。而这个常数叫作等差数列的公差，公差常用字母 d 表示。例如：$1,3,5,7,9,\cdots,2n-1$ 是一个等差数列，$d=2$。

等差数列的通项公式为 $a_n=a_1+(n-1)d$，前 n 项和公式为 $S_n=n(a_1+a_n)/2$。

日常生活中，人们常常用到等差数列。如：在给各种产品的尺寸划分级别时，当其中的最

大尺寸与最小尺寸相差不大时，常按等差数列进行分级。

1.2.2 排列与组合

排列、组合是组合学最基本的概念。所谓排列，就是指从给定个数的元素中取出指定个数的元素进行排序。组合则是指从给定个数的元素中仅仅取出指定个数的元素，不考虑排序。排列组合的中心问题是研究给定要求的排列和组合可能出现的情况总数。排列组合与古典概率论关系密切。

1. 计数原理

计数原理是人们通过大量的计数实践归纳出来的基本规律。它们是推导排列数和组合数公式的依据。计数原理包括加法原理和乘法原理。

1）加法原理

做一件事，完成它可以有 n 类办法，在第一类办法中有 m_1 种不同的方法，在第二类办法中有 m_2 种不同的方法……在第 n 类办法中有 m_n 种不同的方法，那么完成这件事共有 $N=m_1+m_2+m_3+\cdots+m_n$ 种不同方法。

2）乘法原理

做一件事，完成它需要分成 n 个步骤，做第一步有 m_1 种不同的方法，做第二步有 m_2 种不同的方法……做第 n 步有 m_n 种不同的方法，那么完成这件事共有 $N=m_1\times m_2\times m_3\times\cdots\times m_n$ 种不同的方法。

【例 1.1】 书架上放有 3 本不同的数学书，5 本不同的语文书，6 本不同的英语书。

（1）若从这些书中任取一本，有多少种不同的取法？

（2）若从这些书中取数学书、语文书、英语书各一本，有多少种不同的取法？

（3）若从这些书中取不同科目的书两本，有多少种不同的取法？

解：（1）由于从书架上任取一本书，就可以完成这件事，故应分类，由于有 3 种书，则分为 3 类然后依据加法原理，得到的取法种数是：3+5+6=14（种）。

（2）由于从书架上任取数学书、语文书、英语书各 1 本，需要分成 3 个步骤完成，据乘法原理，得到不同的取法种数是：3×5×6=90（种）。

（3）由于从书架上任取不同科目的书两本，可以有 3 类情况（数、语各 1 本，数、英各 1 本，语、英各 1 本）而在每一类情况中又需分 2 个步骤才能完成。故应依据加法与乘法两个原理计算出共得到的不同的取法种数是：3×5+3×6+5×6=63（种）。

2. 排列

排列：从 n 个不同元素中，任取 m（$m\leq n,m$ 与 n 均为自然数，下同）个元素按照一定的顺序排成一列，叫作从 n 个不同元素中取出 m 个元素的一个排列。

排列数：从 n 个不同元素中取出 m（$m\leq n$）个元素的所有排列的个数，叫作从 n 个不同元素中取出 m 个元素的排列数，用符号 A_n^m 表示。

计算公式：

$$A_n^m = n(n-1)(n-2)\cdots(n-m+1) = \frac{n!}{(n-m)!}$$

其中 0!=1（$n!$表示 n 的阶乘，即（$n(n-1)(n-2)\cdots 1$）。

3. 组合

组合：从 n 个不同元素中，任取 m（$m \leq n$）个元素并成一组，叫作从 n 个不同元素中取出 m 个元素的一个组合。

组合数：从 n 个不同元素中取出 m（$m \leq n$）个元素的所有组合的个数，叫作从 n 个不同元素中取出 m 个元素的组合数。用符号 C_n^m 表示。

计算公式：

$$C_n^m = \frac{A_n^m}{m!} = \frac{n!}{m!(n-m)!}$$

【例 1.2】 给定一个集合 {0,1,2,3}，求任取 3 个数的排列数和组合数。

解：任取 3 个数的排列数：

$$A_4^3 = 4(4-1)(4-2) = 4 \times 3 \times 2 = 24$$

任取 3 个数的组合数：

$$C_4^3 = \frac{A_4^3}{3!} = \frac{4!}{3!(4-3)!} = 4$$

集合 {0,1,2,3} 不同的排列和组合如表 1-1 所示。

表 1-1　集合 {0,1,2,3} 的排列数和组合数

任取 3 个数的组合数	任取 3 个数的排列数
012	012，021，102，120，201，210
013	013，031，103，130，301，310
023	023，032，203，230，302，320
123	123，132，213，231，312，321

从例题可以看出，排列与组合的关键区别在于排列是要考虑 m 个元素的排序问题，而组合是不考虑的。

注意，本小节的难点如下。

（1）掌握加法原理与乘法原理的特点，对于给定的问题分析是分类还是分步，如果是分类则采用加法，如果是分步则采用乘法。

（2）对于给定的问题是属于排列还是组合，如果要考虑排序，则采用排列方法求解；如果不考虑排序，则采用组合求解。

1.2.3　数据的简单统计

目前我们正处于一个大数据时代，我们身边数据无处不在，例如学生成绩、商品销售数量、

股市数据等。统计正是依存这种数据而存在的一种实用科学，统计观点即任何数据都有一定的规律性，利用统计方法可以寻求数据中的内在联系。在现实生活中，统计知识广泛应用于各个角落，用统计知识来解决实际问题，可以更好地管理数据。

1. 总体与样本

所要研究对象的全体叫总体或称母体，组成总体的每个基本单位就是个体。总体具有同质性，每个个体具有共同的观察特征，而个体表现为某个数值是随机的，但它们取得某个数值的机会是不同的，也就是它们按一定的规律取值，取值与确定的概率相对应。总体往往是设想的或抽象的，它所包含的个体数目往往很大，甚至可以是无穷多的。

通常研究的对象是总体，并要求得到参数。但是总体包含的个体太多，个体的数据往往不能逐一测定。因而，一般只能从总体中抽取若干个个体来研究。这些从总体中所抽取的部分个体所组成的集合称为样本。测定样本中的各个个体而得的特征数，如样本平均数等，称为统计数。统计数是总体的相应参数的估计值。从样本估计总体，则要考虑样本的代表性，只有随机地从总体中抽取的样本，才能无偏地估计总体，这样的样本越能近似地代表总体。从总体中随机抽取的样本称为随机样本。样本中包含个体的数目称为样本容量，又称为样本大小。

如为了了解某工厂六月份生产的灯泡的寿命，从中测试了 100 个灯泡，则总体是六月份生产的灯泡的寿命的全体，个体是每只灯泡的寿命，样本是所抽取的 100 只灯泡的寿命，样本容量是 100。

> **注意**：样本容量是对于所研究的总体而言的，是在抽样调查中总体的一些抽样。不能说样本的数量就是样本容量，因为总体中的若干个个体只组成一个样本。样本容量不需要带单位。在假设检验里样本容量越大越好。但实际上不可能无穷大，就像研究中国人的体重不可能把所有中国人的体重都称一遍一样。

2. 数值平均数

平均数是指在一组数据中用所有数据的总和除以数据的个数。平均数是表示一组数据集中趋势的量数，它是能够反映数据集中趋势的一项指标。常用的平均数指标有位置平均数和数值平均数。数值平均数通常采用一定的计算公式和计算方法进行数值计算得到，精确性较强，但抗干扰性较弱，容易受到异常值的影响，主要包括算术平均数、调和平均数和几何平均数。

1）算术平均数

简单算术平均数主要用来反映统计对象的一般情况，也可用它进行不同组数据的比较，从而看出组与组之间的差别。其计算公式如下。

$$算术平均数 = \frac{总体标志总量}{总体单位总量}$$

加权算术平均数是具有不同比重的数据（或平均数）的算术平均数。加权算术平均数是将各组标志值乘以相应的各组单位数或权数求出各组标志总量，然后将其加总求得总体标志总量,最后用总体标志量除以总体单位总量。其计算公式如下。

$$加权算术平均数 = \frac{x_1 f_1 + x_2 f_2 + \cdots + x_n f_n}{f_1 + f_2 + \cdots + f_n} = \frac{\sum_{i=1}^{n} x_i f_i}{\sum_{i=1}^{n} f_i}$$

2)调和平均数

调和平均数又称倒数平均数,是标志值倒数的平均数的倒数。它是用来解决在无法掌握总体单位数的情况下,只有每组的变量值和相应的标志总量,而需要求得平均数时使用的一种计算方法。

$$调和平均数 = \frac{n}{\sum \frac{1}{X}}$$

3)几何平均数

几何平均数是指 n 个观察值连乘积的 n 次方根。几何平均数多用于计算平均比率和平均速度,如平均利率、平均发展速度、平均合格率等。

$$几何平均数 = \sqrt[n]{X_1 \cdot X_2 \cdots X_n}$$

3. 位置平均数

位置平均数是指按数据的大小顺序或出现频数的多少确定的集中趋势的代表值,通过数量标志值所处的位置确定,主要有众数、中位数等。

1)众数

众数是指在一组数据中出现次数最多的那个数据。求一组数据的众数既不需要计算,也不需要排序,而只要着眼于各数据出现次数的频率就行了。众数与概率有密切的关系。众数的大小只与这组数据中的部分数据有关。当一组数据中有不少数据多次重复出现时,其众数往往是我们关心的一种统计量。

2)中位数

中位数是将一组数据按大小顺序依次排列,处在最中间位置的一个数(偶数个数据的最中间位置的两个数的平均数)。中位数的大小仅与数据的排列位置有关,不受偏大和偏小数的影响,当一组数据中的个别数据变动较大时,可用它来描述这组数据的集中趋势。

中位数可以消除异常观测值的影响,在有些比赛(如体操比赛、歌手大赛)评分中,常常将裁判的评分去掉一个最高分,去掉一个最低分,然后再进行平均,这也是消除异常值的一种办法。

3)方差和标准差

方差和标准差是测算离散趋势最重要、最常用的指标,是衡量源数据和期望值相差的度量值。在许多实际问题中,研究方差即偏离程度有着重要意义。

统计中的方差(样本方差)是每个样本值与全体样本值的平均数之差的平方值的平均数:

$$样本方差 = \frac{1}{n}[(X_1 - \bar{X})^2 + (X_2 - \bar{X})^2 + \cdots + (X_n - \bar{X})^2]$$

样本方差的算术平方根叫作样本标准差。

$$样本标准差 = \sqrt{\frac{1}{n}[(X_1 - \bar{X})^2 + (X_2 - \bar{X})^2 + \cdots + (X_n - \bar{X})^2]}$$

样本方差和样本标准差都是衡量一个样本波动大小的量，当数据分布比较分散（即数据在平均数附近波动较大）时，方差或标准差越大；当数据分布比较集中时，方差或标准差则越小。标准差与方差不同的是，标准差和变量的计算单位相同，比方差清楚，因此在许多实际问题中，分析偏离程度时使用更多的是标准差。

1.2.4 常用统计图表

统计图表是统计描述的重要工具，是在实际工作中展示数据的一种常用方法，它可以取代冗长的文字叙述，直观形象地反映事物之间的联系。

1. 统计表

统计表是将原始数据用纵横交叉线条所绘制成的表格来表现统计资料的一种形式。它将统计资料按照一定的要求进行整理、归类，并按照一定的顺序把数据排列起来，使之系统化、条理化，让人感觉到数据的紧凑、简明与一目了然，也易于检查数据的完整性和正确性。统计表主要用数量来将研究对象之间的相互关系、变化规律和差别显著地表示出来。

统计表的内容一般都包括总标题、横标题、纵标题、数字资料、单位与制表日期。总标题是指表的名称，要求能简明扼要地表达出表的中心内容。横标题是研究事物的对象，标识每一横行内数据的意义。纵标题是研究事物的指标，标识每一纵栏内数据的意义。数字资料是指各空格内按要求填写的数字，表内数字要求位置上下对齐、准确、小数点后所取位数也要上下一致。单位是指表格里数据的计量单位。制表日期放在表的右上角，表明制表的时间。

按项目的多少，统计表可分为简单表、分组表和复合表三种。只对某一个项目的数据进行统计的表格叫作简单表，它常用来比较互相独立的统计指标，如表 1-2 所示。

表 1-2 车辆销售表

品　　牌	销售量/辆
大众	292984
吉利	141312
本田	137911
别克	25037

分组表是指横标题按一个标志分组，结构形式与简单表基本相似，通常设有合计栏，用以说明综合水平，如表 1-3 所示。

表 1-3 男生身高频率分布表

分　　组	频　　数	频　　率
145～155	8	0.16

续表

分组	频数	频率
155~160	15	0.30
160~165	17	0.34
165~170	10	0.20
合计	50	1.00

复合表是指统计项目在两个或两个以上的统计表格，如表 1-4 所示。

表 1-4 2015 年上半年部分省主要污染物排放量表（单位：万吨）

省份	化学需氧量排放量			氨氮排放量			二氧化硫排放量		
	2014年上半年	2015年上半年	同比上升或下降（%）	2014年上半年	2015年上半年	同比上升或下降（%）	2014年上半年	2015年上半年	同比上升或下降（%）
云南	26.88	26.41	−1.74	2.91	2.82	−2.86	31.98	28.43	−11.10
西藏	1.40	1.40	0.00	0.17	0.17	0.00	0.23	0.26	13.04
陕西	25.09	24.39	−2.81	2.99	2.91	−2.51	42.47	40.63	−4.33
甘肃	19.26	18.69	−2.97	1.94	1.90	−1.88	32.48	31.56	−2.81

2. 统计图

统计图一般是根据统计表的资料，用点、线、面或立体图像形象地表达其数量或变化动态。常用的统计图主要有柱形图、条形图、折线图、饼图、散点图、面积图、圆环图和雷达图等。

（1）柱形图。柱形图显示一段时间内数据的变化，或显示不同项目之间的对比。主要有簇状柱形图、堆积柱形图和三维柱形图。

簇状柱形图用来比较相交于类别轴上的数值大小。水平方向表示类别，垂直方向表示各类别的值，强调值随时间的变化。

堆积柱形图用来比较相交于类别轴上的某一数值所占总数值的大小，如图 1-2 所示。

三维柱形图用来比较相交于类别轴和相交于系列轴的数值，如图 1-3 所示。

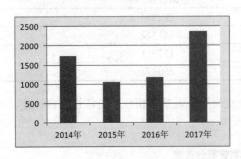
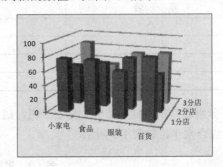

图 1-2 堆积柱形图（某公司年生产量）　　图 1-3 三维柱形图（某公司商品在各分店销售量）

（2）条形图。条形图用来显示各个项目之间的对比。主要包括簇状条形图和堆积条形图。

簇状条形图用来比较相交于类别轴上的数值的大小，如图 1-4 所示，垂直方向表示类别，水平方向表示各类别的值，关注值的对比情况。

（3）折线图。折线图按照相同间隔显示数据的趋势。它主要包括折线图、堆积折线图、百分比堆积折线图和三维折线图。

折线图用来显示随时间或类别而变化的趋势线，在每个数据值处还可以显示标记，如图 1-5 所示。

堆积折线图用来显示每一数值所占大小随时间或类别而变化的趋势线。

百分比堆积折线图用来显示每一数值所占百分比随时间或类别而变化的趋势线。

三维折线图是带有三维效果的折线图。

（4）饼图。饼图显示组成数据系列的项目在项目总和中所占的比例。饼图通常只显示一个数据系列，当希望强调数据中的某个重要元素时可以采用饼图。饼图主要包括圆饼图、分离型饼图、复合饼图和复合条饼图等子类型。

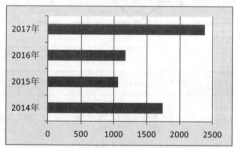

图 1-4　簇状条形图（某公司的年生产量）

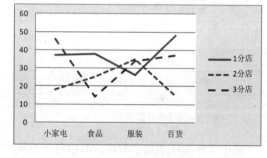

图 1-5　折线图（某公司的产品在各分店销售量）

饼图用来显示每一数值相对于总数值的大小，如图 1-6 所示。

分离型饼图显示每一数值相对于总数值的大小，同时强调每一个单独的值。

复合饼图将用户定义的数值提取并组合进第二个饼图的饼图，如图 1-7 所示。

复合条饼图将用户定义的数值提取并组合进另一堆积条形图中的饼图。

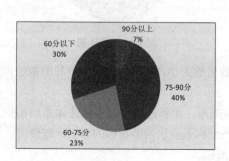

图 1-6　圆饼图

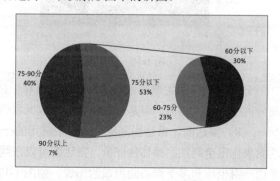

图 1-7　复合饼图

（5）XY 散点图。散点图显示若干数据系列中各数值之间的关系，或者将两组数绘制为 XY 坐标的一个系列。它主要包括散点图和折线散点图。

散点图主要用来比较成对的数值，如图 1-8 所示。

折线散点图主要用来显示随单位而变化的连续数据，非常适用于显示在相等时间间隔下数据的趋势，如图 1-9 所示。

（6）面积图。面积图强调数量随时间而变化的程度，也可用于引起人们对总值趋势的注意。面积图显示数值随时间或类别而变化的趋势，如图 1-10 所示。

三维面积图与面积图显示相同的内容，以三维格式显示数据。

（7）圆环图。圆环图主要用来显示各个部分与整体之间的关系，且可以包含多个数据系列。它包括圆环图和分离型圆环图两个子类型。

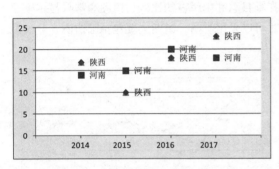

图 1-8　散点图

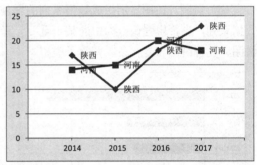

图 1-9　折线散点图

圆环图在圆环中显示数据，其中每个圆环代表一个数据系列，如图 1-11 所示。

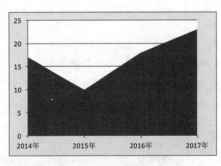

图 1-10　面积图

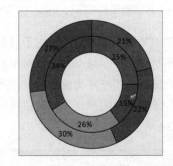

图 1-11　圆环图

分离型圆环图主要用来显示每一数值相对于总数值的大小，同时强调每个单独的数值。它与分离型饼图很相似，但是可以包含多个数据系列。

（8）雷达图。雷达图是综合评价中常用的一种图形，尤其适用于对多属性体系结构描述的对象作出全局性、整体性评价。雷达图可以在同一坐标系内展示多指标的分析比较情况，它是由一组坐标和多个同心圆组成的图表，如图 1-12 所示。

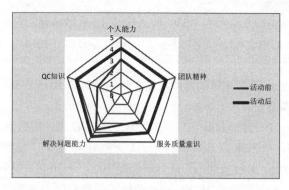

图 1-12　雷达图

1.2.5　习题解析

1. 某地区对数千名高三学生进行了一次数学统考,信息处理技术员按分数值为 X 轴,人数为 Y 轴,绘制了考试成绩曲线。通常,该曲线大致为(　　)。

　　A. 中间低两边高的凹形曲线　　　B. 中间高两边低的凸形曲线
　　C. 没有规律的随机曲线　　　　　D. 近似直线段

【解析】学生的考试成绩通常符合正态分布,符合正态分布的数据的曲线是中间高两边低的凸形曲线。

【答案】B。

2. 甲、乙两队同时开凿一条 640 m 长的隧道,甲队从一端起,每天掘进 7 m;乙队从另一端起,每天比甲队多掘进 2 m,两队在距离隧道中点(　　)的地方会合。

　　A. 40 m　　　　B. 60 m　　　　C. 80 m　　　　D. 180 m

【解析】这是一道典型的工程计算问题。甲、乙两队同时开始,凿完这条隧道需要 640/(7+2+7)=40 天,相会时,甲队凿了 7×40=280 m,则两队在距中点 640/2-280=40 m 处会合。

【答案】A。

3. 样本{3,2,7,7,6}的方差是(　　)。

　　A. 2.3　　　　B. 2.4　　　　C. 4.4　　　　D. 5.5

【解析】样本数据{3,2,7,7,6}的平均值(3+2+7+7+6)/5=5.0。各个数与平均值之差{-2,-3,2,2,1},分别描述了各个数离开平均值的情况(差的符号说明了偏小或偏大)。这些差值的平方{4,9,4,4,1}则分别描述了各个数离开平均值的远近(不管偏小还是偏大)。方差等于这些平方值的平均值(4+9+4+4+1)/5=4.4,描述了这批数据离散或集中的程度。

【答案】C。

4. 某足球赛原定门票 15 元,降价后观众增加了 50%,收入增加了 20%,则门票降价了(　　)元。

　　A. 3　　　　B. 5　　　　C. 10　　　　D. 12

【解析】设门票15元时的观众数为 N,则收入为 $15N$ 元。当门票降了 x 元,即门票为(15-x)

元时，观众增加了 50%，即观众数为 1.5N，收入应是 1.5N(15-x)元。它比原计划收入 15N 元增加了 20%，则 1.5N(15-x)=1.2×15N，即 15-x=12，x=3。因此，门票降了 3 元。

【答案】A。

5. 一条道路长 1 km，现在道路的两侧从起点到终点每隔 50 m 安装一盏路灯，相邻路灯间安装一面广告牌，共需要安装（ ）。

  A．路灯 40 盏，广告牌 40 面   B．路灯 42 盏，广告牌 40 面
  C．路灯 42 盏，广告牌 42 面   D．路灯 40 盏，广告牌 42 面

【解析】1 km=1000m，50m 安装一盏路灯就需要 1000/50=20 盏，安装的起点应还有一盏路灯，故道路一侧的路灯安装数量为 21 盏，道路两侧安装就需要 21×2=42 盏，相临路灯间安装一面广告牌，共需要安装 20×2=40 面。

【答案】B。

6. 在数据图表中，（ ）展示了整体与部分之间的关系。

  A．圆环图   B．折线图   C．散点图   D．柱形图

【解析】圆环图主要用来显示各个部分与整体之间的关系，且可以包含多个数据系列。

【答案】A。

1.3 信息处理与信息处理实务

随着科学的发展和计算机的普及，现代社会的信息化程度越来越高，信息化普及范围也越来越广，人们对信息的需求也越来越强烈。在全球网络发达的今天，各行各业管理工作的成败，主要取决于能否及时获取需要的、正确的信息，能否根据信息有效决策。一个人、一个企业要在现代社会中生存、发展，就必须及时、准确地了解当前的问题与机会，掌握社会需求状况与市场竞争形势，具备足够的信息和强有力的信息收集与处理手段。

1.3.1 信息处理基本概念

1. 信息处理及其过程

信息处理是人们对已有信息进行分类、加工、提取、分析和思考的过程，主要包括信息收集、分类、加工、传递和存储等处理技术。信息处理过程是一个去粗取精、去伪存真的过程。信息处理的一般过程如图 1-13 所示。

信息处理的第一步是要对其进行收集，而收集来的数据只有被数字化成计算机能够识别的信息才可以被处理，因此下一步是进行信息的数据表示，即表示成计算机可以识别的信息，之后计算机就可以自动化地按照人们既定的处理规律和方法来高效、高速地处理数据，即数据加工，这是人类目前最希望得到突破的一步，当数据完成处理后，可以对其进行存储或传递，经过数据检索或数据接收，最后就是进行数据的信息解释了，这是由于数据本身没有意义，只有对其进行解释，其表达的信息才能被信息的使用者和接收者所利用，信息的价值才能得以体现。

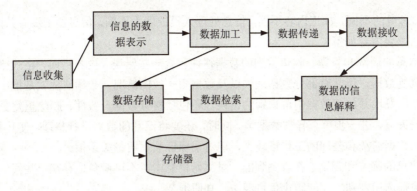

图 1-13　信息处理的一般过程

在信息处理的过程中使用计算机，不仅可以提高信息加工的速度和效率，还可以方便地进行数据存储和传递，同时，信息被数字化成计算机能识别的信息后，拥有极小的复制成本。

1）信息收集

信息收集是指通过各种方式获取所需要的信息。信息收集是信息得以利用的第一步，也是关键的一步。信息收集工作的好坏，直接关系到整个信息管理工作的质量。信息可以分为原始信息和加工信息两大类。原始信息是指在经济活动中直接产生或获取的数据、概念、知识、经验及其总结，是未经加工的信息。加工信息则是对原始信息经过加工、分析、改编和重组而形成的具有新形式、新内容的信息。两类信息都对企业的营销管理活动发挥着不可替代的作用。

信息收集的过程一般包括以下步骤：

（1）根据业务部门提出的信息处理项目的目标和规划，制订信息收集计划。只有制订出周密、切实可行的信息收集计划，才能指导整个信息收集工作正常开展。

（2）设计收集提纲和表格（包括调查问卷）。为了便于以后的加工、存储和传递，在进行信息收集以前，就要按照信息收集的目的和要求设计出合理的收集提纲和表格。

（3）明确数据源、信息收集的方式和方法。

（4）实施信息收集工作（包括收集原始数据和二手数据）。

（5）形成信息收集的成果。要以调查报告、资料摘编、数据图表等形式把获得的信息整理出来，并将这些信息资料与收集计划进行对比分析，如不符合要求，还要进行补充收集。

2）信息的数据表示

信息是多种多样的，如日常的十进制数、字、符号、图形、图像和语言等，但是计算机无法直接"理解"这些信息，所以计算机需要采用数字化编码的形式对信息进行存储、加工和传送。信息的数字化表示就是采用一定的基本符号，使用一定的组合规则来表示信息。计算机中采用的是二进制编码，其基本符号是"0"和"1"。

3）信息加工

信息加工指将收集到的信息按照一定的顺序和方法进行分类、编码、存储、处理和传送，是对收集来的信息进行去伪存真、去粗取精、由表及里、由此及彼的加工过程，是在原始信息的基础上，生产出价值含量高、方便用户利用的二次信息的活动过程，也是信息得以利用的关键。由于信息量的不同，加工内容不同，信息处理人员的能力不同，信息加工没有共同的模式。信息加工的主要内容如下。

（1）信息的清洗和整理。收集得到的数据往往包含一些错误（内容错误、格式错误、时空错误）、重复数据，还常有部分数据缺失以及数据不一致的情况。数据清洗就是把"脏"的数据"洗掉"，发现并纠正数据中可识别的错误，还包括检查数据一致性、删除重复数据、处理无效值和缺失值、进一步审查异常数据等。同时，还要将混乱的数据进行整理，使其井井有条，便于处理。数据清洗和整理的工作量较大，但对于保证数据质量关系很大。

（2）信息的筛选和判别。在收集到的大量原始信息中，不可避免地存在一些假信息，只有通过认真地筛选和判别，才能防止鱼目混珠、真假混杂。

（3）信息的分类和排序。收集来的信息是一种初始的、孤立的和零乱的信息，只有把这些信息进行分类和排序，使其有条不紊，才能存储、检索、传递和使用。

（4）信息的分析和研究。对分类排序后的信息进行分析、比较、综合，从而鉴别和判断出信息的价值，达到去粗取精，使原始信息升华、增值，成为有用的信息，并对信息进行分析、概括及研究计算，使信息更具有使用价值，为决策提供依据。

（5）信息的编制。将加工过的信息整理成易于理解和阅读的新材料，并对这些材料进行编目和索引，以供信息利用者提取和利用。

针对不同的处理目标，支持信息加工的方法很多，总体可分为五大类：统计学习方法、机器学习方法、不确定性理论、可视化技术和数据库技术。

4）信息传递

信息传递是指将信息从信息源传输给用户的过程，信息只有传递到应用那里，才能体现其价值，发挥其作用。

信息传递的三个基本环节是信源、信道和信宿。信息的发送者称为信源，信息的接收者称为信宿，信源和信宿之间信息交换的途径与设备称为信道。信源、信宿、信道是构成信息传递的三要素，如图1-14所示。

图1-14　信息传递的三要素

信息传递依赖于一定的物质形式，如声波、光波、电磁波等，并通常伴随着能量的转换。因此，它需要有特定的工具和手段，并形成一个完整的系统。多个信息过程相连就使系统形成信息网，当信息在信息网中不断被转换和传递时，就形成了信息流。

5）信息存储

信息存储是将经过加工整理序化后的信息按照一定的格式和顺序存储在特定的载体中的一种信息活动。其目的是便于信息管理者和信息用户快速地、准确地识别、定位和检索信息。信息存储不是一个孤立的环节，它始终贯穿于信息处理工作的全过程。

信息存储介质分为纸质存储和电子存储等。不同的信息可以存储在不同的介质上，相同的信息也可以同时存于不同的介质上，作用会有所不同。比如，凭证文件需要用纸介质存储，也需要电子存储；企业中企业结构、人事方面的档案材料、设备或材料的库存账目，纸质及电子存储均适用，以便归档以及联机检索和查询。与纸质存储相比，电子存储存取速度极快、存储的数据量大。

信息存储是信息在时间上的传递，也是信息得以进一步综合、加工、积累和再生的基础，在人类和社会发展中有重要意义。

大数据时代，信息存储非常重要。不仅要求存储量大，处理速度快，还要求确保安全。大数据存储催生了许多分级存储、分布式存储、分布式处理、数据备份、数据恢复等新技术。

2. 信息处理的要求

现代企业对信息处理的要求可归结为及时、准确、适用、经济和安全五个方面。

（1）及时。有两方面的意义：一是及时获取，及时产生；二是加工、检索和传输信息要迅速。尽可能缩短信息从信息源到用户的时间，及时控制，及时反馈。

（2）准确。是信息的生命。为了实现信息处理的准确性，必须做到以下 3 点：

① 原始信息的收集要准确，要使获得的信息能准确反映决策者需要了解的情况。收集者不能按自己或其他人的旨意随意变动信息的内容或收集信息的范围。

② 信息的存储、加工和传输必须可靠，尽可能排除各种外界干扰，以免信息内容失真，特别在信息加工过程中应防止因处理方法和手段的原因丢失或歪曲被加工信息中包含的与决策有关的内容。

③ 信息处理力求规范化、标准化。这不仅是信息准确性的重要保证，而且是高效加工、传输与有效利用信息的重要条件。

（3）适用。信息处理部门必须给各类管理者提供适用的信息，以支持各级管理决策。如果管理者得到的信息不适用或过于简化，或过于烦琐，都会影响决策过程的效率和决策的质量。

（4）经济。在满足管理决策所必需的信息处理内容与要求的前提下，应采用尽可能节省成本的方法和手段，提高信息的利用率和管理者识别、利用信息的水平。

（5）安全。信息处理全过程必须确保信息安全。分工职责要明确，工作要有记载，要能追责。要加强对工作人员的安全意识教育，要求采取七分管理措施和三分技术措施，防止信息泄露、黑客入侵、信息篡改、信息丢失、信息混乱等情况发生。

3. 信息处理有关的规章制度

信息处理有关的法律与规章制度是规范信息系统安全和保密的基础，打击各类利用和针对计算机网络进行犯罪的有利武器，也是保障信息系统用户利益和安全的坚强后盾。信息系统运行管理包括三个方面的工作：信息系统日常运行管理、信息系统文档管理制度和信息系统运行安全与保密制度，因此需要在国家相关法律与规章制度的基础上建立健全本单位信息系统运行和管理制度，明确各类人员的职责和职权范围，以保障信息系统正常、安全地运行。

1）信息系统日常运行管理

信息系统日常运行管理制度建立的目的是要求系统运行管理人员严格按照规章制度办事，定时定内容地重复进行有关数据与硬件的维护，以及对突发事件的处理等。相关的规章制度如下。

（1）机房管理与设备维护制度。例如，机房管理制度、设备操作规范、运行情况记录制度、出入机房人员管理与登记制度、各种设备的保养与安全管理制度、简易故障的诊断与排除制度、易耗品的更换与安装等规定。

（2）突发事件处理制度。当突发事件发生时，要求信息管理专业人员负责处理，并且对发生的现象、造成的损失、引起的原因及解决的方法等作详细的记录制度。

（3）信息备份、存档、整理和初始化制度。信息（或数据）备份制度要求每天必须对新增加的或更改过的数据备份。数据正本和备份应分别存于不同的磁盘上或其他存储介质上。数据存档或归档制度要求定期将资料转入档案数据库，作为历史数据存档。数据整理制度要求定期对数据文件或数据表的索引、记录顺序等进行调整，可以使数据的查询更为快捷，并保持数据的完整性。数据初始化制度要求在系统正常运行后，以月度或年度为时间单位，对数据文件或数据表的切换与结转等进行预置，即数据的初始化。

2）信息系统文档管理制度

文档是以书面形式记录人们的思维活动及其工作结果的文字资料。信息系统开发要以文档描述为依据，信息系统实体运行与维护要用文档来支持。例如，文档制定标准与规范、收存和保管文档规定、文档手续等制度。

3）信息系统运行安全与保密制度

信息系统的安全制度是为了防止破坏系统软件、硬件及信息资源行为而制定的相关规定与措施，例如，国家出台的《中华人民共和国计算机信息系统安全保护条例》《互联网信息服务管理办法》，各企业针对信息系统实际运行情况制定的《信息系统中的信息等级划分及使用权限规定》《账号申请及注销程序》等。

信息系统的保密制度是为了防止有意窃取信息资源行为的发生而制定的相关规定与措施。例如，对于信息安全保密应执行的法律制度和规范，有全国人大发布的《中华人民共和国保守国家秘密法》、国家保密局发布的《计算机信息系统保密管理暂行规定》、中共中央保密委员会办公室和国家保密局联合发布的《涉及国家秘密的通信、办公自动化和计算机信息系统审批暂行办法》等。

1.3.2 数据处理方法

数据处理的基本目的是从大量的、可能是杂乱无章的、难以理解的数据中抽取并推导出对于某些特定的人们来说是有价值、有意义的数据。计算机数据处理包括数据的采集、存储、检索、加工、变换和传输等要素。不同的系统和应用所采用的数据处理过程和方法会有所不同，而且这些过程和方法往往难以简单分割，常常表现出交叉、交织、胶着的状态。随着大数据时代的到来，数据处理一般都包括了数据的收集、分类、清洗、筛选、存储、检索、分析和可视化等环节，下面分别进行介绍。

1. 数据收集与分类

1）数据收集

在计算机学科中，数据是指所有能输入到计算机并被计算机程序处理的符号的总称，是用于输入计算机进行处理，并具有一定意义的字母、数字、符号和模拟量等的总称。数据收集，是指利用某种装置（又称接口），从系统外部收集数据并输入到系统内部。如用户通过键盘输入信息，摄像头、扫描仪、麦克风、光电阅读器和移动存储设备都是数据收集的接口。

为了保证信息收集的质量，应坚持下列原则。

（1）全面性原则。要求所收集到的数据要广泛、完整和全面。只有全面、广泛地收集数据，才能完整地反映管理活动和决策对象发展的全貌，为决策的科学性提供保障。但实际上所收集到的数据不可能做到绝对的全面和完整，如何在不完整的数据下做出科学的决策是一个非常值得探讨的问题。

（2）准确性原则。要求所收集到的数据要真实、可靠。这个原则也是数据收集工作的最基本的要求。为达到这样的要求，数据收集者必须对收集到的数据反复核实，辨别真假，不断检验，力求把误差减少到最低限度。

（3）时效性原则。数据的利用价值取决于数据是否能及时提供，即它的时效性。数据只有及时、迅速地提供给它的使用者才能有效地发挥作用，特别是决策，对数据的要求是"事前"的消息和情报，而不是"马后炮"的信息。

（4）尊重提供者原则。无论是面谈采访调查者，还是问卷调查时，都需要尊重对方，否则无法获得高质量的数据。在查阅选用文献时，要尊重信息提供方的权益，以免引起纠纷。

数据收集的方法有以下几种：

（1）从文献中获取信息（二手数据）。文献是前人留下的宝贵财富，是知识的集合体，无论是在资料库还是在行政部门和企事业单位中都保存有大量的历史文献数据和资料，是数据收集的主要方法之一。如何在数量庞大、高度分散的文献中找到所需要的有价值的信息，是情报检索所研究的内容。

（2）调查。调查是获得真实可靠信息的重要手段。指运用观察、询问等方法直接从现实社会了解情况、收集资料和数据的活动。利用调查收集到的信息是第一手资料，通常比较接近社会，接近生活，容易做到真实、可靠。调查的方法包括：与有关负责人面谈、各部门报表的收集、各种座谈会调查、网上问卷调查、开会问卷调查、街头采访等。

根据调查范围的不同，调查分为普查和抽样调查。

普查，指从某一特定目的而对所有考察对象所做的全面调查中获取数据。如为了全面了解人口情况，如人口总数、人口分布、家庭人口、人口增长、年龄构成、文化程度等，世界各国一般要定期进行国家人口普查。人口普查属于全面调查，调查对象包括全国人民。普查得到的数据比较准确。但是当要调查的总体比较多时普查比较费时、费力，消耗大量财力，并且有时受客观条件限制无法做到，如要了解一批灯泡的使用寿命，不可能将这批灯泡逐个使用到用坏为止。因此普查主要适用于准确性要求较高、调查工作可行、没有破坏性等场合。

抽样调查，指从某一特定目的而对部分考察对象所做的调查中获取数据。抽样调查是根据部分实际调查结果来推断总体标志总量的一种统计调查方法，属于非全面调查的范畴。它是按照科学的原理和计算，从大量事物总体中，抽取部分样本来进行调查、观察，用所得到的调查标志的数据代表总体、推断总体。抽样调查耗费的人力、物力、财力少，大大地节省了数据收集时间。特点是按随机原则抽选样本，总体中每一个单位都有一定的概率被抽中，可以用一定的概率来保证将误差控制在规定的范围之内。

（3）建立情报网和感知网。为长期、定期收集信息，许多机构建立了情报网，由各级机构不断提供所需信息。情报网往往是指负责数据收集、筛选、加工、传递和反馈的整个工作体系，不仅仅指收集本身。随着物联网技术的发展，许多机构建立了感知网，从各处的传感器和智能仪表自动定时地收集信息，通过集中或分布式系统进行处理，保证了数据的准确性和时效性。目前，情报网和感知网已成为数据收集的重要方法，RFID自动识别系统、传感器网络和互联网、移动互联网应用都成为企业收集信息的渠道。

2）数据分类

数据分类就是把具有某种共同属性或特征的数据归并在一起，通过其类别的属性或特征来对数据进行区别。换句话说，就是将相同内容、相同性质的信息以及要求统一管理的信息集合在一起，而将相异的和需要分别管理的信息区分开来，然后确定各个集合之间的关系，形成一个有条理的分类系统。数据分类能够帮助人们了解信息的需求、结构、处理的顺序、数据编码和数据存储等。在数据分类的基础上进行数据编码，才能实现便于计算机信息处理和数据库管理的目标。

数据分类的基本原则如下。

（1）稳定性：依据分类的目的，选择分类对象的最稳定的本质特性作为分类的基础和依据，确保由此产生的分类结果最稳定。因此，在分类过程中，首先应明确界定分类对象最稳定、最本质的特征。

（2）系统性：将选定的分类对象的特征（或特性）按其内在规律系统化进行排列，形成一个逻辑层次清晰、结构合理、类目明确的分类体系。

（3）可扩充性：在类目的设置或层级的划分上，留有适当的余地，以保证分类对象增加时，不会打乱已经建立的分类体系。

（4）综合实用性：从实际需求出发，综合各种因素来确定具体的分类原则，使得由此产生的分类结果总体是最优、符合需求、综合实用和便于操作。

（5）兼容性：有相关的国家标准则应执行国家标准，若没有相关的国家标准，则执行相关的行业标准；若二者均不存在，则应参照相关的国际标准。这样，才能尽可能保证不同分类体系间的协调一致和转换。

常见的数据分类的方法主要有：

① 按数据计量层次分类。数据由测量而产生，按照其测量尺度的不同，可以分为定类数据、定序数据、定距数据和定比数据四种。

定类数据：精度最低的数据，它将数据按照类别属性进行分类，各类别之间是平等并列关系。这种数据不带数量信息，并且不能在各类别间进行排序，在数学中只能用 = 或 ≠ 来运算。例如，某商场将顾客所喜爱的服装颜色分为红色、白色、黄色等，红色、白色、黄色即为定类数据。又如，人类按性别分为男性和女性也属于定类数据。

定序数据：在定类数据的基础上，增加了顺序的概念，各类别之间可以通过排序来比较优劣。在数学中，定序数据不仅可以用=、≠来区分，还可以用>、<来比较，但由于其测量尺度上的区间是主观确定的，缺乏统一的标准，因此只能给出事物的相对大小，并不能确切给出差别的准确度量。比如产品被分为一等品、二等品、三等品；把物体的大小分为大、中、小；把考核结果分为优秀、良好、合格、不合格等。

定距数据：不仅具备定类数据和定距数据的基本特征（可以用 = 、≠、>、<运算），而且还具备统一的、标准的测量单位，因而能够使用加法和减法计算彼此之间的确切差别。但定距数据缺乏绝对的零点，因此无法用乘法和除法来表达数据间的倍数关系。比如公元纪年法就是定距数据，可以说 2017 年比 2010 年多 7 年，但并不能说 2017 年是 2010 年的多少倍，这是因为公元元年是根据基督文化定义的起点，并不是物理或数学意义上无法出现或者无法测量的绝对零点。

定比数据：是精度最高的数据，可以使用等于、不等于、大于、小于、加、减、乘、除各类运算。定比数据包含了绝对零值的定义，因此能够表达倍数或者比率关系。比如温度，用摄氏温度表示，因其 0℃被定义为水的结冰点，并不是绝对零点，只能说 30℃比 10℃高 20℃；若用热力学温度，因其零度被定义为气体分子平均动能为零的绝对零度（-273.15℃），是定比数据，可以说 300K 比 100K 高 200K，也可以说 300K 是 100K 的 3 倍。

② 按数据来源分类。数据的来源主要有两种渠道：一种是通过直接的调查获得的原始数据，一般称为一手或直接数据；另一种是别人调查的数据，并将这些数据进行加工和汇总后公布的数据，通常称之为二手或间接数据。

③ 按数据时间状况分类。数据分为两类：一类是时间序列数据，它是指在不同的时间上收集到的数据，反映现象随时间变化的情况；另一类是截面型数据，它是指在相同的或近似的时间点上收集到的数据，描述现象在某一时刻的变化情况。

数据分类过程一般包括两个步骤：一是建立一个模型，描述给定的数据集或概念集。例如，通过分析由属性描述的数据库元组（记录）来构造关系数据模型；二是使用数据模型对数据进行分类，包括评估模型的分类准确性以及对类标号未知的元组按模型进行分类。

2. 数据编码与校验

在计算机内部，由于只能处理二进制数，所以必须对各种数据、文本、图像、声音、视频等信息进行编码，以二进制编码的形式存入计算机，并由此形成了不同格式的数据文件。常见的数据编码有：数据值数据采用二进制补码，西文信息采用 ASCII 码、Unicode 编码，中文信息编码比较复杂，包括汉字输入码（如搜狗拼音输入码）、汉字国标码（如 GB 2312—80）、汉字机内码（即国标码的计算机表示）和汉字点阵和汉字库等。图形和图像在计算机中有两种数字化表示方法：一种称为点阵图像或位图图像，简称图像（Image）；另一种称为几何图形或矢量图形，简称图形（Graphics）。本小节重点介绍信息处理过程中的数据编码。

1）数据编码

为了实现计算机进行信息处理和数据库管理的目标，在数据分类的基础上要进行数据编码。所谓数据编码是指把需要加工处理的数据信息用特定的数字来表示的一种技术。具体来讲就是根据一定数据结构和目标的定性特征，将数据转换为代码或编码字符，在数据传输中表示数据的组成，并作为传送、接受和处理的一组规则和约定。

由于计算机要处理的数据信息十分庞杂，有些数据所代表的含义又使人难以记忆。为了便于使用，容易记忆，并且方便地进行信息分类、校核、合计、检索等操作，常常要对加工处理的对象进行编码，用一个编码代表一条信息或一串数据，利用编码来识别每一个记录，区别处理方法，节省存储空间，提高处理速度。在数据处理过程中，通过数据编码可建立数据间的内在联系，便于计算机识别和管理，因此数据编码是数据处理的关键。

编码设计的原则主要有唯一确定性、整体性、易于识别和记忆、可扩充性、简明性和效率性、标准化和规范性以及中文限制等。

（1）数值型数据的编码。数值型数据的编码就是根据该类数据的参照标准对变量赋予数值。如调查问卷通常采用三点计分、四点计分和五点计分等方式进行评分，如选项 A、B、C 计分为 1、2、3，选项 A、B、C、D 计分为 1、2、3、4。

（2）非数值型数据的编码。非数值型数据的编码，首先要确定编码规则，然后根据规则对变量赋予数值。对于双值型数据，通常采用 0、1 或 1、2 来赋值，如性别只有男、女两个值，用 1 表示女性，2 表示男性；对于多值型数据，通常采用 1、2、3…来赋值，如员工的文化程度，可以采用数字编码表示不同的类别，文盲半文盲=1、小学=2、初中=3、高中=4、大专=5、本科=6、硕士=7、博士=8 来表示。

通常对非数据型数据编码，主要起到分组的作用，不能进行各种算术运算。

（3）缺失值的处理。缺失值是指在数据采集与整理过程中未获取或丢失的内容，往往会给数据的处理和分析带来一些麻烦和误差。

缺失值可分为用户缺失值和系统缺失值。如在问卷调查中有用户没有勾选的选项，就属于用户缺失值，缺失值可用能识别的特殊数字来表示，如 0、9、99 等。计算机默认的缺失方式，如输入数据空缺、输入非法字符等，就属于系统缺失值，缺失值可用特殊符号标记，如、*、#等。

缺失值有两种处理方法。一是替代法，采用统计命令或在相关统计功能中利用参数替代；二是剔出法，剔除有缺失值的数据。

2）数据校验

数据校验应用在许多场合，主要是为了减少、避免错误数据的产生，保证数据的完整性。最简单的校验就是把原始数据和待比较数据直接进行比较，看是否完全一样，这种方法是最安全也是最准确的，但效率很低。在数据通信中发送方通常用一种指定的算法对原始数据计算出一个校验值，接收方用同样的算法计算一次校验值，如果和随数据提供的校验值一样，则说明数据是完整的，这种方法在计算机数据通信的硬件设计中被普遍采用。

计算机硬件常用的数据校验方法有奇偶校验、海明校验和循环冗余校验，其实现原理是加入冗余代码，与原始的数据一起按某种规律编码，这样就可以通过检测编码的合法性来达到发现错误的目的。例如奇偶校验是在 n 位长的数据上增加一个二进制位作为校验位，校验位的取值（0 或 1）取决于数据中 1 的个数和校验方式（奇或偶校验），校验位可放在高位或者低位，这与具体实现相关。若为奇校验，则数据加上校验位后 1 的个数应为奇数；若为偶校验，则数据加上校验位后 1 的个数应为偶数。当数据传送到目的后进行奇偶校验，若得到的数不满足奇（偶）定义，则表示数据传送有错。

例如，7 位数据 1010101 中共有 4 个 1，附加校验位后变为 8 位，且校验位放在高位。若采用奇校验，则校验位为 1，数据加上校验位后为 11010101；若采用偶校验，则校验位为 0，数据加上校验位后为 01010101。

在信息处理过程中，每个阶段都要进行数据校验，检查数据是否有错。校验方法包括人工检查、人机分别检查对比以及由软件自动检查做出错误提示。常用的数据校验有：重复校验，多人同时输入数据，再对比；界限校验，检查数据是否越界；数据类型检验；数据格式校验；逻辑校验，检查数据是否符合业务的逻辑性；顺序校验和计数校验，例如检查记录号是否缺失或重复；平衡校验，检查数据之间是否符合业务要求的平衡；对照校验，与计算机内已存储的表对照，看是否存在该项等。

3. 数据清洗

数据清洗指对数据进行重新审查和校验的过程，从名字上也看得出就是把"脏"的数据"洗掉"，指发现并纠正数据中可识别的错误，包括检查数据一致性、处理无效值和缺失值、删除重复数据等。数据清洗利用有关技术（如数理统计、数据挖掘或预定义的清理规则）将脏数据删除或转化为满足数据质量要求的数据。数据清洗的标准原理模型如图 1-15 所示，将数据输入到数据清理处理器，通过一系列步骤"清理"数据，从数据的准确性、完整性、一致性、唯一性、适时性、有效性几个方面来处理数据的丢失值、越界值、不一致代码、重复数据等问题，然后以期望的格式输出清理过的数据。与问卷审核不同，大批量的数据清洗常利用数据清洗工具由计算机软件而不是人工完成。

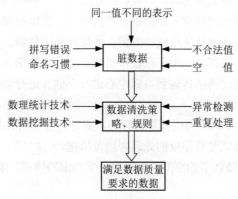

图 1-15　数据清理原理模型图

数据清理一般针对具体应用，因而难以归纳统一的方法和步骤，但是根据数据不同可以给出相应的数据清理的基本方法。

1）解决不完整数据（即值缺失）的方法

大多数情况下，缺失的值必须手工填入。当然，某些缺失值可以从本数据源或其他数据源推导出来，这就可以用平均值、最大值、最小值或更为复杂的概率估计代替缺失的值。

2）错误值的检测及解决方法

用统计分析的方法识别可能的错误值或异常值，如偏差分析、识别不遵守分布或回归方程的值，也可以用简单规则库（常识性规则、业务特定规则等）检查数据值，或使用不同属性间的约束、外部的数据来检测和清洗数据。对异常值的处理需要特别谨慎，需要从业务方面进行分析究竟是否有错误。

3）重复记录的检测及消除方法

数据库中属性值完全相同的记录被认为是重复记录。通过判断记录间的属性值是否相等来检测记录，相等的记录合并为一条记录（即合并/清除）。合并/清除是消重的基本方法。

4）不一致性（数据源内部及数据源之间）的检测及解决方法

从多数据源集成的数据可能有语义冲突，可定义完整性约束用于检测不一致性，也可通过分析数据发现联系，从而使得数据保持一致。

4. 数据的存储和检索

1）数据存储

数据存储对象包括数据流在加工过程中产生的临时文件或加工过程中需要查找的信息。数据以某种格式记录在计算机内部或外部存储介质上。数据存储要命名，这种命名要反映信息特征的组成含义。

（1）存储介质。存储介质是数据存储的载体，是数据存储的基础。存储介质并不是越贵越好、越先进越好，要根据不同的应用环境，合理选择存储介质。数据存储要求容量大、存储速度快、携带方便、与计算机接口通用、成本低等。除了计算机本身的大容量硬盘存储外，数据存储介质还有：移动硬盘、可记录光盘、U 盘、闪存卡等。

（2）存储方式。按照数据在计算机中的保存方式来分，数据存储方式有三种：本地文件与数据库以及云存储。其中本地文件使用较为方便；数据库性能优越，有查询功能，可以加密、加锁、跨应用、跨平台等；云存储则用于比较重要和数据量大的场合，比如科研、勘探、航空等实时采集到的数据需要通过网络传输到数据中心进行存储并进行处理。

在数据存储时要注意以下问题。

① 存储的数据要安全可靠。利用计算机存储数据时，要提防计算机内数据文件被各种内部或外部的因素所毁坏，因此要有相应的处理和防范措施。

② 对于大量数据的存储要节约空间。如采用科学的编码体系，缩短相同信息所需的代码，以节约存储空间。

③ 数据存储必须满足存取方便、迅速的需要。利用计算机存储时要对数据进行科学、合

理地组织，要按照信息本身和它们间的逻辑关系进行存储。

④ 按照数据使用的频度分级分别存储在不同的存储器中，使存储体系总体的效率高成本低。例如将归档数据脱机存放在大容量低成本的存储器中。

2）数据检索

数据检索即把数据库中存储的数据根据用户的需求提取出来。数据检索的结果会生成一个数据表，既可以放回数据库，也可以作为进一步处理的对象。

数据检索包括数据排序和数据筛选两项操作。

（1）数据排序。查看数据时，往往需要按照实际需要，把数据按一定的顺序排列展示出来。

（2）数据筛选。所谓"筛选"，是指根据给定的条件，从表中查找满足条件的记录并且显示出来，不满足条件的记录被隐藏起来。这些条件称为筛选条件。

数据检索方法主要有顺序检索、对分检索和索引查询等。

5. 数据分析和可视化

数据分析是指用适当的统计分析方法对收集来的大量数据进行分析，将它们加以汇总、理解并消化，以求最大化地开发数据的功能，发挥数据的作用。数据分析是为了提取有用信息和形成结论而对数据加以详细研究和概括总结的过程。社会越发达，人们对数据的依赖就越多，无论政府决策还是公司运营，无论是科学研究还是媒体宣传，都需要数据支持，因此将数据转化为知识、结论和规律，就是数据分析的作用和价值。如企业在正常运营中会产生数据，而对这些数据的深层次挖掘所产生的数据分析报告，对企业的运营及策略调整至关重要。对企业数据做好分析，对于促进企业的发展、为企业领导者提供决策依据有着重大作用。

实施数据分析项目，其过程概括起来主要包括：明确分析目的与框架、数据收集、数据处理、数据分析、数据展现和撰写数据分析报告。

明确分析目的与框架就是明确项目的数据对象、商业目的和要解决的业务问题。基于商业的理解，整理分析框架和分析思路。例如，减少新客户的流失、优化活动效果、提高客户响应率等。不同的项目对数据的要求，使用的分析手段也是不一样的。

数据收集是按照确定的数据分析和框架内容，有目的地收集、整合相关数据的一个过程，它是数据分析的一个基础。

数据处理是指对收集到的数据进行加工、整理，以便开展数据分析，它是数据分析前必不可少的阶段。数据处理主要包括数据清洗、数据转化等处理方法。

数据分析是指通过分析手段、方法和技巧对准备好的数据进行探索、分析，从中发现因果关系、内部联系和业务规律，为项目目标提供决策参考。到了这个阶段，要能驾驭数据、开展数据分析，就要涉及工具和方法的使用。一是要熟悉常规数据分析方法，如方差、回归、因子、聚类、分类、时间序列等多元和数据分析方法的原理、使用范围、优缺点和结果的解释；二是熟悉数据分析工具，一般的数据分析可以通过 Excel 完成，高级数据分析则需要专业的分析软件，如数据分析工具 SPSS/SAS/R/MATLAB 等，用于进行专业的统计分析、数据建模等。

数据展现指通过图、表的方式来呈现数据分析的结果。借助于图形化手段，能更直观、清晰、有效地传达与呈现信息、观点和建议。常用的图表包括饼图、折线图、柱形图/条形图、散点图、雷达图、金字塔图、矩阵图、漏斗图、帕雷托图等。

撰写数据分析报告，是对整个数据分析成果的一个呈现。通过分析报告，把数据分析的目的、过程、结果及方案完整呈现出来，以为商业目的提供参考。一份好的数据分析报告，首先需要有一个好的分析框架，并且图文并茂，层次明晰，能够让阅读者一目了然。结构清晰、主次分明可以使阅读者正确理解报告内容；图文并茂，可以令数据更加生动活泼，提高视觉冲击力，有助于阅读者更形象、直观地看清楚问题和结论，从而产生思考；另外，数据分析报告需要有明确的结论、建议和解决方案，不仅仅是找出问题，提出解决方案更重要。

6. 大数据

随着信息技术逐渐渗透到每个行业和领域，数据正成为重要的生产要素被各个行业所重视。2012 年后，大数据这一概念被越来越多提及，已经被描述和定义为信息爆炸时代产生的海量数据，以及由此带动的技术创新和产业发展。大数据既是一类呈现数据容量大、增长速度快、数据类别多、价值密度低等特征的数据，也是一项能够对数量巨大、来源分散、格式多样的数据进行采集、存储和关联性分析的新一代信息系统架构和技术。

可以从以下三个方面理解大数据时代的信息特征。

（1）要分析与某事物相关的更多的数据，有时甚至可以处理和某个特别现象相关的所有数据，而不再是只依赖随机采样的少量的数据样本，即样本=总体。

（2）乐于接受数据的纷繁复杂，而不再一味追求其精确性。

（3）尝试着不再探求难以捉摸的因果关系，转而关注事物的相关关系。

从字面来看，"大数据"好像只是容量巨大的数据集合而已。但容量只是大数据特征的一个方面，大数据具有 4V 特点：Volume（大量）、Velocity（高速）、Variety（多样）、Value（价值）。可以看出，大数据的实质是对数据资源进行价值挖掘，特别是对爆炸式增长的非结构化数据（典型的如图片、各类报表、音视频信息等），如何通过软件技术和新型算法进行专业化加工处理，挖掘数据背后的"价值蓝海"。适用于大数据的技术，包括大规模并行处理数据库、数据挖掘、分布式文件系统、分布式数据库、云计算平台、互联网和可扩展的存储系统等。

目前，在消费娱乐、交通、疾病、气象等方面的大数据分析和预测已走进了人们的生活。例如，麻省理工学院、密歇根大学和美国一家妇女医院创建了一个计算模型，通过对心脏病患者的心电图数据进行分析，能够预测未来一年内患者心脏病发作的几率。百度面向旅游部门和旅游景点推出旅游预测服务，在安全管理、人流疏导、游客体验提升等方面取得良好效果。人们接触大数据应用最早和最多的可能是用户行为分析，即通过各种用户行为，包括浏览记录、消费记录、交往和购物娱乐、行动轨迹等各种用户行为产生的数据，通过分析这些数据之间的关联性匹配某些结果现象，有利于企业调整后续的策略。数据仓库、数据安全、数据分析、数据挖掘等围绕大数据商业价值的利用正逐渐成为各行业人士争相追捧的利润焦点，在全球引领了新一轮数据技术革新浪潮。

大数据被誉为 21 世纪的石油和金矿，掌控和利用大数据资源的能力正成为一个国家提升综合竞争力的关键。

1.3.3 信息处理实务

在全球知识经济和信息化高速发展的今天，信息化是决定企业成败的关键因素，也是企业实现跨行业、跨地区，特别是跨国经营的重要前提，信息的收集、分析、整理和存储都给企业的生存创造着价值。因此，企业应当运用信息技术加强内部控制，建立与经营管理相适应的信息系统，促进内部控制流程与信息系统的有机结合，实现对业务和事项的自动控制，减少或消除人为操纵因素。同时，企业的发展会产生各种新的信息，也不断要求信息处理系统改进和提升功能。

1. 企业信息处理内容

对信息资源进行挖掘和规划，首先应从企业的内部管理和企业外部竞争环境两方面来分析信息资源，其次可以从采购周期、生产周期和销售周期分析企业信息资源状况，最后可以从厂房设备等要素上分析其硬件资源状况，从人员配置等要素分析其人力资源状况等。信息规划的基础是挖掘企业的信息资源和确认各部分的信息特征，分析企业需要建立哪些信息管理系统来处理信息资源，各系统如何共享信息等。

从企业信息来源的性质可以将企业信息处理内容分为企业内部信息和企业外部信息。

1）企业内部信息

企业内部信息是非常复杂并具有个性特点的，包括企业的各种业务报表和分析报告，有关生产方面、技术方面的资料以及经营管理部门制订的计划、人力资源等方面的情况。

（1）企业产品信息。包括产品的市场占有率、销售网点、流通渠道、产品供求平衡、价格动力与政策、竞争力要素、竞争产品的动向、新技术和新产品开发动向等。它们能帮助企业了解产品的市场需求和行情变化，提供产品更新换代的规律。

（2）企业管理信息。包括企业体制、经营者素质、销售战略、经营战略、经营能力分析和技术开发能力分析等。它们为企业生产经营活动的安排、营销策略的拟定和开发战略的研制提供了经验和手段支持。

采购、生产和销售信息，是企业重要的三个信息资源。采购指市场信息、产品信息和供应商信息等。生产指生产计划信息、生产周期信息、劳动生产率信息和产品质量信息。销售指产品信息、客户信息和产品流通信息。这些都涉及原材料、零部件、半成品及成品信息，具有很高的流动性，是企业首先要关心的、也是最先能够发挥价值的信息。

（3）设备、厂房和运力信息。它们给企业的调度管理提供了依据，可以通过数据分析提出决策建议,是企业信息化得到提升的表现。对这些信息进行收集和处理时,需要与物料和产品信息加以连接,从而多维度地处理生产计划问题,优化生产计划,提高企业生产能力。

(4) 人员、知识和资产信息。信息化社会,企业信息最突出的特点体现在人员、知识和资产这些资源信息层面,企业的竞争也正逐步体现在这个层面。在处理这些信息资源时,需要考虑的是多因素的动态平衡和交叉影响。对这些信息资源的处理手段,可以借鉴和采用人力资源管理中的方法,如绩效管理和平衡记分等,提高企业的竞争力。

2) 企业外部信息

信息及信息技术对未来社会的影响,尤其对企业的影响无论怎样预测都不过分。企业外部信息在企业战略发展和决策方面的重要程度绝不亚于企业内部信息,从资本运作的效果上看,企业获得跨越式发展的机会几乎都来自对外部信息的把握上。

与企业内部信息相比,外部信息资源更加丰富,信息的种类及信息获取的渠道更为多样化,在处理信息时,企业外部信息也同样重要。

(1) 市场环境信息。它是与企业所处市场的各种经济活动和相关环境有关的数据、资料和情报的统称,反映了市场活动和环境的变化、特征及趋势等情况。市场环境信息主要包括与企业营销活动有关的经济、政治、法律、社会文化、人口、技术和自然等方面的信息。

(2) 技术经济信息。它包括技术水平、技术潜力、新技术应用前景预测、替代技术预测、新技术影响的预测和专利动向等。

(3) 企业合作信息。它包括采购、委托加工、销售、外包及仓储调度等方面信息,可以借助信息化平台来实现。

2. 企业信息工作管理

信息工作管理是企业实现信息化的必要工作。只有进行有效的管理,企业信息化才能落到实处。它主要包括企业信息资料管理、信息用户管理和信息工作管理。

1) 企业信息资料管理

企业信息资料管理包括管理信息资料的收集、加工、存储和反馈等环节,是企业信息处理的基础工作。信息处理技术员在工作时应注意下列工作。

(1) 扩大信息收集的范围和种类。企业要不断提高生产技术水平和经营管理水平,大力发展生产,不但需要有关的科学技术信息,而且还需要经济、经营和管理等方面的信息。不仅要收集各种数字资料,也要收集与企业相关的其他信息资料,如标准、样本、声像资料、研究报告、实物样品、市场信息以及其他种类繁多的非公开出版物所发布的信息,并将收集的信息资料建成可供查询的资料室或数据库等。

(2) 加强信息资料的加工和报道。对信息进行各种加工,是企业信息部门的工作重心和发展趋势。加工处理后的信息资料应通过各种形式给予报道,便于相关部门及时、正确使用。

(3) 做好信息资料的研究与决策支持工作。信息资料的研究是信息管理人员针对某一特定课题,系统地进行信息资料的收集、筛选、分析、综合和输出等各项工作的总称,包括对科技信息、客观经济信息和企业内部管理、生产信息的研究和分析，为企业决策提供依据。

2）企业信息用户管理

企业信息管理的服务对象主要指企业产品的需求部门。企业信息用户管理主要包括两方面内容：一是了解用户的信息需求；二是提高信息服务的质量。只有那些适合用户需求，特别是能使用户最大限度发挥优势的信息，才能被用户欢迎和采用，也才能使企业的信息管理产生最好的服务效果。

从信息用户的角度出发，企业信息管理部门应积极参加企业的各项经营管理活动，了解各级领导的意图，了解技术人员、生产工人当前和未来的任务、存在的问题和困难，认真分析和掌握他们的信息需求，同时认真做好信息知识技术的普及工作，使各种有用的信息能更迅速地被企业的各个管理层、生产层采用，从而充分利用信息提高整个企业的生产技术和经营管理水平。

3）企业信息工作管理

企业信息管理部门应首先确定设置信息机构的宗旨和服务方向。即采取信息资料、信息交流和信息研究三者并重的发展方向，以为企业领导人和科研人员提供决策和技术攻关资料为重点，以为企业的生产经营管理提供有关信息为日常工作，遵循因事设置的原则，力求精简，建立讲求实效的信息管理系统。

（1）信息管理规章制度的建立。完备的信息管理规章制度是规范企业信息处理工作的前提。

（2）信息人员的配备和管理。企业信息管理人员不仅要具有一定的专业知识，还应具备相关的业务知识。企业要为他们开展工作创造良好的工作环境。

（3）信息装备的配置。企业应购置一些先进的信息管理硬件设备和最新的信息管理软件，有利于企业信息工作的开展和顺利进行。

（4）工作计划的制订。先制订信息处理工作计划，才能顺利开展工作。主要包括图书文字资料的收集采购计划、设备添置计划、人员配备计划、交流报道计划、信息研究计划和培训计划等。

1.3.4 习题解析

1. 与计算机操作员相比，信息处理技术员的岗位能力要求不包括（　　）。
   A．除了掌握所需的操作技术外，还需要具有数据管理能力
   B．对数据是否出现异常具有敏感性
   C．全面掌握计算机知识和使用技巧
   D．善于总结经验，想办法采用更方便的处理方法

【解析】从字面可以看出，计算机操作员侧重于计算机操作技术，信息处理技术员侧重于本单位的信息处理能力。信息处理技术员的岗位更接近本单位实际业务，要求比较全面。除了要求掌握常用的操作技术外，还需具有数据管理能力，将大量数据管理得井井有条。对数据出现异常很敏感，也有很多办法能检查数据是否出错。还善于总结工作经验，不断想出更好的方法来处理。从技术角度看，信息处理技术员应熟练掌握普遍常用的操作方法，对本单位工作有好处的某些特殊技巧常常作为工作经验积累得到。对该岗位而言，并不需要全面掌握计算机

各种操作技巧，但还是要掌握常用的操作方法，了解数据处理的要求和一般过程、通常做法和注意事项，为信息处理工作奠定基础。

【答案】C。

2. 信息处理工作前期，首先需要收集所需的数据，常常要做原始统计记录。做原始统计记录需要注意的事项中一般不包括（　　）。

　　A．要及时记录，事后回忆可能不准确
　　B．记录要真实、全面，不能片面、造假
　　C．记录要清晰，要便于别人理解与处理
　　D．要严格按统一规定编码格式进行记录

【解析】原始信息的收集要准确，要使获得的信息能准确反映决策者需要了解的情况。收集者不能按自己或其他人的旨意随意变动信息的内容或收集信息的范围。做原始统计记录没必要按统一规定编码格式进行记录，对记录进行统一规定编码格式应在信息处理的信息收集后的信息编码阶段做。

【答案】D。

3. 企业中的信息处理过程包括多个阶段，对每个阶段都应有目标要求，有规范的制度，有需要特别注意的事项。以下叙述中正确的是（　　）。

　　A．要根据企业现有数据的情况，选择所需收集的数据项
　　B．数据排序的目的是节省存储空间
　　C．选择合适的数据存储方式将使检索操作更便捷
　　D．数据代码化将使用户识别数据更直观

【解析】选择所需收集的数据项，主要是为了企业中各阶层人员了解信息、作为决策的需要，而不是根据企业现有数据的情况。数据排序主要是为了节省查找时间，它不能节省存储空间。选择合适的数据存储方式能使检索操作更便捷，所以 C 是正确的。数据代码化主要是便于计算机处理并减少信息操作员的工作量，相反用户识别数据并不直观。

【答案】C。

4. 下列选项中，不属于信息处理基本要求的是（　　）。

　　A．正确　　　　B．及时　　　　C．持久　　　　D．经济

【解析】现代企业对信息处理的要求可归结为及时、准确、适用、经济和安全五个方面。

【答案】C。

5. 国际标准书号由"ISBN"和 10 个数字组成，其编码格式为：ISBN 组号-出版者号-书名号-校验码（如校验码为"10"则用符号"X"代表）。如果这 10 个数字自左至右依次乘以 10，9，8，…，2，1，再求和后所得的结果能被 11 整除，则说明该书号校验正确。《信息处理技术员教程》的书号为：ISBN 7-302-11601-校验码，则校验码应是（　　）。

　　A．4　　　　　B．5　　　　　C．6　　　　　D．7

【解析】根据 ISBN 编码可计算该书的校验和$=10\times7+9\times3+8\times0+7\times2+6\times1+5\times1+4\times6+3\times0+2\times1+1\times$校验位$=148+$校验位，为使该数能被 11 整除，校验码应为 $11\times14-148=6$。

【答案】C。

6. 企业数据中心经常需要向各有关方面提供并展现处理后的数据。以下关于数据展现的叙述中，（　　）是不正确的。

　　A. 企业业务人员需要的是能看懂、理解，并易于使用的数据
　　B. 数据分析师希望能获得所需的数据来探索数据背后的秘密
　　C. 企业领导需要的是直观的分析结果，并随需查看有关数据
　　D. 向上级领导汇报的数据应绚丽多彩，反映企业的正面形象

【解析】数据展现是借助于图形化手段清晰有效地传达与沟通信息，反映的仍然是真实的数据和分析结果，并不是为了看上去绚丽多彩和去除负面信息。

【答案】D。

本章小结

世界是由物质组成的，物质是运动变化的，客观变化的事物不断地呈现出各种不同的信息，人们需要对获得的信息进行加工处理并加以利用。以计算机为核心的信息技术使信息处理产生了革命性的巨大飞跃。信息技术几乎涉及人类社会的各个方面，从社会生产力和人类智力开发等方面推动着社会文明的进步，信息技术、信息化、信息产业、信息社会、信息系统引领了社会的发展和变革，对人类社会必将产生深刻而久远的影响。

信息处理应用问题的核心是建立数学模型。一定的数学基础知识是进行信息处理的前提。数列、排列、组合、分类计数原理、分步计数原理、数值计算等数学知识，能够对给定的实际问题进行分析，利用数学知识解决问题。统计数据除了可以分类整理制成统计表以外，还可以用统计图表示有关数量之间的关系，比统计表更加形象具体。函数公式是数据处理软件的基本应用之一，统计函数功能强大，可以方便地实现数据的自动处理和计算。

信息处理是对收集来的信息进行去伪存真、去粗取精、由表及里、由此及彼的加工过程，它是在原始信息的基础上，生产出价值含量高、方便用户利用的二次信息的活动过程。在企业信息实务中，这一过程是通过数据处理来实现的。数据处理从大量的原始数据抽取出有价值的信息，对所输入的各种形式的数据进行加工整理，贯穿于社会生产和社会生活的各个领域，其过程包含对数据的收集、分类、清洗、存储、加工、检索和展示等。企业信息的范畴、企业信息管理工作是企业信息处理的具体实践。

习题

1. 甲乙两人以等额资金分别投资了两个项目。在相同的期限内，甲的投资先涨了5%，后又跌了5%；乙的投资则先跌了5%，后又涨了5%，其结果是（　　）。
　　A. 甲和乙都略有收益，且收益相等　　B. 甲略有收益，乙略有损失

C．甲和乙都略有损失，且损失相等　　D．甲略有损失，乙略有收益

2．某种商品若按标价出售，相比进价成本每件可获利 50%，若按标价的 8 折出售，则每件可获利（　　）。

A．20%　　　　　B．25%　　　　　C．30%　　　　　D．40%

3．设 $0 \leq a \leq 1, 0 \leq b \leq 1$，则（　　）。

A．$0 \leq (a-b) \leq 0.5$　　B．$0 \leq (a-b) \leq 1$　　C．$0.5 \leq (a-b) \leq 1$　　D．$-1 \leq (a-b) \leq 1$

4．团队中任意两人之间都有一条沟通途径。某团队有 6 人，沟通途径为（　　）条。

A．6　　　　　　B．12　　　　　C．15　　　　　D．30

5．已知 5 个自然数（可有重复）的最小值是 20，最大值是 22，平均值是 21.2，则可以推断，中位数是（　　）。

A．20　　　　　B．21　　　　　C．22　　　　　D．21 或 22

6．19 行 19 列点阵中，外三圈点数约占全部点数的比例为（　　）。

A．小于 10%　　B．小于 20%　　C．大于 50%而小于 60%　　D．大于 70%

7．从①地开车到⑥地，按下图标明的道路和行驶方向，共有（　　）种路线。

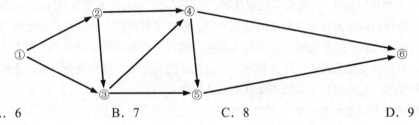

A．6　　　　　　B．7　　　　　C．8　　　　　　D．9

8．某宾馆有 150 间标准客房，其入住率与客房单价有关。根据历史统计，客房单价为 160 元、140 元、120 元和 100 元时，其入住率分别为 55%、65%、75%和 85%。针对这四种单价，定价（　　）时宾馆每天的收入最大。

A．160 元　　　　B．140 元　　　　C．120 元　　　　D．100 元

9．某班级有 40 名学生，本次数学考试大多在 80 分上下。老师为了快速统计平均分，对每个学生的分数按 80 分为基准，记录其相对分（高于 80 分的分值用正数表示，低于 80 分的分值用负数表示，等于 80 分的分值用 0 表示），再统计出各种分数的人数，如下表所示。

相对分	−10	−6	−2	0	+2	+5	+6	+10
人数	1	5	8	10	8	4	3	1

请推算，这次考试全班的平均分为（　　）。

A．79.8　　　　　B．80.0　　　　　C．80.2　　　　　D．80.4

10．某商场在节日期间推出以下几种可供客户选择的促销方式：①100 元可以购买标价 130 元的商品；②满 100 元立减 10 元，再打 8 折；③打 7 折；④满 100 元即可参加抽奖，中奖率 100%。10%为一等奖，退 100 元；30%为二等奖，退 50 元；60%为三等奖，退 10 元。小王想买一件标价 130 元的衣服，她选择促销方式（　　）更为有利。

A．①　　　　　　B．②　　　　　　C．③　　　　　　D．④

11. 足球比赛规定：胜一场得 3 分，平一场得 1 分，负一场得 0 分。某足球队共赛 12 场，只输了 2 场，要使总分能得 21 分以上，至少需要胜（   ）场。

    A．5   B．6   C．7   D．8

12. 以下关于数据和数据处理的叙述中，不正确的是（   ）。

    A．要大力提倡在论述观点时用数据说话

    B．数据处理技术重点是计算机操作技能

    C．对数据的理解是数据分析的重要前提

    D．数据资源可以为创新驱动发展提供动力

13. 某网店今年销售的一种商品 2 月份与 1 月份相比，价格降低了 5%，而销量增加了 5%，因此销售额（   ）。

    A．略有降低   B．没有变化   C．略有增加   D．增加了 10%

14. 甲买了 3 条围巾、7 条布带和 1 条毛巾，共花了 32 元。乙买了同样的 4 条围巾、10 条布带和 1 条毛巾，共花了 43 元。丙欲买同样的围巾、布带和毛巾各一条，需要（   ）元。

    A．10   B．11   C．17   D．21

15. 下列关于有损压缩的叙述中，正确的是（   ）。

    A．有损压缩可以将原文件中的信息完全保留，解压后数据可以完全恢复

    B．有损压缩可以将原文件中的信息完全保留，解压后数据不可以完全恢复

    C．有损压缩不能将原文件中的信息完全保留，解压后数据可以完全恢复

    D．有损压缩不能将原文件中的信息完全保留，解压后数据不可以完全恢复

16. 下列关于信息处理的说法，错误的是（   ）。

    A．对收集来的信息，要进行筛选和判别

    B．收集、存储、加工、传输都是信息处理所涉及的环节

    C．信息收集要坚持全面性原则

    D．在信息传递过程中，信息提供者和用户不能兼有双重身份

17. 信息加工的主要内容不包括（   ）。

    A．筛选   B．编制   C．采集   D．分析

18. 信息系统设计方案的操作界面部分，当输入界面设计方案需要征求信息处理技术员的意见时，在如下设计理念中，（   ）是正确的。

    A．为了美观大方，输入框中的数据应要求用户用楷体居中输入

    B．年龄、工龄等信息的输入可采用下拉列表框的形式

    C．用户在输入框中输入信息并按回车键后，系统应立即对用户输入的信息进行有效性校验。

    D．用户输入界面的颜色应鲜明，操作区域可不一致，各字体也可不一致

19. 常用的数据收集方法一般不包括（   ）。

    A．设备自动采集   B．数学模型计算   C．问卷调查   D．查阅文献

20. 在信息存储时，（   ）是错误的。

A．企业中的任何人都可以随时向资料库存入信息资料

B．利用计算机存储资料时，存储的资料要安全可靠

C．当存储大量时，应采用科学的编码体系，缩短相同信息所需的代码，以节约存储空间

D．信息存储必须满足存取方便、迅速的需要

21．甲乙丙三人生产零件，甲乙 2 小时生产 36 个，乙丙 4 小时生产 96 个，甲丙 1.5 小时生产 48 个，问甲乙丙每小时共生产零件（   ）个。

    A．39　　　　　　B．37　　　　　　C．44　　　　　　D．45

22．某员工的工资 5 月比 4 月增加了 50%，而 6 月比 5 月减少了 50%。那么，与 4 月相比，该员工 6 月的工资（   ）。

    A．减少了 25%　　B．减少了 75%　　C．增加了 25%　　D．没有变化

23．以下关于抽样调查的叙述中，正确的是（   ）。

A．抽样调查应随机抽取样本进行调查并对总体做出统计估计和推断

B．抽样调查的样本数量和调查的时间段应随机确定，排除主观因素

C．抽样调查应依靠各级机构和专家全面选择各类典型代表进行调查

D．抽样调查的结论等于将样本调查的结果按样本比例放大后的结果

24．在数据处理中，"删除重复数据"的功能很重要，但其作用不包括（   ）。

A．有效控制数据体量的急剧增长

B．节省存储设备和数据管理的成本

C．释放存储空间，提高存储利用率

D．提高数据的安全性，防止被破坏

25．在实施数据分析项目时，首先应该（   ）。

    A．收集和整理数据　　　　　　　B．明确数据分析的目的和内容

    C．购买数据处理设备　　　　　　D．起草数据分析报告框架

26．数据加工前一般需要做数据清洗。数据清洗工作不包括（   ）。

A．删除不必要的、多余的、重复的数据

B．处理缺失的数据字段，做出特殊标记

C．检测有逻辑错误的数据，纠正或删除

D．修改异常数据值，使其落入常识范围

27．企业数据中心经常需要向各有关方面提供并展现处理后的数据。以下关于数据展现的叙述中，（   ）是不正确的。

A．企业业务人员需要的是能看懂、理解，并易于使用的数据

B．数据分析师希望能获得所需的数据来探索数据背后的秘密

C．企业领导需要的是直观的分析结果，并随需查看有关数据

D．向上级领导汇报的数据应绚丽多彩，反映企业的正面形象

28．数据分析报告的作用不包括（   ）。

A．展示分析结果 　　　　　　　　B．验证分析质量
C．论证分析方法 　　　　　　　　D．向决策者提供参考依据

29．对用户来说，信息系统的（　　）反映了系统的功能。

A．人机界面　　　B．架构　　　C．数据库　　　D．数据结构

30．信息处理技术员的网络信息检索能力不包括（　　）。

A．了解各种信息来源，判断其可靠性、时效性、适用性

B．了解有关信息的存储位置，估算检索所需的时间

C．掌握检索语言和检索方法，熟练使用检索工具

D．能对检索效果进行判断和评价

第 2 章 计算机系统基础知识

本章将介绍计算机系统相关知识,包括硬件系统的构成、性能指标等,软件系统的组成和多媒体基本常识,音频和图像的数字化等。

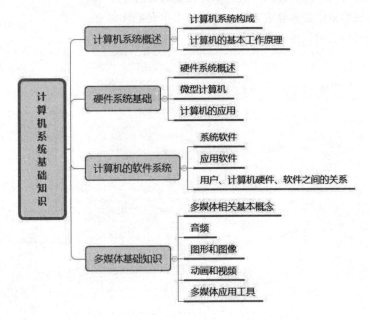

2.1 计算机系统概述

计算机(Computer)俗称电脑,是指一种能快速、高效、准确地对各种信息进行处理和存储的数字化电子设备。它把程序存放在存储器中,通过执行程序对输入数据进行加工、处理、存储和传输并获得输出信息。

计算机系统由硬件系统和软件系统两大部分构成。

2.1.1 计算机的产生与发展

计算机的诞生、发展和普及,是 20 世纪科学技术的卓越成就,是人类历史上最大的发明之一,是新技术革命的基础。

计算机的发展和电子技术,特别是微电子技术密切相关。

1. 计算机的产生

世界上第一台电子计算机是 1946 年由美国宾州大学的约翰·莫克利(John Mauchly)等人

为军事需要研制的,称之为 ENIAC（Electronic Numerical Integrator And Calculator）,如图 2-1 所示。该机器共用 18 000 多个电子管,占地面积 167m^2,重 30t,功率 150kW,字长 12 位,每秒运算 5000 次加减法。与现代计算机相比,除了体积大、计算速度慢、能耗大外,ENIAC 还有很多不足之处,如存储容量太小等。ENIAC 虽然存在许多缺点,但却是历史上一次划时代的创新,它奠定了电子计算机的基础。

图 2-1　世界上第一台电子计算机 ENIAC

从 1946 年至今,按照逻辑元件的种类将计算机的发展分为 4 个阶段,如表 2-1 所示。

表 2-1　计算机发展的四个阶段

阶　　段	说　　明
第一阶段 1946 年—1955 年	第一代计算机是以电子管作为基本逻辑元件,以磁芯、磁鼓为内存储器,以机器语言和汇编语言为处理方式,运算速度为 5000～3 万次/秒的庞大计算机;主要用于科学和工程计算。 典型机型是 ENIAC、EDVAC 和 IBM705 等
第二阶段 1956 年—1963 年	第二代计算机是以晶体管为基本逻辑元件,以磁芯、磁鼓为内存储器,程序设计采用高级语言,如 COBOL、FORTRAN 等;在这一时期还出现了操作系统软件;运算速度可达几十万次/秒～百万次/秒;同时体积缩小、功耗降低。除了用于科学和工程计算外,还应用于数据处理等更为广泛的领域。 典型机型有 IBM7000 和 CDC6600 等
第三阶段 1964 年—1971 年	第三代计算机是以中、小规模集成电路为基础,以半导体芯片为主存储器,以多道程序、实时处理为处理方式;运算速度百万次/秒～几百万次/秒的计算机;在软件方面,操作系统日益完善;在体积、功耗、价格方面都有了进一步改善。计算机设计思想已逐步走向标准化、模块化和系列化,应用范围更加广泛。 典型机型是 IBM360、PDP11 和 NOVA1200 等

续表

阶　　段	说　　明
第四阶段 1972 年至今	第四代计算机是一种以大规模和超大规模集成电路为基础，采用集成度更高的半导体芯片为主存储器，以实时、分时处理和网络操作系统为处理方式，运算速度几百万次/秒～几亿次/秒的计算机；这一时期，系统软件的发展不仅实现了计算机运行的自动化，而且正在向智能化方向迈进，各种应用软件层出不穷，极大地方便了用户。 典型机型是 IBM370、VAX11 和 IBM PC 等。我们现在使用的计算机都属于第四代计算机

在计算机四个阶段的发展进程中，计算机的性能越来越好，生产成本越来越低，体积越来越小，运算速度越来越快，耗电越来越少，存储容量越来越大，可靠性越来越高，软件配置越来越丰富，应用范围越来越广泛。

2．未来计算机发展趋势

未来计算机将向智能型计算机发展。美国、日本等一些发达国家的实验室内正在研究未来计算机，据专家预计，它应当具有像人一样的看、听及思考能力。未来计算机大致有如下 5 个发展趋势。

1）高速超导计算机。所谓超导，是指有些物质在接近绝对零度时，电流流动是无阻力的。超导计算机是使用超导体元器件的高速计算机。这种电脑的耗电仅为用半导体器件制造的电脑所耗电的几千分之一，它执行一条指令只需十亿分之一秒，比半导体元件快 10 倍。以目前的技术制造出的超导电脑用集成电路芯片只有 3 mm^3～5mm^3 大小。

2）光计算机。光计算机是利用光作为载体进行信息处理的计算机，也称之为光脑。光计算机靠激光束进入由反射镜和透镜组成的阵列中来对信息进行处理，与电脑相似之处是，光计算机也靠一系列逻辑操作来处理和解决问题。计算机的功率取决于其组成部件的运行速度和排列密度，光在这两个方面都很有优势。

3）生物计算机。生物计算机主要是以生物电子元件构建的计算机。它利用蛋白质的开关特性，由蛋白质分子作元件制成生物芯片。其性能由元件与元件之间电流启闭的开关速度来决定。用蛋白质制造的电脑芯片，它的一个存储点只有一个分子大小，所以它的存储容量可以达到普通电脑的 10 亿倍。由蛋白质构成的集成电路，其大小只相当于硅片集成电路的 1/100000，而且其开关速度更快，达到 10ps～11ps（1ps=1/100000s），大大超过人脑的思维速度。生物芯片传递信息时阻抗小，能耗低，且具有生物的特点，具有自我组织自我修复能力。

4）量子计算机。量子计算机是一种利用处于多现实态下的原子进行运算的计算机。这与传统的二进制计算机将信息分为"0"和"1"对应于晶体管的"开"和"关"来处理不同，量子计算机中最小的处理单位是一个量子比特。量子比特是多态的，而且可同时出现。因此具有信息传输不需要时间、信息处理所需能量几乎为零的神奇之处。

5）情感计算机。未来的计算机将在模式识别、语音处理、句法分析和语义分析的综合处理能力上获得重大突破。它可以识别孤立单词、连续单词和连续语音和特定或非特定对象的自然语言（包括口语）。

专家们认为，21世纪将是光计算机、生物计算机、量子计算机和情感计算机的时代。计算机将向网络化、智能化、微型化和多媒体化发展，新一代的计算机将对人们的生活产生重大影响。

2.1.2 计算机的特点

计算机的主要特点有运算速度快、计算精度高、逻辑判断和记忆能力强、自动化程度高及通用性强。

1. 运算速度快

计算机的运算速度一般是指计算机每秒能执行的加法运算次数。例如，微型机的运算速度一般可达到每秒几亿次，世界上一些较先进的巨型计算机的运算速度可达数百万亿次每秒甚至上千万亿次每秒。

2. 计算精度高

计算机的计算精确度主要取决于CPU在单位时间内一次处理二进制数的位数。CPU在单位时间内一次处理的二进制数据的位数称为字长，字长越长，其计算精度越高。目前微型计算机的字长有16位、32位、64位等。为了达到更高的计算精度，可以采用双倍字长进行运算。

3. 具有记忆和逻辑判断能力

随着计算机存储容量的不断增大，可存储记忆的信息越来越多。计算机不仅能进行计算，而且能把参加运算的数据、程序以及中间结果和最后结果保存起来，以供用户随时调用；还可以对各种信息（如语言、文字、图形、图像、音乐等）通过编码技术进行算术运算和逻辑运算，甚至进行推理和证明。计算机的计算能力、逻辑判断能力和记忆能力三者结合，使之可以模仿人的某些智能活动。因此，人们也把计算机称为"电脑"。

4. 自动化程度高

由于计算机采取存储程序的工作方式，所以能够在人们预先编制好的程序的控制下自动地进行连续不断的运算、处理和控制。这给很多行业带来了方便，如电信部门电话费的记录与计算等。

5. 通用性强

计算机采用数字化信息来表示各类信息，采用逻辑代数作为相应的设计手段，既能进行算术运算又能进行逻辑判断。这样，计算机不仅能进行数值计算，还能进行信息处理和自动控制。如果想通过计算机解决相关问题，需要将解决问题的步骤用计算机能识别的语言编制成程序，装入计算机中运行即可。一台计算机能适应于各种各样的应用，具有很强的通用性。

2.1.3 计算机系统组成

计算机系统是由硬件系统和软件系统组成的。

计算机硬件（Hardware）是构成计算机的各种物质实体的总和。

计算机软件（Software）是计算机上运行的各种程序及相关资料的总和。

硬件是软件建立和依托的基础，软件是计算机系统的灵魂。没有软件的计算机称为"裸机"，而裸机是无法工作的。同样，没有硬件对软件的物质支持，软件的功能则无从谈起。所以把计算机系统当作一个整体，它既包括硬件也包括软件，两者不可分割。

2.1.4 计算机基本工作原理

1. 指令和指令系统

计算机硬件能够直接识别并执行的命令称之为机器指令（简称指令），一台计算机能够识别的指令的集合称为指令系统。指令通常由操作码和操作对象两大部分组成。操作码表示操作的类型如：加、减、乘、除等；操作对象是指操作对象的来源（如参加运算的操作数或操作数地址）以及操作结果的地址，如图 2-2 所示。

操作码	操作数源地址（操作数），操作数目标地址

图 2-2 指令的组成

在设计计算机时就要确定它能执行什么样的指令，怎样表示操作码，用什么样的寻址方式等，对它们要做出具体的规定。指令类型是否丰富，指令系统的功能强弱直接决定了计算机的处理能力，影响着计算机的结构。指令的不同组合可以构成完成不同任务的程序，也就是说，程序员可以通过设计编写出实现不同任务的多个程序。计算机则会严格按照程序安排的指令顺序执行规定的操作，完成预定的任务。

需要注意的是不同类型的计算机其指令系统不同，与计算机设计相关。

2. 计算机的工作原理

计算机的基本原理是存储程序和程序控制。

计算机在运行时，先从内存中取出第一条指令，通过控制器的译码，按指令的要求，从存储器中取出数据进行指定的运算和逻辑操作等加工，然后再按地址把结果送到内存中去。接下来，再取出第二条指令，在控制器的指挥下完成规定操作。依此进行下去。直至遇到停止指令。

程序与数据一样存储，按程序编排的顺序，一步一步地取出指令，自动地完成指令规定的操作是计算机最基本的工作原理。这一原理最初是由美籍匈牙利数学家冯·诺依曼于 1945 年提出来的，故称为冯·诺依曼原理。

程序执行过程如图 2-3 所示。

2.2 硬件系统基础

2.2.1 计算机硬件系统概述

计算机的硬件系统由五个基本部分组成：运算器、控制器、存储器、输入设备和输出设备。如图 2-4 所示。

图 2-4 中实线箭头"→"代表数据流或指令流，在机器内部表现为二进制数；虚线箭头"--▶"代表控制流，在机器内部起控制作用，计算机的工作，正是通过这两种不同类型的信息流动完成的。计算机中将运算器和控制器集成在一起称为中央处理器（Central Processing Unit），简称 CPU。而中央处理器和内存储器又组成了主机。输入设备、输出设备和外存储器合称为外部设备（Input/Output Unit，I/O）。

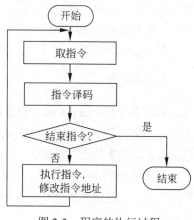

图 2-3 程序的执行过程

1．运算器

运算器由很多逻辑电路组成，包括算术逻辑单元（Arithmetic Logical Unit，ALU）和一系列寄存器等部件。其中算术逻辑单元（ALU）是运算器的核心。它可以进行算术运算和逻辑运算。算术运算是指加、减、乘、除等；逻辑运算泛指非算术运算，如非、与、或等运算。运算器在控制器的控制下，从内存中取出数据送到运算器中进行处理，处理的结果再送回存储器。运算器的操作是在 CPU 内部进行的，这些操作对使用者来说是感受不到的。

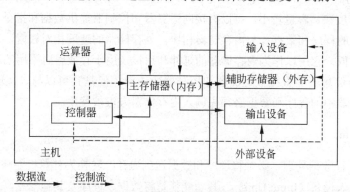

图 2-4 冯·诺依曼计算机硬件的基本结构

2．控制器

控制器（Control Unit）是计算机的指挥部。它的功能是从内存中依次取出指令，分析指令并产生相应的控制信号，送向各个部件，指挥计算机的各个部件协调工作，就像人的大脑按照计划指挥躯体完成一套动作一样。因此说它是统一协调各部件的中枢,也是计算机中的"计算机",它对计算机的控制是通过输出的电压和脉冲信号来实现的。

控制器一般由指令寄存器、指令译码器、时序电路和控制电路组成。

3.存储器

存储器(Memory Unit)就好比是计算机的"仓库",其中有许多小的"空间"被称为存储单元,又为每个小的"空间"编上了号,称为单元地址,用它们来存放输入设备送来的数据以及运算器送来的运算结果。

对存储器的操作有两种,一是"写入",二是"读取"。往存储器里"存入"数据的操作称为写入;从存储器里把数据取出的操作叫读取。计算机中的存储器分为主存储器和辅助存储器两种。

1)主存储器

主存储器(Main Memory),又称为内存储器。在控制器的控制下,与运算器、输入/输出设备交换信息。目前,计算机的内存都是采用大规模或超大规模的半导体集成器件。它由随机读写存储器 RAM(Random Access Memory)和只读存储器 ROM(Read Only Memory)组成。在 RAM 中的程序和数据,一旦关机就会全部丢失。主存的速度比运算器的速度慢,为此在中央处理器内部增加了高速缓冲存储器(Cache),以便在速度上和中央处理器匹配。

2)辅助存储器

辅助存储器(Auxiliary Memory)也称为外存储器,简称外存。当用到外存中的程序和数据时,才将它们从外存调入内存,所以外存只同内存交换信息。

3)两者区别

内存储器速度快、容量较小,可以直接向运算器和控制器提供数据和指令,用于存放计算机当前正待运行的程序和数据;与内存储器相比,外存储器的速度相对较慢,存储容量较大,而且价格相对较低,它用以作为内存储器的延伸和后援,用于存放暂时不用的程序和数据。因此外存储器中的信息不能直接被运算器和控制器所访问;但是它可以与内存储器进行信息交换,因此外存储器中的程序和数据必须先调入内存储器方可被使用。

4.输入设备

计算机要进行数据处理,必须将程序和数据送到内存,转换为计算机能够识别的电信号,这样的设备叫输入设备(Input Unit)。其功能就是将数据、程序及其他信息,从人们熟悉的形式转换为计算机能够接受的信息形式,输入到计算机内部。常见的输入设备有键盘、鼠标、扫描仪等。

5.输出设备

将主机的信息输出时,就要产生与输出信息相对应的各种电信号,并在显示器上显示,或在打印机上打印,或在外存储器上存放等。能将计算机内部的信息传递出来的设备就是输出设备(Output Unit)。其功能是将计算机内部二进制形式的信息转换成人们所需要的或其他设备所能接受和识别的信息形式。常见的输出设备有显示器、打印机、绘图仪、音箱等。

2.2.2 微型计算机

为了更好地操作微型计算机,灵活地使用各种软件,本节从实际出发对微型计算机的系统配置做以下简单介绍。

1. 微机硬件结构

所谓微型计算机是指能够独立完成所有输入、处理、输出和存储操作,即至少配有一个输入设备、输出设备、存储设备和一个处理器的计算机,如图2-5所示。

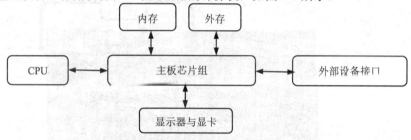

图2-5 微型计算机的硬件结构

1) 机箱和电源

机箱是电脑主机的外衣,电脑大多数的组件都固定在机箱内部,机箱保护这些组件不受到碰撞、减少灰尘吸附、减小电磁辐射干扰。

电源用于向硬盘、光驱、软驱、主板等提供电源。所以说电源是主机的动力源泉,主机的所有组件都需要电源进行供电,因此,电源质量直接影响电脑的使用。如果电源质量比较差,输出不稳定,不但会导致死机、自动重新启动等情况,还可能会烧毁组件。

2) 主板

主板(Main Board 简称 MB)也称之为母板或系统板,见图2-6。

主板分为商用主板和工业主板两种。它安装在机箱内,是微机最基本的也是最重要的部件之一。主板一般为矩形电路板,上面安装了组成计算机的主要电路系统,一般有 BIOS 芯片、I/O 控制芯片、键和面板控制开关接口、指示灯插接件、扩充插槽、主板及插卡的直流电源供电接插件等元件。

主板采用了开放式结构。主板上大都有6~15个扩展插槽,供 PC 机外围设备的控制卡(适配器)插接。通过更换这些插卡,可以对微机的相应子系统进行局部升级,使厂家和用户在配置机型方面有更大的灵活性。总之,主板在整个微机系统中扮演着举足轻重的角色。可以说,主板的类型和档次决定着整个微机系统的类型和档次。主板的性能影响着整个微机系统的性能。

（1）主板结构。所谓主板结构就是根据主板上各元器件的布局排列方式、尺寸大小、形状、所使用的电源规格等制定出的通用标准，所有主板厂商都必须遵循。

主板结构分为 AT、Baby-AT、ATX、Micro ATX、LPX、NLX、Flex ATX、EATX、WATX 以及 BTX 等结构。其中，AT 和 Baby-AT 是多年前的老主板结构，已经淘汰；而 LPX、NLX、Flex ATX 则是 ATX 的变种，多见于国外的品牌机，国内尚不多见；EATX 和 WATX 则多用于服务器/工作站主板；ATX 是市场上最常见的主板结构，扩展插槽较多，PCI 插槽数量在 4~6 个，大多数主板都采用此结构；Micro ATX 又称 Mini ATX，是 ATX 结构的简化版，就是常说的"小板"，扩展插槽较少，PCI 插槽数量在 3 个或 3 个以下，多用于品牌机并配备小型机箱；而 BTX 则是英特尔制定的最新一代主板结构，但尚未流行便被放弃，继续使用 ATX。

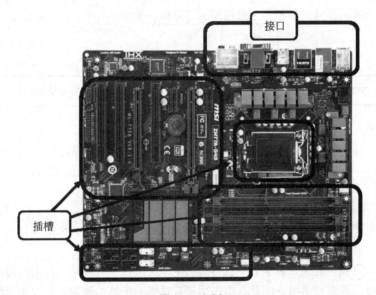

图 2-6　主板

（2）主板芯片组。芯片组（Chipset）是主板的核心组成部分，几乎决定了这块主板的功能，进而影响到整个电脑系统性能的发挥。按照在主板上的排列位置的不同，通常分为北桥芯片和南桥芯片。北桥芯片提供对 CPU 的类型和主频、内存的类型和最大容量、ISA/PCI/AGP 插槽、ECC 纠错等的支持。南桥芯片则提供对 KBC（键盘控制器）、RTC（实时时钟控制器）、USB（通用串行总线）、Ultra DMA/33（66）EIDE 数据传输方式和 ACPI（高级能源管理）等的支持。其中北桥芯片起着主导性的作用，也称为主桥（Host Bridge）。

按逻辑控制芯片组分类，这些芯片组中集成了对 CPU、CACHE、I/O 和总线的控制。586 以上的主板对芯片组的作用尤为重视。

（3）主要插槽和接口。

插槽：CPU 插槽，内存插槽，PCI、PCI-E 插槽。

接口：PS/2 键盘、鼠标接口、USB 通用串行接口、LPT 打印机接口、COM 串行通信端口、VGA 视频接口、HDMI 视频接口、RJ45 网口、AUDIO 主板音频接口、IDE 硬盘接口、SATA 硬盘接口、FLOPPY 软驱接口、主板电源接口、风扇接口等。

CMOS 电路。微型计算机的主板上都有一个 CMOS 电路，它记录着有关计算机各项配置的信息。该电路由充电电池维持，即使关掉计算机之后仍然有效。每次开机，计算机首先会按照 CMOS 电路中记录的参数检查计算机各部件是否正常，并按照 CMOS 指示进行系统设置。

3）微处理器(CPU)

微处理器也叫中央处理单元，使计算机完成指令读出、解释和执行的重要部件，主要由运算器和控制器组成，其外形如图 2-7 所示。

图 2-7 微处理器

微处理器是微型计算机的硬件核心，负责控制和协调整个计算机系统的工作。现代的微处理器（CPU）还包括高速缓冲存储器（Cache）。微处理器一般都是通过专门的插座安置在主板上。目前市场上大多数的微型计算机所采用的微处理器主要是 Intel 公司和 AMD 公司的 CPU 系列产品。

微处理器的性能好坏直接影响着计算机的性能，其关键性能指标是主频、字长和高速缓冲存储器（Cache）的容量。

（1）CPU 主频：也称内频，是 CPU 正常工作时的时钟频率，用来表示 CPU 的运算速度。主频越高，计算机的运算速度就越快，这是因为主频越高单位时钟周期内完成的指令就越多。主频=外频×倍频，其中外频是系统总线的工作频率，倍频是指 CPU 外频与主频相差的倍数。

（2）字长：是指 CPU 在单位时间内能一次处理的二进制数据的位数。字长一般都是字节的整数倍，字长越长，计算精度越高，处理能力越强。例如，一个 CPU 的字长为 16 位，则每执行一条指令可以处理 16 位二进制数据。如果要处理更多的数据，则需要执行多条指令才能完成。显然，字长越长，CPU 可同时处理的数据位数就越多，功能就越强，但 CPU 的结构也就越复杂。CPU 的字长与寄存器长度及数据总线的宽度都有关系。微型计算机的微处理器字长有 8 位、16 位、32 位和 64 位不等。

（3）高速缓冲存储器：高速缓冲存储器是介于 CPU 和内存之间的一个存储设备。它存取数据的速度介于 CPU 和内存之间,作用是用来缓冲 CPU 和内存之间速度上的差异。换句话说就是为了提高 CPU 访问内存储器的速度。现在的 CPU 生产商都把高速缓冲存储器集成到了 CPU 中,而且还做到了有二级缓存储器,这些都是为了提高计算机的性能。

4)内存

内存位于系统主板上,可以与 CPU 直接进行信息交换,存放的是当前正在执行的程序和数据。它的特点是:存取速度快,但存储容量较小,价格相对较贵。内存主要由 RAM 和 ROM 两部分组成。

(1)随机存取存储器 RAM。目前,内存采用随机存取存储器(Random Access Memory, RAM),它是可读写的易失性存储器(断电后信息不能保存),它允许以任意顺序访问其存储单元。主板上的内存通常被叫做内存条(绿色长条形),是电脑中数据存储和交换的部件。因为 CPU 工作时需要与外部存储器(如硬盘、软盘、光盘)进行数据交换,但外部存储器的速度远远低于 CPU 的速度,所以就需要一种工作速度较快的设备在其中完成数据暂时存储和交换的工作。

RAM 又分为 SRAM(静态存储器)和 DRAM(动态存储器)。

SRAM 的特点是工作速度快,只要电源不撤除,写入 SRAM 的信息就不会消失,不需要刷新电路,同时在读出时不破坏原来存放的信息,一经写入可多次读出,但集成度较低,功耗较大。SRAM 一般用来作为计算机中的高速缓冲存储器(Cache)。

DRAM 是动态随机存储器(Dynamic Random Access Memory),它是利用场效应管的栅极对其衬底间的分布电容来保存信息,以存储电荷的多少,即电容端电压的高低来表示"1"和"0"。DRAM 的集成度较高,功耗也较低,但缺点是保存在 DRAM 中的信息(场效应管栅极分布电容里的信息)会随着电容器的漏电而逐渐消失,一般信息保存时间为 2ms 左右。为了保存 DRAM 中的信息,必须每隔 1~2ms 对其刷新一次。因此,采用 DRAM 的计算机必须配置动态刷新电路,防止信息丢失,DRAM 一般用作计算机中的主存储器。

我们通常所说的内存主要是指内存条,如图 2-8 所示。在图 2-8 中,内存脚缺口是用来防止将其插入内存槽时插反而导致内存条损坏,其次是用来区分不同种类的内存;金手指是内存条金黄色接触片,是内存条与主板内存插槽接触的部分,数据就是通过它们传输至 CPU。

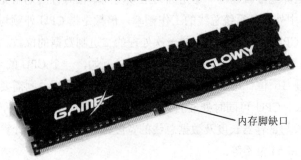

图 2-8 内存条

(2) 只读存储器 ROM。只读存储器 ROM（Read-Only Memory）也具有随机访问的能力，但不能写入数据。ROM 一般在计算机中用来保存某些专用的程序(如BIOS基本输入输出系统)。只读存储器（ROM）的特点是其中的信息数据是由生产厂家事先写入，计算机开机工作时只能读出，不能写入。ROM 以重要数据永久性存储为目的，关机或者停电时，只读存储器中的数据不会丢失。例如：监控程序、BIOS（基本输入输出系统）等。

RAM 和 ROM 的主要区别在于：RAM 中存放的信息是临时的，是可以根据需要随时进行存取的，在系统掉电后所有存储的信息都将丢失。而 ROM 存储的是固定不变的信息，是出厂时一次性写入的，在系统掉电后所存储的信息是不会丢失的。

(3) 高速缓冲存储器 Cache。Cache 位于内存和 CPU 之间，是一种存取速度高于内存的高速缓冲存储器，简称高速缓存。Cache 可以解决 CPU 与内存之间的速度匹配问题。当 CPU 从内存中读取时，把附近的一批数据读入 Cache。如 CPU 还要读取数据时，首先从 Cache 中取；如果数据不存在，再从内存中读取。这样，可大大降低 CPU 直接读取内存的次数，从而提高计算机的工作效率。

(4) 内存的主要技术指标。

存储容量：一个存储器中可以容纳的存储单元总数；

存取时间：启动到完成一次存储器操作所经历的时间；

存储周期：连续启动两次操作所需间隔的最小时间。

5) 外存

外部存储器简称外存，或称之为辅助存储器。其特点是存储容量大和价格便宜，但存取速度慢，不能与 CPU 直接交换信息。外存可分为：磁存储器（如磁鼓、磁带等）、磁盘存储器（硬盘）以及光盘存储器。

(1) 硬盘存储器。硬盘存储器简称硬盘（Hard Disk），是内存的后备存储器。硬盘由硬质磁性圆盘叠在一起，密封在一个"容器"中制成，用于记录计算机数据。盘片的两面都能存储数据，多数硬盘有多个盘片。磁盘存储器是计算机系统中最主要的外存设备，它有很多优点，如存取速度快，存储容量大，非破坏性读写，记录介质可以重复使用，易于脱机保存等。图 2-9 所示为硬盘的内部结构。

硬盘存储器系统通常由驱动器、控制器和盘片三大部分组成，通常固定在微机系统的主机箱内，所以叫固定硬盘。

图 2-9 硬盘的内部结构

硬盘有以下 4 个主要指标。

- 接口：指硬盘与主板接口。硬盘接口分为 IDE、SATA、SCSI、SAS 和光纤通道五种，IDE 接口硬盘多用于家用产品中，也部分应用于服务器，SCSI 接口的硬盘则主要应用于服务器市场，而光纤通道只用于高端服务器上，价格昂贵。SATA 主要应用于家用市场，有 SATA、SATAⅡ、SATAⅢ，是现在的主流。

CF（Compact Flash）接口主要应用在移动等小型设备里面，CF 接口遵循 ATA 标准制造，不过它的接口是 50 针而不是 68 针，分成两排，每排 25 个针脚。

CE 接口是东芝公司出的 1.8 英寸硬盘接口，与 CF 接口类似。

硬盘的接口不同，支持的硬盘容量不一样，传输速率也不一样。

- 容量：指硬盘能存储信息量的多少。硬盘容量越大，存储的信息越多。目前常用的有 500GB、1TB 等。
- 转速：指硬盘内主轴的转动速度，单位是 r/min（转/分）。目前常见的硬盘转速有 5400r/min、7200r/min 等几种。转速越快，硬盘与内存之间的传输速率越高。
- 缓存：硬盘自带的缓存越大，硬盘与内存之间的数据传输速率越高。通常缓存有 512KB、1MB、2MB、4MB 和 8MB 等几种。

（2）光盘存储器。光盘存储器是 20 世纪 70 年代的重大科技发明，它的出现是信息存储技术的重大突破。光盘存储器系统由光盘、光盘驱动器和光盘控制适配器组成。光盘的价格低且携带方便是其主要特点。此外，光盘还具有以下优点。

- 存储容量大。目前一张普通光盘容量达 650MB，有些可达几吉字节。
- 可靠性高。信息保留寿命长，可用作文献档案、图书管理和多媒体等方面的应用。
- 读取速度快。目前可实现快速存储，故能作为计算机的中间存储器。光驱的运算速度最初为单倍速，读取速率已达 150 kb/s（比软盘快得多，软盘的读取速率小于 15kb/s），现在微型计算机上配备的已达到 50 倍速。但是光盘存储器的读取速度还是低于硬盘的。

常见光盘存储器的类型有 CD-ROM、CD-R、CD-RW 和 DVD-ROM 等，其含义如表 2-2 所示。

表 2-2 常见光盘存储器的类型及说明

类　　型	说　　明
CD-ROM	只读式光盘（Compact Disk-Read Only Memory）是最常见的光存储工具，是多媒体电脑的必选设备。CD-ROM 上的信息是由厂家在工厂预先刻录好的，用户只能根据自己的需要选购。其特点是存储容量大（可达 650MB），复制方便，成本低廉，通常用于电子出版物、素材和大型软件的载体。缺点是只能读取而不能写入
CD-R	可记录光盘（Compact Disk-Recordable）可以一次性地在盘面上写入数据，写入后 CD-R 盘就同 CD-ROM 盘一样可以反复读取但不能再改写数据
CD-RW	可读写光盘（Compact Disk-Rewritable）可以像磁盘一样进行反复读写的光盘
DVD（Digital Video Disk）	超高容量的光盘，与 CD-ROM 盘具有相同的直径和厚度，但能存储 4.7GB 到 17GB 的数据

（3）移动硬盘和 U 盘。先前讲的存储设备都是采用驱动器与存储介质分离的形式，如软盘、光盘、硬盘等。即把驱动器装在计算机上，介质由数据的主人保管。而新一代的移动存储产品中，驱动器与介质开始融于一体，像近年来最为热门的移动硬盘和闪存型的 U 盘都不需要计算机上的驱动器，直接通过 USB 接口与计算机连接即可使用。

特别是 U 盘，这种基于闪存介质和 USB 接口的移动存储设备，大小与一般的打火机差不多，或者更小，质量也只有十几克，如图 2-10 所示。U 盘还具有许多优越的特性：可擦写百万次以上，可长期保存数据至少 10 年，抗震性强、防潮、防磁、耐高温，具有写保护功能，兼容 PC、笔记本、苹果电脑，即插即用。所以，近几年发展迅速，而且容量也在不断增大，已经逐渐取代了我们使用多年的软盘。

6）其他外部设备

众所周知，目前计算机最常用的输入设备就是键盘和鼠标，也包括其他的一些设备。下面我们就来介绍它们的使用方法。

（1）键盘。键盘是计算机必须具备的标准输入设备，通过 PS/2 或者 USB 接口与主机相连。用户的程序、数据以及各种对计算机的命令都可以通过键盘输入到计算机中。现在普遍使用是 101 键盘或 104 键盘。由于 Windows 的广泛应用，104 键盘已经变得非常普及。其键盘布局如图 2-11 所示。

图 2-10　U 盘

常用键及组合键的功能说明如表 2-3 所示。

（2）鼠标。鼠标是一种带有按键的手持输入设备，通过 PS/2 或者 USB 接口与主机相连，如图 2-12 所示。

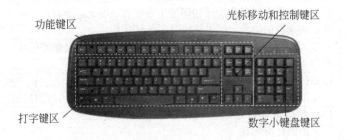

图 2-11　键盘布局　　　　　　　　图 2-12　鼠标

表 2-3　常用键、组合键的使用

键　　名	功　　能
Enter	回车键（或称执行键）：当用户输入命令时，按下回车键确认后计算机才会执行命令，故也称为执行键；当用户输入信息资料时，按此键光标就会换到下一行，所以又称换行键
Shift	上挡键：同时按下此键和一字母键，输入的是大写字母；同时按下此键和一数字键或符号键，输入的是这些键位上面的符号
空格键	位于键盘下面的长键，输入空格和汉字录入时使用
Alt	转换键：此键不单用，和其他键合用起转换作用
←Backspace	退格键：按一下此键，光标后退一格，用于删除光标前的一个字符
Caps Lock	大写锁定键：按下此键，键盘右上角的 Caps Lock 灯亮，输入的字母为大写字母；再按一下此键，Caps Lock 灯灭，输入的字母为小写字母

续表

键 名	功 能
Tab	制表定位键:此键又分为上、下两挡。上挡键为左移,下挡键为右移
Ctrl	控制键,此键一般不单用,和其他键合用起控制作用
Ctrl+P	联打印机控制开关键。按下此键,将显示器上的内容,送打印机打印输出
Ctrl+C	在 DOS 下表示终止程序或指令的执行
Ctrl+S	暂时停止程序或命令的执行,若要继续执行,可按任意键
Ctrl+Alt+Del	系统热启动

用户能够通过手对鼠标操作控制屏幕上的对象。在 Windows 图形环境中,鼠标的基本操作就是选取、移动和激活显示在屏幕上的元素。鼠标以其快捷、准确、直观的屏幕定位和选择能力而受到计算机用户的喜爱,已成为各种档次计算机的必备输入设备。常见的鼠标分类如表 2-4 所示。

表 2-4 鼠标的分类

分类方法	类 型	说 明
传感技术	机械鼠标	底部有一个圆球,通过圆球的滚动带动内部两个圆盘运动,通过编码器将运动的方向和距离信号输入计算机
传感技术	光电鼠标	采用光电传感器,底部不设圆球,而是一个光电元件和光源组成的部件。当它在专用的有明暗相间的小方格的平板上运动时,光电传感器接收到反射的信号,测出移动的方向和距离
	机械光电式鼠标	它底部有圆球,但圆球带动的不是机械编码盘而是光学编码盘,从而避免了机械磨损,也不需要专用的平板
与主机的连接方式	串口鼠标	COM 接口(串口)鼠标是使用 9 针连接接口(DB-9)与主机连接。由于电脑的 COM 口少,所以这种鼠标很容易造成资源占用的问题
	PS/2 鼠标	PS/2 接口是 IBM 公司于 1987 年在 PS/2 系统上推出的,是 ATX 主机板上面的标准配置
	USB 鼠标	USB 接口鼠标使用起来很方便,可以实现热插拔
	无线鼠标	无线鼠标是指无需线缆连接到主机的鼠标。一般采用 27M、2.4G、蓝牙技术实现与主机的无线通信

鼠标的主要技术指标有:灵敏度、按键点按次数、取样频率等。

- 灵敏度:鼠标最为重要的一项指标。例如鼠标灵敏度为 300dpi,表示每移动 1 英寸的距离,鼠标产生了 300 个脉冲讯号。灵敏度越高,对屏幕中箭头的控制就越精确。
- 按键点按次数:衡量鼠标性能好坏的一个指标,优质鼠标内每个微动开关的正常寿命都不少于 10 万次的点按,而且手感要适中,不能太软或太硬。
- 取样频率:是指每秒钟屏幕上的箭头位置变化的次数。取样频率越高,箭头在屏幕上动的间隔就越短,定位就越精确。

需要说明的是 Windows 操作系统针对有两个按键的鼠标设计,如果鼠标有 3 个键,则忽略中间的一个按键。初始状态下鼠标左键设置为主键,而右键设置为副键(注:本书中凡提到鼠标键都指主键），主键用于大多数的鼠标操作。如果在桌面上移动鼠标，屏幕上的鼠标指针（箭头或其他形状）也会随之而动。鼠标的操作说明如表 2-5 所示。

表 2-5 鼠标操作说明

鼠标动作名称	操 作 方 法
指向	移动鼠标，将鼠标指针移到屏幕的一个特定位置或指定对象上，为下一个动作做准备
单击	将鼠标指向目标，快速地按一下鼠标左键，选取一个对象
双击	将鼠标指向目标，快速地连续按两下鼠标左键，有启动某项功能之意，命令计算机去做一件事情
右击	将鼠标右键快速按下并释放
拖动	（鼠标指向目标后）按下鼠标按键不放，并移动鼠标，可拖动对象移到新位置，或选取一段文本等

鼠标指针的形状取决于它所在的位置以及和其他屏幕元素的相互关系。鼠标指针形状以一种唤醒的方式提醒用户目前可以做些什么。例如，鼠标指针通常是一个指向左上方的箭头，表示等待用户的操作；当把它移近窗口边缘时，会变成一个双箭头，表示现在可以拖动边界、改变窗口尺寸；在字处理的文本区域，指针就像一个英文字母 I；而当一个程序正在工作、需要用户等待时，鼠标指针又会成为一个沙漏的形状。

（3）扫描仪。扫描仪是一种输入设备，一般通过 USB 接口与主机相连。它能将各种图文资料扫描输入到计算机中并转换成数字化图像数据，以便保存和处理，如图 2-13 所示。扫描仪分为手持式扫描仪、平板扫描仪和大幅面工程图纸扫描仪 3 类。主要用于图文排版、图文传真、汉字扫描录入、图文档案管理等方面。

（4）光笔。光笔是一种与显示器配合使用的输入设备，一般通过 USB 接口与主机相连，如图 2-14 所示。它的外形像钢笔，上有按钮，以电缆与主机相连（也有采用无线的）。使用者把光笔指向屏幕，就可以在屏幕上作图、改图或进行图形放大、移位等操作。

图 2-13 扫描仪　　　　　　　　图 2-14 光笔

（5）触摸屏。触摸屏是一种附加在显示器上的辅助输入设备。借助这种设备，用手指直接触摸屏幕上显示的某个按钮或某个区域，即可达到相应选择的目的。它为人机交互提供了更简单、更直观的输入方式。触摸屏主要有红外式、电阻式和电容式 3 种。红外式分辨率低；电阻式分辨率高，透光性稍差；电容式分辨率高，透光性好。

其他输入设备还有手写板、数码相机、麦克风等。

输出设备是将计算机中的信息或结果用字符、数据、图形或图表等形式显示或打印出来的设备。常见的输出设备有显示器、打印机、绘图仪和音箱等。

（6）显示器。显示器（display）通常也被称为监视器。它是一种将一定的电子文件通过特定的传输设备显示到屏幕上再反射到人眼的显示工具，如图2-15所示。显示器通过VGA、DVI或HDMI接口与主机相连。

根据制造材料的不同，可分为：阴极射线管显示器（CRT）、等离子显示器PDP，液晶显示器LCD等。下面介绍一下目前流行的液晶显示器的主要技术指标。

图2-15　显示器

① 分辨率。分辨率是指显示器所能显示的像素个数。液晶显示器只有在显示跟该液晶显示板的分辨率完全一样的画面时才能达到最佳效果。LCD最佳分辨率即其最大分辨率，而在显示小于最佳分辨率的画面时，液晶显示则采用两种方式来显示，一种是居中显示，画面清晰，画面太小。另外一种则是扩大方式，画面大但比较模糊，在使用液晶显示器要将显卡的输出信号设定为最佳分辨率状态，15寸的液晶显示器的最佳分辨率为1024×768，17寸的最佳分辨率则是1280×1024。

② 点距。屏幕上相邻两个同色点的距离称为点距。常见的点距规格有0.31mm、0.28mm、0.25mm等。显示器点距越小，在高分辨率下越容易取得清晰的显示效果。

③ 亮度。液晶是一种介于液体和晶体之间的物质，它可以通过电流来控制光线的穿透度，从而显示出图像。但是液晶本身并不会发光，它只能控制光线的穿透程度，因此LCD显示器都必须有背光照明，背光的亮度就决定了LCD显示器的亮度。亮度值越高，意味着可看到的画面越绚丽、图像越清晰。亮度的单位是cd/m^2（流明），即每平方米的光亮度。

④ 响应速度。响应时间指的是液晶显示器对于输入信号的反应时间，组成整块液晶显示板的最基本的像素单元"液晶盒"，在接受到驱动信号后从最亮到最暗的转换是需要一段时间的，而且液晶显示器从接收到显卡输出信号后，处理信号，把驱动信息加到晶体驱动管也是需要一段时间，在大屏幕液晶显示器上尤为明显。液晶显示器的这项指标直接影响到对动态画面的还原。LCD反应时间越短越好，液晶显示器由于过长的响应时间导致其在还原动态画面时有比较明显的托尾现象，15英寸液晶显示器响应时间一般为16～40ms。

我们在选取显示器时，除了考虑以上因素外，还要考虑显示器的尺寸，价格形状等。说明一下，显示器的尺寸指的是显示器屏幕对角线的长度；显示器有15英寸、17英寸、19英寸、22英寸等不同规格。

（7）打印机。打印机是计算机系统中一个重要的输出设备。它可以把计算机处理的结果（文字或图形）打印在相关介质上，通过打印机接口或USB接口与主机相连。

打印机的种类很多，通常按工作方式的不同，可分为针式打印机、喷墨式打印机、激光打印机等。针式打印机通过打印机和纸张的物理接触来打印字符图形，而后两种是通过喷射墨粉来印刷字符图形的。

此外，还有一些专用打印机，一般是指存折打印机、平推式票据打印机、条形码打印机、热敏印字机等用于专用系统的打印机。

而 3D 打印（3DP）即快速成型技术的一种，它是一种以数字模型文件为基础，运用粉末状金属或塑料等可粘合材料，通过逐层打印的方式来构造物体的技术。3D 打印通常是采用数字技术材料打印机来实现的。常在模具制造、工业设计等领域被用于制造模型，后逐渐用于一些产品的直接制造，已经有使用这种技术打印而成的零部件。该技术在珠宝、鞋类、工业设计、建筑、工程和施工（AEC）、汽车、航空航天、牙科和医疗产业、教育、地理信息系统、土木工程、枪支以及其他领域都有所应用。

衡量打印机的指标：打印分辨率、打印速度、噪声、打印宽度等。

（8）音箱。音箱是将电信号转换成机械信号的振动，再形成人耳可听到的声波。

2. 微型计算机日常维护常识

微型计算机日常维护涉及系统维护和环境维护两个方面。系统维护主要指对微型计算机软件和硬件的控制与管理，保证微型计算机正常、稳定的工作状态；环境维护主要指对影响计算机正常使用的外部环境进行控制和管理，保证计算机系统的正常稳定的运行。

1）微型计算机的故障

微型计算机系统维护主要涉及用户使用计算机的习惯以及计算机软件和硬件的日常维护工作等几个方面。通常，微型计算机系统维护的好坏是除软硬件自身的质量问题外影响计算机故障发生频率的最重要的一个原因。微型计算机系统维护工作做得好，其故障发生频率就低；反之，故障发生频率就有可能比较高。

本节介绍一些比较常见的开机、关机时的故障，并提出一些解决方法，帮助大家解决一些微机使用中的问题。

（1）开机故障。较为常见的开机故障如表 2-6 所示。

表 2-6 常见的开机故障

故　　障	现　　象	处 理 方 法
计算机黑屏	表现为显示器和机器都没有响应，开机后一点动静都没有	遇到这种情况首先考虑的是检查供电是否正常？显示器是否已经加电了
	机箱内有风扇的转动声	这样的故障可能是 CIH 病毒导致的结果；电脑配件质量不佳或损坏，是引起显示器黑屏故障的主要成因。这时用替换法更换下显示器、显示卡、内存、甚至主板、CPU 等
开机后系统报警	开机后显示器上没有反应，但主板 BIOS 系统报警	因为不同主板 BIOS 报警声是不同的，报警声也有长有短，所以可参考主板 BIOS 报警声资料
	PC 喇叭长鸣	故障可能是因为内存条没有插好，可以重新插拔内存条

续表

故障	现象	处理方法
开机后系统报警	喇叭一声一声地报警	这种现象有可能是因为显示器接收不到显卡的信号所导致的，可以检查显示器的连接端口和重新插拔显卡
开机后屏幕显示提示错误信息	Not Found Any [active partition] in HDD Disk Boot Failure, Insert System Disk And Press Enter	可能是硬盘还没有分区或者是硬盘上还没有活动分区。处理办法：对硬盘进行分区
	Miss Operation System	造成这种情况的原因是，硬盘已经分好区，并设置了活动分区，但是硬盘还没有格式化，也没有安装操作系统
	I/O ERROR	这是系统提示输入/输出错误，这有可能是因为 C 盘上的 IO.SYS 文件损坏，也有可能是硬盘的引导扇区被破坏了

（2）其他常见故障。计算机中其他常见故障如表 2-7 所示。

表 2-7 其他常见故障及故障原因分析

故障	故障原因分析
分区表故障	开机时屏幕上出现"Invalid Partition Table"的提示。分析故障的原因可能有两种：其一，如果在此之前安装了新硬盘，就要重新分区、格式化；其二，如果在此之前硬盘是可以用的，说明当前硬盘的分区表遭到了破坏，有可能是病毒造成的
启动后自动进入"安全模式"	出现这种情况是因为计算机上的硬件设置有问题或者安装了不匹配的驱动程序，最有可能是硬盘的 IDE 驱动程序没有正确安装，或者错误地设置了 DMA 属性。也有可能是安装的显卡驱动程序有问题，可以在安全模式下删除有问题的硬件驱动程序，然后回到 Windows 中重新安装相应的正确的驱动程序
计算机运行很慢	这是由于计算机中含有太多的垃圾文件或磁盘碎片，也有可能是因为感染病毒的因素，必须立即检查，如果杀毒软件不能发现病毒，那么请升级杀毒软件的病毒库，同时进行磁盘碎片整理
关机时出错导致不能关机	这是由于计算机上的高级电源设置程序没有正常工作的缘故，可以在桌面上单击鼠标右键查看"桌面属性"单击"屏幕保护程序"，单击"设置"按钮，并设置电源设置程序，也可以查看主板说明书，打开 BIOS 中的高级电源设置程序，还可以升级主板的 BIOS 程序
关机时提示某文件错误	这通常是由于关机的图片和声音文件丢失而发生的错误，可以从其他的地方复制这些文件到相应的目录
关机变成重新启动	如果没有设置好"快速关机功能"往往会发生该类错误。可以运行 Msconfig，在"常规"选项卡中选择"高级"按钮，将"允许快速关机"前面的勾去掉，然后重新启动计算机，这样应该能够解决问题

以上简单介绍了一些开机、关机时可能出现的错误，但是计算机的错误形形色色，千奇百怪，任谁都不可能完全解决问题，这就要根据自己的经验来行事了。

2）微型计算机日常保养知识

一般来说，微机系统在正常使用过程中，其外界温度、湿度、灰尘、外接电源、摆放位置等因素都会对微机系统是否能保持良好的工作状态产生很大的影响。因此，为了微机更好地工作，在使用时应当了解以下一些日常保养知识。

（1）理想的工作环境。理想的工作环境及为什么要保持理想的工作环境的原因列于表 2-8 中。

表 2-8　保持理想的工作环境的原因

理想的工作环境	保持理想的工作环境的原因
控制外界温度	外界环境温度过高会使计算机元器件特别是集成电路内部产生的巨大热量不易散发，从而加速元件的老化，集成电路还会因为过高的温度而产生电子迁移现象，引发计算机故障。外界环境温度一般控制在 5℃～35℃
保持一定的空气湿度	计算机系统外界空气湿度过高，计算机硬件之间的电气触点容易氧化、锈蚀，不仅使其接触性能变差，而且还有可能引起电路短路，引发计算机故障。而空气中湿度过低，容易产生静电干扰，损坏元器件
注意环境清洁	计算机外部环境不清洁会造成大量灰尘侵入计算机机箱内部，并逐渐积累在主板、显卡等板卡表面，日积月累容易引发接口接触不良或短路等故障，也容易引起软驱光驱读写错误
远离电磁干扰	较强的磁场环境不仅有可能造成磁盘数据的损失，而且还会使计算机出现一些莫名其妙的故障。如显示器可能会产生花屏、抖动，音箱出现噪音等。这种电磁干扰主要来源于无线通信设备、大功率电器以及较大功率的变压器等，因此在使用计算机时应尽量使其远离这些干扰源
稳定的外部电源	市电电压的不稳定是造成计算机启动故障的一个重要原因。市电过低，计算机不仅不易启动，而且正常运行时，过低的电压也有可能使计算机重复启动。而过高的电压则有可能损害计算机硬件。因此，如果市电不稳时，最好考虑给计算机配备一个稳压电源或 UPS

（2）日常计算机系统维护。日常计算机系统维护通常从硬件维护和软件维护两方面考虑：第一，计算机硬件设备的日常维护及使用方法；第二，日常软件系统维护的内容及其注意事项。

计算机硬件设备的日常维护及注意事项如表 2-9 所示。

表 2-9　计算机硬件设备的日常维护

维 护 项 目	注 意 事 项
注意开关机顺序	开机的顺序是先打开外设，如显示器、打印机、扫描仪等的电源；关机顺序则相反先关闭主机电源再关闭外设电源
不要频繁地开关机	每次关/开机之间的时间间隔应不小于 30s
不要随意移动主机箱	计算机通电启动后，不要随意移动主机箱，并保证计算机工作台的稳定，避免因振动而造成硬盘表面的划伤及板卡的松动，从而造成不应有的损失
定期清洁计算机	保持计算机设备外观干净整洁，内部没有过多的灰尘；清洁计算机外部时，注意不要使用有机溶剂（如橡胶水等）；清洁内部时，注意选择使用柔软防静电的清洁工具（如羊毛刷、皮老虎等）
断电工作	注意在维修、清洁计算机时，必须要断掉与电源的连接，并释放身体静电。操作时应尽量避免用手直接接触电路板上的连线及集成电路的引脚，以免人体所带的静电击坏这些元器件
计算机内部维护	拆卸机箱内部配件进行维护时，一定要注意拧下来的螺丝必须全部重新上到位，绝不能丢失螺丝，以免螺丝掉到主板上引起短路，并且要注意正确地将所有信号线和电源线重新连接好

计算机软件的日常维护及注意事项如表2-10所示。

表2-10　计算机软件的日常维护

维护项目	注　意　事　项
软件系统初始安装的维护	（1）软件系统与用户数据分离。这是为今后维护的方便而考虑的，硬盘必须进行分区，以保证用户数据与系统软件的分离。这样，当系统崩溃时，可以快速恢复系统，并且用户数据可以得到安全的保护 （2）保管好驱动程序。驱动程序是保证计算机硬件正常有效工作的重要系统软件，必须保管好；否则，今后重新安装操作系统时，找不到驱动程序会给用户带来麻烦 （3）备份分区。软件系统的安装是一项耗时、烦琐的工作，为节省以后的安装时间，可以考虑使用专用备份工具（如 GHOST）对系统分区及用户重要数据分区分别进行备份，以便于今后快速进行系统恢复
软件系统定期维护	（1）利用 Windows 维护工具定期进行硬盘整理 （2）定期对硬盘进行查、杀毒操作，并对正版杀毒软件定期升级。定期备份我的文档、收藏夹、邮件通信录等数据 （3）使用 Windows 自带注册表编辑器或正版可靠的系统维护与优化软件定期对操作系统进行维护与优化 （4）对操作系统及驱动程序定期升级

2.2.3　计算机的应用

1. 科学计算

计算机作为一种高速度、高精度的自动化计算工具，在科学技术领域中得到了广泛应用。在数学、物理、化学、天文学、地质学、气象学等科研方面，以及宇航、飞机制造、机械、建筑、水电等工程设计方面解决了大量的科学计算问题。过去人工需要几年完成的计算问题，现在使用计算机仅需几天、几小时甚至几分钟即可完成。过去工程设计中，因计算量大只能粗略的近似计算，现在使用计算机，不仅能得到精确的计算结果，而且可以从多个设计中得到最佳的设计方案。

2. 数据处理

数据处理是使用计算机进行事物处理，财务、统计、资料情报处理及科学试验结果等大量数据的加工、合并、分类、比较、统计、排序、检索及存储等，是目前计算机应用中最广泛的领域，例如指纹的自动识别系统、信用卡的识别系统、各种条码的识别系统等，都是计算机数据处理的应用。我国大量的数据信息是中文汉字，所以中文信息处理也是目前计算机系统应用和研究的一个重要方面。

3. 过程控制

过程控制又称实时控制，指用计算机及时采集数据，将数据处理后，按最佳值迅速地对控制对象进行控制，实现生产过程自动化，提高控制的及时性和准确性，从而改善劳动条件、提高质量、节约能源、降低成本。例如生产流水线上的计算机自动控制系统、医院里病人病情的自动监控系统、交通信号灯的自动控制系统等，都是计算机过程控制的应用。

4. 辅助系统

计算机辅助系统包括：计算机辅助设计 CAD（Computer Aided Design）、计算机辅助制造 CAM（Computer Aided Manufacturing）、计算机辅助教学 CAI（Computer Aided Instruction）、计算机辅助工程 CAE（Computer Aided Engineering）、计算机辅助测试 CAT（Computer-Aided Test）、计算机集成制造系统 CIMS（Computer Integrated Manufacturing System）等。

其中，CAD 指利用计算机及其图形设备帮助设计人员进行设计工作，例如机械设计、建筑设计、飞机设计、大规模集成电路设计等。

CAM 的核心是计算机数值控制（简称数控），是将计算机应用于制造生产过程的过程或系统，例如机械产品的零件加工（切削、冲压、铸造、焊接、测量等）、部件组装、整机装配、验收、包装入库、自动仓库控制和管理。

CAI 是在计算机辅助下进行的各种教学活动，以对话方式与学生讨论教学内容、安排教学进程、进行教学训练的方法与技术，采用 CAI 使教学方式和教学手段得到改进，使学习的过程更生动、更深入。

CAE 是把工程（生产）的各个环节有机地组织起来，其关键就是将有关的信息集成，使其产生并存在于工程（产品）的整个生命周期。因此，CAE 系统是一个包括了相关人员、技术、经营管理及信息流和物流的有机集成且优化运行的复杂的系统。

CAT 是指利用计算机协助进行测试的一种方法；计算机辅助测试可以用在不同的领域；在教学领域，可以使用计算机对学生的学习效果进行测试和学习能力估量，一般分为脱机测试和联机测试两种方法。在软件测试领域，可以使用计算机来进行软件的测试，提高测试效率。

CIMS 是随着计算机辅助设计与制造的发展而产生的。它是在信息技术自动化技术与制造的基础上，通过计算机技术把分散在产品设计制造过程中各种孤立的自动化子系统有机地集成起来，形成适用于多品种、小批量生产、实现整体效益的集成化和智能化制造系统。

5. 网络应用

计算机技术与现代通信技术的结合构成了计算机网络。计算机网络的建立，不仅解决了一个单位、一个地区、一个国家中计算机与计算机之间的通信，各种软、硬件资源的共享，也大大促进了国际间的文字、图像、视频和声音等各类数据的传输与处理。例如现在比较流行的消费者网上购物、商户之间的网上交易等活动等，就是在 Internet 开放的网络环境下进行的商务活动，又称为电子商务（Electronic Commerce）。

6. 人工智能

人工智能（Artificial Intelligence，AI）是研究、开发用于模拟、延伸和扩展人的智能的理论、方法、技术及应用系统的一门新的技术科学。

人工智能是计算机科学的一个分支，20 世纪 70 年代以来被称为世界三大尖端技术之一

（空间技术、能源技术、人工智能）。也被认为是 21 世纪三大尖端技术（基因工程、纳米科学、人工智能）之一。目前主要应用于机器视觉、指纹识别、人脸识别、视网膜识别、虹膜识别、掌纹识别、专家系统、自动规划、智能搜索、定理证明、博弈、自动程序设计、智能控制、机器人学、语言和图像理解、遗传编程等方面。

2.2.4 习题解析

1. 下列几种存储器中，存取周期最短的是（   ）。

　　A．内存储器　　B．光盘存储器　　C．硬盘存储器　　D．U 盘存储器

【解析】

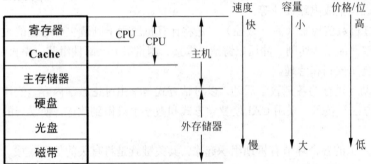

【答案】A。

2. 下列设备中，既可向计算机输入数据又能接收计算机输出数据的是（   ）。

　　A．打印机　　　　B．显示器　　　　C．磁盘存储　　　　D．光笔

【解析】打印机、显示器属于输出设备，光笔是输入设备，磁盘既可向计算机输入数据又能接收计算机输出数据。

【答案】C。

3. 为获得商品的名称、价格等信息，超市收营员常用（   ）扫描商品上的条形码，其特点是体积小、重量轻、便于操作。

　　A．手持式扫描仪　　B．台式扫描仪　　C．POS 机　　　　D．ATM

【解析】扫描仪分为手持式扫描仪、平板扫描仪和大幅面工程图纸扫描仪 3 类。

【答案】A。

4. 喷墨打印机的性能指标中，不包括（   ）。

　　A．能打印的字符数　B．打印速度　　　C．分辨率　　　　D．打印幅面

【解析】衡量打印机的指标有三项：打印分辨率、打印速度、噪声和打印宽度等。

【答案】A。

5. 某电脑外接摄像头的分辨率为 1024×768，约（   ）像素。

　　A．30 万　　　　　B．50 万　　　　　C．80 万　　　　　D．130 万

【解析】像素=长度像素点×宽度像素点，所以本题结果为：1024×768 像素=786432 像素≈80 万像素。

【答案】C。

6. 某家用监控摄像头广告所列的功能中，（   ）有错误。
   A．高清 10 万像素   B．红外夜视
   C．手机电脑远程监控   D．7 天循环存储录像

【解析】目前的高清像素对应的分辨率如下：720P（1280×720）、960P（1280×960）、1080P（1920×1080）。其像素都远远大于 10 万。

【答案】A．

7. （   ）是微机最基本重要的部件之一，其类型和档次决定着整个微机系统的类型和档次，其性能影响着整个微机系统的性能。CPU 模块就插在其上面。
   A．系统总线   B．主板   C．扩展插槽   D．BIOS 芯片

【解析】主板安装在机箱内，是微机最基本的也是最重要的部件之一。主板一般为矩形电路板，上面安装了组成计算机的主要电路系统，一般有 BIOS 芯片、I/O 控制芯片、键和面板控制开关接口、指示灯插接件、扩充插槽、主板及插卡的直流电源供电接插件等元件。

【答案】B．

8. PC 机省电使用常识中不包括（   ）。
   A．暂时离开时显示器关闭   B．停用 3 分钟以上关机
   C．设置屏幕保护程序   D．及时关闭不用的联网软件

【解析】使用电脑不能频繁开关机。

【答案】A．

9. 以下诸项中，除（   ）外都属于计算机维护常识。
   A．计算机系统的配置应保持不变   B．打印机不用时应断开电源
   C．计算机长期不用时应遮罩防尘   D．计算机周围应留出散热空间

【解析】计算机系统的配置是为实现计算机的某种应用，从现有计算机系统和设备中选取一组设备组合在一起，构成一个计算机应用系统。这些设备应包括硬件和软件。不属于计算机维护内容。

【答案】A．

10. 计算机使用一段时间后发现，系统启动时间变长，系统响应迟钝。应用程序执行缓慢，为此，需要进行系统优化。系统优化工作不包括（   ）。
    A．升级已加载的所有系统软件   B．卸载不再使用的程序
    C．关闭不需要的系统服务   D．经常清除垃圾系统

【解析】计算机尽可能减少计算机执行少的进程，更改工作模式，删除不必要的中断让机器运行更有效，优化文件位置使数据读写更快，空出更多的系统资源供用户支配，以及减少不必要的系统加载项及自启动项。

【答案】A．

11. 键盘的使用和维护的注意事项中，（   ）是错误的。
    A．不要自行拆卸键盘进行清理   B．保持键盘清洁
    C．用酒精清洗键盘上的污物   D．击键不要用力过猛

【解析】键盘不可使用液体类清洁。
【答案】C。

12. LCD 显示器指的是（　　）。
　　A．阴极射线管显示器　　　　　　B．液晶显示器
　　C．彩色图像显示器　　　　　　　D．等离子显示器

【解析】阴极射线管显示器（CRT），液晶显示器（LCD/LED），等离子显示器（PDP）。
【答案】B。

2.3 计算机软件系统

具有相同硬件的计算机，配上不同的软件系统，其工作效率都会有一定的差别。一台计算机性能的好坏除了与硬件系统相关，还与所配置的软件系统密切相关。所谓软件是指程序、数据和相关文档的集合。

计算机软件包括系统软件和应用软件两大类。

2.3.1 系统软件

系统软件是一个计算机系统必须配置的程序和数据集合，它是专为计算机系统所配置的，其物质基础是硬件系统，所以系统软件是计算机硬件系统正常工作必须配制的部分软件。系统软件又是管理、监控和维护计算机资源的软件，用来扩大计算机的功能、提高计算机的工作效率、方便用户使用计算机的软件，人们借助于软件来使用计算机。系统软件是计算机正常运转不可缺少的，一般由计算机生产厂家或专门的软件开发公司研制，其他程序都要在系统软件支持下编写和运行。系统软件包括各种操作系统、程序设计语言、编译或解释程序、系统服务类程序（诊断程序）、网络软件、数据库管理系统等，如表 2-11 所示。

表 2-11　计算机系统软件举例

类　　型	举　例　说　明
操作系统	DOS：是基于字符界面的单用户单任务的操作系统
	Windows：是基于图形界面的单用户多任务的操作系统
	UNIX：是一个通用的交互式的分时操作系统，用于各种计算机
	Netware：是基于文件服务和目录服务的网络操作系统
	Linux：是一个通用的交互式的分时操作系统，用于各种计算机
语言处理程序	汇编程序：将汇编语言编写的程序翻译成机器语言
	编译程序：将用高级语言编写的源程序翻译成二进制目标程序，然后再通过连接装配程序，连接成计算机可执行的程序
	解释程序：将源程序输入计算机后，用该种语言的解释程序将其逐条解释，逐条执行，执行完后只得结果，而不保存解释后的机器代码
数据库管理系统	普及式关系型：FoxPro、 Access
	大型关系型：Oracle 、 Sybase、 SQL Serve
服务性程序	编辑程序、调试程序、装配和连接程序、测试程序等

1. 操作系统

操作系统（Operating System，OS）是计算机系统软件的核心，其本身是系统软件的一部分，是最贴近硬件的系统软件，它由一系列具有控制和管理功能的子程序组成，用户通过操作系统来使用计算机，因此，操作系统是用户和计算机之间的接口。我们知道，系统软件和系统硬件组成了计算机系统资源，作为系统软件的操作系统可以对计算机的所有硬件资源和软件资源进行系统管理，统一协调和统一分配。

由此可见，操作系统是控制、管理计算机系统软件和硬件资源的机构，是合理地组织计算机工作流程并方便用户使用计算机的程序的集合。

操作系统所管理的软硬件资源包括：处理器管理、存储器管理、文件管理、作业管理和设备管理等。

2. 语言处理程序

在介绍语言处理程序之前，我们先来了解一下常见的程序设计语言有哪些。要利用计算机解决实际问题，首先要编制程序。程序设计语言就是用来编写程序的语言，它是人与计算机之间交换信息的工具。

程序设计语言是软件系统的重要组成部分，而相应的各种语言处理程序属于系统软件。程序设计语言一般分为机器语言、汇编语言、高级语言、非过程语言、智能性语言 5 类。

（1）机器语言。机器语言（Machine Language）是各种不同功能机器指令的集合。机器指令是一系列二进制代码，所以机器语言是计算机能直接理解并执行的语言，不用翻译，CPU 可直接执行，是各种计算机语言中运行最快的一种语言。

为了实现程序控制，一条机器指令必须由两部分组成：一部分代码指明计算机应该完成什么任务，如：加、减、乘、除等，称为操作码；另一部分则要指出参与操作的数据来自何方，操作结果去向何处，即指明操作数的地址，称为地址码。

由于机器语言是一系列二进制代码，所以这种语言不容易被人们记忆和掌握，编写困难。不同类型的计算机机器语言是不同的，而且不可移植。机器语言是第一代语言。

（2）汇编语言。由于机器语言难于被人们记忆和编写，人们就对这种语言进行改进，采用助记符来代替操作码，用地址符号代替地址码。即用一些简单的英语缩写词、字母和数字符号来代替机器指令，这样使每条指令都具有明显的特征，便于使用和记忆，这种语言就是汇编语言（Assembler Language）。

汇编语言仍然是一种面向机器的语言。它的语句和机器指令一一对应，即每条指令由操作码和地址码所组成。汇编语言是第二代语言。

（3）高级语言。高级语言是面向用户的过程语言，它和自然语言更接近，并能为计算机所接受和执行的语言。

高级语言与硬件功能相分离，独立于具体的机器系统，在编程序时人们不需要对机器的指令系统有深入的了解，而且一个用高级语言编写的源程序可以在不同型号的计算机上使用，因此它的通用性和可移植性强。高级语言是第三代语言。

目前世界上已有数百种高级语言,大致分为四类:一是命令式语言,现代流行的大多数语言都是这一类型,比如 Fortran、Pascal、Cobol、C、C++、BASIC、Ada、Java、C#等,各种脚本语言也被看作是此种类型;二是函数式语言:这种语言非常适合于进行人工智能等工作的计算,典型的函数式语言如 Lisp、Haskell、ML、Scheme、F#等;三是逻辑式语言:这种语言主要用在专家系统的实现中,最著名的逻辑式语言是 Prolog;四是面向对象语言,现代语言中的大多数都提供面向对象的支持,但有些语言是直接建立在面向对象基本模型上的,语言的语法形式的语义就是基本对象操作,主要的纯面向对象语言是 Smalltalk。

BASIC 便于初学者使用,也可以用于中、小型事物处理;Cobol 适用于商业、银行、交通等行业;Fortran 语言适用于大型科学计算;Pascal 适用于数据结构分析;Lisp 是一种智能程序设计语言;C 语言特别适用于编写应用软件和系统软件;Java 为面向网络的程序设计语言。

源程序(Source Program)是人们为解决某一问题而编制且未经计算机编译或汇编的程序,源程序只有被翻译成目标程序才能被计算机接受和执行。

汇编语言和高级语言的源程序必须被翻译成机器所能识别的二进制码后才能被计算机执行,这项工作是由计算机自己来完成。翻译程序有编译程序和解释程序两种,因此在使用高级语言时,首先要给计算机配备高级语言的编译程序和解释程序。图 2-16 表示高级语言的两种编译方式。

编译程序将用高级语言编写的源程序翻译成二进制目标程序,然后再通过连接装配程序,连接成计算机可执行的程序。编译之后的目标程序和连接之后的可执行程序都是以文件方式存放在磁盘上,再运行可执行程序便可得到该源程序的运行结果。经过编译产生的目标程序运行速度快,但占内存空间大。编译过程如图 2-16(a)所示。

解释程序就是将源程序输入计算机后,用该种语言的解释程序将其逐条解释,逐条执行,执行完后只得结果,而不保存解释后的机器代码。再次运行这个程序时还要重新解释执行。解释过程如图 2-16(b)所示。

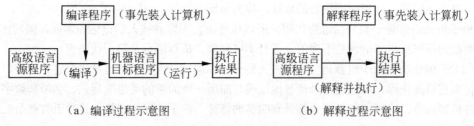

(a)编译过程示意图　　　　　　　　(b)解释过程示意图

图 2-16　高级语言的两种编译方式

3. 数据库管理系统

数据库管理系统是对计算机中所存放的大量数据进行组织、管理、查询并提供一定处理功能的软件系统。常见的数据库系统有 FoxPro、Oracle、Access、SQL Server 等。数据库技术是计算机技术中发展最快、用途广泛的一个分支。可以说,在今后的任何计算机应用开发中都离不开对数据库技术的了解。先掌握微型计算机数据库的应用,再了解大型数据库技术和应用是较好地掌握数据库技术的有效途径。

4. 服务性程序

服务性程序是一类辅助性的程序，它提供各种运行所需的服务，主要有：编辑程序、调试程序、装配和连接程序、测试程序等。

2.3.2 应用软件

应用软件是指为用户解决某个实际问题而编制的程序和有关资料。可分为应用软件包和用户程序。应用软件包是指软件公司为解决带有通用性的问题精心研制的供用户选择的程序。用户程序是指，为特定用户解决特定问题而开发的软件，面向特定的用户，如银行、邮电等行业，具有专用性。表 2-12 所列为各类计算机应用软件。

表 2-12 计算机应用软件

类 型	举 例 说 明
文字处理软件	Word：微软公司文字处理软件
	WPS：金山公司文字处理软件
表格处理软件	Excel：微软公司电子表格软件
	Lotus2-2-3：IBM 公司电子表格软件
图形图像处理软件	AutoCAD：美国 Autodesk 公司 1982 年首次推出的交互式通用绘图软件，主要用于工程制图
	Photoshop：Adobe 公司旗下最为出名的平面图形图像软件之一
网络通信软件	Mail：电子邮件软件
	QQ：网络聊天软件
演示文稿软件	PowerPoint：微软公司幻灯片制作软件
统计软件	SAS：目前国际上最有知名度的统计分析工具之一
实时控制软件	FIX：是全球领先的 HMI/SCADA 自动化监控组态软件
多媒体软件	Authorware 公司的多媒体软件

通用的应用软件，如：文字处理软件、表处理软件等，为各行各业的用户所使用。文字处理软件的功能包括文字的录入、编辑、保存、排版、制表和打印等，WPS 和 Microsoft Word 是目前流行的文字处理软件。表处理软件则根据数据表自动制作图表，对数据进行管理和分析、制作分类汇总报表等，Lotus 1-2-3 和 Microsoft Excel 是目前在微机上流行的表处理软件。

专用的应用软件，如：财务管理系统、计算机辅助设计（CAD）软件和本部门的应用数据库管理系统等。还有一类专业应用软件是供软件开发人员使用的，称为软件开发工具，也称支持软件。例如，计算机辅助软件工程 CASE 工具、Visual C++和 Visual Basic 等。CASE 工具中一般包括系统分析工具、系统设计工具、编码工具、测试工具和维护工具等；Visual C++和 Visual Basic 都是面向对象的软件开发工具，Visual FoxPro 也常作为应用数据库系统的开发工具。

2.3.3　用户、计算机软件和硬件之间的关系

归纳起来，硬件结构是计算机系统中看得见的物理实体，而软件则是计算机系统中各种程序的集合。在软件的组成中，系统软件是人与计算机进行信息交换、通信对话、按用户的思维对计算机进行控制和管理的工具。用户、计算机软件系统、硬件系统的层次关系如图 2-17 所示。

当然，在计算机系统中并没有一条明确的硬件与软件的分界线，软、硬件之间的界限是任意的和经常变化的。

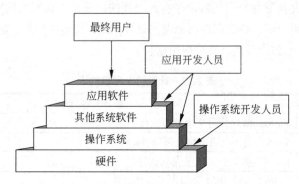

图 2-17　人与计算机系统的关系

2.3.4　习题解析

1. 以下关于计算机操作系统的叙述中，不正确的是（　　）。
    A．操作系统是方便用户管理和控制计算机资源的系统软件
    B．操作系统是计算机中最基本的系统软件
    C．操作系统是用户与计算机硬件之间的接口
    D．操作系统是用户与应用软件之间的接口

【解析】

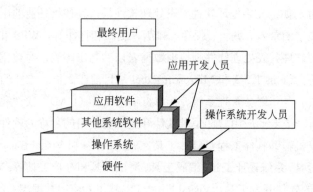

【答案】D。

2. 必须经过汇编后计算机才能执行的程序是（　　）。
   A．机器语言程序　　B．汇编语言程序　　C．高级语言程序　　D．非过程语言程序

【解析】用汇编语言编写的程序需要经过汇编程序翻译成机器语言，而用高级语言编写的程序需要经过翻译程序或者解释程序翻译成机器语言。

【答案】B。

3. 以下关于办公软件的叙述中，不正确的是（　　）。
   A．办公软件实现了办公设备的自动化
   B．办公软件支持日常办公、无纸化办公
   C．许多办公软件支持网上办公、移动办公
   D．许多办公软件支持协同办公，是沟通、管理、协作的平台

【解析】办公软件是为了提高工作效率和质量、提高数据信息的准确性和及时性、通过软件来规范作业流程、更精细地核算成本、降低办公费用、实现无纸化办公、加强项目管理等。

【答案】A。

2.4 多媒体基础知识

多媒体技术是一种迅速发展的综合性电子信息技术，目前已成为人们关注的热点之一。多媒体技术的开发与应用，使人与计算机之间的信息交流变得生动活泼、丰富多彩，为传统的计算机系统、音频和视频设备带来了方向性的变革，使人们的工作、生活和娱乐发生了巨大的变化。

2.4.1 多媒体相关基本概念

1. 媒体的概念和分类

1）媒体

"媒体"一词本身来自于拉丁文"Mediums"一词，为中介、中间的意思。可以说，人与人之间沟通及交流观念、思想或意见的中介物都可称之为媒体。日常生活中，人们所熟悉的报纸、书本、杂志、广播、电影、电视均是媒体，它们都以各自的媒体形式进行着信息传播，其中有的以文字作为媒体，有的以声音作为媒体，有的以图像作为媒体，同样的信息内容，在不同领域中采用的媒体形式不同。

（1）媒体的定义。媒体在计算机领域是指信息传输和存储过程中的技术、手段和工具，是信息存在和表示的一种形式，是信息的载体。

（2）媒体的分类。

① 感觉媒体（Perception Medium）：指直接作用于人感觉器官，使人产生直接感觉的媒体。如引起听觉和视觉反映的声音和图像等。

② 表示媒体（Representation Medium）：指信息在计算机中的编码。如图像编码（JPEG、MPEG）、文本编码（ASCII、GB2312）和声音编码等。

③ 表现媒体（Presentation Medium）：指计算机用于输入输出信息的媒体。如信息输入媒体键盘、鼠标、光笔、扫描仪、摄像机、话筒等，信息输出媒体显示器、打印机、喇叭等。

④ 存储媒体（Storage Medium）：指用于存储表示媒体的硬盘、光盘、移动磁盘等。

⑤ 传输媒体（Transmission Medium）：指传输表示媒体的物理介质。如电话线、双绞线、同轴电缆、光纤、微波、红外线等。

(3) 媒体元素。在计算机系统中，直接作用于人感觉器官，使人产生直接感觉的媒体有：文本、图形、图像、声音、动画和视频图像等媒体元素。

① 文本：是计算机系统中经常使用的媒体，是计算机文字处理程序和多媒体应用程序的基础，通过多媒体应用系统对文本显示方式的组织，使显示的信息更直观更易于理解。如果文件中只有文本信息，没有其他格式的信息，则称为非格式化文本文件或纯文本文件，例如我们所熟悉的.TXT 文件。带有各种文本排版等格式信息的文本文件，称为格式化文本文件，例如.DOC 文件。该文件中带有段落格式、字体格式、文章的编号、分栏、边框等格式信息。

② 图形：是指计算机生成的各种有规则的图，例如直线、圆、圆弧、矩形、任意曲线等几何图和统计图。

③ 图像：是指由输入设备捕捉的实际场景画面或以数字化形式存储的任意画面。

④ 视频：是指将若干有联系的图像数据连续播放的显示效果。

⑤ 音频：所谓音频是声音采集设备捕捉或生成的声波以数字化形式存储，并能够重现的声音信息。

⑥ 动画：所谓动画就是运动的图画，是一幅幅静态图形文件在计算机显示设备上以连续的方式快速播放，使人的视觉感受到运动的效果。动画的连续播放既指时间上的连续，也指图像内容上的连续，即播放的相邻两幅图像之间内容相差不大。动画压缩和快速播放是动画技术要解决的重要问题。

2）多媒体

(1) 多媒体的定义。多媒体在英文中是 Multimedia，由"复合，多样（Multiple）"和"媒体（Media）"两个词组合而成。多媒体的定义或说法多种多样，从文字上理解就是多种媒体的综合。人们可以从自己理解的角度出发对多媒体给出不同的描述，很多人也会提出这样的问题，可视图文，各种家电的组合，各种彩色画报，电视算不算多媒体，为什么以前也有计算机图形、图像，而不称为多媒体呢？

事实上人们普遍认为，多媒体是指能够同时获取、处理、编辑、存储和展示两个以上不同类型信息媒体的技术，这些信息媒体包括：文字、声音、图形、图像、动画、视频等。从这个意义上可以看出，常说的多媒体最终被归结为一种"技术"，它不是指多种媒体本身，而主要指处理和应用它的一整套技术。因此，多媒体实际上常被当作多媒体技术的同义词。

计算机的数字化与交互式处理信息的能力，极大地推动了多媒体技术的发展，所以现在的多媒体技术与计算机技术紧密结合在一起，把多媒体看做是先进的计算机技术与视频、音频和通信等技术融为一体形成的新技术。

(2) 多媒体的特性。多媒体技术的特征主要包括信息载体的多样化、集成性、交互性和非线性 4 个方面。

① 多样化。信息载体的多样化是相对于计算机而言的，指的是信息媒体的多样化。把计算机所能处理的信息空间范围扩展和放大，而不再局限于数值、文本或特定的图形或图像，这是使计算机变得更加人类化所必需的条件。

② 集成性。多媒体的集成性主要表现在两个方面，一是多媒体信息的集成，这种集成包括信息的多通道统一获取和多媒体信息的统一存储与组织等；二是处理这些媒体设备的集成，这种集成指的是将多媒体的各种设备组成为一体。

③ 交互性。多媒体的交互性向用户提供更加有效地控制和使用信息的手段，同时为多媒体的应用开辟了更加广阔的领域。交互可以增加对信息的注意力和理解，延长信息保留的时间。但在单一的文本空间中，这种交互的效果和作用很差，只能使用信息，很难做到自由地控制和干预信息的处理。

④ 非线性。以往人们读写文本时，大都采用线性顺序读写，循序渐进地获取知识。多媒体信息借用超媒体的方法，改变了人们传统的读写模式，把内容以一种更灵活、更具变化的方式呈现给使用者。超媒体不仅为用户浏览信息、获取信息带来极大的便利，也为多媒体的制作带来了极大的便利。

总之，多媒体最显著的特点是具有媒体的多样性、集成性、交互性和非线性。从这个角度可以判断电视、各种家电的组合、可视图文不具备像计算机一样的交互性，不能对内容进行控制和处理，所以它们不是多媒体，另外，仅有个别种类媒体的计算机系统也不是多媒体。那些采用计算机集成处理多媒体的系统，诸如多媒体咨询台、交互式电视、交互式视频游戏、计算机支持的多媒体会议系统、多媒体课件及展示系统等，都属于多媒体的范畴。

3）数字媒体

数字媒体属于工学学科门类，是指以二进制数的形式记录、处理、传播、获取过程的信息载体，这些载体包括数字化的文字、图形、图像、声音、视频影像和动画等感觉媒体，和表示这些感觉媒体的表示媒体（编码）等，通称为逻辑媒体，以及存储、传输、显示逻辑媒体的实物媒体。

数字媒体技术是信息与通信工程专业术语，其中的概念和分析方法广泛应用于通信与信息系统、信号与信息处理、电子与通信工程等信息技术领域。

视频网站和社交媒体将成为数字媒体发展的新方向。

4）移动数字媒体

移动数字媒体是指以移动数字终端为载体，通过无线数字技术与移动数字处理技术可以运行各种平台软件及相关应用，以文字、图片、视频等方式展示信息和提供信息处理功能的媒介。

当前，移动数字媒体的主要载体以智能手机及平板电脑为主，随着信息技术的发展和通信网络融合，一切能够借助移动通信网络沟通信息的个人信息处理终端都可以作为移动媒体的运用平台。如电子阅读器、移动影院、MP3/MP4、数码摄录相机、导航仪、记录仪等都可以成为移动数字媒体的运用平台。

2. 多媒体计算机系统

所谓多媒体计算机，就是充分利用计算机的先进技术和优势，能综合处理文本、图形、图像和声音等多种媒体信息（包括互联、存取、编辑、加工、显示、输出等），把它们集成为一个完整的系统，并具有很强的交互功能的计算机。

多媒体计算机系统是一种复杂的硬件和软件有机结合的综合系统，它把计算机系统与多媒体融合起来，并由计算机系统对各种媒体进行数字化处理。

多媒体计算机系统是由多媒体硬件和多媒体软件两大部分组成的。

1）多媒体硬件系统

多媒体硬件系统由多媒体计算机、可以接收和播放多媒体信息的各种多媒体外部设备及其接口板卡组成。一个典型的多媒体硬件系统如图 2-18 所示。

（1）多媒体计算机。多媒体计算机可以是多媒体个人计算机（Multimedia Person Computer，MPC），也可以是工作站。MPC 是典型的多媒体开发系统，目前市场上任何一款计算机均具备 MPC 的功能，无论是品牌机还是组装计算机，其基本配置包括速度较高的 CPU（Intel 或 AMD）、较大的内存空间（2Gb 的 DDR2）、存储量大运行速度快的硬盘（2Tb，7200 r/min）、高分辨率的显卡（显存 512Mb）、DVD-RAM 驱动器或刻录机、网卡（10Mb～1000Mb 自适应）、内置集成声卡、高分辨率显示器（1920×1080）、耳麦等。

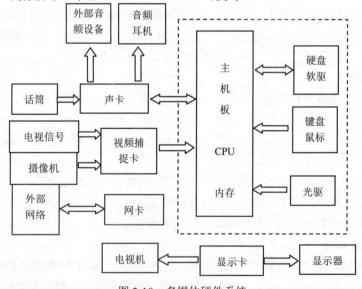

图 2-18　多媒体硬件系统

（2）多媒体板卡。多媒体板卡根据多媒体计算机系统获取或处理各种媒体信息的需要插接在计算机的主板上，以解决输入和输出问题。多媒体板卡是建立多媒体应用程序工作环境必不可少的设备，它包括音频卡和视频卡。

① 音频卡是实现计算机对声音进行处理功能的部件，计算机利用它可以录制、编辑、回

放数字音频文件，对音频文件进行压缩和解压缩；控制各个声源的音量并加以混合，放大输出信号的功率；采用语音处理技术实现语音合成和语音识别等。

② 视频卡是对视频信号进行处理的接口，它可以汇集视频源（电视信号）、音频源、录像机、激光视盘机、摄像机等信息，进行编辑、存储、输出等。按其功能又分为图像加速卡、视频播放卡、视频捕捉卡和电视卡等。

③ 多媒体外部输入设备。多媒体外部输入设备是指将外界声、光等多媒体信号转化为计算机可以存储的数据。常用的外部输入设备有麦克风、扫描仪、数码照相机、数码摄像机、数字摄像头等，还可配备其他音频设备和视频设备。音频设备如激光唱机和乐器数字接口（MIDI）合成器等，视频设备如摄像机、录像机以及各种制式的电视视频信号源。

④ 多媒体输出设备。多媒体输出设备主要是指音频、视频的输出设备及多媒体作品的输出设备。

音频输出播放设备有扬声器、立体声耳机、MIDI 播放器、立体声音响设备等。

视频输出设备有电视机、投影电视、显示器、家庭影院等。

显示器是一种计算机输出显示设备，由显示器件、扫描电路、视频电路和接口转换电路组成。为了能清晰地显示出字符、汉字、图形，其分辨率和视频带宽比电视要高出许多。

常用的多媒体输出设备还有打印机、绘图仪等。绘图仪可将计算机的输出信息以图形的形式输出，能按照人们要求自动绘制图形。

若要配置一套普及型多媒体制作系统，还要选购一些专用处理设备，如将照片、图片输入到计算机的扫描仪，将图像信息采集成计算机所能识别的数字信息的视频卡等。目前市场上销售的个人计算机一般都能满足以上多媒体计算机配置的要求，当然，配置更好的计算机将有助于提高整个多媒体计算机系统的性能。

2）多媒体软件系统

多媒体计算机除了要满足一定的硬件配置要求外，还必须有一定的软件支持，否则难以实现其多媒体功能。

从多媒体软件的功能来看，可以分为系统软件、多媒体素材编辑软件、多媒体制作工具软件和多媒体应用软件。

（1）多媒体系统软件主要由多媒体操作系统组成，是多媒体系统运行的环境基础，是控制多媒体硬件设备和软件环境的工具，具有灵活传输和处理多媒体数据的功能。目前使用的多媒体操作系统一般是在现有操作系统的基础上扩充的。OS/2、Windows 操作系统都提供了对多媒体的支持。

（2）多媒体素材编辑软件又称为数据准备和编辑软件，主要用于采集、整理和编辑各种媒体数据。该软件种类很多，例如文字处理、声音录制和编辑、计算机图形制作、图像扫描和处理、全动态视频采集、动画生成编辑等软件，属于创作软件中的一个工具类部分。

（3）多媒体创作工具软件又称为多媒体编辑创作软件，是多媒体专业人员在多媒体操作系统上开发的，供特定应用领域的专业人员组织编排多媒体数据并将它们连接成完整的多媒体应用的系统工具。如 Adobe 公司的 Authorware 和 Director 等。Office 中的 PowerPoint 也可以看成是一类专用的多媒体制作工具,适用于开发商业多媒体演示、幻灯片和电子教案等。

(4)多媒体应用软件是在多媒体硬件平台上设计开发的面向应用的软件或由创作工具开发出来的应用软件。

2.4.2 音频

1. 音频基础知识

1)音频的概念

我们把人类能够听到的所有声音都称之为音频,当然也可能包括噪音等。

目前音频已用作一般性描述音频范围内和声音有关的设备及其作用。主要是指:

(1)Audio,指人耳可以听到的声音频率为 20Hz~20kHz 的声波,称为音频。

(2)指存储声音内容的文件。

(3)在某些方面能指作为滤波的振动。

2)音频信号的处理

声音是一种连续的模拟信号,而计算机处理的是数字信号,因此要把声音存储到计算机中必须先进行数字化处理。播放时要以实际声音输出,必须将数字声音解码、解压缩,经过数模信号转换,形成模拟信号回放输出。这一过程如图 2-19 所示。

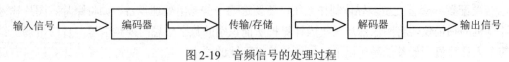

图 2-19 音频信号的处理过程

2. 数字化音频和音频的相关计算

1)音频数字化

把输入的声音模拟信号转换成数字信号的过程称为声音的数字化。它是一种利用数字化手段对声音进行录制、存放、编辑、压缩或播放的技术,它是随着数字信号处理技术、计算机技术、多媒体技术的发展而形成的一种全新的声音处理手段。

(1)声音信号数字化过程。

① 采样:在时间轴上对信号数字化;是指用每隔一定时间的信号样值序列来代替原来在时间上连续的信号,也就是在时间上将模拟信号离散化。

② 量化:在幅度轴上对信号数字化;是用有限个幅度值近似原来连续变化的幅度值,把模拟信号的连续幅度变为有限数量的有一定间隔的离散值。

③ 编码:按一定格式记录采样和量化后的数字数据;是按照一定的规律,把量化后的值用二进制数字表示。

(2)音频信号的处理过程。

采样和量化后的声音信号经编码后就成为数字音频信号,可以将其以文件形式保存在计算机的存储介质中，这样的文件一般称为数字声波文件。

播放数字声音时需进行解码、解压缩，形成二进制数据再将二进制数据进行数模信号转换，形成模拟声音信号输出。

因此，获取与处理音频信号的顺序应该是采样、量化、编码、存储、解码、D/A 转换。

2）音频文件的容量

音频文件的容量与声音数字化的质量密切相关，声音数字化的质量越高，音频文件的容量就越大。声音数字化的质量与采样频率、采样精度（也称量化级）和声道数密切相关。

（1）采样频率。采样频率等于单位时间内声音波形被等分的份数，份数越多（即频率越高），质量就越好。采样频率用单位赫兹（Hz）来表示。

根据这种采样方法，采样频率是能够再现声音频率的 2 倍。人耳听觉的频率上限在 20kHz 左右，为了保证声音不失真，采样频率应在 40kHz 左右。在多媒体技术中常用的标准采样频率为 44.1 kHz，就是指每秒采样 44100 次，低于此值就会有较明显的损失，而高于此值人的耳朵已经很难分辨，而且增大了数字音频所占用的空间。一般为了达到"万分精确"，我们还会使用 48kHz 甚至 96kHz 的采样频率，通常使用的 CD 的采样标准就是 44.1kHz。

其他经常使用的采样频率还有 11.025kHz、22.05kHz 等。

采样频率越高，采样间隔时间越短，声音波形越精确，声音失真越小，音频数据量越大。

（2）采样精度。采样精度即每个声音样本所需存储的位数，它反映了度量声音波形幅度的精度。由于计算机按字节运算，所以量化位数一般为 8 位和 16 位。假如某个声音信号的幅度为 A，那么采样 8 位度量，则声音信号可等分为 2A/256；如果采用 16 位度量，则声音信号可等分为 2A/65536。由此可见，量化位越高，信号的动态范围越大，数字化后的音频信号就越可能接近原始信号，但所需要的存贮空间也越大。

（3）声道数。声道数即声音通道的个数。声道个数表明声音产生的波形数，一般分为单声道和多声道。为了取得立体声音效果，有时需要进行"多声道"录音，最起码有左右两个声道（通常意义上的立体声道），较好的采样 5.1 或 7.1 声道的环绕立体声。所谓 5.1 声道，是指含左、中、右、左环绕、右环绕 5 个有方向性的声道，以及一个无方向性的低频加强声道。

采样频率越高，采样精度越高，声道数越多，则声音质量就越好，而数字化声音后的数据量也就越大。

音频文件占磁盘存储容量的计算公式：

存储容量=采样频率（Hz）×量化位数×声道数×时间（s）/8　（单位：字节）

例如：语音信号的采样频率为 16kHZ，量化精度为 10 位，单声道输出，则每小时的数据量约为 16000×10×1×3600/8/1024/1024=68.66MB。

3. 音频的压缩及文件格式

1）音频压缩

音频压缩技术指的是对原始数字音频信号流（PCM 编码）运用适当的数字信号处理技术，在不损失有用信息量，或所引入损失可忽略的条件下，降低（压缩）其码率，也称为压缩编码。

它必须具有相应的逆变换,称为解压缩或解码。音频信号在通过一个编解码系统后可能引入大量的噪声和一定的失真。

音频压缩有两种方式,分别是有损压缩和无损压缩。

有损压缩。顾名思义就是降低音频采样频率与比特率,输出的音频文件会比原文件小。常见的 MP3、WMA、OGG 被称为有损压缩。

无损压缩。无损压缩能够在 100%保存原文件的所有数据的前提下,将音频文件的体积压缩得更小,而将压缩后的音频文件还原后,能够实现与源文件相同的大小、相同的码率。无损压缩格式有 APE、FLAC、WavPack、LPAC、WMALossless、AppleLossless、La、OptimFROG、Shorten,而常见的、主流的无损压缩格式只有 APE、FLAC。

2)音频文件格式

音频文件通常分为两类:声音文件和 MIDI 文件,见表 2-13。

(1)声音文件。数字音频同 CD 音乐一样,是将真实的数字信号保存起来,播放时通过声卡将信号恢复成悦耳的声音。

(2)MIDI 文件(.MID)。MIDI 是乐器数字接口(Musical Instrument Digital Interface,MIDI)的英文缩写,是数字音乐/电子合成乐器的统一国际标准。在 MIDI 文件中,只包含产生某种声音的指令,计算机将这些指令发送给声卡,声卡按照指令将声音合成出来。相对于声音文件,MIDI 文件显得更加紧凑,其文件尺寸也小得多。

表 2-13 常见声音文件格式列表

扩展名	说明
.WAV	Windows 声音波形文件格式,系由 IBM 公司与微软公司联合开发
.MP3	MPEG Layer III 标准压缩
.RM、.RA	Real Networks 公司的流放式声音文件格式
.WMA	微软 Windows Media Player 专用格式
.VOC、.VOX	声霸卡存储的声音文件存储格式
.SWA	Authorware 专用压缩文件格式
.VQF	NTT 开发的最新声音文件,具有更高的压缩比
.AU	Sun 和 NeXT 公司的声音文件存储格式
.AIFF	Macintosh 平台的声音文件
.MID	Windows MIDI 文件存储格式,乐器数字接口文件

2.4.3 图形和图像

图形(Graph)和图像(Image)都是多媒体系统中的可视元素。

1. 图形和图像的概念

(1)图形是矢量图(Vector Drawn),它是根据几何特性来绘制的。图形的元素是一些点、直线、弧线等。矢量图常用于框架结构的图形处理,应用非常广泛,如计算机辅助设计(CAD)

系统中常用矢量图来描述十分复杂的几何图形，适用于直线以及其他可以用角度、坐标和距离来表示的图。图形任意放大或者缩小后，清晰依旧。

（2）图像是位图（Bitmap），它所包含的信息是用像素来度量的。就像细胞是组成人体的最小单元一样，像素是组成一幅图像的最小单元。对图像的描述与分辨率和色彩的颜色种数有关，分辨率与色彩位数越高，占用存储空间就越大，图像越清晰。

图形是人们根据客观事物制作生成的，它不是客观存在的；图像是可以直接通过照相、扫描、摄像得到，也可以通过绘制得到。

（3）像素：是图像元素的简称，是指由一个数字序列表示的图像中的一个最小单位，它是构成数字图像的基本单元。像素仅仅只是分辨率的尺寸单位，而不是画质。

（4）图像的参数。

① 分辨率：水平与垂直方向上的像素个数。

分辨率可以从显示分辨率与图像分辨率两个方向来分类。

- 显示分辨率（屏幕分辨率）是屏幕图像的精密度，是指显示器所能显示的像素有多少。由于屏幕上的点、线和面都是由像素组成的，显示器可显示的像素越多，画面就越精细，同样的屏幕区域内能显示的信息也越多，所以分辨率是个非常重要的性能指标之一。可以把整个图像想象成是一个大型的棋盘，而分辨率的表示方式就是所有经线和纬线交叉点的数目。显示分辨率一定的情况下，显示屏越小图像越清晰，反之，显示屏大小固定时，显示分辨率越高图像越清晰。
- 图像分辨率则是单位英寸中所包含的像素点数，其定义更趋近于分辨率本身的定义。

分辨率和图像的像素有直接的关系。通常，"分辨率"被表示成每一个方向上的像素数量，比如 640×480 等。某些情况下也可以同时表示成"每英寸像素"（PPI）以及图形的长度和宽度。

② 色彩模式：指图像所使用的色彩描述方法。如 RGB（红、绿、蓝）、CMYK（青、橙、黄、黑）等。

③ 颜色灰度（深度）：图像中每个像素点的颜色信息。用若干数据位来表示，这些数据位的个数称为图像的颜色灰度。

2. 图像的数字化

图像数字化是将连续色调的模拟图像经采样量化后转换成数字影像的过程，是进行数字图像处理的前提。图像数字化必须以图像的电子化作为基础，把模拟图像转变成电子信号，随后才将其转换成数字图像信号。

（1）模拟/数字（A/D）转换。是指将模拟图像信号转换为数字图像信号的过程和技术。

（2）图像数字化过程。要在计算机中处理图像，必须先把真实的图像（照片、画报、图书、图纸等）通过数字化转变成计算机能够接受的显示和存储格式，然后再用计算机进行分析处理。图像的数字化过程主要分采样、量化与编码 3 个步骤。

① 采样：按照某种时间间隔或空间间隔，采集模拟信号的过程（空间离散化）。

采样的实质就是要用多少点来描述一幅图像，采样结果质量的高低就是用前面所说的图像分辨率来衡量。简单来讲，对二维空间上连续的图像在水平和垂直方向上等间距地分割成矩形网状结构，所形成的微小方格称为像素点，一幅图像就被采样成有限个像素点构成的集合。

如图 2-20 所示，左图是要采样的物体，右图是采样后的图像，每个小格即为一个像素点。

② 量化：量化是指要使用多大范围的数值来表示图像采样之后的每一个点。量化的结果是图像能够容纳的颜色总数，它反映了采样的质量。也就是将采集到的模拟信号归到有限个信号等级上（信号值等级有限化）。

例如：如果以 4 位存储一个点，就表示图像只能有 16 种颜色；若采用 16 位存储一个点，则有 2^{16}=65536 种颜色。所以，量化位数越来越大，表示图像可以拥有更多的颜色，自然可以产生更为细致的图像效果。但是，也会占用更大的存储空间。两者的基本问题都是视觉效果和存储空间的取舍。

经过采样和量化得到的一幅空间上表现为离散分布的有限个像素，灰度取值上表现为有限个离散的可

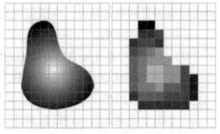

图 2-20　图像采样

能值的图像称为数字图像。只要水平和垂直方向采样点数足够多，量化比特数足够大，数字图像的质量就毫不逊色原始模拟图像。

③ 编码：将量化的离散信号转换成用二进制数码 0/1 表示的形式。

3. 图像的压缩及文件格式

1）图像压缩

图像压缩也分为无损压缩和有损压缩两类。

（1）常用的无损压缩图像格式有 BMP、TIF、PCX、GIF 等。根据目前的技术水平，无损压缩可以将数据压缩到原来的 1/2～1/4，压缩比较低。一些常用的无损压缩算法有哈夫曼（Huffman）算法和 LZW 压缩算法。

（2）有损压缩。有损压缩就是经过压缩后不能将原文件包含的信息完全保留。有损压缩的数据还原后有一定的损失，但不影响其信息的表达。它是以损失源文件的某些信息为代价来换取较高的压缩率，但损失的信息多数不重要。例如，对于图像、视频影像和音频数据的压缩就可以采用有损压缩，这样可以大大提高压缩比（可达 10：1 甚至 100：1），而人的感官仍不至于对原始信号产生误解。这种方法会减少信息量，而损失的信息是不能再恢复的，因此这种压缩是不可逆的。有损压缩常用于如电视信号、广播信号和视频压缩技术标准 MPEG 等方面。

2）常用压缩算法的标准

（1）压缩静止图像的 JPEG 标准。这是由联合图像专家组（Joint Photographic Expert Group，JPEG）制定的静态数字图像数据压缩编码标准。JPEG 标准是一个适用于彩色和单色多灰度或连续色调静止数字图像的压缩标准，可支持很高的图像分辨率和量化精度。JPEG 常用的一种

基于 DCT（离散余弦变换）的有损压缩算法，其压缩比可用参数调节，在压缩比达 25∶1 时，压缩后还原的图像与原始图像相比较，一般人很难找出它们之间的差异。

（2）压缩运动图像的 MPEG 标准。这是由活动图像专家小组（Moving Photographic Expert Group，MPEG）制定的用于视频影像和高保真声音的数据压缩标准。MPEG 标准分为 MPEG 视频、MPEG 音频和视频音频同步三个部分。MPEG 算法除了对单幅图像进行编码外，还利用图像序列的相关特性去除帧间图像冗余，大大提高了视频图像的压缩比。在保持较高的图像视觉效果的前提下，压缩比可以达到 60～100 倍左右。

3）图形图像的文件格式

（1）BMP（Bitmap）。BMP 是微软公司为其 Windows 环境设置的标准图像格式，PC 机上最常用的图像格式，有压缩和不压缩两种形式，可表现从 2 位到 32 位的色彩，其中高 8 位含有表征透明信息的 Alpha 数值。它在 Windows 环境下相当稳定，一般情况下，BMP 格式的图像是非压缩格式，故文件尺寸比较大，在文件大小没有限制的场合中运用极为广泛。

（2）GIF（Graphics Interchanges Format）。GIF 是 CompuServe 公司开发的图像文件格式，采用基于 LZW（Lempel-ZivWalch）算法的无失真压缩技术，使用了变长代码。支持 256 色的彩色图像，并且在一个文件中可存放多幅彩色图像。

GIF 格式的图像文件是世界通用的、在各种平台的各种图形处理软件上均可处理的经过压缩的图像格式，是一种压缩的 8 位图像文件。这种格式是网络传输和 BBS 用户使用最频繁的文件格式，速度要比传输其他格式的图像文件快得多。缺点是存储色彩最高只能达到 256 种。

（3）JPEG（Joint Photographic Experts Group）。JPEG 是可以大幅度地压缩图形文件的一种图形格式。JPEG 格式的图像文件具有迄今为止最为复杂的文件结构和编码方式，和其他格式的最大区别是 JPEG 使用一种有损压缩算法，是以牺牲一部分的图像数据来达到较高的压缩率，但是这种损失很小以至于很难察觉，印刷时不宜使用此格式。它被广泛应用于 Internet 上的 homepage 或 internet 上的图片库。

（4）TIFF（Tag Image File Format）。TIFF 是由 Aldus 和 Microsoft 公司为扫描仪和台式出版软件开发的文件格式，是为存储二值图像、灰度图像和彩色图像定义的存储格式，它是完全开放、极其灵活的一种图像文件存储格式，它的扩展性能好，尤其是它可以在许多不同的平台和应用软件间交换信息，其应用相当广泛。TIFF 格式图像文件的特点是：支持从单色模式到 32 位真彩色模式的所有图像；数据结构是可变的，文件具有可改写性，可向文件中写入相关信息；具有多种数据压缩存储方式，使解压缩过程变得复杂化。一般用于印刷。

（5）TGA（Targa）。TGA 由 TrueVision 公司设计，可支持任意大小的图像。专业图形用户经常使用 TGA 点阵格式保存具有真实感的三维有光源图像。采用游程编码（RLE）对图像数据进行无失真压缩。

（6）WMF（Windows Metafile Format）。WMF 是 Microsoft Windows 图元文件，具有文件短小、图案造型化的特点。该类图形比较粗糙，并只能在 Microsoft Office 中调用编辑。

（7）PNG（Portable Network Graphic）。PNG 是一种无失真压缩图像格式，具有支持索引、灰度、RGB 三种颜色方案以及 Alpha 通道等特性。渐进显示和流式读写特性，使其适合在网络传输中快速显示预览效果后再展示全貌。最高支持 48 位真彩色图像以及 16 位灰度图像，被广泛应用于互联网及其他方面上。

（8）IFF（Image File Format）。IFF 是用于大型超级图形（图像）处理平台，比如 AMIGA 机，好莱坞的特技大片多采用该图形格式处理。图形（图像）效果，包括色彩纹理等逼真再现原景。当然，该格式耗用的内存外存等的计算机资源也十分巨大。

（9）PCX：Z-soft 公司为存储 PC PaintBrush（PC 画笔）软件产生的图像而建立的图像文件格式，已成为事实上的位图文件的标准格式，绝大多数用到位图图像的台式出版软件和文字处理软件都可处理该格式。采用 RLE 压缩方法。

2.4.4 动画和视频

1. 动画和视频基础知识

（1）动画：动画是通过连续播放一系列画面，给视觉造成连续变化的图画。它的基本原理与电影、电视一样，都是视觉原理。

（2）视频：泛指将一系列静态影像以电信号的方式加以捕捉、纪录、处理、储存、传送与重现的各种技术。连续的图像变化每秒超过 24 帧（Frame）画面以上时，根据视觉暂留原理，人眼无法辨别单幅的静态画面；看上去是平滑连续的视觉效果，这样连续的画面叫作视频。

动画和视频都是由一系列的静止画面按照一定的顺序排列而成的，这些静止画面称为帧，每一帧与相邻帧略有不同。当帧画面以一定的速度连续播放时，由于视觉暂留现象造成了连续的动态效果。

计算机动画和视频的主要差别类似图形与图像的区别，即帧图像画面的产生方式有所不同。计算机动画是用计算机产生表现真实对象和模拟对象随时间变化的行为和动作，是利用计算机图形技术绘制出的连续画面，是计算机图形学的一个重要的分支；而数字视频主要指模拟信号源经过数字化后的图像和同步声音的混合体。目前，在多媒体应用中有将计算机动画和数字视频混同的趋势。

（3）立体视频（Stereoscopic Video）：是针对人的左右两眼送出略微不同的视频以营造立体物的感觉。由于两组视频画面是混合在一起的，所以直接观看时会觉得模糊不清或颜色不正确，必须借由遮色片或特制眼镜才能呈现其效果。

2. 视频的相关计算

（1）画面更新率（Frame Rate）：也称为帧率，是指视频格式每秒钟播放的静态画面数量。

（2）视频图像文件每秒数据量（单位：字节 B）

$$S（不压缩）=\frac{图像分辨率（像素）\times 彩色深度（位）\times 帧率}{8}$$

3. 视频的压缩和文件格式

1）视频文件格式

视频文件一般分为两类，即影像文件和动画文件。

(1) 影像文件格式。

① AVI（.AVI）：AVI 是音频视频交互（Audio Video Interleaved）的英文缩写，该格式的文件是一种不需要专门的硬件支持就能实现音频与视频压缩处理、播放和存储的文件。AVI 格式文件可以把视频信号和音频信号同时保存在文件中，播放时，音频和视频同步播放。AVI 视频文件使用起来非常方便。

② MPEG（.MPEG、.MPG、.DAT）：MPEG 文件格式是运动图像压缩算法的国际标准。MPEG 标准包括 MPEG 视频、MPEG 音频和 MPEG 系统（视频、音频同步）3 个部分。前面介绍的 MP3 音频文件就是 MPEG 音频的一个典型应用。MPEG 的平均压缩比为 50∶1，最高可达 200∶1，压缩效率非常高，同时图像和音响的质量也非常好。

③ ASF 格式：ASF 是 Advanced Streaming Format 的英文缩写，它是 Microsoft 公司的影像文件格式，是 Windows Media Service 的核心。ASF 是一种数据格式，音频、视频、图像以及控制命令脚本等多媒体信息通过这种格式，以网络数据包的形式传输，实现流式多媒体内容发布。其中，在网络上传输的内容就称为 ASF Stream。ASF 支持任意的压缩/解压缩编码方式，并可以使用任何一种底层网络传输协议，具有很大的灵活性。

④ WMV 格式：它的英文全称为 Windows Media Video，也是 Microsoft 推出的一种采用独立编码方式并可以直接在网上实时观看视频节目的文件压缩格式。WMV 格式的主要优点包括：本地或网络回放、可扩充的媒体类型、部件下载、可伸缩的媒体类型、流的优先级化、多语言支持、环境独立性、丰富的流间关系以及扩展性。

⑤ RM 格式：RM 是 Real Media 的缩写，它是 Real Networks 公司开发的视频文件格式，也是出现最早的视频流格式。它可以是离散的单个文件，也可以是一个视频流，它在压缩方面做得非常出色，生成的文件非常小，它已成为网上直播的通用格式，并且这种技术已相当成熟。所以在有微软那样强大的对手面前，并没有迅速倒去，直到现在依然占有视频直播的主导地位。

⑥ MOV 格式：这是著名的 Apple（美国苹果）公司开发的一种视频格式，默认的播放器是苹果的 QuickTime Player，几乎所有的操作系统都支持 QuickTime 的 MOV 格式，现在已经是数字媒体事业上的工业标准，多用于专业领域。

(2) 动画文件格式。

① GIF（.GIF）：GIF 是图形交换格式（Graphics Interchange Format）的英文缩写，是由 CompuServe 公司于 1987 年推出的一种高压缩比的彩色图像文件格式，主要用于图像文件的网络传输。考虑到网络传输中的实际情况，GIF 图像格式除了一般的逐行显示方式外，还增加了渐显方式，也就是说，在图像传输过程中，用户可以先看到图像的大致轮廓，然后随着传输过程的继续而逐渐看清图像的细节部分，从而适应了用户的观赏心理。最初，GIF 只是用来存储单幅静止图像，后来又进一步发展为可以同时存储若干幅静止图像并进而形成连续的动画，目前 Internet 上动画文件多为这种格式的 GIF 文件。

② SWF：SWF 是基于 Adobe 公司 Shockwave 技术的流式动画格式。 SWF 文件是 Flash 的一种发布格式，已广泛用于 Internet 上，客户端浏览器安装 Shockwave 插件即可播放。

③ Flic（.FLI、.FLC）：Flic 文件是 Autodesk 公司在其出品的 2D、3D 动画制作软件中采

用的动画文件格式。其中 FLI 是最初的基于 320×200 分辨率的动画文件格式,而 FLC 则是 FLI 的扩展,采用了更高效的数据压缩技术,其分辨率也不再局限于 320×200 像素。Flic 文件采用无损的数据压缩,首先压缩并保存整个动画系列中的第一幅图像,然后逐帧计算前后两幅图像的差异或改变部分,并对这部分数据进行 RLE 压缩,由于动画序列中前后相邻图像的差别不大,因此可以得到相当高的数据压缩率。

2.4.5 多媒体应用工具

1. 图像编辑器 ACDsee

ACDsee 是目前流行的数字图像处理软件。它可以浏览图像,几乎支持目前 Windows 平台上所有的图像格式,ACDsee 能编辑图像,批量转换 10 余种最常用的图像格式,批量编辑图像文件的解析度、色彩等,提供增强的红眼修正、剪切、锐化、色彩调整、模糊等功能,可直接浏览压缩包中的文件,快速地将多个图像文件作为邮件附件发送。

ACDsee 还可以支持"Media Windows"播放器播放音频、视频文件及 Flash 动画。

另外 ACDsee 支持包括全屏、窗口、区域、菜单等抓图模式,还可以在视频文件的播放过程中直接截取电影画面,以及为不同的抓图模式设置快捷键。

2. 常用 Windows 音频工具

1)音频处理软件 Realplayer 简介

Realplayer 是 Real 公司开发的在网上收听、收看实时 Audio、Video 和 Flash 的最佳工具。它支持播放各种在线媒体视频,包括 Flash 格式、FLV 格式或者 MOV 格式等,并且在播放过程中能录制视频。同时还加入了在线视频的一键下载功能到浏览器中,能够下载在线视频到本地硬盘上离线观看,而且还加入了 DVD/VCD 视频刻录的功能。

2)Media Player 的使用

Media Player 是微软公司开发的媒体播放软件,凭借其操作简单、功能强大的优势,深受广大电脑爱好者的喜爱。Media Player 已由原来单纯的 Windows 组件发展成为一个全能的网络多媒体播放器,不仅能播放 WAV、MID、MP3、MPG、AVI、ASF、WMV 等文件,而且还支持 DVD 及最新的 MP4 格式的文件。

2.4.6 习题解析

1.(   )格式的文件属于视频文件。
  A.avi   B.voc   C.wav   D.mid

【解析】AVI:音频视频交错格式。是将语音和影像同步组合在一起的文件格式。它对视频文件采用了一种有损压缩方式;

VOC:Creative 公司的波形音频文件格式;

WAV:Microsoft 公司的音频文件格式;

MIDI：文件记录的不是乐曲本身，而是一些描述乐曲演奏过程中的指令。

【答案】A。

2. 下列参数中，（　　）是音频信息数字化的参数。

  A．主频   B．采样频率   C．压缩比   D．分辨率

【解析】音频数字化参数有采样频率、采样精度（也称量化级）和声道数。

【答案】B。

3. 一幅 640×640 分辨率的图像的像素是（　　）。

  A．10 万   B．20 万   C．30 万   D．40 万

【解析】分辨率为 640×640 的图像是由 640×640=409600 个像素点组成，即 40 万像素。

【答案】D。

本章小结

冯·诺依曼计算机的基本结构由运算器、控制器、存储器、输入设备和输出设备五大部件组成；采用二进制电路设计，采用"存储程序"技术以便计算机能保存和自动依次执行指令。

计算机的发展阶段主要以组成计算机的逻辑元器件的不同而划分。

一个完整的计算机系统由硬件系统和软件系统组成；本章以微机为例讲了微处理机、存储器、输入设备和输出设备的功能、性能指标、总线结构和接口。

还讲述了在日常生活和工作中如何正确使用与维护计算机，提高计算机的工作效率。

围绕多媒体，讲解了多媒体的构成要素，音频、图像的数字化和常见声音文件的格式。

习题

1. 工作原理与复印机相似，打印质量好，打印速度快的打印机是（　　）。

  A．针式打印机 B．行式打印机 C．激光打印机 D．喷墨式打印机

2. 下列叙述中正确的是（　　）。

  A．内存是主机的一部分，访问速度快，一般比外存容量大

  B．内存不能和 CPU 直接交换信息

  C．外存中的信息可以通过内存和 CPU 进行信息交换

  D．硬盘属于内存储器

3. （　　）接口是目前微机上最流行的 I/O 接口，具有支持热插拔、连接灵活、独立供电等优点，可以连接常见的鼠标、键盘、打印机、扫描仪、摄像头、充电器、闪存盘、MP3 机、手机、数码相机、移动硬盘、外置光驱、Modem 等几乎所有的外部设备。

  A．PS/2   B．LPT   C．COM   D．USB

4. 以下选项中，除（　　）外都是计算机维护常识。

  A．热拔插设备可带电随时拔插   B．计算机环境应注意清洁

C. 计算机不用时最好断开电源　　　　　　D. 关机后不要立即再开机

5. 下列关于 3 种存储设备的数据传输速度说法正确的是（　　）。
   A. 光盘>硬盘>U 盘　　　　　　　　　　B. 硬盘>U 盘>光盘
   C. 硬盘>光盘>U 盘　　　　　　　　　　D. U 盘>硬盘>光盘

6. 内存用于存放计算机运行时的指令、程序、需处理的数据和运行结果。但是，存储在（　　）中的内容是不能用指令来修改的。
   A. RAM　　　　B. DRAM　　　　C. ROM　　　　D. SRAM

7. 以下关于分析处理计算机故障的基本原理，不正确的是（　　）。
   A. 先静后动。先不加电做静态检查，再加电做动态检查
   B. 先易后难。先解决简单的故障，后解决复杂的故障
   C. 先主后辅。先检查主机，后检查外设
   D. 先外后内。先检查外观，再检查内部

8. 显示器分辨率调小后，（　　）。
   A. 屏幕上的文字变大　　　　　　　　　B. 屏幕上的文字变小
   C. 屏幕清晰度提高　　　　　　　　　　D. 屏幕清晰度不变

9. 下列叙述错误的是（　　）。
   A. 计算机要经常使用，不要长期闲置不用
   B. 为了延长计算机的寿命，应避免频繁开关计算机
   C. 在计算机附近应避免磁场干扰
   D. 计算机使用几小时后，应关机休息一会儿再用

10. 高效缓冲存储器，简称 Cache。与内存相比，它的特点是（　　）。
    A. 容量小、速度快、单位成本低　　　　B. 容量大、速度慢、单位成本低
    C. 容量小、速度快、单位成本高　　　　D. 容量大、速度快、单位成本高

11. 在 CPU 与主存之间设置 Cache 的目的是为了（　　）。
    A. 扩大主存的存储容量　　　　　　　　B. 提高 CPU 对主存的访问效率
    C. 既扩大主存容量又提高存取速度　　　D. 提高外存储器的速度

12. 下列关于随机读/写存储器（RAM）特点的描述，正确的是（　　）。
    A. 从存储器读取数据后，原有的数据就清零了
    B. RAM 可以作为计算机数据处理的长期储存区
    C. RAM 中的信息不会随计算机的断电而消失
    D. 只有向存储器写入新数据时，存储器中的内容才会被更新

13. 以下选项中，除（　　）外都是使用电脑的不良习惯。
    A. 大力敲击键盘　　　　　　　　　　　B. 使用快捷键代替鼠标操作
    C. 边操作边吃喝　　　　　　　　　　　D. 用毕的应用没有及时关闭

14. 计算机系统维护常识中不包括（　　）。
    A. 了解计算机系统的配置　　　　　　　B. 不要带电插拔机箱内的设备

C．不要同时运行两种杀毒软件　　　　D．及时更新 CPU 和主板

15．计算机系统可维护性是指（　　）。

A．对系统进行故障检测与修复的定期时间间隔

B．系统失效后能被修复的概率

C．在单位时间内完成修复的概率

D．系统失效后在规定的时间内可修复到规定功能的能力

16．计算机各功能部件之间的合作关系如下图所示。假设图中虚线表示控制流，实线表示数据流，那么 a、b 和 c 分别表示（　　）。

A．控制器、内存储器和运算器　　　　B．控制器、运算器和内存储器

C．内存储器、运算器和控制器　　　　D．内存储器、控制器和运算器

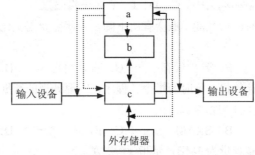

17．下列关于 ROM 的叙述中，不正确的是（　　）。

A．CPU 不能向 ROM 随机写入数据

B．ROM 中的信息在断电后不会消失

C．ROM 常用于存储各种固定程序和数据

D．ROM 是一种只能读取资料的外存

18．主板上 CMOS 芯片的主要作用是（　　）。

A．管理内存与 CPU 通信

B．增加内存的存储量

C．储存日期、时间、硬盘参数与计算机配置信息

D．存储基本的输入输出系统程序、引导程序和自检程序

19．使用 Cache 可以提高计算机的运行速度，这是因为（　　）。

A．Cache 可以增加内存的容量　　　　B．Cache 可以增加硬盘的容量

C．Cache 可以缩短 CPU 的加工时间　　D．Cache 的存取速度比内存快

20．一般来说，误删除本地磁盘中某个文件后，还可以用以下方法（　　）来补救。

A．从回收站中找到该文件，执行恢复操作　B．执行撤销操作，作废刚才的删除操作

C．执行回滚操作，恢复原来的文件　　D．重新启动电脑，恢复原来的文件

21．计算机运行时，（　　）。

A．删除桌面上的应用程序图标将导致该应用程序被删除

B. 删除状态栏上的 U 盘符号将导致 U 盘内的文件被删除
C. 关闭屏幕显示器将终止计算机操作系统的运行
D. 关闭应用程序的主窗口将导致该应用程序被关闭

22. 计算机软件两大类可分为（　　）。
    A. 操作系统和数据库   B. 数据库和应用程序
    C. 操作系统和语言处理程序   D. 系统软件和应用软件

23. 磁盘碎片整理的作用是（　　）。
    A. 将磁盘空闲碎片连成大的连续区域，提高系统效率
    B. 扫描检查磁盘，修复文件系统的错误，恢复坏扇区
    C. 清除大量没用的临时文件和程序，释放磁盘空间
    D. 重新划分磁盘分区，形成 C、D、E、F 等逻辑磁盘

24. 计算机运行一段时间后性能一般会有所下降，为此需用优化工具对系统进行优化。系统优化的工作不包括（　　）。
    A. 清理垃圾   B. 释放缓存   C. 查杀病毒   D. 升级硬件

25. 内存是用于存放计算机运行时的指令、程序、需要处理的数据和运行结果的，但是存储在（　　）中的内容是不能用指令修改的。
    A. DRAM   B. SRAM   C. RAM   D. ROM

26. 在计算机中，存储容量为 3MB，是指（　　）。
    A. 1024×1024×3 字   B. 1024×1024×3 字节
    C. 1000×1000×3 字   D. 1000×1000×3 字节

27. 下列选项中，属于多媒体创作工具的是（　　）。
    A. CoreDraw   B. Publisher
    C. Delphi   D. InfoPath

28. 用电脑既能听音乐，又能看影视节目，这是计算机在（　　）方面的应用。
    A. 多媒体技术   B. 自动控制技术
    C. 文字处理技术   D. 电脑作曲技术

29. 计算机在存储波形声音之前，必须进行（　　）。
    A. 压缩处理   B. 解压缩处理
    C. 模拟化处理   D. 数字化处理

30. 在获取与处理音频信号的过程中，正确的处理顺序是（　　）。
    A. 采样、量化、编码、存储、解码、D/A 变换
    B. 量化、采样、编码、存储、解码、A/D 变换
    C. 编码、采样、量化、存储、解码、A/D 变换
    D. 采样、编码、存储、解码、量化、D/A 变换

31. 下列图像格式中，可以将多幅图像保存为一个图像文件，从而形成动画的是（　　）。
    A. GIF   B. BMP   C. JPG   D. TIF

32. 以下不属于视频影像文件的是（　　）。
    A．AVI　　　　　B．MPG　　　　　C．ASF　　　　　D．WAV
33. 数据存在（　　）是数据可以被压缩的前提。
    A．一致性　　　　B．连续性　　　　C．相关性　　　　D．无关
34. 下列关于有损压缩的说法中正确的是（　　）。
    A．压缩过程可逆，相对无损压缩其压缩比较高
    B．压缩过程可逆，相对无损压缩其压缩比较低
    C．压缩过程不可逆，相对无损压缩其压缩比较高
    D．压缩过程不可逆，相对无损压缩其压缩比较低
35. JPEG 是用于（　　）的编码标准。
    A．音频数据　　　B．静态图像　　　C．视频图像　　　D．音频和视频数
36. 下列处理属于无损压缩的是（　　）。
    A．将 BMP 文件压缩为 JPEG 文件　　　B．用 WinZip 软件压缩文件
    C．将电影制作成 VCD　　　　　　　　D．将电影制作成 DVD
37. 动态图像压缩的标准是（　　）。
    A．JPEG　　　　B．MHEG　　　　C．MPEG　　　　D．MPC
38. 以下关于压缩软件 WinRAR 的叙述中，正确的是（　　）。
    A．WinRAR 不仅支持 RAR 压缩文件格式，同时还支持 ZIP 压缩文件格式
    B．不能向压缩文件包 abc.rar 中添加新文件
    C．压缩文件包中的文件不能直接修改
    D．WinRAR 不支持目录级的压缩
39. 某人下载的软件其扩展名是 rar，则该软件是（　　）的。
    A．自动安装自动执行　　　　　B．需要手工操作解压
    C．自动解压自动安装　　　　　D．自动解压但需要手工安装

第 3 章　操作系统知识

本章介绍操作系统的基础概念和相关界面，以 Windows 7 为例介绍其常见界面及使用，并介绍文件系统的相关概念及操作。

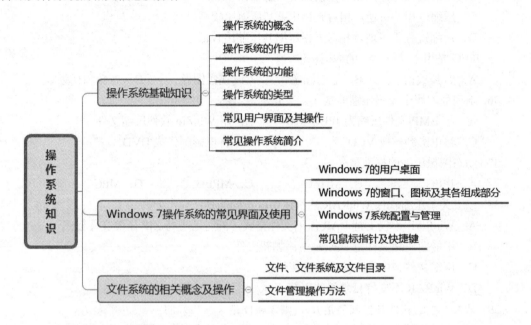

3.1　操作系统基础知识

计算机一般由硬件系统和软件系统两部分组成，二者缺一不可。操作系统则是软件系统中不可或缺的核心部分。一般将没有配置操作系统和其他软件的电子计算机称为"裸机"。

3.1.1　操作系统的概念

操作系统（Operating System，OS）是管理和控制计算机硬件与软件资源的计算机程序，是直接运行在"裸机"上的最基本的系统软件，任何其他软件都必须在操作系统的支持下才能运行，因此操作系统是计算机系统中最为核心和必不可少的系统软件。

操作系统是用户和计算机的接口，管理计算机的硬件及软件资源。操作系统的功能包括管理计算机系统的硬件、软件及数据资源，控制程序运行，改善人机界面，为其他应用软件提供支持，让计算机系统的所有资源最大限度地发挥作用，提供各种形式的用户界面，使用户有一个好的工作环境，为其他软件的开发提供必要的服务和相应的接口等。

3.1.2 操作系统的作用

操作系统的主要作用有以下两方面。

（1）屏蔽硬件物理特性和操作细节，为用户使用计算机提供便利。简单地说，就是改善人机操作界面，为用户提供更加友好的使用环境；

（2）有效管理系统资源，提高系统资源的使用效率。如何有效地管理、合理地分配系统资源，提高系统资源的使用效率是操作系统必须发挥的主要作用。

3.1.3 操作系统的功能

操作系统的主要功能是资源管理，程序控制和人机交互等。计算机系统的资源可分为设备资源和信息资源两大类。设备资源指的是组成计算机的硬件设备，如中央处理器、主存储器、磁盘存储器、打印机、磁带存储器、显示器、键盘输入设备和鼠标等。信息资源指的是存放于计算机内的各种数据，如文件、程序库、知识库、系统软件和应用软件等。

操作系统位于底层硬件与用户之间，是两者沟通的桥梁。用户可以通过操作系统的用户界面，输入命令。操作系统则对命令进行解释，驱动硬件设备，实现用户要求。以现代观点而言，一台标准个人计算机的 OS 应该提供以下功能。

- 进程管理（Processing Management）
- 内存管理（Memory Management）
- 文件系统（File System）
- 网络通信（Networking）
- 安全机制（Security）
- 用户界面（User Interface）
- 驱动程序（Device Drive）

3.1.4 操作系统的类型

操作系统根据不同分法可分为不同的类型，在此主要介绍其中最主要的 6 类：批处理操作系统、分时操作系统、实时操作系统、网络操作系统、分布式操作系统和嵌入式操作系统。

1. 批处理操作系统

批处理操作系统由单道批处理系统（又称为简单批处理系统）和多道批处理系统组成。单道批处理系统用户一次可以提交多个作业，但系统一次只处理一个作业，处理完一个作业后，再调入下一个作业进行处理。这些调度、切换由系统自动完成，不需人工干预。单道批处理系统一次只能处理一个作业，系统资源的利用率不高。多道批处理系统，把同一个批次的作业调入内存，存放在内存的不同部分，当一个作业由于等待输入输出操作而让处理机出现空闲，系统自动进行切换，处理另一个作业，因此它提高了资源利用率。

其主要的特点为不需人工干预，进行批量处理。

2. 分时操作系统

分时操作系统的特点是可有效增加资源的使用率。

把计算机与许多终端连接起来，每个终端有一个用户在使用。分时操作系统将 CPU 的时间划分成若干片段，称为时间片。用户交互式地向系统提出命令请求，分时操作系统接受每个用户的命令，采用时间片轮转方式处理服务请求，并通过交互方式在终端上向用户显示结果。每个用户轮流使用一个时间片而使每个用户感觉不到别的用户存在。分时操作系统可有效增加资源的使用率。

其主要的特点为交互性、多路性、独立性、及时性。

3. 实时操作系统

实时操作系统是指使计算机能及时响应外部事件的请求在规定的严格时间内完成对该事件的处理，并控制所有实时设备和实时任务协调一致地工作的操作系统。实时操作系统要追求的目标是：对外部请求在严格时间范围内做出反应，有高可靠性和完整性。

其主要的特点是资源的分配和调度首先要考虑实时性，而后才是效率。此外，实时操作系统应有较强的容错能力。

4. 网络操作系统

网络操作系统是通常运行在服务器上的操作系统，是基于计算机网络，在各种计算机操作系统上按网络体系结构协议标准开发的软件，包括网络管理、通信、安全、资源共享和各种网络应用。其目标是相互通信及资源共享。在其支持下，网络中的各台计算机能互相通信和共享资源。常见的有 UNIX、Linux、Windows Server 等。

其主要的特点是与网络的硬件相结合来完成网络的通信任务。

5. 分布式操作系统

分布式操作系统是为分布计算系统配置的操作系统。大量的计算机通过网络被连接在一起，可以获得极高的运算能力及广泛的数据共享。这种系统被称作分布式系统。分布式操作系统是网络操作系统的更高形式，它保持了网络操作系统的全部功能，而且还具有透明性、可靠性和高性能等。网络操作系统和分布式操作系统虽然都用于管理分布在不同地理位置的计算机，但最大的差别是：网络操作系统知道确切的网址，而分布式系统则不知道计算机的确切地址；分布式操作系统负责整个的资源分配，能很好地隐藏系统内部的实现细节，如对象的物理位置等。这些都是对用户透明的。

6. 嵌入式操作系统

嵌入式操作系统是嵌入式系统的操作系统。嵌入式操作系统是一种用途广泛的系统软件，通常包括与硬件相关的底层驱动软件、系统内核、设备驱动接口、通信协议、图形界面、标准化浏览器等。嵌入式操作系统负责嵌入式系统的全部软、硬件资源的分配、任务调度、控制、协调并发活动。它必须体现其所在系统的特征，能够通过装卸某些模块来达到系统所要求的功能。目前在嵌入式领域广泛使用的操作系统有嵌入式实时操作系统 μC/OS-II、嵌入式 Linux、Windows Embedded、VxWorks 等，以及应用在智能手机和平板电脑的 Android、iOS 等。

其主要的特点是系统内核小、专用性强、多任务、高实时性、系统精简、需要开发工具和环境。

3.1.5 常见用户界面及其操作

目前较常见的操作系统的用户界面主要分为字符类界面和图形类界面两大类，其中图形类界面因其直观易懂，界面友好更容易被普通用户所接受与普及。随着智能技术的发展，智能界面将是下一步的发展方向。

目前较常见操作系统的操作方式主要包括命令行操作、键盘鼠标操作、触控操作、手势操作、语音操作等几大类。

3.1.6 常见操作系统简介

目前在人们的生活中最为流行和常见的操作系统有 DOS 操作系统、Windows 操作系统、UNIX 操作系统、Linux 操作系统、iOS 操作系统及 Android 操作系统。

1. DOS 界面及操作方法

系统简介：DOS 是磁盘操作系统的缩写，是个人计算机上的一类操作系统。DOS 是 1979 年由美国微软公司为 IBM 个人计算机开发的操作系统，它是一个单用户单任务的操作系统。它在 1985～1995 年及其后的一段时间内占据操作系统的统治地位，直到微软公司推出 Windows 视窗操作系统后才被后者所取代。

系统界面：DOS 操作系统的操作界面为黑色底白色字的文字界面，如图 3-1 所示。

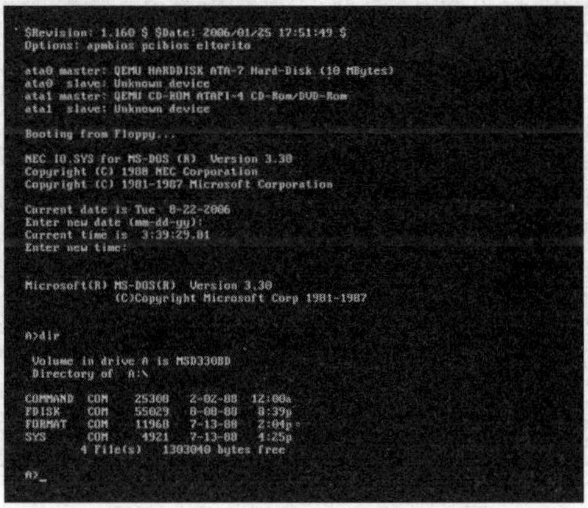

图 3-1 DOS 操作系统界面

操作方法：在 DOS 操作系统中主要是使用各种命令来完成各种功能及任务的操作。例如，使用 dir 命令来进行目录名或文件名的查询，使用 format 命令来对磁盘进行格式化等。

2. Windows 界面及操作方法

系统简介：Microsoft Windows 是美国微软公司研发的一套操作系统，它问世于 1985 年，是个人计算机上第一个可视化图形界面的操作系统，Windows 采用了图形化模式 GUI，比起从前的 DOS 需要输入指令使用的方式更为人性化。因其简单易用，界面友好，Windows 操作系统迅速占领了个人计算机的操作系统市场，目前也是全球个人计算机中占有率最高的操作系统。

系统界面：Windows 操作系统的操作界面如图 3-2 所示。

操作方法：Windows 操作系统最主要的使用方法就是鼠标操作，可对看到的所有对象（桌面、图标、文件及文件夹等）进行鼠标左键或右键的操作，其中鼠标的基本操作为指向、单击、双击、拖曳、右击等。另外，也可用键盘上的某些组合键与快捷键来操作一些功能。

3. UNIX 界面及操作方法

系统简介：UNIX 操作系统是由 Ken Thompson、Dennis Ritchie 和 Douglas McIlroy 于 1969 年在 AT & T 的贝尔实验室开发的一个强大的多用户、多任务操作系统，支持多种处理器架构系统。UNIX 操作系统界面如图 3-3 所示。

系统界面：UNIX 操作系统界面如图 3-3 所示。

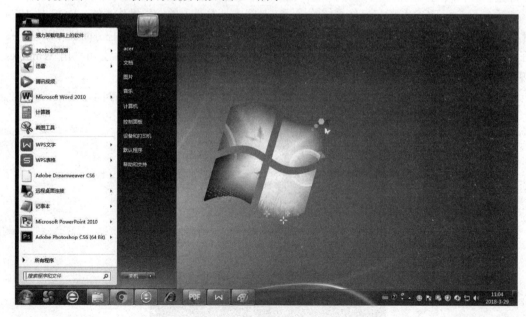

图 3-2　Windows 操作系统界面

图 3-3 UNIX 操作系统界面

操作方法：UNIX 系统主要有两种操作方式：① 通过键盘写命令对操作系统进行操作。② 通过安装 GUI（Graphical User Interface，图形用户界面，又称图形用户接口）插件可以实现类似与 Windows 系统一样的操作方式，这种操作方式更易于用户接受。

4. Linux 界面及操作方法

系统简介：Linux 操作系统诞生于 1991 年，是一套类 UNIX 操作系统。Linux 存在着许多不同的 Linux 版本，但它们都使用了 Linux 内核。Linux 可安装在各种计算机硬件设备中，比如手机、平板电脑、路由器、视频游戏控制台、台式计算机、大型机和超级计算机。其主要特性为完全免费、完全兼容 POSIX1.0 标准、多任务多用户、界面友好、支持多种硬件平台。

系统界面：Linux 操作系统界面如图 3-4 所示。

图 3-4 Linux 操作系统界面

操作方法：Linux 操作系统是一种类 UNIX 操作系统，所以操作方法同 UNIX 操作系统。

5. iOS 界面及操作方法

系统简介：iOS 是由苹果公司开发的移动操作系统，于 2007 年 1 月 9 日的 Macworld 大会上公布。最初是设计给 iPhone 使用的，后来陆续套用到 iPod touch、iPad 以及 Apple TV 等产品上。iOS 属于类 UNIX 的商业操作系统。

系统界面：iOS 操作系统界面如图 3-5 所示。

操作方法：iOS 采用触控操作，在操作系统界面上对各种图标使用单击、连击、长按、滑动、缩放等触摸方式进行操作。其中一些操作内容可使用内置的语音命令系统完成操作。

6. Android 界面及操作方法

系统简介：Android 是由 Google 公司在 2007 年发布的一种基于 Linux 的自由及开放源代码的操作系统，主要使用于移动设备，如智能手机和平板电脑等。

系统界面：Android 操作系统界面如图 3-6 所示。

图 3-5　iOS 操作系统界面

图 3-6　Android 操作系统界面

操作方法：Android 操作系统的操作方法类同于 iOS 操作系统。

3.1.7　习题解析

1. 操作系统的主要作用是（　　）。
   A．实现某种具体应用功能
   B．进行游戏、上网、听音乐
   C．作为人机交互接口，管理计算机的软硬件资源
   D．帮助人类进行程序编译

【解析】操作系统的主要作用是起到人机交互接口，管理计算机软件及硬件资源。

【答案】C。

2. 以下关于实时系统的叙述中，不正确的是（　　）。

　　A．实时系统的任务具有一定的时间约束

　　B．多数实时系统对可靠性要求较低

　　C．实时系统的正确性依赖系统计算的逻辑结果和产生这个结果的时间

　　D．实时系统能对实时任务的执行时间进行判断

【解析】实时系统的正确性不仅取决于程序的逻辑正确性，也取决于结果产生的时间，如果系统的时间约束条件得不到满足，将会发生系统出错。

【答案】C。

3. 现在手机的主流操作系统属于（　　）。

　　A．嵌入式操作系统　　　　　　　B．网络操作系统

　　C．多用户操作系统　　　　　　　D．分时操作系统

【解析】目前手机的主流操作系统主要为 Android 和 iOS 系统，其属于嵌入式操作系统种类。

【答案】A。

4. 触摸屏的手指操作方式不包括（　　）。

　　A．长按　　　　B．右击　　　　C．缩放　　　　D．点滑

【解析】触摸屏的手指操作包括单击、连击、滑动、长按、缩放。点击操作一般只分为单击与连击，并不能像鼠标那样区分左击与右击。

【答案】B。

5. 操作系统对运行环境的要求一般不包括（　　）。

　　A．CPU 类型　　　B．内存容量　　　C．可用磁盘空间　　　D．打印机类型

【解析】CPU 与存储器（内存与外存）是操作系统的必要运行环境，磁盘属于外存。而打印机不是操作系统的运行环境，属于计算机的外接扩展设备。

【答案】D。

3.2　Windows 7 操作系统的常见界面及使用

目前全球个人计算机操作系统主要以微软的视窗操作系统为主，现以 Windows 7 操作系统为例，介绍其基本知识和基本操作。

3.2.1　Windows 7 的用户桌面

1. Windows 7 桌面环境的组成

登录 Windows 7 后最先出现在屏幕上的整个区域即称为"Windows 系统桌面"，也可简称

"桌面"。其主要由桌面图标、任务栏、开始菜单、桌面背景等部分组成，如图 3-7 所示。

图 3-7　Windows 7 系统桌面

（1）桌面图标：最常见的有计算机、回收站和网络等图标。

① 计算机：用户通过该图标可以实现对计算机硬盘驱动器、文件夹和文件的管理，在其中用户可以访问连接到计算机的硬盘驱动器、照相机、扫描仪和其他硬件以及有关信息。

② 回收站：回收站保存了用户删除的文件、文件夹、图片、快捷方式和 Web 页等。这些项目将一直保留在回收站中，直到用户清空回收站。回收站所用空间是计算机硬盘空间的一部分。

③ 网络：用户通过该图标指向共享计算机、打印机和网络上其他资源的快捷方式。只要打开共享网络资源（如打印机或共享文件夹），快捷方式就会自动创建在"网上邻居"上。"网上邻居"文件夹还包含指向计算机上的任务和位置的超链接。这些链接可以帮助用户查看网络连接，将快捷方式添加到网络位置，以及查看网络域中或工作组中的计算机。

（2）任务栏：任务栏是位于桌面最下方的一个小长条，它显示了系统正在运行的程序、打开的窗口和当前时间等内容。用户通过任务栏可以完成工具栏设置、窗口排布、显示桌面、启动任务管理器、锁定任务栏及任务栏属性设置等操作。

（3）开始菜单：开始菜单是 Windows 操作系统的重要标志。Windows 7 的开始菜单依然以原有的"开始"菜单为基础，但是有了许多新的改进，极大地改善了使用效果。

在"开始"菜单中如果命令右边有"▶"符号，表示该项下面有子菜单。

（4）桌面背景：俗称为 Windows 桌布，用户可以根据喜好自行设置不同的图片为桌面背景。

2. Windows 7 桌面的基本操作

Windows 7 中桌面的操作主要有新建、排列、选择、打开（执行）和设置 5 种。

（1）新建：在 Windows 7 桌面上可新建图标、文件或文件夹等内容。如从系统中的其他位置拖动到桌面上；或在桌面空白处右击→"新建"→快捷方式、文件或文件夹，如图 3-8 所示。

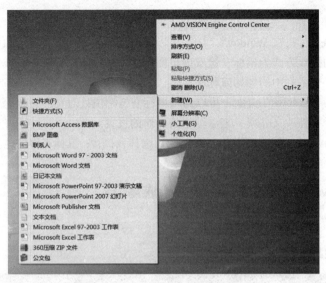

图 3-8　Windows 7 桌面新建对象

（2）排列：在 Windows 7 桌面上，可以对桌面上的各种图标进行排列。排列方式有两种，一种是系统自动排列方式，系统会按照从上往下、从左往右的顺序对桌面上的所有图标进行自动排列；另一种排列方式是自由排列方式，可以用鼠标拖动图标到桌面的任意位置。

两种排列方式操作如下：鼠标右击桌面空白处→"查看"→"自动排列图标"前的方框→勾选则为系统自动排列方式（取消勾选则为自由排列方式），如图 3-9 所示。

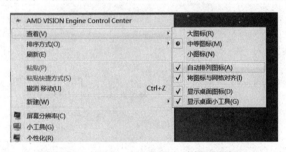

图 3-9　Windows 7 桌面自动排列图标

（3）选择：在 Windows 7 操作系统中，可以通过鼠标和键盘来选择某个或多个文件或文件夹。

选择单个文件（文件夹）：鼠标左键单击该文件（文件夹）。

选择连续的多个文件（文件夹）：鼠标左键按住不放→框选一片区域（将要选择的文件全部包含在内）；或鼠标左键单击位置排第一的文件（文件夹）→按住"Shift"键不放→鼠标左键点选位置排最后的文件（文件夹）。这时会同时把位置第一到位置最后的文件（文件夹）区域中的所有文件（文件夹）共同选中。

选择不连续的多个文件（文件夹）：鼠标左键单击位置排第一的文件（文件夹）→按住"Ctrl"键不放→鼠标左键点选需同时选择的其他的文件（文件夹）。这时就会在前面选中的文件（文件夹）基础上增加新选择的文件（文件夹）。

选择当前全部文件（文件夹）：按键盘上的"Ctrl"+"A"键。

（4）打开（执行）：在 Windows 7 中，可以通过鼠标的左键来打开或执行某个文件、文件夹或图标。通常的操作方式为鼠标左键双击桌面图标（文件或文件夹）；或用鼠标左键单击开始菜单中的内容（任务栏中的图标或程序）。

（5）设置：在 Windows 7 桌面上可以通过鼠标右击空白处对桌面背景等进行设置或鼠标右击某个图标（某个文件或文件夹）来进行相关操作的设置。

注：在 Windows 中，鼠标左键的主要功能为选择或执行；鼠标右键的主要功能为显示当前选择目标的功能菜单。

3.2.2　Windows 7 的窗口、图标及其组成部分

1. Windows 7 窗口及组成

Windows 7 的系统窗口如图 3-10 所示。

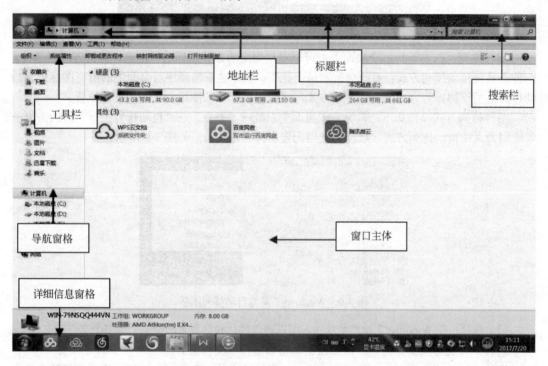

图 3-10　Windows 7 系统窗口

标题栏：在 Windows 7 中，标题栏位于窗口的最顶端，不显示任何标题，而在最右端有"最小化"（ — ）、"最大化/还原"（ ☐ ）、"关闭"（ ✕ ）三个按钮，用来执行改变窗口的大小和关闭窗口操作。用户还可以通过用鼠标左键按住标题栏来移动窗口。

（1）地址栏：其类似于网页中的地址栏，用来显示和输入当前窗口地址。用户也可以单击右侧的下拉按钮，在弹出的列表中选择路径，给快速浏览文件带来了方便。

（2）搜索栏：窗口右上角的搜索栏主要是用于搜索计算机中的各种文件。

（3）工具栏：给用户提供了一些基本的工具和菜单任务。

（4）导航窗格：在窗口的左侧，它提供了文件夹列表，并且以树结构显示给用户，帮助用户迅速定位所需的目标。

（5）窗口主体：在窗口的右侧，它显示窗口中主要内容，例如不同的文件夹和磁盘驱动等。

（6）详细信息窗格：用于显示当前操作的状态即提示信息，或者当前用户选定对象的详细信息。

2. Windows 7 窗口的基本操作

在 Windows 7 中，窗口的基本操作主要有 3 种：调整窗口的大小、多窗口排列、多窗口切换。

（1）调整窗口的大小：在 Windows 7 中，用户不但可以通过标题栏最右端的"最小化""最大化/还原"按钮，用来改变窗口的大小，而且用户可以通过鼠标来改变窗口的大小。鼠标悬停在窗口边框的位置→鼠标指针变成双向箭头→按住鼠标左键进行拖曳，即可调整窗口的大小。

（2）多窗口排列：用户在使用计算机时，打开了多个窗口，而且需要它们全部处于显示状态，那么就涉及排列问题。Windows 7 提供了 3 种排列方式：层叠方式、横向平铺方式、纵向平铺方式，右击任务栏的空白区弹出一个快捷菜单，如图 3-11 所示。

层叠窗口：把窗口按照打开的先后顺序依次排列在桌面上，如图 3-12 所示。

图 3-11　窗口排列菜单　　　　　　图 3-12　层叠窗口排列界面

堆叠显示窗口：系统在保证每个窗口大小相当的情况下，使窗口尽可能沿水平方向延伸，如图 3-13 所示。

并排显示窗口：系统在保证每个窗口大小相当的情况下，使窗口尽可能沿垂直方向延伸，如图 3-14 所示。

（3）多窗口切换预览：用户在日常使用计算机时，桌面上常常会打开多个窗口，那么用户可以通过多窗口切换预览的方法找到自己需要的窗口。下面介绍两种窗口切换预览方法。

① 单击任务栏上的程序窗口来实现程序间的切换。

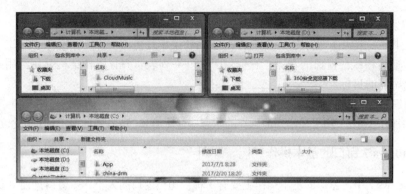

图 3-13 堆叠窗口排列界面

图 3-14 并排窗口排列界面

② 使用 Alt+Tab 键进行切换:按住"Alt"键不放→按"Tab"键来切换选择不同的窗口。

3. Windows 7 的图标

在 Windows 7 系统中图标主要有 3 种:文件或文件夹、系统功能、快捷方式。

(1) 文件或文件夹图标:文件是一组信息的集合体,是系统中可操作的基本组成单位。文件夹就是存放多个文件的一个磁盘上的空间,如图 3-15 所示。

(2) 系统功能图标:Windows 7 系统自带的一些功能入口,如图 3-16 所示。

(3) 快捷方式图标:快捷方式只是一个指向地址,指向某具体文件或文件夹,删除快捷方式不会影响其本体文件或文件夹。快捷方式图标的特点为其左下角有个 45 度斜向上的箭头,如图 3-17 所示。

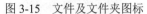

图 3-15　文件及文件夹图标

图 3-16　系统功能图标

图 3-17　快捷方式图标

3.2.3　Windows 7 系统配置与管理

1. 常见的 Windows 系统工具

在 Windows 7 中，可以在"开始"菜单→"所有工具"→"附件"→"系统工具"中看到常用的系统工具，如图 3-18 所示。

- **Internet Explorer（无加载项）**：启动无 ActiveX 控件或浏览器扩展的 Internet Explorer。
- **Windows 轻松传送**：将文件和设置从一台计算机传送到另一台计算机。
- **Windows 轻松传送报告**：查看已执行的传送报告。
- **磁盘清理**：清除磁盘上不需要的文件。
- **磁盘碎片整理程序**：对磁盘进行碎片整理，使计算机运行得更快、更有效率。
- **计算机**：查看连接到计算机的磁盘驱动器和其他硬件。
- **控制面板**：更改计算机的设置并自定义其功能。
- **任务计划程序**：安排自动运行的任务。
- **系统还原**：将系统还原到选定的还原点。
- **系统信息**：显示关于计算机的详细信息。
- **专用字符编辑程序**：使用"字符编辑程序"修改字符如何显示在屏幕上。
- **资源监视器**：实时监测 CPU、磁盘、网络及内存资源的使用情况和性能。
- **字符映射表**：选择特殊字符并复制到文档中。

图 3-18　常见系统工具

2. 控制面板

在 Windows 中，控制面板是一个比较重要的区域，它允许用户查看并操作 Windows 基本的系统设置，来改进用户对 Windows 系统的体验。

1）控制面板的基本操作

打开控制面板的方式一般为：鼠标左键单击"开始"菜单→"控制面板"，如图 3-19 所示。

图 3-19　开始菜单中打开控制面板

2）控制面板中常用的系统配置与管理

控制面板中的常见管理及配置工具如下。

- **系统**：查看并更改基本的系统设置，如编辑位于工作组中的计算机名、管理并配置硬件设备及启用（关闭）自动更新等。
- **用户账户**：允许用户控制使用系统中的用户账户。如果用户拥有必要的权限，还可给另一个用户（管理员）提供权限或撤回权限，添加、移除或配置用户账户等。
- **程序和功能**：允许用户从系统中添加或删除程序、添加或删除系统组件等。
- **个性化**：加载允许用户改变计算机显示设置如桌面壁纸、屏幕保护程序、显示分辨率等的显示属性窗口。
- **区域和语言**：可改变多种区域设置，如数字显示的方式、默认的货币符号、时间和日期符号及输入法相关设置等。
- **日期和时间**：允许用户更改计算机中的日期和时间，更改时区，并通过 Internet 时间服务器同步日期和时间。
- **网络与共享中心**：显示并允许用户修改或添加网络连接，更改网络适配器相关设置并对系统共享权限进行设置。
- **性能信息和工具**：查看系统的一些关键信息，例如显示当前的硬件指数，调整视觉效果，调整索引选项，调整电源设置及打开磁盘清理等。
- **管理工具**：包含为系统管理员提供的多种工具，包括安全、性能和服务配置。

3.2.4 常见鼠标指针及快捷键

1. 常见鼠标指针

鼠标指针指向屏幕的不同部位时，指针的形状会有所不同。此外，有些命令也会改变鼠标指针的形状。用鼠标操作对象不同，鼠标指针形状也不同。鼠标指针的主要形状如表 3-1 所示。

表 3-1 鼠标指针的形状和功能说明

指针形状	功能说明
▶	正常选择
▶?	求助符号，指向某个对象并单击，即可显示关于该对象的说明
▶⌛	指示当前操作正在后台运行
⌛	指示当前操作正在进行，等操作成功后，才能往下进行
↔	指向窗口左/右两侧边界位置，可左右拖动改变窗口大小
↕	指向窗口上下两侧边界位置，可上下拖动改变窗口大小
↘↖	指向窗口四角位置，拖动可改变窗口大小
☝	指向超链接的对象，单击可打开相应的对象

用户也可以通过"控制面板"中的"鼠标"选项，进入"鼠标属性"设置对话框，在其中

"方案"下拉框中选择不同的方案,鼠标将在显示器上显示不同的样式。

2. 常见快捷键及功能键

Windows 7 定义了许多常用的快捷键及功能键,可以帮助用户更方便地进行 Windows 操作。常用功能键及组合键如表 3-2 所示。

表 3-2 常用功能键及组合键的功能说明

常用功能键及组合键	功 能 说 明
Delete（Del）	删除被选择的选择项目,将被放入回收站
Enter	执行（确认）选中的目标
Caps lock	大写锁定键,激活后键盘输入的所有英文字母为大写字母
Shift	转换键,某些按键上有上下两个符号时,在按住 Shift 键的同时按此键,可输入此类按键的上面的符号;直接敲击此按键,输入此类按键的下面的符号
Num lock	副键盘（右侧小键盘）中数字键盘的开关
Print Screen（PrtScr）	系统截图键,可对整个屏幕进行截图,需将内容在画图等其他程序中进行粘贴以输出显示
Shift+Delete	删除被选择的目标项目时,将被直接删除而不是放入回收站
Alt+F4	关闭当前应用程序
Alt+Tab	切换当前窗口（程序）
Ctrl+ C	复制
Ctrl+ X	剪切
Ctrl+ V	粘贴
Ctrl+ Z	撤销
Ctrl+Esc	打开"开始"菜单
Ctrl+空格	系统默认的打开/关闭输入法（用户可自行更改设置）
Ctrl+Shift	系统默认的切换输入法（用户可自行更改设置）

3.2.5 习题解析

1. 微软公司发布的 Windows 操作系统目前是个人计算机市场占有率最高的操作系统,其所属是国家（   ）。

　　A. 中国　　　　　B. 美国　　　　　C. 德国　　　　　D. 英国

【解析】微软公司是由比尔·盖茨与保罗·艾伦于 1975 年创办的一家美国跨国科技公司,也是世界 PC（Personal Computer,个人计算机）软件开发的先导。

【答案】B。

2. Windows 多窗口的排列方式不包括（   ）。

　　A. 层叠　　　　　B. 阵列　　　　　C. 横向平铺　　　　　D. 纵向平铺

【解析】Windows 提供了 3 种排列方式：层叠方式、横向平铺方式、纵向平铺方式。

【答案】B。

3. （　　）的计算机一般被称为"裸机"。

　　A. 未安装任何软件　　　　　　B. 未安装操作系统
　　C. 未安装应用程序　　　　　　D. 没有机箱

【解析】一般将没有配置操作系统和其他软件的电子计算机称为"裸机"。

【答案】A。

4. 计算机运行时，（　　）。

　　A. 删除桌面上的应用程序图标将导致该应用程序被删除
　　B. 删除状态栏上的 U 盘符号将导致 U 盘内的文件被删除
　　C. 关闭屏幕显示器将终止计算机操作系统的运行
　　D. 关闭应用程序的主窗口将导致该应用程序被关闭

【解析】一般来说关闭应用程序的方法有：在程序中选择退出、关闭程序主窗口、在任务管理器中结束其任务进程。

【答案】D。

5. 磁盘碎片整理的作用是（　　）。

　　A. 将磁盘空闲碎片连成大的连续区域，提高系统效率
　　B. 扫描检查磁盘，修复文件系统的错误，恢复坏扇区
　　C. 清除大量没有用的临时文件和程序，释放磁盘空间
　　D. 重新划分磁盘分区，形成 C、D、E、F 等逻辑磁盘

【解析】磁盘碎片整理，就是通过系统软件或者专业的磁盘碎片整理软件对计算机磁盘在长期使用过程中产生的碎片和凌乱文件重新整理，可提高计算机的整体性能和运行速度。

【答案】A。

3.3　文件系统的相关概念及操作

不管是文本、音频还是视频等，所有的数据在计算机上都是以文件形式来存储的。在操作系统中专门负责管理外存储器上的各种文件信息的部分称为文件系统。

3.3.1　文件、文件系统及文件目录

1. 文件

文件（File）：存储在储存设备中的一段数据流，并且归属于计算机文件系统管理之下。一个完整的文件名由主文件名和文件扩展名（类型名）共同构成，主文件名和文件扩展名中间以"."加以连接，例如"小说.txt"。

2. 文件系统

文件系统：操作系统中负责管理和存储文件信息的部分称为文件系统，或者称为文件管理系统。信息存储是指对所采集的信息进行科学有序地存放、保管以便使用的过程。它包括三层

含义：一是将所采集的信息按照一定的规则记录在相应的信息载体上；二是将这些信息载体按照一定的特征和内容性质组成系统有序的、可供检索的集合；三是应用计算机等先进技术和手段提高存储的效率和信息利用水平。

3. 文件目录

文件目录：又称为文件夹，是操作系统为了方便文件的管理与归类，建立的一个可以命名和移动的存储多个文件的空间（索引）。

4. 文件路径

文件路径：查找文件夹中的某个文件（夹）时，必须先指明在哪个分区、哪个文件夹中查找，这就是文件路径，通过它可以说明指定文件（夹）的存储位置。文件路径分为绝对路径和相对路径。

绝对路径：从根文件夹开始到目标文件（夹）所经过的各级文件夹的路径关系。

相对路径：从当前文件夹开始到目标文件（夹）所经过的各级文件夹的路径关系。

例如，在 D 盘下的 tencent 文件夹中有文件 qq.exe，当前所处位置为 D 盘根目录，则绝对路径表示为 D:\tencent\qq.exe；相对路径表示为 tencent\qq.exe。

在人们的日常工作和学习生活中，会产生各类不同的文件，只有将这些数据科学地存放在不同的文件夹中才方便查找与使用。在 Windows 中，文件/文件夹的存放是一个树结构，如图 3-20 所示。

在 Windows 系统的实际使用中，可以在系统的资源管理器中看到文件/文件夹的树结构，如图 3-21 所示。

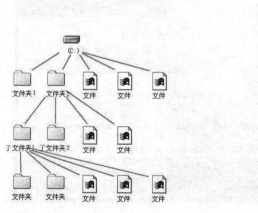

图 3-20　文件/文件夹的树结构　　　图 3-21　Windows 中文件/文件夹的树结构

5. 常见文件类型

常见文件类型见表 3-3。

表 3-3　常见文件类型表

文件扩展名	文件类型	文件扩展名	文件类型
EXE	可执行文件	ISO	镜像文件
COM	命令文件	HTML	网页文件
BAT	批处理文件	JPG/JPEG	图片文件
TXT	文本文档	GIF	动态图片文件
PDF	Adobe PDF 文档文件	ZIP/RAR	压缩文件
DOC/DOCX	Office Word 文件	MP3	音频文件
XLS/XLSX	Office Excel 文件	MP4	视频文件
PPT/PPTX	Office PPT 文件	RM/RMVB	视频文件
MDB/MDBX	Office Access 文件	AVI	视频文件
HLP	帮助文件	C/JAVA/ASM	语言源程序文件

3.3.2　文件管理操作方法

1. 文件/文件夹的操作及结构管理

1）文件/文件夹的基本操作

文件/文件夹的操作主要有新建、重命名、复制、移动及删除。

（1）文件/文件夹的新建：在 Windows 7 中桌面/磁盘分区/文件夹的空白处单击鼠标右键，在"新建"快捷菜单中选择需要建立的文件夹或文件，如图 3-22 所示。

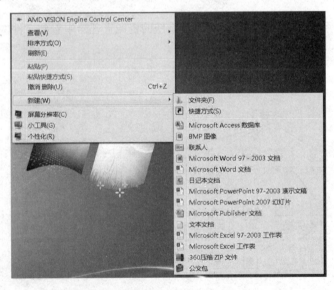

图 3-22　新建文件或文件夹

（2）文件/文件夹的重命名：在需要重命名的文件或文件夹上进行鼠标右击→"重命名"→文件或文件夹的名称会变成可编辑状态→此时可进行文件或文件夹的改名，如图 3-23(a)和图

3-23(b)所示。（注：文件的改名需注意只改文件主文件名部分，不要更改文件扩展名部分；或在 Windows—"控制面板"—"文件夹选项"—"查看"中将"隐藏已知文件类型的扩展名"选项前的对勾点选然后确定，此时再更改文件名则不会更改掉文件扩展名。）

图 3-23(a)　文件或文件夹重命名 a　　　　图 3-23(b)　文件或文件夹重命名 b

（3）文件/文件夹的复制：在需要重命名的文件或文件夹上右击→"复制"→然后至需要复制到的磁盘位置→在空白处右击→"粘贴"。即可将所选文件或文件夹复制至指定的位置，如图 3-24(a)和图 3-24(b)所示。

图 3-24(a)　文件或文件夹的复制　　　　图 3-24(b)　文件或文件夹的粘贴

（4）文件/文件夹的移动：选择需要移动的文件或文件夹→鼠标右击→"剪切"→然后至需要移动到的磁盘位置→在空白处右击→"粘贴"。即可将所选文件或文件夹移动至指定的位置，如图 3-25 所示。（注：文件/文件夹的复制和剪切，区别在于复制的文件在原位置处不消失，而剪切的文件在原位置处会消失。）

（5）文件/文件夹的删除：选择需要删除的文件或文件夹→右击→"删除"，如图 3-26 所示。

图 3-25　文件或文件夹的移动　　　　图 3-26　文件或文件夹的删除

（注：一般情况下，此种方法只是将文件或文件夹放置在 Windows 系统的回收站中，并未真正删除，在回收站中可以将该文件还原，如图 3-27 所示。若需真正在存储器上删除文件或文件夹，则需清空回收站或在回收站中删除此文件或文件夹，如图 3-28 和图 3-29 所示。）

2. 文件/文件夹的命名原则

在早期的 DOS 操作系统中，主文件名由 1～8 个字符组成，扩展名由 1～3 个字符组成；而在 Windows 操作系统中，突破了 DOS 对文件命名规则的限制，允许使用长文件名，其主要命名规则如下。

图 3-27　回收站文件还原

图 3-28　清空回收站文件

图 3-29　回收站文件删除

（1）主文件名最长可以使用 255 个字符。

（2）可使用扩展名，扩展名用来表示文件类型，也可以使用多间隔符的扩展名。例如，Win.ini.txt 是一个合法的文件名，但其文件类型由最后一个扩展名决定。

（3）文件名中允许使用空格，但不允许使用下列字符（英文输入法状态）：<、>、/、\、|、:、"、*、?。

（4）Windows 操作系统对文件名中字母的大小写在显示时有不同，但在使用时不区分大小写。

3. 数据的备份

自从人类社会步入信息化社会以来，自动化产品越来越多，信息化程度越来越高，小到个人大到国家，各种重要（关键）数据越来越多，数据安全的重要性不断提高，因此数据备份功能越加重要。养成良好的数据备份习惯，可以有效地保证数据的安全，弥补因黑客攻击、病毒或存储介质的损坏等原因造成的损失。

数据备份可根据备份的数据量大小、重要性等因素分为同（异）硬盘备份、U（光）盘备份或网络云盘备份，也可使用软件对制定的文件夹或磁盘分区进行自动备份。

4. 文件的压缩与解压

将 1 个或多个文件通过压缩软件压缩成 1 个文件的过程叫文件的压缩，压缩成的文件叫压缩文件或压缩包。如要使用这些文件，需要通过解压软件先对压缩文件进行解压缩还原。

压缩文件的优点是可减少存储所占的空间，或将多个文件打包成一个文件方便于对文件的归类或管理。

常见的压缩格式有 zip 或 rar 等，常用的压缩软件有 Winzip、Winrar、360 压缩等，但绝大多数压缩（解压缩）软件都兼容 zip 和 rar 压缩格式。

3.3.3 习题解析

1. 在计算机中，（　　）数据最终都是以文件形式存储在存储器上。
   A．音频　　　　B．视频　　　　C．文本　　　　D．以上都是

【解析】在计算机中，所有的数据都是以文件形式存储在计算机的存储器上。

【答案】D。

2. （　　）格式的文件属于视频文件。
   A．avi　　　　B．voc　　　　C．wav　　　　D．mid

【解析】avi 是视频文件，voc、wav 和 mid 是音频文件。

【答案】A。

3. PDF 格式和 RM 格式的文件可以分别用软件（　　）打开。
   A．Acrobat Reader 和 RealMedia Player　　B．MS Word 和 Flash
   C．MS Excel 和 3D Max　　　　　　　　　D．Photoshop 和 CorelDraw

【解析】PDF 文档是由 Adobe 公司用于与应用程序、操作系统、硬件无关的方式进行文件交换所发展出的文件格式，可用 Acrobat Reader 程序打开；RM（RealMedia）文件是 RealNetworks 公司创建的一种专有的多媒体容器格式，可用 RealMedia Player 程序打开。

【答案】A。

4. 在 Windows 中，文件/文件夹的存放是一个（　　）结构。
   A．平铺形　　　B．树　　　　　C．环形　　　　D．节点形

【解析】在 Windows 中，文件/文件夹的存放是一个树结构。

【答案】B。

5. 若要用绝对路径表示在 D 盘 office 文件夹中的 excel.exe 文件，下列中表示正确的是（　　）。
   A．office\excel.exe　　　　　　　B．excel.exe

C. D:\office\excel.exe   D. D:\office\excel\excel.exe

【解析】绝对路径是从根文件夹目录开始到目标文件（夹）所经过的各级文件夹的路径关系，本题要表示在 D 盘 office 文件夹中的 excel.exe 文件，则答案为 C。

【答案】C。

本章小结

操作系统在计算机系统中占有非常重要的地位，作为人机交互的接口，是核心的系统软件。因此，只有熟悉了操作系统，才能更好地使用计算机及相关自动化信息设备。Windows 操作系统在当今社会的个人计算机中占有垄断性的地位，Windows 7 系统就是目前最具代表性及普及性的系统，想要熟练使用计算机就必须先熟悉 Windows 操作系统的相关功能及操作。文件是数据在计算机中的最终体现，所以掌握文件、文件夹、文件系统的相关操作对日常的数据管理将起到非常重要的作用。因篇幅等原因未能详尽描述的相关知识内容请读者参考相关专业书籍与资料。

习题

1. 以下计算机操作中，不正确的是（   ）。
    A．各种汉字输入方法的切换操作是可以由用户设置的
    B．在桌面上删除应用程序的图标不能彻底卸载软件产品
    C．用 Del 键删除的文件还可以从回收站中执行还原操作来恢复
    D．用 Shift＋Del 键删除的文件还可以从回收站中执行还原操作来恢复
2. 在 Windows 环境中，选择某一部分信息（如一段文字、一个图形）移动到别处，可以首先执行"编辑"菜单下的（   ）命令。
    A．复制   B．粘贴   C．剪切   D．选择性粘贴
3. 在 Windows 文件系统中，（   ）是一个合法的文件名。
    A．dyx03 ent.dll   B．Explorer*.arj   C．Hewlett<Packard.rar   D．Print|Magic.exe
4. 以下不是操作系统主要功能的是（   ）。
    A．资源管理   B．人机交互   C．程序控制   D．办公自动化
5. （   ）不是合法的可执行文件的扩展名。
    A．exe   B．com   C．rar   D．bat
6. 以下不是常见操作系统的是（   ）。
    A．iOS   B．UNIX   C．Office   D．DOS
7. 文件的扩展名可以说明文件类型。下面的"文件类型－扩展名"对应关系错误的是（   ）。
    A．多媒体文件－RMVB   B．图片文件－JPG
    C．可执行文件－COM   D．压缩文件－DOC
8. 在资源管理器中选中某个文件，按 Del 键可以将该文件删除，必要时还可以将其恢复，

但如果将（　　）键和 Del 键组合同时按下，则可以彻底删除此文件。

　　　A．Ctrl　　　　　B．Shift　　　　　C．Alt　　　　　D．Alt+Ctrl

9．选择桌面图标时，如果要选择的多个图标比较分散，可先选择一个图标，然后按住（　　）键不放，并用鼠标左键单击选择那些图标即可。

　　　A．Ctrl　　　　　B．Shift　　　　　C．Alt　　　　　D．Esc

10．以下（　　）不能实现窗口间的焦点切换操作。

　　　A．在要变成活动窗口的任意位置单击

　　　B．任务栏上排列着所有窗口对应的按钮，若单击某个按钮，则该按钮对应的窗口成为活动窗口

　　　C．利用 Alt + Tab 键在不同窗口之间切换

　　　D．在桌面空白区域单击鼠标右键，选择"切换窗口"命令

11．以下关于压缩软件 WinRAR 的叙述中，正确的是（　　）。

　　　A．WinRAR 不仅支持 RAR 压缩文件格式，同时还支持 Zip 压缩文件格式

　　　B．不能向压缩文件包 abc.rar 中添加新文件

　　　C．压缩文件包中的文件不能直接修改

　　　D．WinRAR 不支持目录级的压缩

12．下列选项中，不属于网络操作系统的是（　　）。

　　　A．UNIX　　　　　　　　　　　　B．Windows Server 2003

　　　C．DOS　　　　　　　　　　　　D．Linux

13．通常情况下，通过 Windows 任务栏不能直接完成的操作是（　　）。

　　　A．关闭已打开的窗口　　　　　　B．显示桌面

　　　C．重新排列桌面图标　　　　　　D．打开任务管理器

14．下列操作中，（　　）可以改变窗口大小。

　　　A．用鼠标拖动窗口的标题栏　　　B．用"文件"菜单下的"页面设置"命令

　　　C．通过窗口的控制菜单　　　　　D．用鼠标拖动窗口的边框或窗口角

15．下列文件扩展名中，属于文本文件类型的是（　　）。

　　　A．doc　　　　　B．pdf　　　　　C．txt　　　　　D．rar

16．一个完整的文件名由主文件名和（　　）组成。

　　　A．路径　　　　　B．驱动器号　　　C．驱动器号和路径　　　D．扩展名

17．下列关于文件夹的叙述中，不正确的是（　　）。

　　　A．每个外存储器的第一层文件称为根文件夹

　　　B．套在根文件夹或其他文件夹中的文件夹称为子文件夹

　　　C．同一存储器上的各层文件夹形成一个层次结构

　　　D．文件夹在外存储器的存储位置不能用文件路径表示

18．下列选项中，不是图形界面操作系统的是（　　）。

　　　A．DOS　　　　　B．iOS　　　　　C．Android　　　　　D．Windows

19．在 Windows 7 系统功能中，用户不能进行的选项为（　　）。

A. 更改鼠标指针形状

B. 改变分辨率大小

C. 输入法切换快捷键

D. 回收站清空后的文件恢复

20. 在 Windows 7 中，为提高计算机访问硬盘的速度，可定期进行（   ）。

   A. 磁盘碎片整理   B. 磁盘清理   C. 磁盘扫描   D. 磁盘压缩

21. 在 Windows 7 中，当一个窗口最大化后，就不能将该窗口（   ）。

   A. 关闭   B. 还原   C. 最小化   D. 移动

22. 在 Windows 7 中，为了将数量很多的小文件归类管理且减少存储所占的空间，可进行下列（   ）操作。

   A. 磁盘碎片整理   B. 磁盘清理   C. 压缩   D. 数据备份

23. 在 Windows 中，如果使用键盘操作，默认情况下按（   ）键进行输入法切换。

   A. Ctrl+Space   B. Ctrl+Alt   C. Ctrl+Shift   D. Ctrl+Alt+Delete

24. 关于文件的说法，正确的是（   ）。

   A. 不同文件夹下的文件可以同名

   B. 每个磁盘文件占用一个连续的存储区域

   C. 用户不能修改文件的属性

   D. 应用程序文件的扩展名可由用户修改，不影响其运行

25. 下列中（   ）是 Windows 系统下可执行文件的扩展名。

   A. mp3   B. exe   C. rmvb   D. jpg

26. 在 Windows 中，下列叙述中正确的是（   ）。

   A. "开始"菜单只能用鼠标单击"开始"按钮才能打开

   B. 任务栏的大小是不能改变的

   C. "开始"菜单是系统生成的，用户也可以对其中内容再进行设置

   D. 任务栏中的内容不能根据用户操作而增减

27. 在 Windows 中，能弹出下层菜单的操作是（   ）。

   A. 选择了带省略号的菜单项   B. 选择了带向右黑色三角形箭头的菜单项

   C. 选择了文字颜色变灰的菜单项   D. 选择了左边带对号（√）的菜单项

28. 删除 Windows 中某个应用程序的快捷方式，意味着（   ）。

   A. 该应用程序连同其快捷方式一起被删除

   B. 该应用程序连同其快捷方式一起被隐藏

   C. 只删除了快捷方式，对应的应用程序被保留

   D. 只删除了该应用程序，对应的快捷方式被隐藏

29. 关于 Windows 的"回收站"，下列说法中正确的是（   ）。

   A. 只能存储并还原硬盘上被删除的文件或文件夹

   B. 只能存储并还原软盘上被删除的文件或文件夹

   C. 可以存储并还原硬盘或软盘上被删除的文件或文件夹

D．可以存储并还原所有外存储器中被删除的文件或文件夹

30．（　　）位于 Windows 窗口的最上部，用鼠标拖动它，可以移动该窗口。
　　A．菜单栏　　　　B．工具栏　　　　C．标题栏　　　　D．状态栏

31．在 Windows 的资源管理器中，用键盘来选择所有文件或文件夹时，按（　　）组合键即可。
　　A．Ctrl+A　　　　B．Ctrl+C　　　　C．Ctrl+V　　　　D．Ctrl+F

32．为了提高磁盘存取效率，人们常每隔一段时间进行磁盘碎片整理。所谓磁盘碎片是指磁盘使用一段时间后，（　　）。
　　A．损坏的部分（碎片）越来越多
　　B．因多次建立、删除文件，磁盘上留下的很多可用的小空间
　　C．多次下载保留的信息块越来越多
　　D．磁盘的目录层次越来越多，越来越细

33．在 Windows7 系统中，利用（　　）键可以截图。
　　A．Num Lock　　　B．Print Screen　　　C．Shift+Del　　　D．Ctrl+A

34．Windows 系统的文件夹组织结构是一种（　　）。
　　A．树结构　　　　B．网状结构　　　　C．表格结构　　　　D．星形结构

35．在 Windows 7 中，文件名中不允许出现的字符是（　　）。
　　A．数字字符 0~9　　B．英文字符 A~Z　　C．空格　　　　　D．*

36．在 Windows 7 的菜单中，后面有"▶"标记的项目表示（　　）。
　　A．复选选中　　　B．单选选中　　　C．有子菜单　　　D．会弹出对话框

37．在 Windows 中，单击需要选定的第一个文件然后（　　），能够一次性选定多个连续的文件。
　　A．按住 Ctrl 键，单击需要选定的最后一个文件
　　B．按住 Shift 键，单击需要选定的最后一个文件
　　C．按住 Shift 键，右键逐个选取文件
　　D．按住 Alt 键，左键逐个选取文件

38．在 Windows7 中，下列关于文件删除和恢复的叙述中，错误的是（　　）。
　　A．选择指定的文件，按 Delete 键，可以删除文件
　　B．将选定的文件拖曳到"回收站"中，可以删除文件
　　C．使用"还原"命令，可以把"回收站"中的文件恢复到原来文件夹中
　　D．所有被删除的文件都在"回收站"中

39．在 Windows 中，如果要剪切一个选中的文件，默认的快捷键是（　　）。
　　A．Ctrl+C　　　　B．Ctrl+X　　　　C．Ctrl+V　　　　D．Ctrl+D

40．回收站是（　　）。
　　A．磁盘上的一个文件　　　　　　B．一个文件夹
　　C．内存中的一块区域　　　　　　D．磁盘上的一个特殊区域

第 4 章 文字处理

自本章起我们将开启办公自动化软件的学习之旅。我们将学习到关于文字的排版与编辑、表格的制作、图形的应用、邮件合并以及文字处理的综合应用等文字处理的基本概念和使用方法，并通过案例展现使用文字处理软件进行文字处理的一般思路和操作方法。

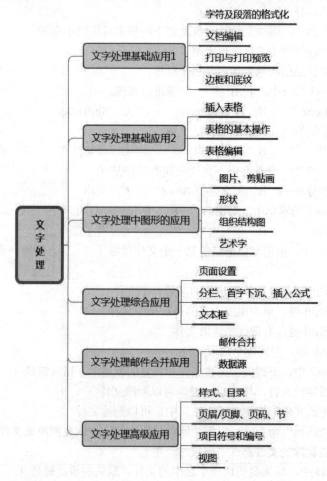

4.1 文字处理概述

4.1.1 文字处理简介

无论是金山 WPS 文字还是 Microsoft Word 都是其各自 Office 办公软件中十分重要的一个

组成部分,都有着强大的文字处理能力。它们是集文字处理、表格处理、图文排版于一身的办公软件,汇集了各种对象的处理工具,使得对文字、图形的处理都更加得心应手,利用它们还可更轻松、高效地组织和编写文档,并使这些文档唾手可得。因此,这两款文字处理软件不仅适用各种书报、杂志、信函等文档的文字录入、编辑、排版,而且还可以对各种图像、表格、声音等文件进行处理,这对企业办公效率的提高会有非常大的帮助。

4.1.2 文字处理的一般思路

文字处理软件处理的对象主要是文字,当然也包括表格、图片等其他对象,但是不管处理哪一种对象,都必须遵循先选定"操作对象",再选择具体"操作命令"的方式进行。利用文字处理软件处理文件时的一般思路如下。

- 创建文档。
- 录入文档内容。
- 进行字体、段落、页面等格式设置。
- 保存文档。
- 打印输出文档。

4.2 文档基本操作与简单排版

4.2.1 知识要点

1. 文字处理基础知识

1)工作界面

启动文字处理软件后,屏幕上就会出现其工作界面。不管是 WPS 文字还是 Word 文字处理软件,它们的工作界面基本是一致的,分别由标题栏、菜单选项、工具栏和状态栏等几个区域组成。图 4-1 所示就是 WPS 文字 2016 的基本工作界面。

(1)标题栏。标题栏位于屏幕窗口的顶端,其中会显示当前应用程序名以及本窗口所编辑的文档名。当启动文字处理软件时,编辑区为空,文档默认自动命名为"文档 1",以后再新建时依次自动命名为"文档 2""文档 3"……标题栏最左侧有应用程序图标,单击此处会出现下拉式菜单;标题栏最右侧有 3 个控制按钮:"最小化""最大化"和"关闭"。

(2)菜单选项。在文字处理软件中,菜单选项主要包括"开始""插入""页面布局""引用""审阅""视图"等选项。这些选项的提供,可以让用户根据自己在文字处理过程中所遇到的问题有针对性地使用。

(3)工具栏。通过工具按钮的操作,用户可以快速地执行使用频率最高的菜单命令,从而提高工作效率。

(4)标尺。在"视图"菜单选项中提供了标尺的显示。标尺分为水平标尺和垂直标尺,使用它可以查看正文的宽度和高度,还可以通过标尺设置段落的缩进、左右页边距、制表位和栏宽。

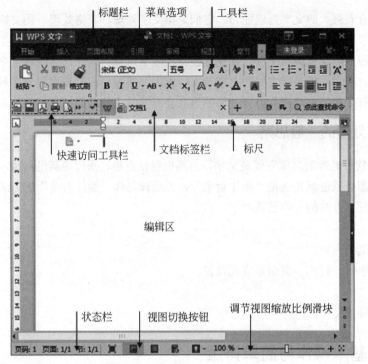

图 4-1 WPS 文字 2016 工作界面

（5）编辑区。文本编辑区是文字处理文档录入与排版的区域。文字处理的文字、图片和表格等都显示在这个区域。

（6）状态栏。状态栏位于整个窗口的底部。在状态栏中显示了当前的文档信息，例如当前文档处于文档的第几页，当前插入点位于该页的第几行、第几列等。

2）文件管理

新建、打开、保存以及关闭，是文字处理软件中完成某项工作时必须要进行的基本操作。

（1）新建空白文件。文字处理软件无论是 WPS 还是 Word 都提供了多种创建新文件的办法。方法大同小异，这里介绍两种文字处理软件共用的建立空白文件的方法。

方法 1：选择 WPS 文字处理软件左上角的 菜单或者在 Word 文字处理软件窗口功能区中选择"文件"→"新建"命令。

方法 2：利用组合键 Ctrl+N。

（2）打开文件。打开磁盘上已经保存的文件，可以通过以下几种方式实现。

方法 1：选择 WPS 文字处理软件左上角的 菜单或者在 Word 文字处理软件窗口功能区中选择"文件"→"打开"命令。

方法 2：在 WPS 文字处理软件中也可以单击"快速访问"工具栏 上的"打开"按钮 。

方法 3：利用组合键 Ctrl+O。

（3）保存文件。文件保存包括多种情况，如保存新建的文件，保存已有的文件，保存文件副本。

保存新建文件以及保存已有文件的操作方法类同，方法如下。

方法 1：选择 WPS 文字处理软件左上角的 菜单或者在 Word 文字处理软件窗口功能区中选择"文件"→"保存"命令。

方法 2：在文字处理软件中也可以单击"快速访问"工具栏 上的"保存"按钮 。

方法 3：利用组合键 Ctrl+S。

> **注意**：保存新建文件与保存已有文件的区别在于，保存一篇新建的文档，在保存时都会弹出名为"另存为"的对话框，用于指定文件保存的名字、类型以及位置；而在保存一篇已经存在的文档时，则不会有任何提示和对话框弹出，只是按原方式进行进一步的保存。

保存文件副本：如果需要对已经保存的文件以新名字、新格式或者是新位置进行保存文件副本，则可以按照以下方式操作。

选择 WPS 文字处理软件左上角的 菜单或者在 Word 文字处理软件窗口功能区中选择"文件"→"另存为"命令，如图 4-2 所示。

（4）关闭文件。关闭已打开的文件，常用方法如下。

方法 1：标题栏右侧的"关闭"按钮 。

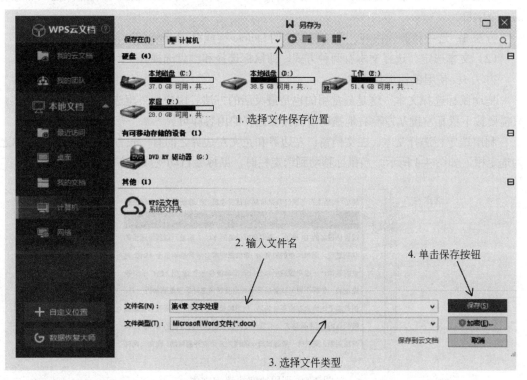

图 4-2 "另存为"对话框

方法2：利用组合键Alt+F4。

方法3：选择WPS文字处理软件左上角  WPS文字 菜单或在Word文字处理软件窗口功能区中选择"文件"→"关闭"命令。

3）文档编辑

在输入文本的过程中，会遇到选定文本、插入文本、删除文本、复制粘贴文本等基本问题。为此在文档格式化之前，应当掌握编辑文档过程中解决这些问题的基本方法。

（1）文本的插入与删除。文本的插入分3种情况。

- 正常插入状态下插入文本只需将光标定位在插入点录入即可。
- 如遇输入特殊的符号时，先确定插入点的位置，然后使用"插入"选项卡→"符号"功能组区中的相应按钮，选择要输入的特殊符号。
- 若要将其他文档中的内容追加到正在编辑的文档中，可以使用"插入"选项卡→"文本"功能组区→"对象"工具栏的扩展按钮，选择其中的"文件中的文字"命令，如图4-3所示。

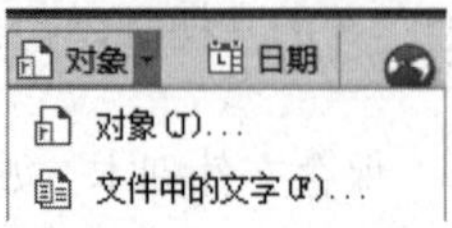

图4-3 插入文件中的文字

文本的删除可以使用多种方法实现。

方法1：使用键盘上的Delete键，每按一次Delete键将删除插入点之后的一个字符。

方法2：使用键盘上的Backspace键（退格键），每按一次Backspace键将删除插入点之前的一个字符。

方法3：选中待删除内容，单击键盘上的Delete键或Backspace键。

（2）文本选定。选择文本有两种方式，即鼠标选择和键盘选择。

方法1：使用鼠标选择文本。

拖动鼠标选择文本，这是最常用的也是最灵活的方法。用户如果想选择文本中一段内容，只需要按下鼠标左键从左至右地拖动覆盖住要选择的内容即可。

利用选定栏选择文本。在文档窗口左边界和正文左边界之间有一长方形的空白区域，称之为选定栏，如图4-4所示。当鼠标移动到选定栏时，鼠标会自动变成向右的箭头（⇗）。

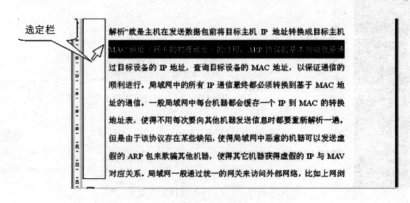

图4-4 利用选定栏选定文本

利用选定栏可以进行多种选择文本的操作。
- 选定一行：将鼠标移动到要选定的行的左侧时，单击鼠标就可以选定此行文本。
- 选定多行：将鼠标移动到要选定的行的左侧时按下鼠标左键并拖动鼠标，至要选定的最后一行的左侧释放鼠标，即可完成对多行的选择。
- 选定整个段落：将鼠标移动到要选定段落，在选定栏中快速双击即可选定整个段落。
- 选定整篇文档：在选定栏中快速三击可以选定整篇文档。
- 鼠标选择的其他方法：如在段落中双击可以选定一个字或者一组词；在段落中三击可以选定整个段落；按下 Ctrl 键不放，单击可以选中一个句子；按下 Alt 键不放，再按下鼠标左键并拖动可以选定一列文本。

方法 2：使用键盘选择文本。

键盘选择文本的方法，主要是通过 Ctrl、Shift 和方向键来实现。其方法如表 4-1 所示。

表 4-1　利用键盘选择文本

按　键	作　用
Shift+→	选定左侧一个字符
Shift+←	选定右侧一个字符
Shift+↑	向上选定一行
Shift+↓	向下选定一行
Shift + Home	选定内容扩展至行首
Shift + End	选定内容扩展至行尾
Ctrl+ Shift+↑	选定内容扩展至段首
Ctrl+ Shift+↓	选定内容扩展至段尾
Ctrl + A 或 Ctrl+小键盘数字 5 键	整篇文档
Alt+拖动鼠标	以列为单位选择文字对象

（3）复制与移动操作。在输入和编辑文本时，经常需要移动与复制文本。这是在文档操作中最基本的，也是使用频率最高的一种操作，而其实现方法具有多样性以便应对不同的使用需求。

① 在当前窗口内。
- 移动：将选中操作对象拖曳到目的位置。
- 复制：Ctrl+拖曳。
- 按住右键拖曳操作对象到目的位置。

② 在不同页、文档、应用程序之间（先选中操作对象）。
- 移动：选择"开始"选项卡"剪切"+"粘贴"命令。
  Ctrl+X 将选中文本剪切到剪贴板。
  Ctrl+V 将剪贴板内容移动到目的位置。
- 复制：选择"开始"选项卡"复制"+"粘贴"命令。
  Ctrl+C 将选中文本复制到剪贴板。
  Ctrl+V 将选中文本复制到目的位置。

> **思考**：当我们编辑文本做了剪切或复制操作时，所移动或复制的文本在粘贴之前放在了哪里呢？
>
> 剪贴板是内存中临时开辟的一块存储区域，是专门用于放置移动或复制操作对象的中转站。在 Windows 系统的剪贴板中只能存放最后一次操作的内容，而 Office 软件的剪贴板中可以放置最近的 24 次操作的内容，使用者还可以根据需要对其中的内容进行有选择的粘贴。单击"开始"选项卡→"剪贴板"功能组的对话框启动器，会弹出剪贴板任务窗格。

（4）查找与替换内容。在一篇有几十页甚至一二百页的文档中，要找到某个词或者某个特别记号，有时很费力，得前前后后地来回翻。还有一种情况更加让人头痛，就是替换的问题，当用户将一篇文章中的某一个常用的词写错了，现在要改正它，如果在纸上查找并修改，就得来回查找后再修改。当这个错误有几十处，甚至更多时，用这种方法进行修改很费时间和精力。为此，查找与替换功能，不仅可以快速查找并把查找到的字符替换成其他字符，而且还能够查找到指定的格式和其他特殊字符等。

① 文本的查找。
- 单击"开始"选项卡中的"查找"命令，或按下 Ctrl+F 组合键。
- 单击"查找"选项卡，在"查找内容"文本框中输入要查找的内容，再单击"查找下一处"按钮，就可以查找到指定的内容。

② 文本的替换。替换和查找的操作方法基本相同。
- 单击"开始"选项卡中的"替换"命令，或按下 Ctrl + H 组合键，弹出如图 4-5 所示的"查找和替换"对话框。
- 在"查找和替换"对话框的"替换"选项卡的"查找内容"文本框中输入要查找的内容，在"替换为"文本框中输入要替换的内容，单击"替换"按钮将一项一项地替换，单击"全部替换"按钮将一次性全部替换。

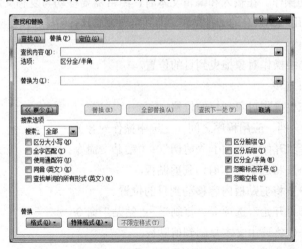

图 4-5 "查找和替换"对话框

> **注意**：在输入要查找的内容时，不要在其前后插入或加上多余的空格，否则将提示找不到。如果要查找某些特殊格式的内容，可通过单击"查找和替换"对话框中的"更多"按钮，打开如图 4-5 所示的对话框，通过该对话框可以进行某些选项的设置，也可以查找某些特殊的内容，如字体、段落、格式以及某些特殊字符等。

2. 字符及段落的格式化

1）字符格式化

字符格式化包括对各种字符的大小、字体、字形、颜色、字符间距、字符之间的上下位置及文字效果等进行定义。字体格式化设置的主要方法有 3 种。

方法 1：通过"字体组"工具箱快速实现，如图 4-6 所示。

方法 2：打开"字体"对话框设置实现，如图 4-7 所示。

方法 3：当使用鼠标拖动选中操作文字后，设置文字格式的浮动工具栏就会自动出现在选中文字的周边，单击该工具栏中相应的按钮也可以对文字格式进行设置，如图 4-8 所示。

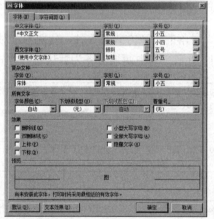

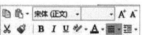

图 4-6 "字体组"工具箱　　　图 4-7 "字体"对话框　　　图 4-8 浮动工具栏

> **注意**：除了上述字体格式的基本设置方法外，还可以利用格式刷 进行格式复制。这是一种对于某些不连续的文字设置相同的格式时采用的格式复制的方法。
>
> 单击格式刷按钮这个功能仅可以使用一次；双击格式刷按钮该功能可以反复使用多次，再次单击格式刷按钮后可以停止该功能的使用。

2）段落格式化

段落格式化包括对段落左右边界的定位、段落的对齐方式、缩进方式、行间距、段间距等进行定义。段落格式化设置的方法如下。

方法 1：通过"段落组"工具箱快速实现，如图 4-9 所示。

方法 2：打开"段落"对话框设置实现，如图 4-10 所示。

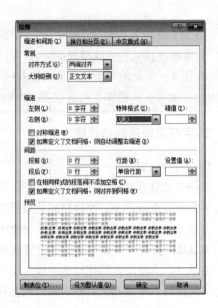

图 4-9 "段落组"工具箱　　　　　　　　图 4-10 "段落"对话框

（1）段落的对齐方式。段落的对齐方式有 5 种，分别为左对齐、右对齐、居中对齐、两端对齐和分散对齐，如图 4-11 所示。其中两端对齐为默认对齐方式。

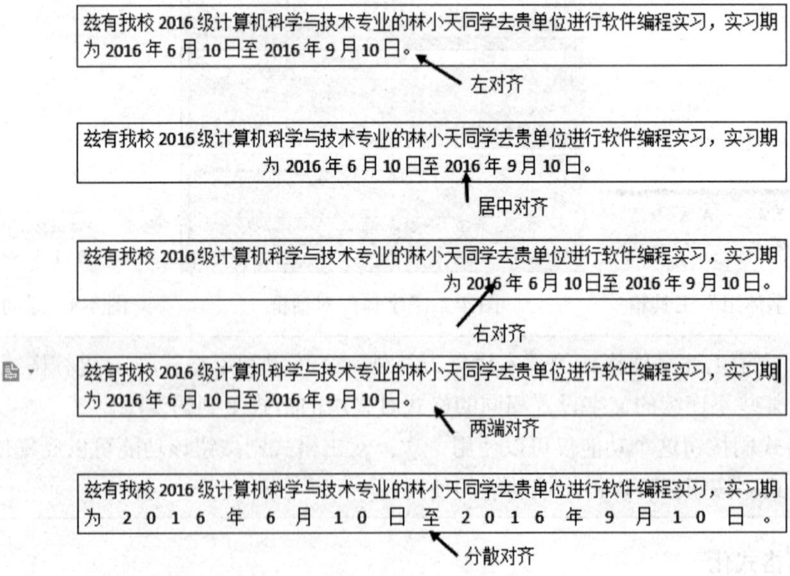

图 4-11 段落对齐效果

（2）段落的缩进方式。

缩进功能用来控制文本两端和文本编辑区边沿的距离。缩进的种类分为 4 种：左缩进、右缩进、首行缩进以及悬挂缩进。文本中排版使用频率较高的是首行缩进。缩进的设置可以通过

"段落"对话框实现,亦可以通过标尺进行快速设置,如图 4-12 和图 4-13 所示。

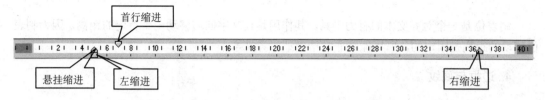

图 4-12　标尺上的缩进控制块

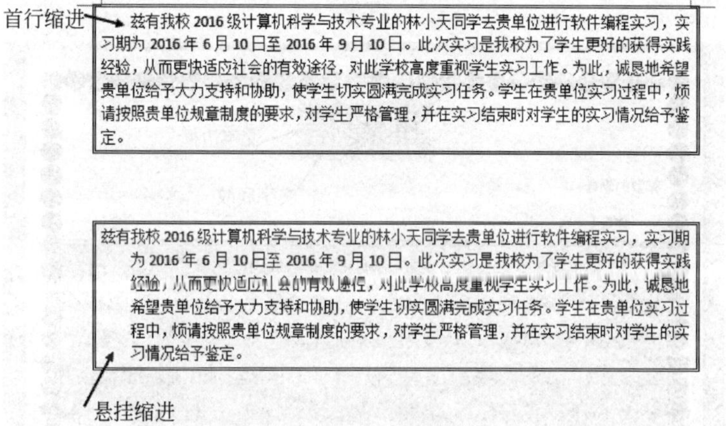

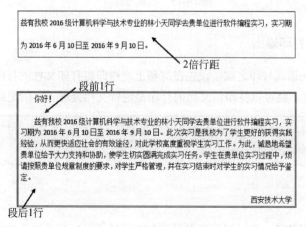

图 4-13　段落缩进效果

(3) 行间距和段间距。行间距是修饰段落中行与行之间距离的效果。先选中要修改格式的段落,在"段落"→"间距"区域设置行间距的类型(段前距、段后距和行间距)及其间距度量值。较为快捷的方法是单击"开始"选项卡→"段落"→" "按钮,快速对行间距进行设置,如图 4-14 所示。

图 4-14　段间距与行间距效果

3. 制表位

制表位是一个对齐文本的有力工具，其作用是让文字向右移动一个特定的距离。因为制表位移动的距离是固定的，所以能够非常精确地对齐文本。

4. 边框与底纹

边框是指在文字、段落或者页面的四周添加一个矩形边框。一般来说，这个边框会由多种线条样式和颜色或者各种特定的图形组合而成。底纹是指为文字或段落添加背景颜色，如图4-15 所示。

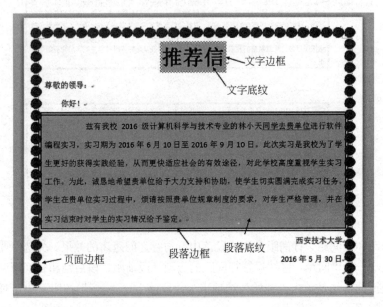

图 4-15　边框与底纹

5. 打印预览及打印输出

打印预览就是在正式打印之前，预先在屏幕上观察即将打印文件的打印效果，看是否符合设计要求，如果满意，就可以打印。文档的打印是进行文档处理工作的最终目的。

> 注意：文档在打印预览状态下可以调整页面的显示比例，预先查看打印输出的效果，但是不能对文档的具体内容进行编辑。

4.2.2　习题解析

1. 在文档编辑状态下，移动鼠标至某段左侧，当鼠标光标变成箭头时连击左键三下，结果会选中文档的（　　）。

　　A．一个句子　　　　B．一行　　　C．一段　　　　D．整篇文档

【解析】将鼠标移动到要选定的行的左侧时，单击就可以选定一行，双击选定一段，三击选定整篇文档。

【答案】D。

2．在 WPS 文字 2016 中，用"←（BackSpace）"键可以（　　）。

　　A．删除光标后的一个字符　　　　B．删除光标前的一个字符
　　C．删除光标所在的整个段落内容　D．删除整个文档的内容

【解析】在 WPS 文字 2016 中，按←Backspace 键可以删除光标前的一个字符，按 Delete 键可以删除光标后的一个字符。

【答案】B。

3．在文字处理软件中，复制所选文本或对象的默认快捷键是（　　）。

　　A．Ctrl+X　　　　B．Ctrl+C　　　C．Ctrl+Z　　　　D．Ctrl+V

【解析】"Ctrl+X"是剪切选定文本或对象到剪贴板，"Ctrl+C"是复制选定文本或对象到剪贴板，"Ctrl+Z"是撤销，"Ctrl+V"是粘贴。

【答案】B。

4．关于 WPS 文字 2016 的查找、替换功能，下列叙述中正确的是（　　）。

　　A．不可以指定查找文字的格式，只可以指定替换文字的格式
　　B．可以指定查找文字的格式，但不可以指定替换文字的格式
　　C．不可以按指定文字的格式进行查找及替换
　　D．可以删除该文档中所有的指定字符串

【解析】查找、替换既可以查找、替换有格式的文字，又可以查找、替换文字的格式。

【答案】D。

5．在 Word 2010 中，为正在编辑的文档以新的文件名保存，可使用（　　）命令。

　　A．另存为　　　　B．保存　　　C．新建　　　　D．页面设置

【解析】在 Word 2010 编辑状态中，若对当前编辑的文档以新的文件名保存，可以使用"文件"→"另存为"命令，在弹出的"另存为"对话框中输入新的文件名，则编辑前的文件内容被保留，同时编辑后的文档以新文件名保存。

【答案】A。

6．在 WPS 文字 2016 的编辑状态下，要打印文稿的第 1 页、第 3 页和第 6、7、8 页，可在打印页码范围中输入（　　）。

　　A．1，3-8　　　　B．1，3，6-8　　　C．1-3，6-8　　　　D．1-3，6，7，8

【解析】文档预览完毕就可以进行打印操作，在"打印"对话框中可以设置打印机的选择、打印页面范围、打印页码范围和打印份数等内容。其中，如果页码范围是连续的页之间用"-"表示，不连续的页之间用"，"隔开。

【答案】B。

4.2.3 案例分析——"推荐信"

1. 任务提出

每年,学校的就业指导中心都会为去实习的学生写一封推荐信,推荐学生去相关单位实习。那么,学校的推荐信一般都应该怎么制作呢?如果要制作案例中的推荐信应该怎样实现?是否可以在这封简易的"推荐信"上做进一步的修饰?

推 荐 信

尊敬的领导:

你好!

兹有我校 2016 级计算机科学与技术专业的林小天同学去贵单位进行软件编程实习,实习期为 2016 年 6 月 10 日至 2016 年 9 月 10 日。此次实习是我校为了使学生更好地获得实践经验,从而更快适应社会的有效途径,对此学校高度重视学生实习工作。为此,诚恳地希望贵单位给予大力支持和协助,使学生切实圆满完成实习任务。学生在贵单位实习的过程中,烦请按照贵单位规章制度的要求,对学生严格管理,并在实习结束时对学生的实习情况给予鉴定。

西安技术大学
2016 年 5 月 30 日

---

2. 解决方案

一份基本的推荐信一定是一份层次清晰,重点突出,页面布局合理的文档。因此,通过对上述任务的需求分析,要制作一份自荐书时应主要有三方面内容,包括文档的创建与保存,文档内容的录入与格式设置,以及文档的打印输出。其中的重点是对输入内容的排版,主要体现在文字、段落、边框基本格式的设置方面。

4.2.4 实现方法

1. WPS 文字 2016 实现方法

1)新建一篇文档

选择 WPS 文字处理软件左上角 WPS文字 菜单按钮下的"文件"→"新建"命令,随后将产生一篇默认名称为"文档 1"的新空白文档。

(1)输入"推荐信"的具体内容。在新空白文档的插入点处输入内容,先不考虑文字格式,每段结束时以按 Enter 键为段落结束标志。

推荐信

尊敬的领导:

> 你好！
>
> 兹有我校 2016 级计算机科学与技术专业的林小天同学去贵单位进行软件编程实习，实习期为 2016 年 6 月 10 日至 2016 年 9 月 10 日。此次实习是我校为了学生更好地获得实践经验，从而更快适应社会的有效途径，对此学校高度重视学生实习工作。为此，诚恳地希望贵单位给予大力支持和协助，使学生切实圆满完成实习任务。学生在贵单位实习过程中，烦请按照贵单位规章制度的要求，对学生严格管理，并在实习结束时对学生的实习情况给予鉴定。
>
> 西安技术大学
> 2016 年 5 月 30 日

（2）保存文档，并命名为"推荐信"。

选择 WPS 文字处理软件左上角 菜单按钮下的"文件"→"保存"命令。因为第一次保存，故会弹出"另存为"对话框，如图 4-16 所示。

在弹出的"另存为"对话框中完成文件名和文件类型的设置。首先可以先固定文档存放的位置，即可以单击对话框左侧文档位置按钮进行位置选取，如选择"本地文档"按钮下的"我的文档"，作为当前文档保存的位置，然后在对话框下侧"文件名"文本框中输入文件名为"推荐信"，文件类型可下拉选取，本文档采用默认选项 WPS 文字文件（*.wps）。

图 4-16 "另存为"对话框

> **注意**：此时的保存只是将现有的内容保存下来，如果文档后面再进行进一步的格式处理一定要进行多次保存（可以通过多次单击保存按钮实现，也可以通过 菜单按钮下的"工具"→"选项"中的"备份设置"来实现自动保存），如图 4-17 所示。
>
> 而文档如不涉及到位置、名称、类型的修改只需要保存即可，否则需要使用"文件"→"另存为"进行修改保存。

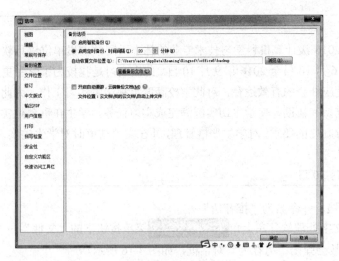

图 4-17　备份设置

2）格式设置

（1）文章标题的处理：首先，选中文档标题，通过"开始"选项卡中的"字体"功能区设置字体为"宋体""一号""加粗"，再通过"字体"对话框→"字符间距"选项卡设置间距为"加宽"，值为"3 磅"。然后，通过"开始"选项卡→"段落"功能区设置"居中"对齐，如图 4-18、图 4-19 和图 4-20 所示。

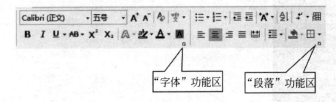

图 4-18　"字体"功能区和"段落"功能区

图 4-19　"字体"对话框

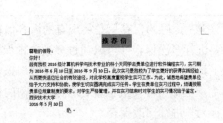

图 4-20　文章标题处理效果

（2）文章正文的处理：首先，选中除标题之外的其他文字，通过"开始"选项卡→"字体"功能区设置字体为"宋体"字号为"小四"；通过"段落"对话框→"行距"为 1.5 倍行距，段"间距"为段前、段后各 0.5 行；然后，重新选取正文第二、三段，并通过"段落"对话框→"缩进"中特殊格式下的"首行缩进"，度量值为"2 字符"；最后，选取落款为学校名称和日期的两段内容，通过"开始"选项卡→"段落"功能区设置"文本右对齐"，如图 4-18、图 4-21 和图 4-22 所示。

（3）文章中边框和底纹的处理：首先，选中文档标题，通过单击"开始"选项卡→"段落"功能区→"边框和底纹"按钮→"边框"选项卡中设置合适的边框样式、颜色、宽度，在"底纹"选项卡中设置合适的底纹颜色填充，尤其注意对话框右侧应用于的范围为"文字"；然后，选中文本正文的第三段用同样的方法设置合适的边框和底纹，只是需要注意的是应用于的范围为"段落"；最后，打开"边框和底纹"对话框→"页面边框"选项卡中选取一种带艺术型的边框，由于页面边框应用于的默认范围是"整篇文档"，故不需要选取任何内容，如图 4-23(a)、图 4-23(b)和图 4-24 所示。

图 4-21 "段落"对话框

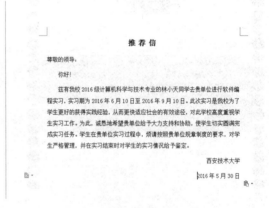

图 4-22 文章正文处理效果

图 4-23(a) "边框和底纹"按钮

图 4-23(b) "边框和底纹"对话框

3）打印"推荐信"

文档编辑完成后输出的方式很多，例如输出到打印机打印、输出到磁盘保存、输出到网络发邮件等。其中打印是最常见的输出方式。

（1）预览打印效果。通过单击  菜单按钮下的"文件"→"打印预览"项来实现打印预览效果。

> **注意**：文档在打印预览状态下只能对打印的文本格式进行一页或者多页整体预览，不能针对具体文档内容进行编辑修改。

（2）打印输出。预览完毕就可进行打印操作。执行打印的操作如下：单击  菜单按钮下的"文件"→"打印"，弹出"打印"对话框，在"打印"对话框中设置打印机的选择、打印页面范围、打印页码范围和打印份数等内容；设置完毕单击"确定"按钮开始打印。打印设置如图 4-25 所示。

图 4-24 文章边框和底纹的处理效果

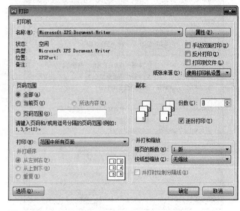

图 4-25 "打印"对话框

2. MS Word 2010 实现方法

1）新建一篇文档

在 Word 文字处理软件窗口功能区中选择"文件"→"新建"命令，随后将产生一篇默认名称为"文档 1"的新空白文档。

（1）输入"推荐信"的具体内容，录入方式与 WPS 相同。

推荐信
尊敬的领导：
你好！

> 兹有我校 2016 级计算机科学与技术专业的林小天同学去贵单位进行软件编程实习,实习期为 2016 年 6 月 10 日至 2016 年 9 月 10 日。此次实习是我校为了学生更好地获得实践经验,从而更快适应社会的有效途径,对此学校高度重视学生实习工作。为此,诚恳地希望贵单位给予大力支持和协助,使学生切实圆满完成实习任务。学生在贵单位实习过程中,烦请按照贵单位规章制度的要求,对学生严格管理,并在实习结束时对学生的实习情况给予鉴定。
>
>   西安技术大学
>   2016 年 5 月 30 日

(2)可以使用"文件"→"保存"命令,也可以利用 Ctrl+S 组合键的方式进行保存。同样,因为第一次保存,故会弹出"另存为"对话框,设置方法、内容与 WPS 相仿,如图 4-26 所示。

图 4-26 "另存为"对话框

> **注意**:同样,在 Word 中保存文件,也可以通过设置固定时间间隔来实现自动保存,具体操作如图 4-27 所示。

2)格式设置

文档的格式设置过程可参照 WPS 文档的编辑过程。

3)打印"推荐信"

文档编辑完成后输出的方式很多,例如输出到打印机打印、输出到磁盘保存、输出到网络发邮件等。其中打印是最常见的输出方式。

(1)预览打印效果。执行"文件"→"打印"命令,屏幕右侧出现文档的打印预览效果,即可对文档的整体布局进行预览。与 WPS 相同,在打印预览状态下不允许对文档进行编辑修改,如图 4-28 所示。

(2)打印输出。

文件预览完毕后,如果无须修改就可以进行打印输出。执行打印的操作如下:在单击"文件"菜单下的"打印"命令后,屏幕出现打印预览效果,在其左侧有一系列关于打印设置的选项,如打印机的选择、打印页面范围、打印页码范围和打印份数等内容。设置完毕单击"打印"按钮开始打印。

图 4-27　自动保存设置对话框

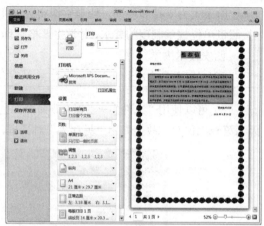

图 4-28　"打印"及"打印预览"窗口

4.2.5　案例总结

本案例主要介绍的是文字处理软件的基本编辑功能,分别以 WPS 文字 2016 和 Word 2010 为例介绍了文字处理的基本操作和文档排版,目的是为了让读者通过这一案例的学习能够独立完成常规文档的创建、编辑以及基本的格式设置。

1. 文档的基本操作

文档的基本操作包括新建文档、保存文档、打开文档以及在输入文本后对文档进行插入、删除、移动、复制、查找和替换等修改和编辑。其中需要关注和掌握的知识点如下。

1)关于保存

(1)保存文件的三要素:文档名称、保存位置、保存类型。

(2)"保存"与"另存为"的区别:新文档在做第一次保存时,"保存"与"另存为"没有区别,但对于已经保存过的文档做二次保存时,"保存"是保存到原先指定好的位置处,不弹出对话框,而"另存为"则会弹出对话框,目的是可以其他的文件名、类型、位置进行备份,并且在"另存为"对话框中单击"保存"按钮后原有的文档将自动被关闭,出现的文档是刚刚另存后的文档。

2)打印要领

(1)打印是文档输出的主要途径,不同的目的决定了不同的打印方式,因此需要掌握一些打印的"诀窍"。

(2)打印中首先要注意的是页面设置。文档的页面设置要尽量和打印用的纸张大小、方向一致。此外,需要进行一些必要的打印设置,比如选取对应的打印机,设置打印范围、打印份数以及缩放比例等。最好在输出打印之前，先使用"打印预览"功能，查看一下打印效果，调整不合适的地方。其次，要注意打印顺序以及打印页面的选择。如果是全部打印，通常不需要选择，默认就是全部页面。如果要打印其中的部分页面，则需要输入页码范围。比如，要打印第 1～10 页连续的页码，可以输入"1-10"；如要打印第 1、3、5 页不连续的多页，则需要输入"1,3,5"，即页码之间用逗号隔开。

2. 文档排版

文档排版主要包括字体格式、段落格式以及页面格式的设置等。字体格式设置中又包括字体、字号、字形、颜色、字符间距与缩放、添加边框和底纹等内容；段落格式设置包括了段落的对齐方式、段落缩进、段落间距与行距等。完成编辑工作后，先通过打印预览功能对其页面进行校验，预览后可输出打印。

文档排版需要注意以下问题：

（1）如果要对已经输入的文字、段落进行格式化设置，必须先选定要设置的文本。

（2）通过开始选项卡的字体、段落功能区可以实现字体、段落的基本设置。如果有进一步的复杂设置，则可通过字体、段落对话框来实现。

（3）当需要使文档中某些字体或段落的格式相同时，可以使用格式刷来复制字体或段落的格式，这样既可以使排版风格一致，又可以提高排版效率。使用格式刷时，要了解单击、双击格式刷的不同作用。

（4）当文档中的文字需要快速、精准对齐时，在水平方向可使用制表位，在垂直方向可以利用段落间距实现对文本的准确定位。

> **注意**：视图是文字处理软件提供的特殊编辑和浏览模式，常见的视图模式有：页面视图、Web 版式视图、大纲视图和普通视图。在屏幕窗口右下角的视图切换功能区进行视图模式的切换。每种显示模式都会使文档有一种不同的外观，但有些制作效果（例如艺术型的页面边框）只能在页面视图下才可显示。

4.3 表格制作与应用

表格以行和列的形式组织信息，结构严谨、效果直观而且信息量大。通过本节的学习，用户可以掌握表格的创建和设置方法，能够熟练地编辑表格中的文本或数据，并且可以制作不规则表格，还可以对表格进行简单的公式计算。

4.3.1 知识要点

1. 单元格

表格由水平行和垂直列组成。行和列交叉的矩形部分称为单元格，即行和列的交叉组成的每一格称为单元格。

2. 合并单元格

将一行或一列中多个相邻的单元格合并成一个单元格,如图4-29所示。

3. 拆分单元格

将一个单元格分成多个单元格,如图4-30所示。

图4-29　合并单元格

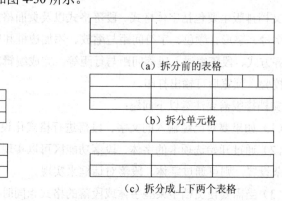

图4-30　拆分单元格与拆分表格

> **注意**:拆分操作除了可以对单元格进行拆分外,还可以对表格进行拆分。如图4-30(c)所示,一个表格可以拆分成上下两个表格。

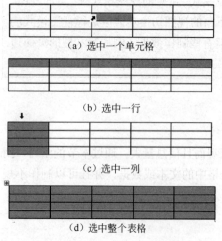

图4-31　表格中的各种选定

4. 表格编辑

在绘制表格的过程中或者绘制完成后经常需要对表格进行一些修改,对于制作完成的表格可能因为需要而添加一些行、列或单元格等元素,因此表格的修改显得尤为重要。

1) 选定表格对象

与文本操作一样,表格操作也必须遵循"先选定,后操作"的原则。选定表格的有关操作如图4-31所示。

2) 插入行、列或单元格

在表格中插入行、列或单元格时,一定要把插入点定位在表格中指定位置,而后右击→"插入"子菜单中的行、列或单元格即可;也可以通过单击"表格工具"选项卡→插入行、列或单元格的按钮来实现。

> **注意**：若要插入多行或多列，则选定的行、列数要和插入的行、列数相同。

3）删除行或列、单元格、表格

若要删除表格中多余的行、列或单元格，应先选定要删除的区域，然后右击→"删除"即可；也可以通过单击"表格工具"选项卡→"删除"按钮来实现。

> **注意**：选定表格后，使用"Backspace"键与"Delete"键的区别：
> "Backspace"删除表格及内容；
> "Delete"仅清除内容。

4）改变表格的行高、列宽

调整表格的行高或列宽，可使用以下两种方法实现。

方法1：使用"表格属性"命令调整。

选中待改变行高、列宽的行、列，右击，在快捷菜单中→"表格属性"命令，在弹出的"表格属性"对话框中设置精确的表格尺寸、行高、列宽以及单元格宽度，如图4-32所示。

方法2：使用鼠标调整。

将鼠标移到要调整行高或列宽的表格线上，拖动行、列边距调整表格行或列。

图4-32 "表格属性"对话框

5．表格样式

表格样式其实就是指表格外观，包括表格边框、底纹、字体和颜色等。而文字处理软件无论是WPS文字还是Microsoft Word中都预先定义好了一些样式，可以通过先选中表格，然后在"表格样式"功能组区中选择一个满意的表格样式，应用到当前选中的表格上。如果觉得样式不够有特色，可使用"表格样式"功能组区中"底纹""边框"按钮为指定的单元格单独设置边框和底纹。

4.3.2 习题解析

1. 下列关于Word 2010表格功能的叙述中，不正确的是（　　）。

    A．可以在Word文档中插入Excel电子表格

    B．可以在表格的单元格中插入图形

    C．可以将一个表格拆分成两个表格

D．表格中填入公式后，若表格数值改变，与 Excel 表格一样会自动重新计算结果

【解析】在 Word 2010 的表格中支持电子表格、图形的插入，表格也可以拆分成上、下两个表格，表格里的数据也可以利用函数或者公式进行简单计算，但是表格不具有 Excel 表格的自动填充功能。

【答案】D。

2．在 WPS 文字 2016 文档编辑状态下，将表格中的 3 个单元格合并，（　　）。

　　A．只显示第 1 个单元格中的内容　　　B．3 个单元格的内容都不显示
　　C．3 个单元格中的内容都显示　　　　D．只显示最后一个单元格中的内容

【解析】在 WPS 文字 2016 中选中要合并的单元格，单击"表格工具"选项卡中的"合并单元格"按钮，就能把选中的多个单元格合并成为一个单元格，并且将原来单元格中的内容都合并到一个单元格中。

【答案】C。

4.3.3 案例分析——"课程表"

1．任务提出

新学期开始，班长小李同学想利用文字处理软件制作一份课程表，用于通知班里的同学本学期都开设了哪些课程。由于文字处理软件中的表格制作简单，条理性强且包含的信息量大，因此小李决定采用表格的形式制作课表。

2．解决方案

制作表格的方法有多种，如插入表格、绘制表格等。从理论上来说，利用绘制表格功能是可以"画"出自己想要的任何表格的，但这是一种费时费力的办法。首先应该想好所要表格的大致框架，再插入一个与此框架最接近的一个表，然后在此基础上不断修改和调整，很快就会完成所要的表格。

表格还存在和周围文字的配合问题。通常只是在表格上下方有文本，此时要注意段落的间距。

此外，还可以给表格添加一些效果，例如字体段落的基本设置、表格的边框和底纹、表内文字的对齐方式等。

小李设计制作的课程表如图 4-33 所示。

图 4-33 课程表

4.3.4 实现方法

1. WPS 文字 2016 实现方法

1）创建表格并输入基本信息

创建表格的方法有多种，通常都会使用"插入"选项卡→"表格"功能组区→"表格"按钮，在"表格"下拉菜单中选择具体方法。图 4-34 和图 4-35 所示的两种方法是最常用的插入表格的方法，制作时选其一即可。

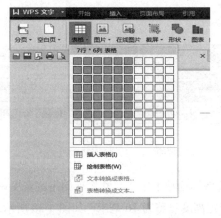 

图 4-34　常用方法 1："表格"下拉菜单　　　图 4-35　常用方法 2："插入表格"对话框

当在插入点生成一张 7 行 6 列表格后即可在表格内输入文本，特殊位置的内容先不进行录入（如表头中的内容），其他单元格中文本与正常文本录入方式相同，只需简单录入，如图 4-36 所示。

	星期一	星期二	星期三	星期四	星期五
1-2	计算机基础	精读	英语	C语言	听力
3-4	英语	听力	高数	马哲	自习
午休					
5-6	高数	马哲	政治学习	自习	C语言
7-8	体育	计算机基础		精读	自习
晚自习					

图 4-36　课程表文本录入图

注意：表格内可用鼠标定位光标位置，也可用键盘上的 4 个方向键完成定位，亦可以用 Tab 键进行逐个单元格移动光标。

2）对表格的编辑操作

（1）改变表格的行高和列宽。根据"课程表"样张显示本表格的第一行行高较高，并且这个表格的尺寸都比自动产生的表格要大,因此可以以"表格属性"对话框的形式来完成设置。

具体操作如下。

① 选中整张表格,单击"表格工具"选项卡→"表格属性"按钮,如图4-37所示。

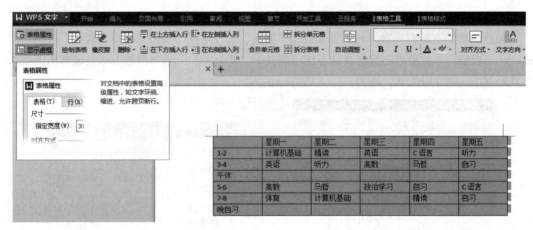

图4-37 "表格属性"按钮位置

② 弹出"表格属性"对话框,然后将→"表格"选项卡中"尺寸"项的指定宽度调整为170毫米,将"行"选项卡中尺寸项第1-7行的指定高度调整为10毫米,如图4-38所示。

③ 在确定之后,利用文本选定栏重新选中表格的第1行,再次打开"表格属性"对话框,如图4-39所示,将"行"选项卡尺寸项第1行的指定高度调整为30毫米。

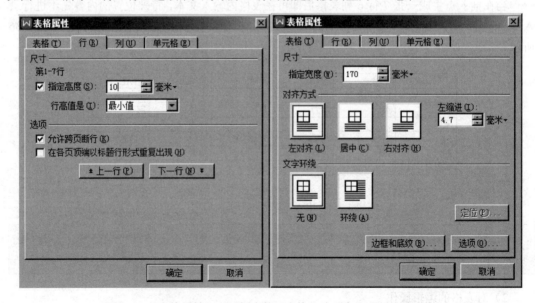

图4-38 "表格属性"对话框中的"表格"选项卡和"行"选项卡

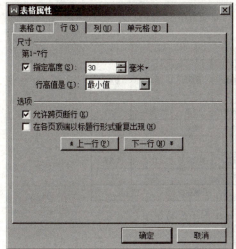

	星期一	星期二	星期三	星期四	星期五
1-2	计算机基础	精读	英语	C 语言	听力
3-4	英语	听力	高数	马哲	自习
午休					
5-6	高数	马哲	政治学习	自习	C 语言
7-8	体育	计算机基础		精读	自习
9-10	晚自习				

图 4-39　改变行高和列宽的表格效果图

（2）对单元格进行合并操作。选中表格"午休"所在的第 4 行，单击"表格工具"选项卡→"合并单元格"按钮，将第 4 行的 6 个单元格合并成一个单元格。以同样的方法分别对星期三下午"政治学习"和"晚自习"所在的单元格进行合并，合并后的效果如图 4-40 所示。

3）表格的格式化

（1）表格中文字的字体设置以及对齐方式。表格中的文字设置与文本中文字的设置大体相同，先选中表格需要修改的文字，再在"开始"选项卡的"字体"功能区中进行设置即可。如将第 1 行文字设置成宋体、四号、加粗。

	星期一	星期二	星期三	星期四	星期五
1-2	计算机基础	精读	英语	C 语言	听力
3-4	英语	听力	高数	马哲	自习
午休					
5-6	高数	马哲	政治学习	自习	C 语言
7-8	体育	计算机基础		精读	自习
晚自习					

图 4-40　合并后效果图

表格中文字的对齐方式与段落的对齐方式略有不同，WPS 文字提供了 9 种对齐方式，可以通过"表格工具"选项卡→"对齐方式"来实现。课程表中采用的是水平居中对齐，具体操作如下：选中整个表格，单击"表格工具"选项卡→"对齐方式"→"水平居中"命令，效果如

图 4-41 所示。

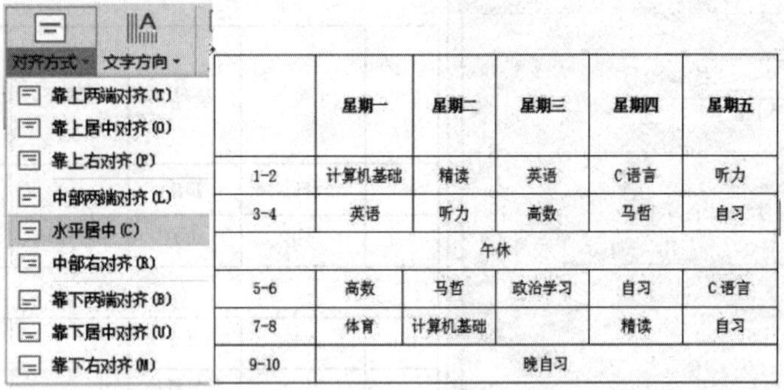

图 4-41　9 种对齐方式及"水平居中"效果图

（2）绘制斜线表头。

将插入点置于表格的第一个单元格中，使用"表格样式"选项卡→"绘制斜线表头"按钮→"斜线单元格类型"对话框，选择与课程表吻合的类型，单击"确定"按钮，然后在表格第一个单元格对应的位置输入文字内容，并设置字体以及位置。设置方法如图 4-42 所示，效果如图 4-43 所示。

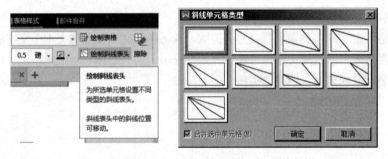

图 4-42　"斜线表头"设置方法及其对话框

图 4-43　"斜线表头"效果图

(3) 表格外观设置。为了使整个表格看起来更加生动明朗，色彩丰富，可以对表格设置预先定义好的表格样式，也可以根据不同要求做出特色鲜明的边框和底纹。

为课程表添加边框和底纹的具体操作如下。

先把光标移到表格内或选定表格，单击"表格样式"选项卡中的"边框"或"底纹"按钮，打开"边框和底纹"对话框，可以对表格的边框和底纹进行相关的设置。

① 设置边框。在"边框"选项卡中，可以设置边框的线型、粗细、颜色，还可以单独设置边框的某一根线的线型、粗细、颜色等，在"应用范围"列表框中有"文字""段落""单元格"和"表格"等项，设置时应注意选择，在"预览"窗口可以看到设置的效果，如图 4-44 和图 4-45 所示。

② 底纹设置。底纹可以在边框和底纹对话框中设置，也可以直接在表格样式选项卡中单击"底纹"设置底纹的颜色、样式等，如图 4-46 所示。

图 4-47 所示表格就是在完成了对表格边框和表格线设置后的最终效果图。

图 4-44　整个表格内外边框的设置过程

图 4-45　表格第 1 行下边框的设置过程

图 4-46　"底纹"选项卡

图 4-47　课程表最终效果图

2．MS Word 2010 实现方法

1）创建表格并输入基本信息

同样，在 MS Word 2010 中创建表格也可以采用插入和绘制的方法。因前面已演示了在 WPS 文字 2016 中自动插入表格的方法，所以在此演示在 Word 2010 中用绘制的方法创建表格，但需注意，一般对于不规则的表格才会采用绘制的方法，而规则的表格自动插入会更为简便。

下面介绍具体操作。

选择"插入"选项卡→"表格"→"绘制表格"选项，此时鼠标指针呈现铅笔状，可以在工作区拖曳出一个大的边框，该边框即是表格的外边框。然后再绘制表格中的行、列，即表格的内边框。绘制出的表格不可能像自动插入的表格那样有固定的行高和列宽，也可能一不小心画错了位置，那么应该怎样处理呢？首先，画错的位置可以用"设计"选项卡→"绘图边框"功能区→表格擦除器擦除；其次，行高和列宽可以通过"布局"选项卡下的"表格大小"功能区中的分布 和 分布列 进行平均分布行和列。当绘制好 7 行 6 列的表格后即可在表格内输入文本。

2) 对表格的编辑操作

（1）改变表格的行高和列宽。根据"课程表"样张显示本表格的第 1 行行高较高，绘制表格时可以专门将该行的行高画宽一些，也可以通过"表格属性"对话框来设置，这与 WPS 文字中的操作方法相同，因此不再赘述。

当然，还有一种简单且直接改变行高和列宽的方法，就是将鼠标放置在需要调整的表格边框线上，拖动行、列边距调整表格的行、列。初始效果如图 4-48 所示。

	星期一	星期二	星期三	星期四	星期五
1-2	计算机基础	精读	英语	C 语言	听力
3-4	英语	听力	高数	马哲	自习
午休					
5-6	高数	马哲	政治学习	自习	C 语言
7-8	体育	计算机基础		精读	自习
9-10	晚自习				

图 4-48　Word 2010 课程表初始效果图

（2）对单元格进行合并操作。Word 中"合并单元格"按钮放置在"布局"选项卡→"合并"功能区中，合并办法与 WPS 文字处理办法相同。

表格的格式化包括以下操作。

（1）表格中文字的字体设置以及对齐方式。Word 2010 中"对齐"按钮放置在"布局"选项卡→"对齐方式"功能组区中，具体操作如下：选中表格，单击"布局"选项卡→"对齐方式"→"水平居中"命令。

（2）绘制斜线表头。Word 2010 中取消了原有的自动绘制斜线表头的功能，因此在 Word 2010 中如果要加入一个斜线表头就需要进行绘制斜线表头。

首先，如果需要一根斜线表头，可以将插入点置于第一个单元格中，使用"设计"选项卡→"表格样式"功能组区→"边框"按钮→"斜下框线"，这样就绘制好了一根斜线的表头，然后，依次输入表头的文字，通过空格和回车控制到适当的位置。效果如图 4-49 所示。

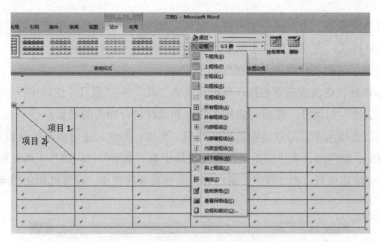

图 4-49 课程表斜线表头的做法一

其次，如果需要的斜线表头有多根斜线，可以在"插入"选项卡→"形状"→"直线"，如图 4-50 所示。

然后，根据需要画出相应的斜线即可。虽然斜线已经绘制完成，但是最后应该将所有的斜线组合起来，按住"Shift+鼠标左键"依次单击选中所画的"斜线"，然后单击"格式"选项卡→"排列"→"组合"，将所有的"斜线"组合起来。最后在表格第一个单元格对应的位置输入文字内容，并设置字体以及位置。效果如图 4-51 所示。

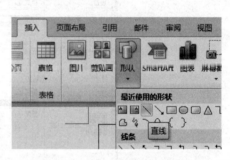

图 4-50 课程表斜线表头的做法二

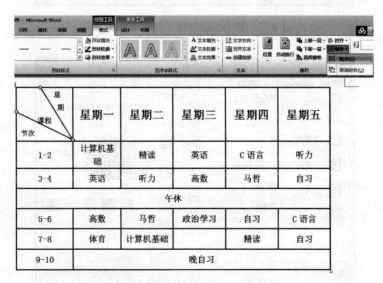

图 4-51 "斜线表头"效果图

（3）表格外观设置。为了使整个表格看起来更加生动明朗，色彩丰富，可以对表格设置预先定义好的表格样式，也可以根据不同要求做出特色鲜明的边框和底纹。

为课程表添加边框和底纹的具体操作如下。

先把光标移到表格内或选定表格，单击"表格工具"→"设计"选项卡→"边框"按钮，弹出"边框和底纹"对话框，然后对表格的边框和底纹进行相关的设置。

在"边框"选项卡中，可以设置边框的线型、粗细、颜色，还可以单独设置边框的某一根线的线型、粗细、颜色等，在"应用范围"列表框中有"文字""段落""单元格"和"表格"等项，设置时应注意选择，在"预览"窗口可以看到设置的效果。设置过程如图4-52和图4-53所示。

图4-52　整个表格内外边框的设置过程

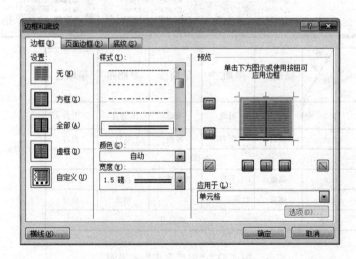

图4-53　表格第1行下边框的设置过程

底纹可以在"边框和底纹"对话框中设置，也可以直接在"表格样式"选项卡中单击"底纹"设置底纹的颜色、样式等，如图 4-54 和图 4-55 所示。

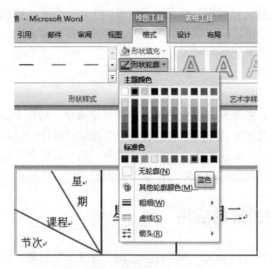

图 4-54　斜线表头斜线外观的设置过程

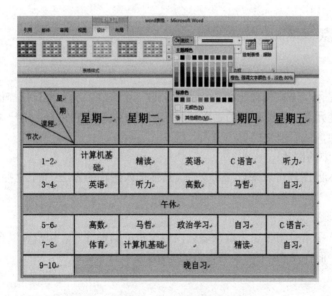

图 4-55　"底纹"效果的设置过程和结果

4.3.5　案例总结

通过本案例的学习，可清楚地了解用表格制作一份课程表的具体步骤。初步学会表格的基本操作，表格内文字的排版操作，为表格添加边框和底纹等操作。

1. 编辑表格

编辑表格时，要注意选择对象。以表格为对象的编辑，包括表格的移动、缩放、合并和拆分；以单元格为对象的编辑，包括单元格的插入、删除、移动和复制、单元格的合并拆分、单元格的高度和宽度设置、单元格的对齐方式等。

2. 修饰表格

在表格操作过程中，首先应该重点熟悉表格样式中表格"边框和底纹"的用法；其次，还应掌握好表格中"改变文字方向"的方法，表格中数据的"排序与计算"；除此之外，还应该熟知表格操作的各种技巧，如让表格内数据自动求和，给单元格设置编号，让表格自动适应内容大小，设置表格中文字和边框的间距，在多个页面显示同一表格的标题，等等。

4.4 文字处理中图形的应用

在文字处理中，用户可以插入一些图片、插图、艺术字等对象，以产生图文并茂、生动活泼的效果。同时，用户还可以方便地使图片在浮动和嵌入式之间变换，可以设置图片的对齐方式和具体位置。

4.4.1 知识要点

1. 图片

图形和图片是两个不同的概念。图片一般来自一个文件，或者来自扫描仪和手机等，也可以是一个剪贴画等元素，而图形指的是用户用绘图工具绘制成的元素。用户可以将丰富多彩的图片插入到文档中，从而使文档更加引人入胜。

1）插入文件中的图片

在文档中插入的图片可以来自图形文件，具体插入图片的方法：单击"插入"选项卡中"插图"功能组区中的"图片"按钮。

2）插入剪贴画

在 Word 2010 中本身附带了为数众多、内容丰富的剪贴图片，用户可以直接将所需要的图片插入到文档中。而在 WPS 中并没有自带的剪贴画。

2. 艺术字

一般情况下，在文字处理软件中输入的字体没有艺术效果，而实际应用中经常要用艺术效果较强的字。在文档中使用艺术字，可以使文档效果更加生动活泼。

3. 形状

常用的文字处理软件都为用户提供了一套绘制图形的工具，并且提供了大量的可以调整形状的自选图形，将这些图形和文本交叉混排在文档中，可以使文档更加生动有趣，如图 4-56 所示。

4．组织结构图

为了清晰地表达文字之间的关联和层次关系，经常在文档中配有插图。对于普通的文档，只要绘制几何图形并在其中添加文字就可满足一般要求，但要制作出具有专业设计师水平的插图，就需要借助文字处理软件所提供的组织结构图，在 Word 2010 中被称为 SmartArt 图形，如图 4-57 所示。

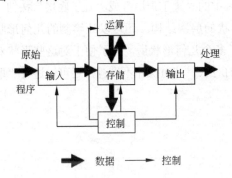

图 4-56　利用自选图形绘制的形状样例　　　图 4-57　组织结构图样例

4.4.2　习题解析

1．用 WPS 文字 2016 编辑文本时，为了使文字绕着插入的图片排列，下列操作中正确的是（　　）。

　　A．插入图片，设置环绕方式
　　B．插入图片，调整图形比例
　　C．建立文本框，插入图片，设置文本框位置
　　D．插入图片，设置叠放次序

【解析】本题考查 WPS 文字 2016 文档中图片版式设置的基础知识。为了使文字绕着插入的图片排列，应该在插入图片后，设置环绕方式为四周型或紧密型。

【答案】A。

2．在 WPS 文字 2016 的编辑状态中，不可以插入（　　）。

　　A．图片　　　　B．可执行文件　　　　C．表格　　　　D．文本

【解析】可执行文件是指计算机的操作系统能够解释并执行的二进制代码文件。它可以加载到内存中，并由操作系统加载程序执行。例如.EXE、.COM、.BAT 等都是可执行文件。文档与可执行文件是截然不同的两种类型文件。在 WPS 文字 2016 编辑状态中，可以插入图片、文本或表格，但不可以插入可执行文件。

【答案】B。

3. 下列关于 Word 2010 的绘图功能的叙述中，不正确的是（   ）。
   A．可以在绘制的矩形框内添加文字
   B．多个图形重叠时，可以设置它们的叠放次序
   C．可以给自己绘制的图形设置立体效果
   D．多个图形组合成一个图形后就不能再分解了

【解析】在使用文字处理软件绘制几何形状时，后绘制的几何形状总是会遮掩住先绘制的几何形状。使用"格式"选项卡中"排列"功能组区中的"置于顶层"或"置于底层"按钮，或者这两个按钮的扩展按钮就可以改变多个几何形状的层次结构。还可以让绘制的几何形状"浮于文字上方"或是"衬于文字下方"。当绘制了多个几何形状后，为了便于对这些形状对象统一操作，可以把这些形状对象组合成一个统一的对象。若对操作不满意，还可以进行"取消组合"操作或重新执行组合操作。

【答案】D。

4.4.3 案例分析——"贺卡"

1．任务提出

圣诞节马上就到了，小米同学想在圣诞节的时候给好友发一张自己制作的圣诞贺卡。于是，小米先参阅了一些网上贺卡的样式，发现在制作贺卡时对文字处理中图文混排的应用技巧要求是比较高的，要制作一份精美的贺卡必须主题明确醒目、新颖别致。

2．解决方案

制作电子贺卡的关键问题是图片、图形以及艺术字的应用。

文字处理软件本身都有较强的绘图功能，而且绘出的图是矢量的，在放大和缩小后不会产生变形和锯齿。文字处理软件还支持多种格式的图形，所以可把用其他软件绘制和处理过的图形插入文档中。因此，在文档中制作图文并茂的文档，可以有两种选择：一种是利用文字处理软件的绘图功能手动绘图；另一种是插入已有的图片，然后进行调整，力图达到最后的视觉效果。

除了绘图，文字处理软件还提供"艺术字"功能，通常可以把"艺术字"看作一种特殊的图片。

在文字处理软件中，无论是绘图，还是处理插入的图片，都要随时注意它与周围文字的关系。通常，需要建立"层"的概念。图形与文字在同一层，此时文字在图的周围，称作"环绕"；图形与文字不在同一层，此时图可以浮在文字上方，也可以衬于文字下方，当图在文字上方时，如果不透明，会把下面的文字遮住，这是处理图形时需要特别注意的。此外，还有一种特殊的处理图的方式——嵌入式，此时把图形当作一个字符来处理，在修改文字时，图会随着周围的文字一起移动。贺卡效果如图 4-58 所示。

图 4-58 贺卡设计效果图

4.4.4 实现方法

1．WPS 文字 2016 实现方法

1）形状的使用

在 WPS 文字 2016 中，可以轻松地绘制出线条、矩形、多边形、椭圆、箭头、流程图、标注等基本几何形状，以及由这些几何形状组合而成的其他的几何图形。

（1）绘制基本几何形状。使用"插入"选项卡→"形状"按钮，选择需要绘制的基本几何形状的按钮，如图 4-59 所示。单击选择某种几何形状后，鼠标指针变为"+"状。用户在编辑区拖曳鼠标，到达合适位置后释放鼠标左键，就可在窗口中绘制出该几何形状。

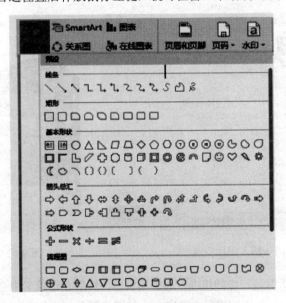

图 4-59 "形状"中的基本图形选项

（2）在绘制的形状中插入图片。选中所绘制的波形图形，而后在选项卡中会出现新的选项卡——"绘图工具"选项卡→"填充"按钮→"图片或纹理"子菜单→"本地图片"，在弹出的对话框中选中合适的图片单击"打开"，即可插入一张与绘制形状完全吻合的图片。制作过程及效果如图 4-60、图 4-61 和图 4-62 所示。

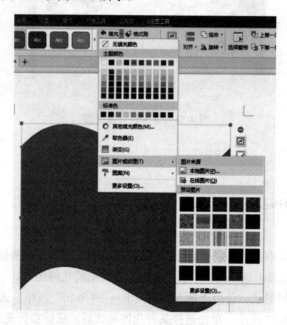

图 4-60　插入图片步骤一

图 4-61　插入图片步骤二

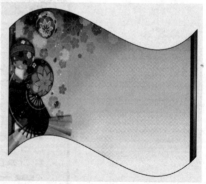

图 4-62　插入图片效果图

（3）对绘制的形状做进一步的修饰。选中形状后，然后在选项卡中会出现"绘图工具"选项卡→"轮廓"按钮，在其主题颜色中选取一个与图片颜色相近的色彩。并利用形状中的线条做进一步的修饰。制作过程及效果如图 4-63 所示。

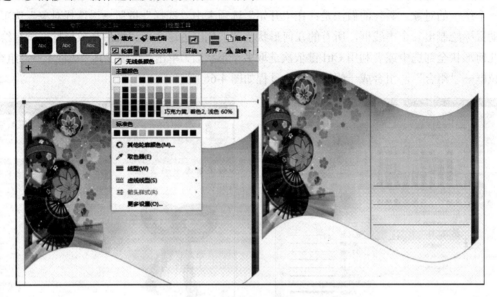

图 4-63　对绘制的形状做进一步的修饰

（4）利用基本形状绘制一个组合图形——蝴蝶结。单击某几何形状后，在其 4 条边上会出现 8 个蓝色的小方块，上方会出现一个橘色的旋转点。在某些特殊的几何形状旁还会出现一个橘色的小菱形。这些小图案的出现是这个几何形状被选中的标志。用鼠标拖曳 4 个中点上的蓝色小方块时，就会改变这个几何形状的大小尺寸。当鼠标对准几何形状上方的橘色旋转点，并按下鼠标左键移动鼠标时，就会对这个几何形状进行任意角度的旋转。鼠标指针对准那个橘色的小菱形，并按下鼠标左键移动鼠标时，就会改变这个几何形状的某种曲率。整个绘制过程如图 4-64 所示。

图 4-64　绘制蝴蝶结的过程

若要对选中的形状进行修改，可以单击"绘图工具"选项卡→"轮廓"按钮，在弹出的下拉列表中为几何形状的边线选择合适的线条类型和颜色，如图 4-65 所示。

当绘制了多个几何形状后，为了便于对这些形状对象统一操作，可以把这些形状对象组合成一个统一的对象。具体的做法是：在"开始"选项卡中"选择"按钮→"选择对象"选项，拖动鼠标绘制出一个虚线框，所有的几何形状全部被包围进这个虚线框后释放鼠标，所有绘制的几何形状全部选中或者利用 Ctrl 键依次选取多个形状后，单击"绘图工具"选项卡→"组合"下拉框→"组合"，组合成一幅图。组合过程如图 4-66 所示。

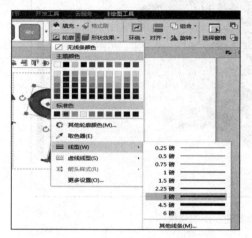 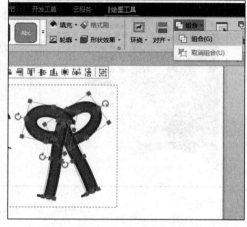

图 4-65　为蝴蝶结添加修饰效果　　　　　　　　图 4-66　各个形状的组合

2）图片的插入

在 WPS 文档中插入的图片可有多种来源，如源于计算机中的图片文件，来自扫描仪的图片，还有来自网络的在线图片等。

（1）插入图片。单击"插入"选项卡中"图片"中的"来自文件"按钮。在"插入图片"对话框（如图 4-67 所示）中选择要插入的图片。

图 4-67　"插入图片"对话框

(2) 编辑图片。若要进行调整图片的亮度、对比度、重新着色和压缩图片等操作，在"图片工具"选项卡中对应功能按钮来完成。单击"亮度"按钮可以调整图片的亮度度量值；单击"对比度"按钮可以调整图片的对比度度量值；"重新着色"按钮可以重新设置图片的颜色模式；"压缩图片"可根据文档的用途来改变图片的质量；"图片效果"可以设置图片的默认、阴影、映像、发光、柔化边缘、棱台、三维旋转等效果。图片效果工具箱如图 4-68 所示。

图 4-68　图片效果工具箱

(3) 层次调整。在贺卡的制作过程中，后加入的图片或者绘制的几何形状会遮掩住先插入的图片或者绘制的几何形状。若绘制或插入的顺序错误，就会出现不能全部显示绘制效果的错误。选中组合几何形状后可以使用"绘图工具"选项卡→"上移一层"或"下移一层"按钮，或者选中图片在其右侧的扩展按钮中选择"布局选项"→"文字环绕"方式，如"浮于文字上方"或是"衬于文字下方"，如图 4-69 所示。

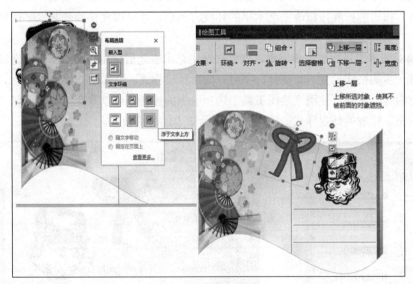

图 4-69　调整图片布局选项

3) 插入艺术字

在制作贺卡或者海报时，使用艺术字会对文档增色不少。艺术字的制作方法是：单击"插入"选项卡→"艺术字"按钮，并在其下拉列表中选择一种适合的艺术效果，弹出"请在此放置您的文字"占位符框，并在"请在此放置您的文字"占位符框中输入艺术字文本，如图 4-70

所示。

图 4-70　插入艺术字

当单击该艺术字后，会发现在艺术字四周会出现 8 个蓝色的小方块，同时艺术字还被虚线框包围。这时的艺术字只可以改变大小尺寸，而不能移动到用户指定的位置。这是因为，WPS 文字中默认艺术字的文字环绕方式为"嵌入型"。选中该艺术字后用户使用"绘图工具"选项卡→"环绕"按钮的扩展按钮改变艺术字的环绕方式后，才可以轻松改变艺术字的位置，如图 4-71 所示。

如果要对艺术字进行进一步编辑，就要在选中艺术字之后使用"文本工具"选项卡对"文字"进行进一步的格式设置，如字体、字号、文本预设样式、文本填充、文本轮廓、文本效果以及文字方向等；此外，使用"绘图工具"选项卡中的按钮，可以改变艺术字形状、艺术字形状效果、填充、轮廓等外观样式。图 4-72 所示为贺卡的最终效果。

图 4-71　艺术字环绕方式　　　　　　图 4-72　贺卡的最终效果图

2．MS Word 2010 实现方法

1）形状的使用

在 MS Word 2010 中，同样可以轻松地绘制出线条、矩形、多边形、椭圆、箭头、流程图、标注等基本几何形状，以及由这些几何形状组合而成的其他几何图形。

（1）绘制基本几何形状。使用"插入"选项卡→"形状"按钮，绘制基本几何形状即可完成，绘制方法与 WPS 文字相同。

（2）在绘制的形状中插入图片。选中所绘制的波形图形，而后在选项卡中会出现新的选项卡——"绘图工具"选项卡→"形状填充"按钮→"图片"→"插入"，即可插入一张与绘制形状完全吻合的图片。操作过程如图 4-73 所示。

（3）对绘制的形状做进一步的修饰。选中形状后，在"绘图工具"选项卡→"形状轮廓"按钮，在主题颜色中选取一个与图片颜色相近的色彩，并利用"插入"选项卡→"形状"中的基本线条做进一步的装饰，如图 4-74 所示。

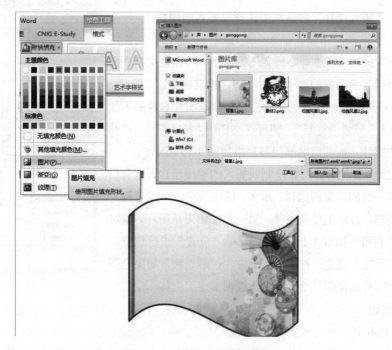

图 4-73　在绘制的形状中插入图片

（4）利用基本形状绘制一个组合图形——蝴蝶结。方法与在 WPS 中相同，此处不再复述。

2）图片的插入

在 MS Word 2010 文档中插入图片的方式主要有两种：一种是源于计算机的图片文件；另一种是 Office 自带的剪贴画。

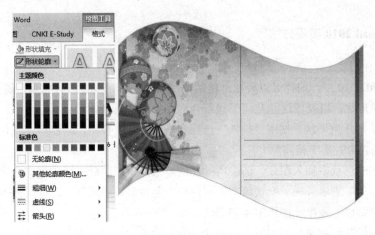

图 4-74　对绘制的形状做进一步的修饰

（1）插入图片。单击"插入"选项卡→"图片"→"来自文件"按钮。在"插入图片"对话框中选择要插入的图片。

（2）插入剪贴画。单击"插入"选项卡→"插图"功能组区→"剪贴画"按钮。在"剪贴画"任务窗格→"搜索文字"文本框中输入要插入剪贴画的类型，如动物、建筑、交通工具等，单击"搜索"按钮，找到满意的图片后，单击该图片右侧的下拉按钮选择"插入"或者"复制"，即可在文档中"插入"或者"粘贴"出所需的图片。插入剪贴画任务窗格如图 4-75 所示。

（3）层次调整。同样，假若绘制或插入的顺序错误，就会出现不能全部显示绘制效果的错误。那么，就应该对图形或者图片的顺序进行调整，方法主要有两种：第一种，如果是图片，就可以选中图片后利用"图片工具"选项卡→ "位置"进行调整，如"浮于文字上方"或是"衬于文字下方"；第二种，如果是图形，选中图形后可以使用"绘图工具"选项卡中"上移一层"或"下移一层"按钮。

图 4-75　插入剪贴画任务窗格

3）插入艺术字

MS Word 2010 对艺术字的相关操作较以前的版本做了比较多的改变，取消了原来一开始设置的"艺术字样式"并会弹出"编辑艺术字文字"对话框等内容。在 Word 2010 中将艺术字的内容大体分为了外观形状和艺术字文本两部分，需要分开设置。制作方法是：单击"插入"选项卡→"艺术字"按钮，在"请在此放置您的文字"占位符框中输入艺术字文本，如图 4-76 所示。

同样，单击该艺术字后，在艺术字四周会出现 8 个尺寸控制点，同时艺术字还被虚线框包围。这时的艺术字尺寸大小可以随意改变，但位置不能任意调整。究其原因还是因为把艺术字作为了一种特殊的图片，因此默认文字环绕格式与图片相同，都为"嵌入型"。因此，选中该艺术字后用户使用"绘图工具"选项卡→"环绕"按钮的扩展按钮改变艺术字的环绕方式后，即可轻松地改变艺术字的位置。利用 Word 2010 所制作贺卡的最终效果如图 4-77 所示。

图 4-76　插入艺术字

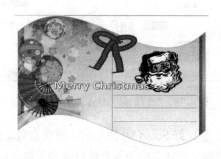

图 4-77　利用 Word 2010 制作的贺卡效果

4.4.5　案例总结

在做贺卡时要求色彩丰富，层次分明，主题突出。因此，像图片、形状、艺术字的使用尤其显得重要，图文混排的编辑效果是必须在此掌握的重点。

形状、图片、艺术字的基本制作过程在任务"贺卡"中已经清楚地阐述了，在此不再强调。需要说明几项未在任务中体现的内容。

（1）形状、图片的移动。选中操作对象，拖曳就可以把它移动到任意位置。如果要精确地移动图形，可以使用键盘编辑区中的 4 个箭头键，对形状以像素为单位进行移动。

（2）在形状中添加文字。右击图形，在弹出的快捷菜单中选择"添加文字"。

（3）改变形状样式。选中要改变形状样式的形状，在"绘图工具"选项卡中进行样式修改。

（4）设置阴影效果、三维效果等特殊效果。选中要添加阴影或者三维效果的形状，选择"绘图工具"选项卡→"形状效果"按钮，在它的下拉列表中选择适合的阴影效果或三维效果。

（5）删除形状、图片、艺术字。选中待删除的对象，按 Delete 键就可以把选中的图形删除。

（6）旋转与对齐。对于绘制的几何形状或者插入的图片、艺术字要进行旋转或者对齐操作时，使用"绘图工具"选项卡→"对齐"按钮和"旋转"按钮，然后在各自的扩展按钮中选择适合的按钮进行操作。

（7）以 MS Word 2010 为例介绍 SmartArt 图形的创建和编辑。

① 插入 SmartArt 图形。先确定插入点，单击"插入"选项卡→"插图"功能组区→"SmartArt"按钮，弹出"选择 SmartArt 图形"对话框，如图 4-78 所示。

在对话框中选择 SmartArt 图形的类型，并显示所选择的 SmartArt 图形的预览效果。单击"确定"按钮完成操作。若在插入的 SmartArt 图形中输入文字，可在"文本"字样处单击，即可在 SmartArt 图形中输入文字。

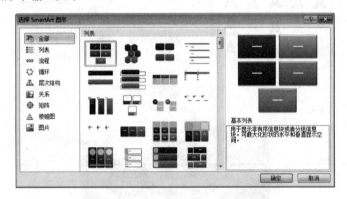

图 4-78 "选择 SmartArt 图形"对话框

② 编辑 SmartArt 图形。创建好 SmartArt 图形后，系统会自动打开上下文工具"设计"和"格式"两个选项卡。通过这两个选项卡中的各个按钮或列表框可以对 SmartArt 图形的布局、颜色和样式等进行编辑与设置。

可以通过在"设计"选项卡中"添加形状"按钮的下拉列表中选择 SmartArt 图形来添加形状；通过"布局"功能组区中的按钮可以为 SmartArt 图形重新定义布局样式；通过选择"SmartArt 样式"功能组区中的"更改颜色"按钮的下拉列表中的选项可以为 SmartArt 图形重新设置颜色；通过"SmartArt 样式"功能组区中的其他按钮可以设置 SmartArt 图形的样式；使用"重设图形"按钮将取消所有对 SmartArt 图形的设置，使 SmartArt 图形恢复到刚插入时的初始状态。图 4-79 所示为 SmartArt 设计工具。

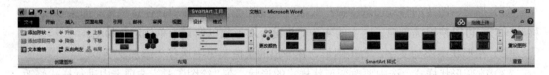

图 4-79 SmartArt 设计工具

在"格式"选项卡中,"形状样式"功能组区中的按钮用来改变 SmartArt 图形中每个框体的外观样式,"形状填充"和"文本填充"的区别仅仅是填充的对象不同,一个是 SmartArt 图形中的每个框体,另一个是框体中文字的填充,而"形状填充"和"文本填充","形状效果"和"文本效果"的区别也都是设置的主体不同,但设置的效果是一样的,如图 4-80 所示。

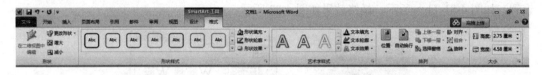

图 4-80　SmartArt 格式工具

通过本案例的学习,可以清楚了解制作一张电子贺卡的具体步骤,初步学会形状、图片以及艺术字的基本设置,掌握各种对象的移动、缩放、文字环绕的设置以及颜色、亮度和对比度的调整等,在以后的操作过程中,还应重点熟悉各个对象选项卡的各个工具按钮的用法,多加练习,熟练掌握。

4.5　文字处理综合应用

4.5.1　知识要点

1．页面设置

页面设置是指设置版面的纸张大小、页边距、纸张方向等参数。其中,纸张大小的设置即纸型的设置,它需要根据打印时实际选用的纸张来确定;页边距是指文本区域与纸张边缘的距离;纸张方向是指打印时是横向打印还是纵向打印。

2．文本框

编辑文档时,经常要把某些特定的内容放到某些特定的位置上。这时就要用到文字处理软件提供的文本框功能。文本框可以利用"插入"选项卡来完成,其本身是一种特殊绘制对象。使用文本框可以将文字、表格或图形精确定位到文档中的任意位置。

3．分栏

分栏是将文档中完整的一行或多行文字设置成若干列的显示修饰效果。这种修饰效果广泛应用于各种报纸和杂志中。可通过"页面布局"选择卡中单击"分栏"工具按钮来实现分栏。分栏的应用范围可分为选定文字和整篇文档。

4．首字下沉

首字下沉格式一般位于每段的第一行第一个字,是一种特殊的修饰效果,常见于报纸和杂志。其操作方法：将插入点置于要设置首字下沉的段落中，"插入"选项卡→"首字下沉"工具按钮，如图 4-81（a）所示。根据设计要求选择"下沉"或者"悬挂"。两者的差别在于文字和修饰后的首字之间的环绕关系。如果对于"下沉"或者"悬挂"的首字的字体和下沉行数有要求，可以单击"首字下沉"工具栏底部的"首字下沉选项"按钮，对首字下沉做进一步的设置，如图 4-81（b）所示。最终效果如图 4-82 所示。

（a）首字下沉

（b）首字下沉对话框

图 4-81

首字下沉格式一般位于每段的第一行第一个字，是一种特殊的修饰效果，常见于报刊和杂志。其操作方法：将插入点置于要设置首字下沉的段落中，在"插入"选项卡中单击"首字下沉"工具按钮，如图 4-81（a）所示。根据设计要求选择"下沉"或者"悬挂"。两者的差别在于文字和修饰后的首字之间的环绕关系。如果对于"下沉"或者"悬挂"的首字的字体和下沉行数有要求，可以单击"首字下沉"工具栏底部的"首字下沉选项"按钮，对首字下沉做进一步的设置，如图 4-81（b）所示。

图 4-82　首字下沉效果图

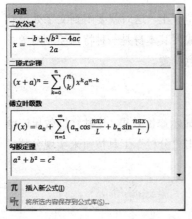

图 4-83　插入常用数学公式

5．插入公式

对于文本内容涉及数学、物理和化学等学科的，公式是其中不可缺少的部分，而且有些公式符号繁多。为了克服公式排版的困难，文字处理软件中提供了强大的公式编辑器，可以做到像输入文字一样简单地完成烦琐的公式编辑。

具体操作如下：单击"插入"选项卡→"公式"按钮，在下拉列表中选择要插入的数学公式，如图 4-83 所示。若插入的是一个需要自己编辑的算式，则单击图 4-83 底部的"插入新公式"选项，然后在"设计"选项卡中完成操作，如图 4-84 所示。为了避免以后再次编辑这个新公式，在新公式编辑完毕，单击新公式右下角的"公式选项"按钮把这个新公式存入系统公式列表中。以后再要使用这个公式时就可以直接从系统常用公式中找到并使用。公式样式如图 4-85 所示。

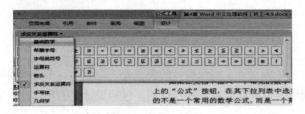

图 4-84　各种数学运算符

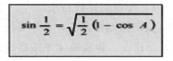

图 4-85　公式样式效果图

4.5.2　习题解析

1. 下列关于 WPS 文字 2016 分栏设置的叙述中，不正确的是（　　）。
   A. 文档中不能单独对某段文本进行分栏设置
   B. 用户可以根据版式需求设置不同的栏宽
   C. 设置栏宽时，间距值会自动随栏宽值的变动而改变
   D. 分栏下的偏左命令可将文档竖排划分，且左侧的内容比右侧的少

【解析】分栏应用范围可分为选定文字和整篇文档；通过"页面布局"选项卡中的"分栏"，选择"更多分栏"，在弹出的"分栏"对话框中，可以让用户根据版式需求设置不同的栏宽，并且设置栏宽时，间距值会自动随栏宽值的变动而改变；分栏下的偏左命令自然是左栏内容比右侧少。

【答案】A。

2. 在 Word 2010 中设定打印纸张大小时，应当使用的命令是（　　）。
   A. "开始"选项卡中的"样式"功能组区
   B. "开始"选项卡中的"编辑"功能组区
   C. "页面布局"选项卡中的"页面设置"功能组区
   D. "页面布局"选项卡中的稿纸功能组区

【解析】页面设置是指设置版面的纸张大小、页边距、纸张方向等参数；其中纸张大小的设置即纸型的设置，它需要根据打印时实际选用的纸张来确定。

【答案】C。

4.5.3　案例分析——"校庆宣传海报"

1. **任务提出**

日常工作中，可能经常要制作各种社团小报、海报、广告以及产品介绍书等。而此时，恰逢小米所在的学校 50 年校庆，学生会的小米同学接到了学校要求制作校庆宣传海报的任务，

于是小米开始通过计算机查阅各种海报、报纸、杂志等有关版面设计的参考资料,并制定出一份主题明确新颖的校庆海报的方案。

2. 解决方案

1)海报设计技巧之一

在海报制作之初,首先要进行整体的版面设计。版面设计的要点是"规划"。不要以为只有城市建设、建筑设计才需要规划,制作文档同样也需要进行规划,包括设计页面尺寸、分割版面、图文混排等。

版面设计的首要问题是弄清楚页面尺寸。文字处理软件通常默认的页面是 A4 纸,很多喷墨、激光打印机最常见的纸张设置也是 A4 纸。

在制作文档之前先设置好页面,可以省去修改页面设置所带来的重新排版,这在制作长文档时非常重要。

版面设计的另一个重要操作是分割版面,通常采用分栏设置即可满足需要。如果要制作像海报那样由不同"板块"构成的文档,采用文本框来分割版面是一个很好的选择。

2)海报设计技巧之二

制作海报其关键的问题在于是否能够将文字、图片、艺术字、文本框等元素融合在一起,实现真正的图文混排,并使整个主题突出醒目。

本案例中依然会用到前面所学习到的形状、图片、艺术字等来进行修饰,所以图形与文字之间、图形与图形之间依然都要有"层"的观念。校庆海报设计效果如图 4-86 所示。

图 4-86 校庆海报设计效果图

4.5.4 实现方法

1. WPS 文字 2016 实现方法

1)输入海报基本内容和基本格式设置

（1）页面设置。分别通过"页面布局"选项卡中的"纸张大小""纸张方向""页边距"提供的下拉选项，把文档的纸张大小调整成"A5"，方向为"横向"，以及页边距为"窄"。"页面布局"选项卡如图4-87所示。

图4-87 "页面布局"选项卡

（2）分栏。通过"页面布局"选项卡中的"分栏"下拉列表，选择"更多分栏"选项，在弹出的"分栏"对话框中，预设选择"两栏"，栏宽度和间距使用默认设置"栏宽相等"并加"分割线"，应用范围为整篇文档。"分栏"对话框以及分栏效果如图4-88所示。

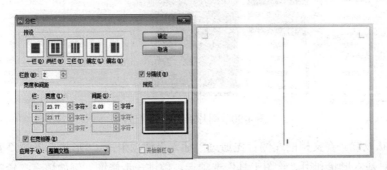

图4-88 "分栏"对话框以及分栏效果

注意：如果想在未输入内容之前就看到分栏效果，出现分割线，可以连续按回车键。这样有利于观察"板块"的分布。

（3）页面背景。通过"页面布局"选项卡→"背景"下拉列表，设置整个页面的背景颜色，可以是主题中的标准色，也可以使用渐变、纹理或者图片等丰富背景。页面背景效果如图4-89所示。

2）图片和形状设置

（1）图片水印设置。首先将光标定位到文档的右侧，然后选择"插入"选项卡→"图片"→"来自文件"按钮，选取要加入的图片，单击"打开"按钮，图片插入后默认效果为"嵌入型"，利用"图片工具"选项卡→"环绕"按钮设置为"衬于文字下方"，并将"颜色"改为"冲蚀"，调整图片大小使其铺满整个页面右侧。图片水印的设置过程如图4-90所示。

图4-89 页面背景效果

图 4-90 图片水印的设置过程

（2）形状设置。在文档的左侧首先通过"插入"选项卡→"形状"下的"五角星"进行绘制，然后对基本形状利用"绘图工具"选项卡，做进一步修饰，例如填充、轮廓、形状效果等。效果如图 4-91 所示。

图 4-91 五角星特殊效果的设置过程

3）文本框和艺术字的使用

（1）文本框的使用。

① 创建文本框。"插入"→"文本框"按钮，并在其扩展按钮中选择"横向"文本框类型，此刻鼠标指针变成"+"形状，在需要添加文本框的位置进行拖曳，或者单击均可添加一个文本框。

② 文本框中的文本编辑。对文本框中的文字内容同样可以进行插入、删除、修改、剪切、复制等操作，处理的方法与处理文本的方法一样。选中操作对象，利用"文本工具"选项卡上的工具按钮完成文本的设置操作。"文本工具"选项卡如图 4-92 所示。

图 4-92　文本工具选项卡

③ 编辑文本框。插入的文本框本身默认带有边框和填充颜色，但为了和其他内容很好地融合在一起，就需要对文本框的轮廓和内部填充进行进一步的设置。例如，在本案例中可以选中文本框后，利用"绘图工具"选项卡将"填充""轮廓"都设置为"无颜色"，设置效果如图 4-93 和图 4-94 所示。

图 4-93　绘图工具选项卡

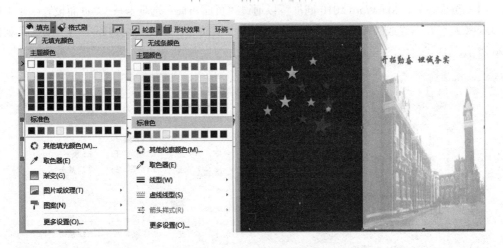

图 4-94　文本框设置过程

注意： 单击选择文本框时不是在文本框中单击，而是对准文本框的边框单击。两种操作的结果是不一样的，单击文本框内部后会出现插入点，系统认为是对文本的编辑，只有单击边线才是对文本框的编辑。

（2）艺术字的使用。前面已经对如何插入艺术字有了详细的介绍，因此这里不再做详细的描述，而仅针对案例作以阐述。首先将光标定位在文档的左侧，通过"插入"选项卡→"艺术字"，输入艺术字内容并且通过艺术字提供的"绘图工具""文本工具"选项卡的按钮进行设置，完成所要达到的效果。右侧的艺术字也按同样方式设置即可。效果如图 4-95 所示。

图 4-95　艺术字设置过程及最终效果图

2. MS Word 2010 实现方法

1）输入海报基本内容和基本格式设置

（1）页面设置。MS Word 2010 同样可以通过"页面布局"选项卡→"页面设置"功能区将"纸张大小"设置成"A5"，"纸张方向"为"横向"，以及"页边距"为"窄"，如图 4-96 所示。

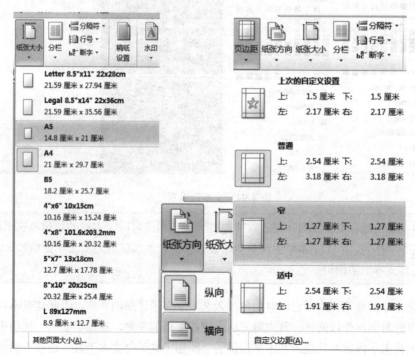

图 4-96　页面设置过程

(2) 分栏。通过"页面布局"选项卡→"分栏",选择"更多分栏",在弹出的"分栏"对话框中,预设选择"两栏",栏宽度和间距使用默认设置"栏宽相等"并加"分割线",应用范围为整篇文档,如图 4-97 所示。

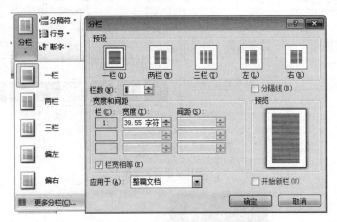

图 4-97 分栏设置过程

(3) 页面背景。在 MS Word 2010 中,背景是通过"页面布局"选项卡→"页面颜色"进行设置的,同样可以设置标准色和其他填充效果,如图 4-98 所示。

2) 图片和形状的设置

(1) 图片水印设置。首先将光标定位到文档的右侧,然后选择"插入"选项卡→"图片"→"插入"按钮,在 MS Word 2010 中插入的图片默认效果同样为"嵌入型"。因此也需要对此进行修改,首先选中图片,单击"图片工具"选项卡→"位置"按钮→"其他布局选项"→"文字环绕"选项卡→"衬于文字下方",并在"图片工具"选项卡→"颜色"按钮→"重新着色"选项中→"冲蚀",调整图片大小使其铺满整个页面右侧。整个过程如图 4-99(a)、图 4-99(b) 和图 4-99(c) 所示。

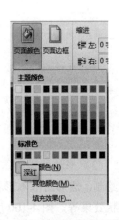

图 4-98 页面颜色设置过程

(a) 图片水印设置过程 1

（b）图片水印设置过程 2

（c）图片水印设置过程 3

图 4-99

（2）形状的设置。在文档的左侧首先通过"插入"选项卡→"形状"下的"五角星"进行绘制，然后对基本形状利用"绘图工具"选项卡，做进一步修饰，例如形状填充、形状轮廓、形状效果等。图 4-100 所示为"绘图工具"选项卡。

图 4-100 "绘图工具"选项卡

3）文本框和艺术字的使用

（1）文本框的使用。创建、编辑文本框的方法与 WPS 文字 2016 基本相同，现简述如下：

首先，在"插入"选项卡→"文本框"按钮→"绘制文本框"，在文档的右侧绘制一个横排文本框；然后，输入文本框中的文字内容，设置对应的字体、字号、字体颜色，如华文行楷、

20磅、巧克力黄；最后，对整个文本框进行编辑，选中文本框（可以对着文本框所在框线单击）在"绘图工具"选项卡→"形状样式"功能区→"形状填充""形状轮廓"都设置为"无颜色""无轮廓"即可。

（2）艺术字的使用。插入、修饰办法可参考WPS文字中艺术字的设置办法。最终效果如图4-101所示。

4.5.5 案例总结

图4-101　用Word 2010制作的海报最终效果

海报排版的关键是要先做好版面的整体设计，即所谓的宏观设计，然后再对每个版面进行具体的排版。要领如下。

（1）进行版面的宏观设计，主要包括：设置版面大小（设置纸张大小与页边距）；按内容规划版面（根据内容的主题，结合内容的多少，分成几个版面）。

（2）每个版面的具体布局设计，主要包括：根据每个版面的条块特点选择一种合适的版面布局办法，对本版内容进行布局；对每个版面的每篇文章做进一步的详细设计。

（3）海报的整体设计最终要尽量达到如下效果：版面内容均衡协调、图文并茂、颜色搭配合理、淡雅而不失美观；版面设计可以不拘一格，充分发挥想象力，体现个性化的独特创意。

本案例是文字处理的一个图文混排的综合案例，要求进一步掌握图形、图片、艺术字、文本框以及一些文本的特殊效果。在案例中也会发现有些内容在设置上具有相同或者类似的地方，设置完成的效果也是基本一致，因此就会有些用户发出疑问，到底应该用哪项，两者有何区别的疑问。例如：文本框与艺术字。在文字处理软件较早的版本中，文本框和艺术字还是有比较明显区别的，文本框侧重于作为文字特殊存放工具，注重位置的随意性，而艺术字更多的是将关注的焦点放在了图片整体效果的处理上，因此在早前版本中二者的工具栏是不同的。然而，现在不管是MS Word 2010还是WPS 文字2016，文本框和艺术字只要插入成功之后，后面的设置基本上是相同的，即使用统一的工具栏，将内容分为形状样式和文本内容两部分，从而导致所选择使用的界限显得比较模糊，为此不用在这个问题上过于纠结。也就是说，无论是使用文本框还是艺术字，只要能达到想要的效果，都是可以的。

4.6　文字处理中的邮件合并应用

4.6.1　知识要点

1. 邮件合并

"邮件合并"通常用于某上级单位向下级单位发送会议通知或者是公司向客户发送邀请信，学校给学生发录取通知书等。这种信函往往要求有不同的抬头，但是具有相同的正文。因此"邮件合并"包含两部分内容，一部分为可变动内容，如信函中的抬头部分；另一部分为对所有信件都相同的内容，如信函中的正文。那么，要做邮件合并就要先建立两个文档，一个是主文档，用来存放对所有文件都相同的内容；另一个是数据源文档，用来存放信函中的变动文本内容；最后将两个文档合并生成信函。

2．数据源

顾名思义，数据源就是数据的来源，而在邮件合并中数据源就是可以发生变动的那部分数据，通常存放在以表格形式呈现的规范文件（如 Excel、Access）中。

3．文字处理域

所谓域，其实是一种代码，可以用来控制许多在文字处理软件中的插入信息，实现自动化功能。域贯穿于文字处理软件的许多有用功能之中，例如插入日期和时间、插入索引和目录、表格计算、邮件合并、对象链接和嵌入等功能在本质上都使用到了域，只不过平时都以选项卡、对话框的形式来实现这些功能，呈现的也只是由域代码运算产生的域结果。

域的最大优点是可以根据文档的改动或其他有关因素的变化而自动更新。例如，生成目录后，目录中的页码会随着页面的增减而产生变化，此时可以通过更新域来自动修改页码。因此，使用域不仅可以方便地完成许多工作，更重要的是能够保证得到正确的结果。

4.6.2 案例分析——"录取通知书"

在实际工作中，学校经常会批量制作成绩单、准考证、录取通知书；而企业也经常给众多客户发送会议信函、贺年卡。这些工作都具有工作量大、重复率高等特点，既容易出错又枯燥乏味。利用文字处理软件提供的邮件合并功能就可以巧妙、轻松、快速地解决这些问题。

1．任务提出

每年高考过后，学生们就会根据自己的分数报考自己感兴趣的学校以及专业，而能被自己心仪的学校录取也一直是学生们的期盼。现在高考的录取工作已经结束了，今年刚刚被分到招办工作的小张老师接到了负责制作并发放录取通知书的工作。小张老师平时掌握了很多关于文字编辑排版的方法，但是邮件合并这块儿还是有些生疏，还需要好好研究一下。下面我们就一起来学习一下"邮件合并"的做法。

2．解决方案

像录取通知书这样的信件，仅更换学生的姓名和专业即可，而不需要一封一封地写文档。因此，可用一份文档作信件底稿，姓名和专业用变量自动更换，实现一式多份地制作。

先制作好录取通知书底稿，运用邮件合并将各个专业的学生数据合并到录取通知书中，生成每个人单独一张的成绩单。

操作步骤如下。

第 1 步：创建主文档，制作信函。

第 2 步：创建数据源，建立包括姓名和专业的表格。
第 3 步：建立主文档与数据源的关联，在主文档中插入合并域。
第 4 步：合并主文档与数据源，生成学生的录取通知书。

若要给某校的每一位新生创建一份录取通知书，样文如图 4-102 所示。

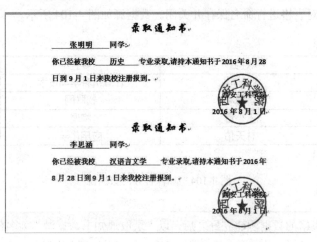

图 4-102　邮件合并样文

4.6.3　实现方法

1．WPS 文字 2016 实现方法

1）创建主文档——制作信函

利用邮件合并功能创建学生的录取通知书，必须先创建主文档，内容如图 4-103 所示。

图 4-103　邮件合并的主文档内容

2）创建数据源——建立包括姓名和专业的数据源

数据源是一个表格，可以是利用 WPS 文字制作的表格，也可以是利用 WPS 表格建立的表格，制作出的表格应单独保存作为数据源。

具体操作如下：首先新建一篇空白文档，插入一个 5 行 2 列的表格，在表格中录入学生的姓名和专业；然后对表格进行命名保存并关闭。数据源如图 4-104 所示。

姓名	专业
张明明	计算机科学与技术
李思涵	物联网
王小青	物理
林天佑	应用化学

图 4-104 邮件合并的数据源

注意：将该表格的数据源建立好之后，以"录取通知书数据源"为名保存起来，以便以后使用，并且保存后一定要关闭，否则在邮件合并时没有办法使用。

3）建立主文档与数据源的关联——在主文档中插入合并域

在主文档中打开数据源的方法如下。

第 1 步：选择"引用"选项卡→"邮件"按钮，激活"邮件合并"选项卡，如图 4-105 所示。

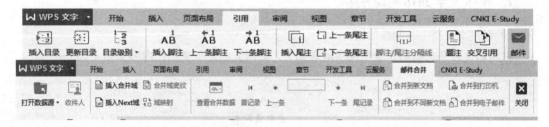

图 4-105 "引用"及"邮件合并"选项卡

第 2 步："邮件合并"选项卡→"打开数据源"按钮→"打开数据源"，在弹出的对话框（如图 4-106 所示）中选取"录取通知书数据源"并打开，此时将激活"邮件合并"选项卡左边的第二个"收件人"按钮，单击"收件人"按钮，在弹出的"邮件合并收件人"对话框（如图 4-107 所示）中即可看到数据源已和主文档关联在一起了。

第 3 步：将光标定位在主文档需要进行合并域的位置（如姓名要插入的位置），单击"插入合并域"按钮→"插入合并域"→选中"姓名"域选项，再单击插入。用同样的方法完成"专业"域的插入，效果如图 4-108 和图 4-109 所示。

第 4 章 文字处理

图 4-106 "选取数据源"对话框

图 4-107 "邮件合并收件人"对话框　　　　图 4-108 "插入域"对话框

图 4-109 插入域后的主文档

其中"姓名""专业"是插入的合并域。

4）合并主文档与数据源——生成录取通知书

合并域插入完成后，就该将主文档与数据源合并起来。单击"合并到新文档"按钮，在弹出的"合并到新文档"对话框（如图4-110所示）中按需求选取，生成新文档。效果如图4-111所示。

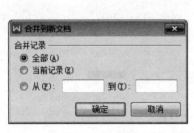 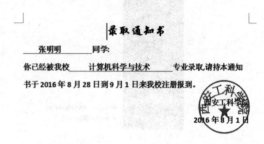

图4-110 "合并到新文档"对话框　　　　　图4-111 合并后生成的最终效果

2．MS Word 2010 实现方法

利用 MS Word 2010 制作录取通知书的方法与利用 WPS 文字处理的步骤基本上是相同的，同样是经过以下过程。

- 创建主文档。
- 创建数据源。
- 建立数据源与主文档之间的关联，插入合并域。
- 完成合并。

1）创建主文档——制作信函

首先，在 MS Word 2010 中创建一篇空文档，录入如图4-112所示的录取通知书格式，并保存该文档，命名为"录取通知书模板；然后，在"邮件"选项卡→"开始邮件合并"按钮→"信函"。

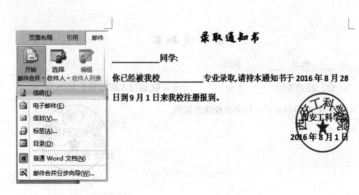

图4-112 邮件合并的主文档内容以及建立信函的过程

2）创建数据源——建立包括姓名和专业的数据源

同样，在 MS Word 2010 中数据源也是以表格形式呈现，它可以是在 Word 中建立的表格，也可以是在 Excel 中建立的，在 Access 中制作的数据表也可以作为邮件合并的数据源。

在 MS Word 2010 中邮件合并的数据源可以像在 WPS 中一样提前创建。除此以外，还可以通过"邮件"选项卡→"选择收件人"选项→"键入新列表"直接键入，如图 4-113 所示。

图 4-113　选择收件人列表

具体操作如下：当单击"键入新列表"选项之后会弹出如图 4-114 所示的"新建地址列表"对话框，如果默认给定的地址列表不合适，可以单击对话框中的"自定义列"命令按钮，在弹出的第二个"自定义地址列表"对话框（如图 4-115 所示）中删除原来不合适的字段名，并添加新的域名；确定之后，原来的"新建地址列表"对话框中的字段名就会改为适合的字段名，并在此处输入条目，如图 4-116 所示；如果要输入多个条目，只需要单击"新建条目"命令按钮即可；输入完成后，单击"确定"按钮，在弹出的如图 4-117 所示的第三个对话框中给数据源命名并保存。

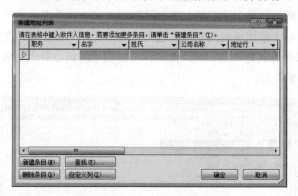

图 4-114　新建地址列表

图 4-115　自定义地址列表

图 4-116　返回新建地址列表输入收件人信息

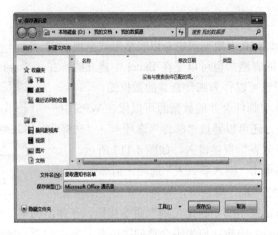

图 4-117　保存通讯录

3）建立主文档与数据源的关联——在主文档中插入合并域

如果是在"选择收件人"中利用"键入新列表"来建立的数据源,那么在创建完成后就已经和主文档建立了关联;如果引用的是已有的数据源,那么就需要在"邮件"选项卡下的"选择收件人"选项中选取"使用现有列表"按钮来建立主文档与数据源的关联。

无论采用以上哪种方式建立的关联,此时都会激活"编辑收件人列表"按钮,即可编辑收件人列表,如图 4-118 所示。

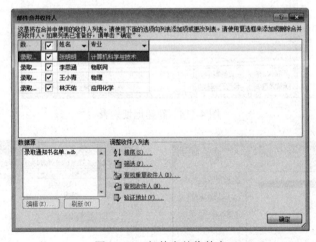

图 4-118　邮件合并收件人

下面介绍在主文档中插入合并域的操作:首先将光标定位在主文档需要进行合并域的位置(如姓名要插入的位置),单击"插入合并域按钮"下的"姓名"域选项,如图 4-119 所示,再将光标定位在需要插入专业的位置,然后用同样方法完成"专业"域的插入。

4）合并主文档与数据源——生成录取通知书

合并域插入完成后,可以先预览一下合并后的效果,单击"预览结果"按钮即可,如图 4-120

所示。如果需要合并后输出，则单击"合并到新文档"按钮，在弹出的如图 4-121 所示的"合并"对话框中按需求选取，即可生成多人的录取通知书信函。

图 4-119 "插入合并域"列表

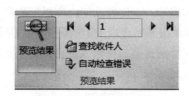

图 4-120 "预览结果"按钮

图 4-121 "完成并合并"列表

4.6.4 案例总结

通过制作"录取通知书"案例，详细介绍了邮件合并的操作方法和应用技巧。把邮件合并的操作方法归纳起来，主要有以下 3 个步骤。

第 1 步：建立主文档，即制作文档中不变的部分（相当于模板）。

第 2 步：建立数据源，即制作文档中变化的部分。

第 3 步：插入合并域，将数据源中的相应内容以域的方式插入到主文档中。

本案例中，运用邮件合并将"录取通知书数据源"中的数据合并到"录取通知书模板"中，就生成了每人单独一张的录取通知书。要特别注意的是，在数据合并到新文档之前，"录取通知书"是带有合并域的文档，其中包括数据源信息。在下次打开时，一定要保证数据源文件仍然存在，否则就不能改变合并域的内容。而在数据合并之后生成的新文档，已不包含域的内容，属于合并后的最终结果，内容不再随数据源数据的变化而改变。

总之，运用邮件合并，可以在很短的时间内批量制作录取通知书、成绩单、准考证，或者企业给众多客户发送会议信函、贺卡等。这些工作量大、重复率高、容易出错，用邮件合并来完成是比较合适的。

4.7 文字处理高级应用

4.7.1 知识要点

1. 文档属性

文档属性包含了一个文件的详细信息，例如描述性的标题、主题、作者、类别、关键词、文件长度、创建日期、最后修改日期、统计信息等。

为段落添加项目符号和编号，不仅可以使内容更加醒目，而且还使文章更有条理性。Word 2010 提供了自动添加项目符号和编号的功能。为段落添加项目符号与编号时，先选中操作对象再进行操作；也可以先把项目符号和编号设置好，再输入文字内容 Word 2010 会以段落为单位自动为输入的段落添加项目符号或者编号。段落在添加项目符号和编号后，无论是插入还是删除段落，Word 2010 都会重新对段落进行编号。

2．项目符号和编号

在段落前面添加项目符号和编号，不仅可以使内容更加醒目，而且还使文章更条理性。在文档中，用户选定文本后，只要单击开始选项卡上的▆按钮或者▆按钮设置。

项目符号列表用于强调某些特别重要的观点或条目；编号列表用于逐步展开一个文档的内容，常用在书的目录或文档索引上。

3．样式

所谓样式，就是系统或用户定义并保存的一系列排版格式，包括字体、段落的对齐方式和缩进等。重复地设置各个段落的格式不仅烦琐，而且很难保证几个段落的格式完全相同。而使用了样式，这样不仅可以轻松快捷地编排具有统一格式的段落，而且可以使文档段落格式严格保持一致。

样式实际是一种排版格式指令，因此，在编写一篇文档时，可以先将文档中要用到的各种样式分别加以定义，然后使之应用于各个段落。一般文字处理软件中都预先定义了标准样式，如果用户有特殊要求，也可以根据自己的需要修改标准或重新定制样式。

4．目录

目录是一篇长文档必不可少的部分。目录可以显示文档内容的分布和结构，也便于读者阅读。利用文字处理软件提供的抽取目录功能，可以自动地将文档中的各级标题抽取出来组建成一份目录。编写目录最简单的方法是使用内置的标题样式或大纲级别格式。

5．节

所谓"节"就是用来划分文档的一种方式。之所以引入"节"的概念，是为了实现在同一文档中设置不同的页面格式，例如不同的页眉和页脚、不同的页码、不同的页边距、不同的页面边框、不同的分栏等。建立新文档时，文字处理软件将整篇文档视为一节，此时整篇文档只能采用统一的页面格式。因此，为了在同一文档中设置不同的页面格式，就必须将文档划分为若干节。节可大可小，可以是一页，也可以是整篇文档。

6．页眉和页脚

页眉和页脚是页面的两个特殊区域，位于文档中每个页面页边距的顶部和底部区域。通常，诸如文档标题、页码、公司徽标、作者名等信息需打印在文档的页眉或页脚上。

7．页码

页码用来表示每页在文档中的顺序。Word 可以快速地给文档添加页码，并且页码会随文档内容的增删而自动更新。

8．视图

视图是文档在计算机屏幕上的显示方式，WPS 文字 2016 中给用户提供的四种视图方式分别为：页面视图、全屏显示视图、Web 版式视图、大纲视图；而 MS Word 2010 给用户提供了五种不同的视图模式，它们分别是：页面视图、阅读版式视图、Web 版式视图、大纲视图和草稿视图。

不同的视图方式之间是可以切换的，方法如下。

方法 1：利用"视图"选项卡进行各个视图间的切换。

方法 2：单击状态栏左侧的视图方式切换按钮，就可以切换至相应的视图方式。

这几种视图方式是文档特定的，它们可以使用户编辑和排版更方便，不同的视图方式有其特定的功能和特点。下面简单介绍几种视图的主要特点及用途。

1）页面视图

无论是在 WPS 文字 2016 还是 MS Word 2010 中默认的视图方式都为页面视图，在这种视图方式下可直接按照用户设置的页面大小进行显示，此时的显示效果与打印效果完全一致，也就是一种"所见即所得"的方式。用户也可以从中看到各种对象在页面中的实际打印位置，还可以方便地进行如插入图片、文本框、图表、媒体剪辑和视频剪辑等的操作。正是由于页面视图能够很好地显示排版的格式，因此常被用来对文本、格式、版面及文档的外观进行修饰等操作。

2）Web 版式视图

Web 版式视图方式是几种视图方式中唯一的一种按照窗口大小进行显示的视图方式。该视图将显示文档在 IE 浏览器中的外观，包括背景、修饰的文字和图形，便于阅读。因此，它适用于 Web 页的创建和浏览，特别是对那些不需要打印而只是联机阅读的文档，使用这种视图方式是最佳选择。

3）大纲视图

在大纲视图中，能查看文档的结构，还可以通过拖动标题来移动、复制和重新组织文本，因此它特别适合编辑那种含有大量章节的长文档，能让用户的文档层次结构清晰明了，并可根据需要进行调整。在查看时可以通过折叠文档来隐藏正文内容而只看主要标题，或者展开文档以查看所有的正文。另外大纲视图中不显示页边距、页眉和页脚、图片和背景。

4）草稿视图

在 MS Word 2010 之前的版本中草稿视图被称作"普通视图"，在本视图下可以键入、编辑和设置文本格式。在草稿视图中，不显示页边距、页眉和页脚、背景、图形对象等，但是在文本编辑区内以最大限度显示文本内容，例如：页与页之间的分页符，节与节之间的分节符，文本结束符等都是在其他视图中不可见的。

5）阅读版式视图与全屏显示视图

在 MS Word 2010 中的阅读版式视图与 WPS 文字 2016 中的全屏显示视图只是起了不同的

名称而已，其实所表现的形式是一样的。该种视图最大特点是便于用户阅读文档，它优化了要在屏幕上阅读的文档，这种视图不更改文档本身，可以通过缩放字体、缩短行的长度来更改页面版式，使页面恰好适应屏幕大小。它是模拟书本阅读的方式，让人感觉在翻阅书籍。

在文字处理软件的视图选项卡中除提供了常用的视图显示方式以外，还有一些特殊的显示功能，例如文档结构图（在 MS Word 2010 中被称作"导航窗格"）。当单击"视图"选项卡中的"文档结构图"按钮后，在窗口左侧显示文档结构图，如图 4-122 所示，使得用户能够根据目录有选择地阅读文档。

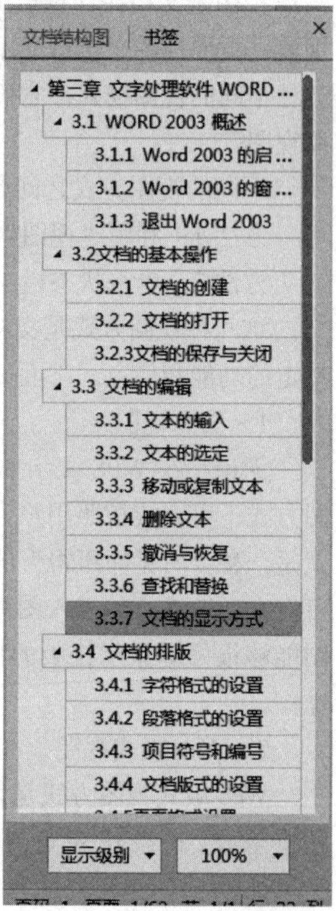

4.7.2 习题解析

1. 在 Word 2010 中，（　　）便于查看长文档的结构。
   A．Web 版式视图　　　　　　B．页面视图
   C．阅读版式　　　　　　　　D．大纲视图

【解析】Web 版式视图适用于 Web 页的创建和浏览，特别是对那些不需要打印而只是联机阅读的文档；页面视图用来对文本、格式、版面及文档的外观进行修饰等操作；阅读版式最大特点是便于用户阅读文档，它优化了要在屏幕上阅读的文档，这种视图不更改文档本身，可以通过缩放字体、缩短行的长度来更改页面版式，使页面恰好适应屏幕大小；在大纲视图中，可以折叠文档，只查看标题或者扩展文档，查看整个文档。

【答案】D。

2. 在 WPS 文字 2016 中，如果已有页眉，则要在页眉中修改内容，只需双击（　　）。
   A．工具栏　　　　　　　　　B．菜单栏
   C．文本区　　　　　　　　　D．页眉区

图 4-122　文档结构图

【解析】本题考查的是计算机文档页眉页脚设置方面的基础知识。在 WPS 文字 2016 中，如果已有页眉，现需在页眉中修改内容，只需双击页眉页脚区，就可以修改页眉页脚中的内容。

【答案】D。

3. 在 Word 2010 中，下列关于"节"的叙述，正确的是（　　）
   A．一节可以包含一页或多页　　B．一页可分为多个节
   C．节是章的下一级标题　　　　D．一节就是一个新的段落

【解析】关于 Word 2010 中的"节"：第一，是文档的一部分，可以在其中单独设置某些页面格式；第二，一节可以包含一页或多页；第三，利用分节的方式可以为部分文档创建不同的页眉或页脚以及页码的顺序。分节符的类型包括：①"下一页"，插入一个分节符，新节从下一页开始。②"连续"，插入一个分节符，新节从同一页开始。③"奇数页"或"偶数页"，

插入一个分节符，新节从下一个奇数页或偶数页开始。

【答案】A。

4. 下列关于 WPS 文字 2016 中"项目符号"的叙述中，不正确的是（   ）。
   A．项目符号可以改变
   B．项目符号可在文本内任意位置设置
   C．项目符号可增强文档的可读性
   D．●、→等都可以作为项目符号

【解析】为段落添加项目符号和编号，不仅可以使内容更加醒目，而且还使文章更有条理性。通过使用"开始"选项卡中"项目符号"按钮打开项目符号库工具列表，在"项目符号库"列表中选择为段落设置的项目符号。如果在系统提供的列表中找不到满意的项目符号，可以单击列表最下方的"定义新项目符号"工具自行寻找和设置满意的项目符号。项目符号只能出现每个段落第一行行首的位置。

【答案】B。

4.7.3 案例分析——"毕业论文"

本案例将以毕业论文的排版为例，详细介绍长文档的排版方法与技巧，其中包括应用样式、添加目录、添加页眉和页脚、插入域、制作论文模板等内容。

1．任务提出

毕业论文是高等学校教学过程中的重要环节之一，是大学生完成学业并圆满毕业的重要标志，是对学习成果的综合性总结和检阅，也是检验学生掌握知识的程度、分析问题和解决问题基本能力的一份综合答卷。一般来说，每个学生对毕业生"毕业论文格式"都有具体的要求，基本毕业论文不仅文档长，而且格式多，处理起来比普通文档要复杂得多。例如，为章节和正文快速设置相应的格式、自动生成目录、为奇数页和偶数页添加不同的页眉等，这些都是王小青以前从未遇到过的问题，不得已他只好去请教老师。经过老师的指点，他顺利地完成了对毕业论文的排版工作，下面是他的解决方案。

2．解决方案

王小青按照老师的指点，通过利用样式快速设置相应的格式，利用具有大纲级别的标题自动生成目录，利用域灵活地插入页眉和页脚等方法，对毕业论文进行了有效的编辑排版。具体操作步骤如下。

第 1 步：基本格式的设置。

第 2 步：页眉与页脚、页码的设置。

第 3 步：样式的应用。

第 4 步：目录与摘要的应用。

设计效果如图 4-123 所示。

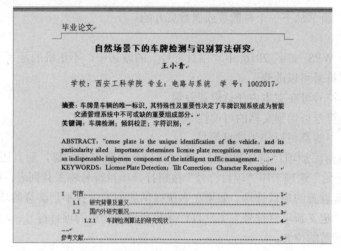

图 4-123　论文设计效果图

4.7.4　实现方法

1. WPS 文字 2016 实现方法

1）基本格式的设置

输入完内容之后，应按以下方式设置它的基本格式。

（1）设置论文纸张的页边距上下左右均为 2 厘米。

（2）"论文题目"设置为黑体、三号、加粗、居中，设置"姓名"为楷体、四号、加粗、居中，"院校、专业、邮编"仿宋、四号、居中。

（3）"摘要""关键词"黑体、小四、标题加粗，悬挂缩进 2 个字符，摘要与题头部分隔一行；"英文摘要"Times New Roman、小四、标题加粗；"关键词"部分与"摘要"部分隔一行；"论文内容"宋体、四号、标题加粗，与"关键词"部分隔两行；"参考文献"宋体、四号、标题加粗，与正文部分隔一行。

> 注意：论文输入完成，如果想看是否到达老师的字数要求，可以单击"审阅"选项卡下的"字数统计"对话框来进行查看；如果要使用繁体文字，也可以使用"审阅"选项卡下"简转繁"按钮来实现；如果输入英文摘要时，也可以利用"审阅"选项卡下的"翻译"按钮提供的帮助；当然如果在修改论文时，要做修订标记亦可以使用"审阅"选项卡下的"修订"功能。"审阅"选项卡如图 4-124 所示。

图 4-124　"审阅"选项卡

2）页眉与页脚、页码的设置

页眉和页脚分别是在文档页面顶部和底部添加的注释性文字或图片。页眉中一般添加文档的名称、章节等信息，页脚中添加页码、作者、刊物等信息。为文档添加页眉和页脚可以使用"插入"选项卡→"页眉和页脚"按钮来完成操作。

假设要使文档每一页的顶端都出现"毕业论文"字样，底端出现当前页的页码，则可以给论文设置"页眉和页脚"，具体创建方法如下。

（1）单击"插入"选项卡→"页眉和页脚"按钮，进入"页眉和页脚"编辑界面，并且显示出"页眉和页脚"选项卡，如图 4-125 所示，插入效果如图 4-126 所示。

图 4-125 "页眉和页脚"选项卡

图 4-126 插入页眉初始效果

（2）虚线框表示页眉的输入区域，在页眉区输入"毕业论文"，并设置其格式为黑体四号，如图 4-127 所示。

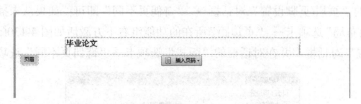

图 4-127 插入页眉输入内容后效果

（3）要创建页脚，单击"页眉和页脚"选项卡→"页眉页脚切换"按钮进行页眉和页脚区域的切换，进入到页脚区域后可以直接单击页脚虚线框上侧的"插入页码"按钮就可直接插入页码；也可以选择"页眉和页脚"选项卡→"页码"按钮通过设定页码放置的位置来插入页码。当插入页码后在虚线框的上侧会出现"修改页码"和"删除页码"的按钮，则可以根据实际使用中对页码的要求进行进一步的设置。设置过程及效果如图 4-128 所示。

注意：插入页码，一定是利用系统提供的"插入页码"按钮来实现的，这样的话如果对文件做了增删修改，系统就会自动进行页码调整。

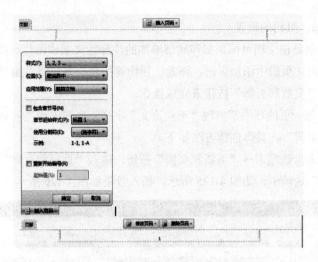

图 4-128 插入页脚页码设置过程及效果

另外，如果需要删除插入的页眉和页脚的话，只要选中要删除的内容，按 "BackSpace" 或者 "Delete" 键即可；要退出页眉页脚的编辑状态，可单击 "页眉页脚" 选项卡上的 "关闭" 按钮。

> **注意**：页眉和页脚的内容不是随文档一起输入，只能在启动 "页眉和页脚" 界面时编辑。

假设要将论文的奇数页页眉设置为 "毕业论文"，偶数页页眉设置为 "完成日期："，操作方法如下：

（1）如果 "页眉页脚" 选项卡处于显示状态，直接单击 "页眉/页脚选项" 按钮，在弹出如图 4-129 所示的 "页眉/页脚设置" 对话框→ "奇偶页不同" 即可；如果从未插入页眉页脚，则可以在 "页面布局" 选项卡→ "页边距" 所在的功能组右下方激活如图 4-130(a) 和图 4-130(b) 所示 "页面设置" 对话框，并在对话框的 "版式" 选项卡→ "奇偶页不同" 选项。

图 4-129 "页眉/页脚设置" 对话框

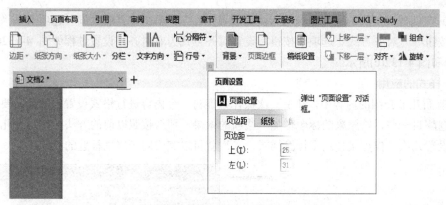

（a）"页面设置"对话框

（b）"页面设置"对话框

图 4-130

（2）进入"页眉和页脚"编辑界面，奇数页和偶数页会出现不同的编辑界面，只需要在不同区域输入不同内容即可，如图 4-131 所示。

图 4-131 奇数页页眉效果

（3）在偶数页页眉的输入区域输入"完成日期："，单击"页眉页脚"选项卡→"日期和时间"按钮→"对齐方式"选项卡按钮，设置对齐方式为右对齐。设置过程如图 4-132(a)、图 4-132(b)和图 4-132(c)所示。

3）样式的应用

在前面几节介绍的内容中，都是一次操作只能对一个内容进行格式设置。如果需要使文章中的标题醒目一些，给原来的标题增加一些新的效果，那么按照以前的方法，就是有几个标题就需要设置几次。但如果使用了标题样式，一次就可以完成同一级别标题的设置了。

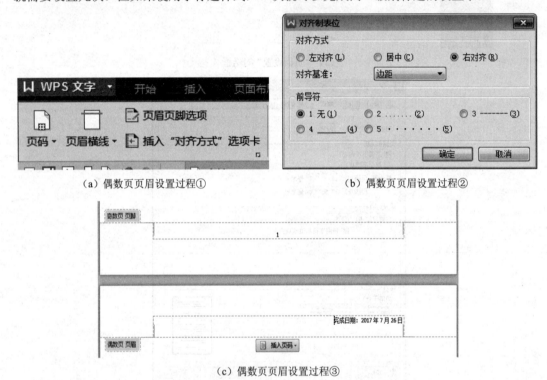

（a）偶数页页眉设置过程①　　　　　　　　（b）偶数页页眉设置过程②

（c）偶数页页眉设置过程③

图 4-132

（1）使用现有样式。WPS 文字 2016 中提供了一些设置好的内部样式供人们选用，如"标题 1""标题 2""标题 3"等，每一种内部样式都有它的默认格式。如果要给文章中的标题"1. 引言"设置标题 1 的格式，操作方法如下。

选中标题，选择"开始"选项卡中的"样式"功能区中"标题 1"即可。

（2）新建样式。如果对 WPS 文字 2016 中提供的内部样式不满意，可以创建符合自己要求的新样式。如果需要给文章中的小标题"1.1 研究背景及意义"设置一个新的样式，操作如下。

① 选中小标题"1.1 研究背景及意义"，单击"开始"选项卡→"样式"功能区→"新样式"按钮，打开"新建样式"对话框，如图 4-133 所示。

② 在"名称"文本框中输入"小标题",并设置格式为楷体、四号、加粗,然后单击"确定"按钮。

③ 在"开始"选项卡→"样式"功能区中就会出现"小标题"的新样式,如图 4-134 所示。使用时单击标题名称即可应用。

图 4-133　修改样式对话框　　　　　　　　图 4-134　样式选项区

(3) 修改样式。如果只是想对某一样式做些更改,则不用替换的方法,直接更改样式即可,在需要修改的标题名称处右击,选中"修改样式"命令,如图 4-135 所示,即可出现"修改样式"对话框,操作类似新建样式。

图 4-135　激活"修改样式"对话框

（4）如何将项目的多级编号与样式联合使用。首先在论文开始录入之初就先设定好编号的级别，选取带有标题级别的编号，这样就可以将编号和 WPS 文字 2016 内部样式联合起来了，具体操作如下。

① 单击“开始”选项卡的“编号格式”，在下拉窗口中选择“其他编号”按钮，打开如图 4-136 所示的“项目符号和编号”对话框，选择“多级编号”选项卡下带标题级别的编号样式，单击“确定”按钮。

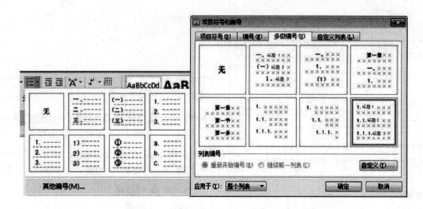

图 4-136 “项目符号和编号”对话框

② 当单击“确定”之后文档中就会自动出现所选编号的一级标题编号，随后录入文字内容即可，如图 4-137 所示。

自然场景下的车牌检测与识别算法研究

王小青

学校：西安工科学院 专业：电路与系统 学 号：1002017

摘要：车牌是车辆的唯一标识，其特殊性及重要性决定了车牌识别系统成为智能交通管理系统中不可或缺的重要组成部分。

关键词：车牌检测；倾斜校正；字符识别；

ABSTRACT："cense plate is the unique identification of the vehicle, and its particularity ailed importance determines license plate recognition system become an indispensable imipenem component of the intelligent traffic management. ...

KEYWORDS：License Plate Detection；Tilt Correction；Character Recognition；

1.

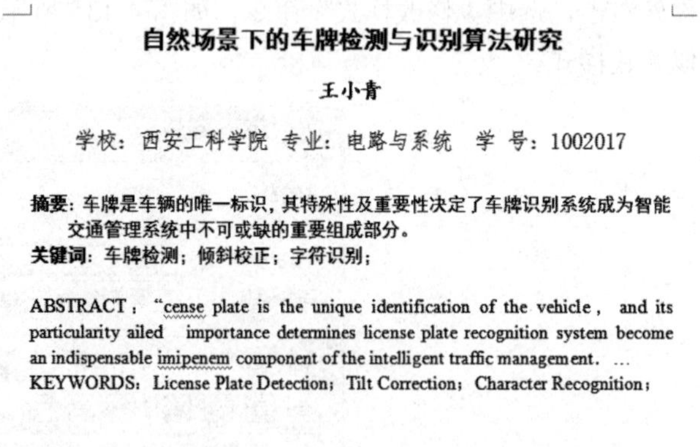

图 4-137 插入编号后论文效果图

③ 当需要出现下一个标题时，只需要在样式功能区选取对应的标题级别即可，此时不但有标题样式还带有自动编号，一举两得。效果如图 4-138 所示。

4）目录的使用

像论文、书稿、报告等长篇文档，为了方便读者查阅，一般要列出文档的目录。

当给不同的标题设置了不同的样式后，利用插入目录功能就可以自动将标题作为目录收集起来。操作方法如下。

在要插入目录的位置单击，选择"引用"选项卡→"插入目录"按钮，打开如图 4-139 所示的"目录"对话框，从中可选择页码、对齐方式、制表符前导符等格式。效果如下图 4-140 所示。

图 4-138　插入多级编号后论文效果图　　　　　图 4-139　"目录"对话框

图 4-140　插入目录效果图

注意： 在自动生成目录之前，一定要把文档中的各个章节的标题按级别的高低分别设置成不同标题样式，如标题 1、标题 2 和标题 3。

2. MS Word 2010 实现方法

1）基本格式的设置

在 MS Word 2010 中的基本设置与 WPS 文字 2016 的基本格式设置的方法相同，都可以通过"开始"选项卡中"字体""段落"功能区上的按钮来实现；并且论文输入完成后同样可以通过"审阅"选项卡来实现"字数统计""简、繁体转换""翻译""修订"等功能。

2）页眉与页脚、页码的设置

MS Word 2010 的页眉页脚功能相对 WPS 文字 2016 来说可能更加丰富一些，内置了很多页眉页脚的样式供用户选择，但基本的操作方法是相同的。首先同样需要使用"插入"选项卡中"页眉""页脚"按钮来激活"页眉页脚工具"选项卡。

假设在 MS Word 2010 中使文档每一页的顶端都出现"毕业论文"字样,底端出现当前页的页码,具体创建方法如下:

(1)单击"插入"选项卡→"页眉"按钮,在下拉窗口中选择内置空白第一种样式,如图 4-141 所示,进入"页眉和页脚"编辑界面,并且显示出"页眉和页脚工具"选项卡。

(2)在页眉区选中"键入文字"输入"毕业论文",并在"开始"选项卡中设置其格式为黑体、四号、左对齐。

(3)要创建页脚时,单击"页眉和页脚工具"选项卡→"转至页脚"按钮进行页眉和页脚区域的切换,进入到页脚区域后再次选择"页眉和页脚工具"选项卡→"页码"按钮在下拉选项中选择"页面底端"并在其关联的子选项中选择案例要求的样式。设置过程如图 4-142 所示。

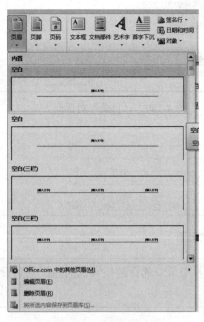
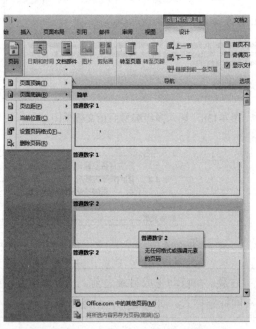

图 4-141 插入页眉　　　　　　图 4-142 插入页脚页码的设置过程

注意:如果需要删除插入的页眉和页脚的话,首先要将输入的内容选中删除,其次需要将页眉中出现的黑色横线删除掉。页眉上的内容删除相对容易,那么横线应该如何删除呢?可以先选择"开始"选项卡下"字体"功能区中"清除格式"按钮,再单击页眉区中的黑色横线进行清除。

同样,假设要将论文的奇数页页眉设置为"毕业论文",偶数页页眉设置为"完成日期:",操作方法如下。

"页眉和页脚工具"选项卡→"选项"功能区→"奇偶页不同",则页眉和页脚区就会出现"奇数页页眉"和"偶数页页眉",只需要在不同区域输入不同内容即可。

3)样式的应用

(1)样式的使用。MS Word 2010 的样式与 WPS 文字 2016 样式的使用方法相同,都是通过单击"开始"选项卡→"样式"功能组区中的某种样式按钮,就可以让当前选中的文字拥有该样式的所有修饰效果。只是 MS Word 2010 内置的样式更为丰富一些,内容如图 4-143 所示。

(2)新建样式与修改样式

在 MS Word 2010 中,如果需要新建一种样式时,首先需要将准备新建的样式设计好后选中,然后单击样式中"将所选内容保存为新快速样式(Q)..."按钮,在弹出如图 4-144 所示的对话框中保存新样式,并可以通过"修改"命令对新样式的内容进行进一步的调整,如图 4-145 所示。

图 4-143　Word 2010 中内置的样式

图 4-144　"创建新样式"对话框

(3)多级编号与样式的联合使用

与 WPS 文字 2016 一样,如果一开始在论文录入的时候就先设定好编号的级别,选取带有标题级别的编号,这样就可以将多级编号和样式联合起来了,具体操作如下。

单击"开始"选项卡"段落"功能区下的"多级列表"按钮,在下拉的多级列表中选取带标题的样式,之后文档中就会自动出现所选编号的一级标题编号,随后录入文字内容;当需要出现下一个标题时,只需要在样式功能区选取对应的标题级别即可,设置过程及效果如图 4-146 所示。

图 4-145　修改按钮下的"创建新样式"对话框

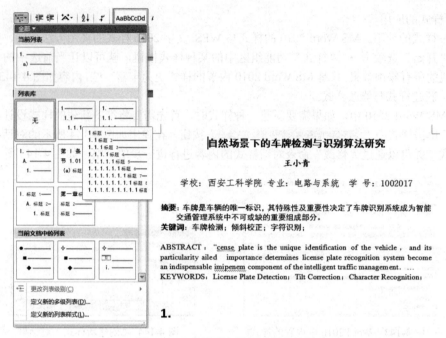

图 4-146　多级列表设置过程及效果

4）目录的使用

在 MS Word 2010 "引用"选项卡如图 4-147 所示，"引用"选项卡除了可以给论文、书稿等长文档插入目录外，还具有插入引文、插入题注、插入脚注、插入索引并给引文插入目录，给题注插入表目录等强大功能。

图 4-147　"引用"选项卡

在 MS Word 2010 中引用目录前，首先一定要把文档中标题样式设置完成，在插入目录时，级别一般默认分为 3 级（标题 1、标题 2 和标题 3），但也可根据实际情况在对话框中做适当的调整。操作方法：将光标定位在需要插入目录的位置，单击"引用"选项卡→"目录"按钮→选择"插入目录"选项，在弹出的"目录"对话框中设置目录格式，单击"确定"完成目录插入。设置过程如图 4-148 所示。

另外，对于 MS Word 2010 "引用"选项卡中诸多"插入"功能，我们也想在此简单演示一下一些常用功能。例如插入题注（所谓题注就是指给插入的图片增加注释的意思），具体操作如下。

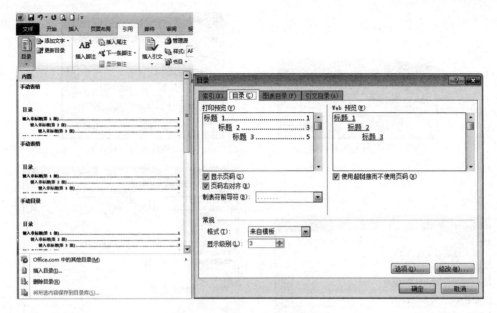

图 4-148 插入目录的设置过程

（1）选中需要加题注的图片（如图 4-149(a)所示），单击插入题注按钮，在弹出如图 4-148(b)所示的"题注"对话框中会自动给出一个系统注释。

（2）如果所给"题注"并不满意的话，可以单击"新建标签"按钮打开"新建标签"对话框（如图 4-148(c)所示），重新自定义一个题注。

（3）如果文章中有多张图片需要加题注的话，那么除了文字性题注以外还需要增加编号，就可以单击"编号"按钮，在弹出的如图 4-149 (d)所示的对话框中设置。

（4）返回"题注"对话框（如图 4-149(e)所示），其图片效果如图 4-149 (f)所示。

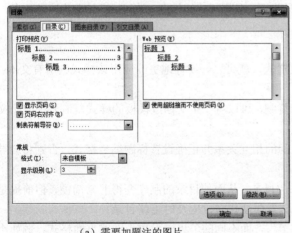

(a) 需要加题注的图片

(b) "题注"对话框

(c)"新建标签"对话框   (d)"题注编号"对话框

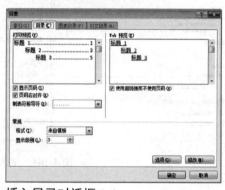

(e)返回"题注"对话框   (f)加入题注的图片效果

图 4-149

4.7.5 案例总结

本案例以毕业论文的排版为例,详细介绍了长文档的排版方法与操作技巧。本案例的重点为样式、节、页眉和页脚、目录的应用。

使用样式能批量完成段落或字符格式的设置,使用样式的优点大致可以归纳分为以下几点。

(1)节省设置各种文档的时间;

(2)可以确保格式的一致性;

(3)改动文本更加容易。只需要修改样式,就可以一次性地更改应用该样式的所有文本;

(4)使用简单方便;

(5)采用样式有助于文档之间格式的复制,可以将一个文档或模板的样式复制到另一个文档或模板中。

在创建标题样式时,要明确各级别之间的相互关系并正确设置标题编号格式,否则将会导致排版时出现标题级别混乱的状况。

利用文字处理软件可以为文档自动添加目录,从而使目录的制作变得非常简便,但前提是要为标题设置标题样式。当目录标题或页码发生变化时,应及时更新目录。

使用分节符可以将文档分为若干个"节",而不同的节可以设置不同的页面格式,例如不同的页眉和页脚、不同的页码、不同的页边距、不同的页面边框、不同的分栏等,从而可以编排出复杂的版面。

设置不同页眉和页脚的大致程序分为以下 3 步。

第 1 步：根据具体情况插入若干"分节符"，将整篇文档分为若干节；

第 2 步：断开节与节之间的页面和页脚链接；

第 3 步：在不同的节中分别插入相应的页眉和页脚。

利用文字处理软件对长文档进行排版的基本过程如下。

（1）按长文档的排版要求进行页面设置与属性设置；

（2）按长文档的排版要求对各级标题、正文等所用到的样式进行定义；

（3）将定义好的各种样式分别应用于长文档中相应的各级标题、正文；

（4）利用具有大纲级别的标题为毕业论文添加目录；

（5）设置页眉和页脚；

（6）浏览修改。

通过本节的学习，读者还可以对企业年度总结、调查报告、使用手册、讲义等长文档进行有效的排版。

本章小结

本章分别以金山 WPS 文字 2016 和 Microsoft Word 2010 为例，通过案例介绍了文字处理的基本操作、文档排版、表格设置、艺术字使用、图形制作、图文混排等内容，目的是为了让读者通过这些案例的学习能够独立完成常规文档常见的格式设置。

通过"推荐信"案例的学习，让读者初步掌握文档的新建、保存、打开、打印以及在输入文本后能对文档进行插入、删除、移动、复制、查找和替换等修改和编辑工作；进一步让读者学会字体、字号、字形、颜色、字符间距与缩放、边框和底纹、段落的对齐方式、段落缩进、段落间距与行距等知识。

通过"课程表"案例的学习，让读者初步掌握表格的基本操作、表格内文字的排版操作、表格添加边框和底纹等知识。

通过"贺卡"案例的学习，让读者初步掌握形状、图片以及艺术字的基本设置，对象的移动、缩放、文字环绕的设置以及颜色、亮度和对比度的调整等知识。

通过"录取通知书"案例的学习，让读者初步掌握运用邮件合并，在很短的时间内批量制作录取通知书、成绩单、准考证，或者给众多客户发送会议信函、贺卡等知识。

通过"毕业论文"案例的学习，让读者初步掌握长文档排版的方法与操作技巧，重点是样式、节、页眉和页脚、目录的应用等知识。

习题

一、选择题

1. Word 2010 默认保存文件的扩展名为（　　　）。

A. txt　　　　　　　B. bmp　　　　　　　C. docx　　　　　　　D. htm

2. 在 WPS 文字 2016 中，页眉页脚不能设置（　　）。

　　　A. 字符的字体、字号　　B. 边框底纹　　　C. 对齐方式　　　D. 分栏格式

3. 在 Word 2010 中，如果要将选定行的文本内容置于本行正中间，需单击工具栏上的（　　）命令。

　　　A. 两端对齐　　　　　B. 居中　　　　　　C. 左对齐　　　　　D. 右对齐

4. 在 WPS 文字 2016 中，如果用户选中了某段文字，误按了空格键，则选中的文字将被一个空格所代替，此时可用（　　）命令还原到误操作前的状态。

　　　A. 替换　　　　　　　B. 粘贴　　　　　　C. 撤销　　　　　　D. 恢复

5. 在 Word 2010 中，假设当前窗口为文档 1.docx 的窗口，单击该窗口的"最小化"按钮后，则（　　）。

　　　A. 不显示 1.docx 文档内容，但 1.docx 文档并未关闭
　　　B. 该窗口和 1.docx 文档都被关闭
　　　C. 1.docx 文档未关闭，且继续显示其内容
　　　D. 关闭了 1.docx 文档但该窗口并未关闭

6. 在 Word 2010 的编辑状态下打开"1.doc"文档后，另存为"2.doc"文档，则（　　）。

　　　A. 当前文档是 1.doc　　　　　　　B. 当前文档是 2.doc
　　　C. 1.doc 与 2.doc 均是当前文档　　D. 1.doc 与 2.doc 均不是当前文档

7. 在 WPS 文字 2016 窗口的文本编辑区内，闪动的粗竖线表示（　　）。

　　　A. 文章结尾符　　　　　　　　　　B. 插入点，可在该处输入字符
　　　C. 鼠标光标　　　　　　　　　　　D. 字符选取标志

8. 在 WPS 文字 2016 中"复制"命令的功能是将选定的文本或图形（　　）。

　　　A. 复制到剪贴板　　　　　　　　　B. 由剪贴板复制到插入点
　　　C. 复制到文件的插入点位置　　　　D. 复制到文件的末尾

9. 在 WPS 文字 2016 中，下列关于打印预览的叙述中，不正确的是（　　）。

　　　A. 打印预览是文档视图显示方式之一
　　　B. 预览的效果与打印出的文档效果相匹配
　　　C. 无法对关闭打印预览后的文档进行编辑
　　　D. 在打印预览方式中，可同时查看文档的多页

10. 在 Word 2010 中，若用户需要将一篇文章中的字符串"Internet"全部替换为字符串"因特网"，则可以在编辑菜单中选择（　　）命令。

　　　A. 全选　　　　　B. 选择性粘贴　　　C. 定位　　　　　D. 替换

11. 在 WPS 文字 2016 的编辑状态下，若当前编辑文档中的文字全是宋体，选中某段文字并设为楷体后，则（　　）。

　　　A. 文档中所有的文字都变为楷体　　B. 被选中的文字都变为楷体
　　　C. 被选中的文字仍为宋体　　　　　D. 没有被选中的文字都变为楷体

12. 在 Word 2010 中，设计一张网格颜色为绿色、列数和行数为 20×20 的方格稿纸，较便捷的操作是（　　）。

A．使用稿纸设置功能进行设置　　　　B．使用表格绘制和表样式功能进行绘制
C．使用新建绘图画布功能进行绘制　　D．使用绘图边框功能进行绘制

13．下列关于 WPS 文字 2016 格式刷的叙述中，不正确的是（　　）。
A．格式刷是复制格式的工具
B．格式刷可以复制整个段落的所有格式
C．格式刷可以复制整个文档的所有格式
D．格式刷可以复制文字到指定的文档位置

14．下列关于 Word 2010 样式的叙述中，不正确的是（　　）。
A．样式可以快捷地编排具有统一格式的段落
B．样式可以使文档段落格式保持一致
C．Word 2010 定义了标准样式，用户不能修改或重新制定样式
D．样式包含一系列排版格式指令

15．下列关于 Word 2010 拼写和语法检查的叙述中，不正确的是（　　）。
A．对英文单词能够进行拼写和语法检查
B．提醒错误的波浪线在打印时会被打印出来
C．红色波浪线表示拼写错误
D．绿色波浪线表示语法错误

16．在 WPS 文字 2016 编辑过程中，为防止突然断电或电脑死机等突发情况，最大程度减少损失，下列做法较好的是（　　）。
A．全部编辑完成后再进行保存　　　　B．全部编辑完成后对文档进行备份
C．对文档及时进行加密　　　　　　　D．使用定时自动保存文件功能

17．下列关于 WPS 文字 2016 打印预览的叙述中，不正确的是（　　）。
A．可以在打印预览中调整页边距
B．打印预览可以减少浪费、节约纸张
C．打印预览中可以编辑文档中的文字
D．打印预览可以预览打印的效果

18．在 Word 2010 中，为使内容更加醒目，文章更具有条理性，可在若干段落前面添加（　　）。
A．剪贴画　　　B．项目符号和编号　　　C．艺术字　　　D．文本框

19．要使用户单击 Word 2010 文档中的网址直接转向网页，应选中该网址（　　）。
A．设置醒目颜色　　　　　　　　　　B．设置文档部件
C．设置交叉引用　　　　　　　　　　D．创建超链接

20．在关闭 WPS 文字 2016 时，如果有编辑后未存盘的文档，则（　　）。
A．系统会直接关闭
B．系统自动弹出是否保存的提示对话框
C．系统会自动将文档保存在桌面
D．系统会自动将文档保存在当前文件夹中

二、操作题

1. 在 WPS 文字 2016 文档中输入以下内容，并按要求完成文档排版操作。

丽江古城

丽江古城，又名"大研镇"，位于中国西南部云南省的丽江市，坐落在丽江坝中部，玉龙雪山下。它是中国历史文化名城中仅有的没有城墙的古城之一。丽江古城始建于宋末元初（公元 13 世纪后期）。古城地处云贵高原，海拔 2400 余米，全城面积达 3.8 平方公里，自古就是远近闻名的集市和重镇。

要求：

（1）将文章标题设置为楷体、二号、加粗、居中；正文设置为宋体、小四。

（2）页面设置为横向，纸张宽度 21 厘米，高度 15 厘米，页面内容居中对齐。

（3）为文档添加"大研镇"文字水印，仿宋、斜式、白色、背景 1、透明度 50%。

（4）为文档添加页眉，内容为"世界文化与自然遗产"。

（5）在正文第一自然段后另起行录入第二段文字：其中，纳西族占总人口 70%以上，有 30%的居民仍在从事以铜银器制作、皮毛皮革、酿造业为主的传统手工业和商业活动。

2. 利用 Word 2010 软件制作以下"应聘人员登记表"。

要求：

（1）利用相关工具绘制以上应聘人员登记表。

（2）将标题设置为楷体、二号、加粗、居中；其他文字设置为宋体、五号。

应聘人员登记表

姓名		性别		出生年月		籍贯		照
民族		婚姻状况		文化程度		毕业时间		片
教育经历								
工作经历								
应聘何种职务								
有何特长技能								
联系电话								
自我评价								

第 5 章 电子表格处理

本章将介绍电子表格的基础概念和使用方法,并通过案例展现使用电子表格处理软件处理表格数据的思路和操作方法。

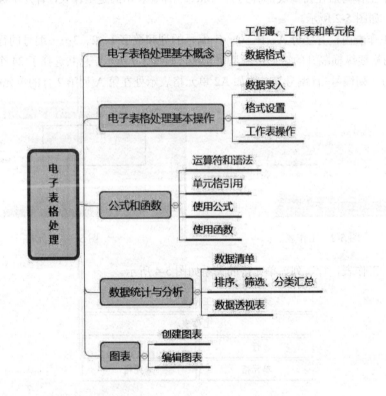

5.1 电子表格处理基本概念

电子表格是一类模拟纸上计算表格的计算机程序,显示由一系列行与列构成的网格,网格内可以存放数值、计算式或文本,用于输入输出、显示、计算各类复杂的数据表格,并可以生成漂亮的图表进行展现。当前最流行的电子表格处理软件有金山公司的 WPS 表格和微软公司的 Office Excel 电子表格处理软件,最流行的电子表格文件格式为.xls 和.xlsx。

5.1.1 工作簿、工作表和单元格

每一个电子表格文件都是一个工作簿。当打开一个电子表格文件时,就等于打开了一个工作簿,如图 5-1 所示。

图 5-1　工作簿

当打开了工作簿后在窗口底部看到的"Sheet"标签表示的是工作表,有几个标签就表示有几个工作表,如图 5-2 所示。

在每个工作表内,有字母 A、B、C……编号的列和数字 1、2、3……编号的行,由行列交叉而成,被网格线纵横隔开的矩形格就是单元格,如图 5-3 所示,总共选择了 24 个单元格。单元格的名称为"列编号+行编号",比如 A2 单元格表示处在第 A 列第 2 行的单元格。

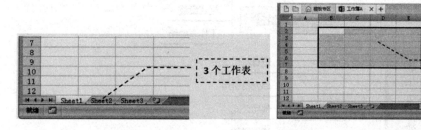

图 5-2　工作表　　　　　　　　　　图 5-3　单元格

工作簿、工作表、行、列、单元格的关系如图 5-4 所示。

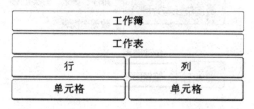

图 5-4　工作簿、工作表、行、列、单元格

当然工作簿并非只单纯地包含工作表,它还可以包含图表和宏等,如图 5-5 所示。

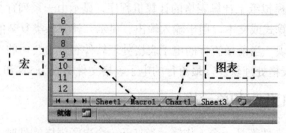

图 5-5　宏和图表

5.1.2 数据格式

在 Excel 中，数据被分为字符、数值、日期时间、逻辑值和错误值 5 种。

1．字符

字符数据由英文字母、汉字、数字、标点、符号等字符排列而成。

2．数值

数值数据由十进制数字（0～9）、小数点（.）、正负号（+-）、百分号（%）、千位分隔符（,）、指数符号（E 或 e）、货币符号（¥、$、£等）组合而成。如 25、-48.6、23.45%、1.2E5、¥2,518.14 等都是合乎表示规则的数值数据。

3．日期时间

日期时间数据为两种特殊的数字数据，包括日期和时间。日期数据的格式通常为"yyyy-mm-dd"，如 2011-1-1 表示 2011 年 1 月 1 日。时间数据格式通常为"hh:mm:ss"或"hh:mm"，如 14:20:5 表示为 14 点 20 分 5 秒，10:34 表示 10 点 34 分。

4．逻辑值

逻辑值数据为两个特定的标识符：TRUE 和 FALSE，字母大小写均可。TRUE 表示逻辑值"真"，FALSE 表示逻辑值"假"。

5．错误值

错误值是因为单元格输入或编辑数据错误，而由系统自动显示的结果，提示用户注意改正。如当错误值为"#DIV/0!"时，则表明此单元格的输入公式中存在着除数为 0 的错误；当错误值为"#VALUE!"时，则表明此单元格的输入公式中存在着数据类型错误，如图 5-6 所示。

	A	B	C	D	E
1	字符	数值	日期时间	逻辑值	错误值
2	信息技术	123.00	2017-12-1	TRUE	##########
3	information	-321.00	2017年12月2日	FALSE	#VALUE!
4	☎❀%……	¥124.00	12:30:00		#DIV/0!
5	123	¥ 125.00	2017-12-3 1:30 PM		#NAME?
6		12.00%			
7		2 1/2			
8		6.55E+09			

图 5-6 数据类型

要点：

- 在默认状态下，字符在单元格中左对齐，数值和日期时间右对齐，逻辑值和错误值居中对齐。
- 数字也可以以字符的形式进行存储，例如图 5-6 中的单元格 A5 中的"123"。以字符形式存储的数字不参与公式中的数值运算。需要存储为字符的数字，需要在录入前将单元格的数字格式设置为"文本"，或在录入数字前先录入一个英文单引号。
- 错误值"###########"表示单元格宽度不够。

5.1.3 电子表格处理一般思路

电子表格处理软件主要功能是用来进行轻量级的数据处理，其软件功能也是按照数据处理的需求来进行设计的。我们从数据处理的角度来看电子表格处理的一般思路。

数据处理（Data Processing）是对数据的采集、存储、检索、加工、变换和传输。具体到使用电子表格处理软件来进行的日常轻量级数据处理工作，我们把它分为 6 个步骤，如图 5-7 所示。

图 5-7　数据处理

用电子表格进行数据处理操作一般应该按照这 6 个步骤的先后顺序来进行，可以获得较好的处理效果和处理效率。每个步骤对应的处理操作见表 5-1。

表 5-1　电子表格处理步骤

步　　骤	操　　作
获取	数据的准备 数据的录入或导入
规范	表格的格式化
计算	使用公式进行计算 使用计算函数进行计算
分析	使用分析函数进行数据分析 使用排序、筛选、分类汇总、数据透视表等分析工具进行数据分析
转化	将数据转化为图表
输出	打印 导出

5.2　电子表格处理基本操作

电子表格处理的基本操作包括数据的录入、导入和对行、列、单元格的格式化基本操作。

5.2.1 知识要点

1. 数据的录入

1）数据录入的一般过程

选定要录入数据的单元格→从键盘上输入数据→按 Enter 键。

2）录入以字符形式存储的数值

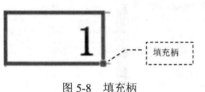

图 5-8　填充柄

方法 1：先输入一个英文单引号，再输入数字。

方法 2：先将单元格格式设置为"文本"，再输入数字。

3）序列的输入

拖动单元格的填充柄，如图 5-8 所示，然后根据软件提示产生序列。

2. 数据的导入

在电子表格软件中，可以将外部数据直接导入到电子表格处理软件中，以避免重复的手工输入。常见的外部数据来源为 Access、Visual FoxPro 等数据库表，也可以导入文本文件、网页数据等。

在电子表格软件中通常提供数据导入向导，按照提示逐步操作即可。

3. 选择单元格

单元格是电子表格中的最小处理对象。在电子表格处理中，大多数操作都需要先选择一个或者若干个单元格或单元格区域。

1）选择单个单元格

（1）鼠标点选。移动鼠标指向目标单元格，单击选取。

（2）名称定位。在名称框（见图 5-9）中输入单元格名称，按 Enter 键，即可选中指定的单元格。

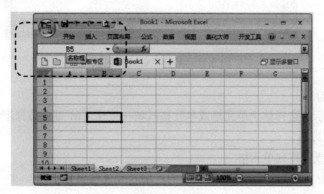

图 5-9　名称框

2）选择矩形单元格区域

（1）拖曳鼠标选择。如图 5-10 所示，选择一个目标单元格→按着鼠标左键不要松手，根据需要上下或左右拉动→选择完成后松开鼠标左键即可。拖曳操作的起始单元格和结束单元格即为所选区域的对角顶点。

图 5-10　拖曳选择矩形区域

（2）键盘法。选取一个起始的单元格→按下 Shift 键→鼠标单击结束的单元格，就完成了区域单元格的选取，起始单元格和结束单元格即为所选区域的对角顶点。

（3）名称定位。如图 5-11 所示，在名称框中输入矩形区域单元格的起始位置，冒号和结束位置，然后按 Enter 键即可。

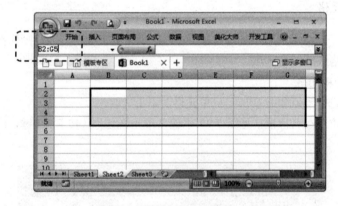

图 5-11　名称定位选择区域

3）不连续选择

如图 5-12 所示，选择单个单元格或单元格区域→按住 Ctrl 键→选择下一个不连续的单元格或者单元格区域即可。

4）选择整行或者整列单元格

选择一整行或一整列单元格，单击相应的行编号或者列编号即可；

选择连续的若干行或者若干列单元格，用鼠标在行编号或列编号上拖动选择即可；

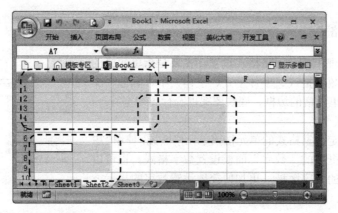

图 5-12　不连续选择

选择不连续的若干行或者若干列单元格，按住 Ctrl 键，用鼠标在行编号或列编号上拖动选择即可。

4．插入与删除行和列

电子表格在制作的过程中，难免缺少了一行或几行，一列或几列，可以在工作表中原有的行列中插入行或者列。随着行和列的插入，原有的行列位置相应向下或向后移动。如图 5-13 中，随着行的插入，原有的第 4、5、6、7 行移动到了第 5、6、7、8 行；同理，随着列的插入，原有的 D、E、F 列移动到了 E、F、G 列。

操作方法：选中需插入的行、列→插入行或列。

例如：图 5-13 中，需在原有的第 4 行处插入新的一行，则选中第 4 行→插入行。

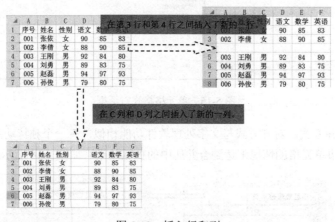

图 5-13　插入行和列

同理，也可以删除原有工作表中的行和列。与插入类似，随着行或列的删除，原有的行列位置相应向上或向左移动。

操作方法：选中需删除的行或列→删除。

5. 单元格格式

电子表格处理中的单元格格式设置，主要是指单元格的格式。主要包括数字格式、字体形式、字体大小、颜色、文字的对齐方式、单元格的边框、底纹图案以及行高列宽等。

1）数字格式

选择需要设定数据格式的单元格或单元格区域，使用"单元格格式"对话框中的"数字"面板设置数字格式。也可以使用工具面板上的数字区域，更加便捷地设置数字的显示方式、千位分隔符、小数位数、货币符号等，见图 5-14。

2）对齐方式

使用"单元格格式"对话框中的"对齐"面板设置单元格中文字的对齐方式，包括文本对齐方式、文字方向和文字控制三种。图 5-15 是 WPS 和 Excel 的单元格格式对话框，可以看到两者非常相似。

图 5-14 数字格式

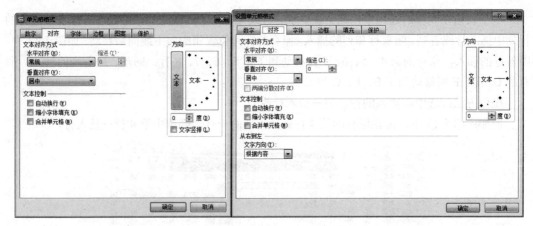

图 5-15 单元格格式对话框

（1）文本对齐方式。对齐方式与文字处理软件功能相似，有一个独特功能"跨列居中"，可以在不合并旁边单元格的情况下达到合并居中的视觉效果，如图 5-16 所示。

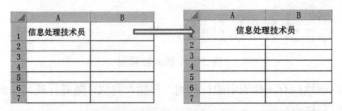

注意：此时 A1 与 B1 单元格并未合并，但跨列居中达到了合并的视觉效果。

图 5-16 跨列居中

（2）文字方向。使用"对齐"面板上的"方向"功能调整单元格中文字的角度。

（3）文本控制。包括自动换行、缩小字体填充和合并单元格 3 项。

一般是出于打印的需要，对列的宽度进行了限制，导致在一行中可能无法完全显示单元格中的内容，此时，可以使用"自动换行"或者"缩小字体填充"功能让单元格中的内容完全显示，如图 5-17 所示。

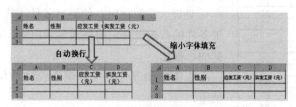

图 5-17 自动换行和缩小字体填充

合并单元格：为了表格数据展现得美观、直观，电子表格处理中经常用到合并单元格操作。合并单元格是将若干个连续单元格合并为 1 个单元格，如图 5-18 所示。

图 5-18 合并单元格

3）边框和底纹

使用"单元格格式对话框"中的"边框"和"填充"（"图案"）功能可以为电子表格添加边框和底纹，如图 5-19 所示。

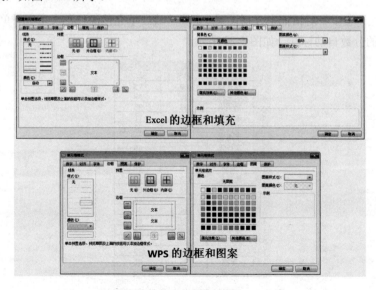

图 5-19 边框和底纹

4）行高和列宽

选中行或者列→右键单击→选择"行高"或"列宽"，即可设置；也可以用鼠标拖动行列编号间的分割线以快速调整行高和列宽。

6．条件格式

处理大量数据时，使用"条件格式"可以将符合某些特征条件的数据以特定的格式显示出来，在某种程度上实现数据的可视化。

以图 5-20 所示的简单学生成绩表为例，讲解条件格式的使用。

1）突出显示指定条件的单元格

【例 5-1】 将不及格的成绩自动填充为红色。

步骤 1：选中成绩所在的 B2:C20 区域。

步骤 2：单击工具面板上的"条件格式"按钮→选择"突出显示单元格规则"→选择"小于"→弹出"小于"对话框，如图 5-21 所示。

	A	B	C
1	姓名	数学	语文
2	杨永攀	69	73
3	李生裕	88	88
4	杨明洪	93	85
5	朱建敏	91	71
6	田祥春	88	77
7	罗海雯	90	78
8	李梓强	89	69
9	梅雪婷	92	61
10	郭阳	75	81
11	焦雅文	82	85
12	王浩	83	81
13	孙悦	85	84
14	肖磊磊	84	86
15	黄玉娟	68	82
16	高晨杰	48	79
17	吴巧巧	81	89
18	兰小华	73	89
19	李鸽	86	81
20	康涵	73	88

图 5-20 学生成绩表

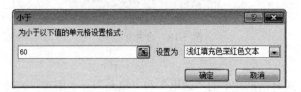

图 5-21 "小于"对话框

步骤 3：在"小于"对话框中分别设置"60""浅红填充色深红色文本"→单击"确定"。即可将不及格的分数自动标红，如图 5-22 所示。

	A	B	C
1	姓名	数学	语文
2	杨永攀	69	73
3	李生裕	88	88
4	杨明洪	93	85
5	朱建敏	91	71
6	田祥春	88	77
7	罗海雯	90	78
8	李梓强	89	69
9	梅雪婷	92	61
10	郭阳	75	81
11	焦雅文	82	85
12	王浩	83	81
13	孙悦	85	84
14	肖磊磊	84	86
15	黄玉娟	68	82
16	高晨杰	48	79
17	吴巧巧	81	89
18	兰小华	73	89
19	李鸽	86	81
20	康涵	73	88

图 5-22 突出显示指定条件的单元格

2）突出显示指定条件范围的单元格

【例 5-2】 将语文成绩前 3 的成绩单元格突出显示。

步骤 1：选中语文成绩所在的 C2:C20 区域。

步骤 2：单击"工具"面板上的"条件格式"按钮→选择"项目选取规则"→选择"值最大的 10 项"→弹出"10 个最大的项"对话框，如图 5-23 所示。

步骤 3：在"10 个最大的项"对话框中分别设置"3""绿填充色深绿色文本"→单击"确定"。即可将前 3 的语文成绩绿色突出显示，如图 5-24 所示。

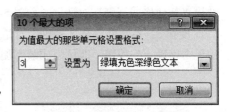

图 5-23 "10 个最大的项"对话框

3）数据条、色阶及图标的使用

在电子表格中，可以利用条件格式为数值添加数据条、色阶或者图标，将数据以更为直观的形式显示。

【例 5-3】 为成绩添加数据条。

步骤 1：选中成绩所在的 B2:C20 区域。

步骤 2：单击"工具"面板上的"条件格式"按钮→选择"数据条"→选择"其他规则"→弹出"新建格式规则"对话框，如图 5-25 所示。

图 5-24 突出显示指定条件范围的单元格　　图 5-25 "新建格式规则"对话框

步骤 3：在"新建格式规则"对话框中分别设置"类型""值""条形图外观"→单击"确定"。即可为成绩添加数据条，如图 5-26 所示。

为数据添加色阶的方法与添加数据条的方法相同。

【例 5-4】 为成绩添加图标。

步骤 1：选中成绩所在的 B2:C20 区域。

步骤 2：单击"工具"面板上的"条件格式"按钮→选择"图标集"→选择"其他规则"→弹出"新建格式规则"对话框，如图 5-27 所示。

步骤 3：在"新建格式规则"对话框中分别设置"图标样式"和各种图标对应的规则，然后单击"确定"按钮，即可为成绩添加图标集，如图 5-28 所示。

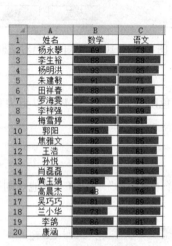

图 5-26 数据条

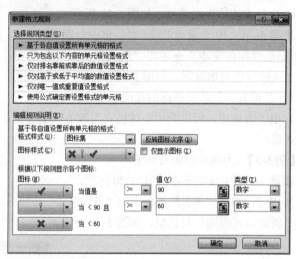

图 5-27 "新建格式规则"对话框

图 5-28 图标集

7．数据的有效性

在电子表格处理中，有时需要对单元格中输入的数据进行约束，以保证录入数据的规范性和合法性，此时可以利用数据有效性来进行约束。下面列举几种常用的数据有效性用法。

1）用下拉列表约束数据的录入

如果希望用户输入的数据为特定的有限数据中的某一种，可以使用下拉列表，如图 5-29 所示。

图 5-29　下拉列表

操作方法：选中需要约束的单元格→打开"数据有效性"对话框→允许"序列"→在"来源"中录入允许输入的数据，数据间以逗号分隔。如图 5-30 所示。

2）限定数值的大小

操作方法：选中需要约束的单元格→打开"数据有效性"对话框→允许"小数"或"整数"→设置允许输入的数值限定条件，如图 5-31 所示。

图 5-30　允许序列

图 5-31　限定数值的大小

3）输入提示

如果希望对用户的输入进行提示，可以设置"数据有效性"对话框中的"输入信息"。

操作方法：选中需要提示的单元格→打开"数据有效性"对话框→录入"输入信息"。效果如图 5-32 所示。

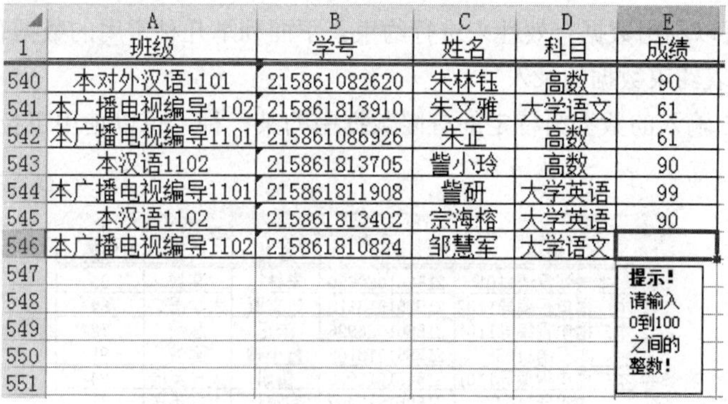

图 5-32 输入信息

4）出错警告

当用户录入不符合要求的数据时，弹出警告信息，并禁止错误信息录入。

操作方法：选中需要警告的单元格→打开"数据有效性"对话框→录入"输入出错警告"。效果如图 5-33 所示。

图 5-33 出错警告

8．表格样式

一般情况下，可以利用电子表格处理软件预置的表格格式（WPS 称为"表格样式"）快速地对表格进行美化，免去繁杂的操作过程。

选中需要套用格式（样式）的单元格区域，单击"套用表格格式"（"表格样式"），选择一种样式即可完成表格的格式化，如图 5-34 所示。

9．工作表操作

根据实际的需要，电子表格软件中的工作表可以进行添加、删除、复制、移动和重命名等操作。在工作表标签上右击，在弹出的菜单中选择相应的功能项即可，如图 5-35 所示。

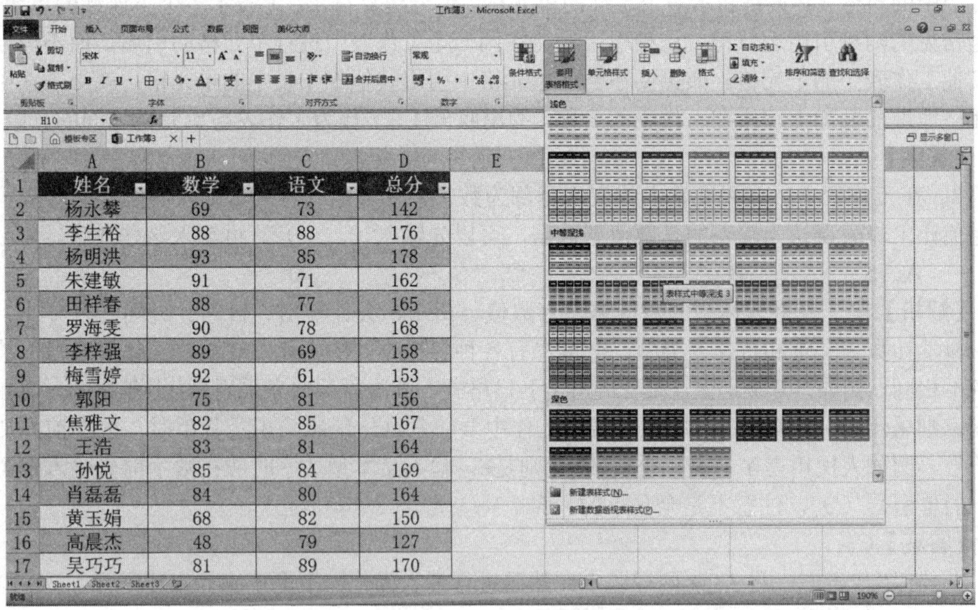

图 5-34 套用表格格式

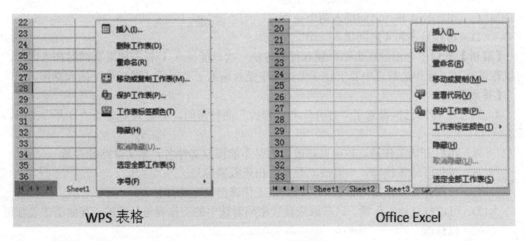

图 5-35 工作表右键菜单

5.2.2 习题解析

1. 在工作表中，"Sheet1!$A$1:$E$1,Sheet1!$B$3:$D$3,Sheet1!$C$5"共选定了（　　）个单元格。

A. 9　　　　B. 8　　　　C. 7　　　　D. 6

【解析】运算符共有 4 类，分别是：算术类、比较类、文本运算类和引用运算类。在引用运算类中的冒号（：）是表示多个连续的单元格，逗号运算符（，）表示多个不连续的单元格，这是常见的两种引用运算符。这种引用只能在同一个工作表中进行单元格的引用，而不可以引用其他工作表中的单元格。如果要在当前单元格中引用其他工作表中的单元格，就必须在引用单元格地址前面加上它所在工作表的名称，并用叹号（！）作为工作表与单元格之间的分隔符。

【答案】A。

2．在工作表中，如果要输入的文本全部为数字，比如电话号码、邮政编码、学号等，为了避免让工作表误认为输入的是数值型数据，可以先输入（　　），再输入这些数字。

　　A．$ B．：   C．'   D．=

【解析】电子表格软件中的数据类型有数值、货币、会计专用、日期、时间、百分比、分数、科学计数、文本和特殊等类型。全世界有各种各样不同的文化，在这些文化里对日期的表达各不相同。例如，东亚地区主要采用年-月-日格式，英语语系国家采用月-日-年格式，而在北美国家则采用日-月-年格式。用户在日常工作中要注意这一现象。表示货币时，应在前面加货币符号，例如人民币是¥，美元是$，欧元则是€。输入文本型数字时应在数字前先输入一个半角下的单引号（'），注意不是全角下的。

【答案】C。

3．在工作表中，将 3、4 两行选中，然后进行插入操作，下面正确的叙述是（　　）。

　　A．在行号 2 和 3 之间插入两个空行
　　B．在行号 3 和 4 之间插入两个空行
　　C．在行号 4 和 5 之间插入两个空行
　　D．在行号 3 和 4 之间插入一个空行

【解析】教材中介绍的在表格中插入行的方法一次只能插入 1 行。如果要同时插入多行，可以在进行插入操作之前选中若干行（无论其中是否输入了文字），然后进行插入操作。

【答案】A。

4．一个工作簿已经设置了"打开"与"修改"两种密码，如果只知道其"打开"密码，那么（　　）。

　　A．可打开该工作簿，也可以修改，但是不能按原文件名、原文件路径存盘
　　B．可打开该工作簿，一旦改动数据会出现报警信息
　　C．可在打开工作簿对话框中，看到该工作簿但是无法打开
　　D．可以打开该工作簿，只有原来设置密码时选中的工作表是只读的，其他工作表都可以修改

【解析】本题考查的知识点是工作簿和工作表的保护。工作簿可以设置"打开"与"修改"两种密码，如果不知道"修改"密码，那么文件被修改后只能另存，不能按原文件名、原文件路径存盘。

【答案】A。

5．在电子表格中，"工作表"是用行和列组成的表格，行和列分别用（　　）标识。

　　A．数字和数字   B．数字和字母   C．字母和数字   D．字母和字母

【解析】本题考查的知识点是窗口的基本知识。行号用数字表示，列号用字母表示，如：

第一行第一列单元格的名称为 A1。

【答案】B。

6. 在工作表中某个单元格中输入 3.0，但是却显示为 3。为了能够显示出 3.0，应该将该单元格的格式设置为（   ），并选小数位数为 1。

    A．数值   B．常规   C．科学记数   D．特殊

【解析】本题考查的知识点是数据的输入。为了能够显示出 3.0，应该将该单元格的格式设置为"数值"，并设置小数位数为 1。

【答案】A。

7. 在工作表中，如果某单元格的右上角有一个红色三角形，那么说明这个单元格（   ）。

    A．已插入批注   B．已插入函数   C．已被保护   D．已被关联

【解析】本题考查的知识点是工作表的编辑。当用户在某个单元格中插入批注后，单元格右上角将会出现一个红色三角形。

【答案】A。

8. 如果要在工作表单元格中输入字符型数据 0123，下列输入中正确的是（   ）。

    A．'0123   B．"0123"   C．'0123'   D．"0123

【解析】本题考查的知识点是数据的输入。当输入由数字构成的字符型数据时，应在前边加单引号或用等号前导两边用引号括住，如输入"0123"时，应输入 '0123 或者="0123"，也可以将单元格设置为文本格式。

【答案】A。

5.2.3　案例分析——"员工档案信息主表"

1．任务提出

在工作中，经常需要使用电子表格进行数据的收集和存储。"员工档案信息主表"是每个企事业单位中都必须使用的一张表格。这张表格中存储着员工的主要个人信息，通常由员工个人进行填写，人事部门进行审核整理。对这张表格通常有如下的要求：

（1）清晰，美观。

（2）信息收集规范，正确。

2．解决方案

（1）为满足信息收集的需要，对信息进行了分类，分为基本信息、入职信息、岗位信息、教育信息等八类，每类之间用水绿色横条进行了间隔，以保证信息清晰，美观。

（2）为满足不同长度的数据录入，对单元格的宽度进行了调整。

（3）为保证数据收集的规范和正确，对涉及数字数据录入单元格进行了数字格式设置，同时对部分单元格利用数据有效性制作了下拉列表，以防止不规范数据的出现。

最终完成效果如图 5-36 所示。

员工档案信息主表

人事档案编码				
1.基本信息				
照片	姓名		身份证号码	
	曾用名		民族	
	性别（请选择）		生育状况（请选择）	
	政治面貌		户口所在地	
	婚姻状况（请选择）		是否持有驾照（请选择）	
	籍贯		驾照种类（请选择）	
	身高（cm）		社保卡号码	
	体重（kg）		公积金号码	
2.入职信息				
部门			用工形式（请选择）	
进入本公司时间			参加工作时间	
开始签订合同时间			合同期限	
3.岗位信息				
聘任岗位			任职时间	
4.教育信息				
毕业院校			院校类别	
所学专业			第二专业	
毕业时间			学习形式（请选择）	
现学历（请选择）			现学位（请选择）	
外语语种			外语水平	
电脑软件操作类别			电脑软件操作水平	
5.职称及职业资格信息				
职称			职称取得时间	
所持职业资格证书				
取得证书时间			证书有效期限	
6.常用联系方式				
家庭住址				
移动电话			固定电话	
Email				
7.紧急联系方式（直系亲属或配偶）				
紧急联系人			紧急联系电话	
紧急联系地址				
8.其他信息				
兴趣爱好			个人特长	

本表说明：
1、本表所有信息，员工均需完整填写，不可缺项漏项；
3、本表标"（请选择）"为下拉菜单型，填写信息时请在下拉菜单中选择。

图 5-36 员工档案信息主表

3. 实现方法

1) WPS 表格 2016 实现方法

（1）创建一个新的工作簿，从 A1 单元格开始将所有的数据按 5 列输入到工作表中。注意：此时无需进行格式设置，如图 5-37 所示。

员工档案信息主表				
人事档案编码				
1. 基本信息				
照片	姓名		身份证号码	
	曾用名		民族	
	性别(请选择)		生育状况(请选择)	
	政治面貌		户口所在地	
	婚姻状况(请选择)		是否持有驾照(请选择)	
	籍贯		驾照种类(请选择)	
	身高(cm)		社保卡号码	
	体重(kg)		公积金号码	
2. 入职信息				
部门			用工形式(请选择)	
进入本公司时间			参加工作时间	
开始签订合同时间			合同期限	
3. 岗位信息				
聘任岗位			任职时间	
4. 教育信息				
毕业院校			院校类别	
所学专业			第二专业	
毕业时间			学习形式(请选择)	
现学历(请选择)			现学位(请选择)	
外语语种			外语水平	
电脑软件操作类别			电脑软件操作水平	
5. 职称及职业资格信息				
职称			职称取得时间	
所持职业资				
取得证书时间			证书有效期限	
6. 常用联系方式				
家庭住址				
移动电话			固定电话	
Email				
7. 紧急联系方式（直系亲属或配偶）				
紧急联系人			紧急联系电话	
紧急联系地址				
8. 其他信息				
兴趣爱好			个人特长	

图 5-37　输入数据

（2）设置边框。

操作：选中数据所在的 A1:E37 单元格区域→单击"开始"面板上的"边框"下拉按钮→选择"所有框线"选项，为 A1:E37 单元格添加边框，如图 5-38 所示。

图 5-38 添加边框

（3）设置字体。

操作：选中文字所在的单元格→使用"开始"面板上的字体设置区域设置如下字体。

标题：楷体，14 磅，黑色，加粗。

表格中文字：楷体，10 磅，黑色，加粗。

（请选择）：楷体，7 磅，蓝色。

字体设置区域如图 5-39 所示。

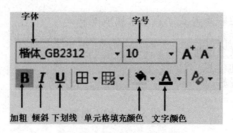

图 5-39 字体设置

完成效果如图 5-40 所示。

员工档案信息主表			
人事档案编码			
1.基本信息			
照片	姓名	身份证号码	
	曾用名	民族	
	性别(请选择)	生育状况(请选择)	
	政治面貌	户口所在地	
	婚姻状况(请选择)	是否持有驾照(请选择)	
	籍贯	驾照种类(请选择)	
	身高(cm)	社保卡号码	
	体重(kg)	公积金号码	
2.入职信息			
部门		用工形式(请选择)	
进入本公司时间		参加工作时间	
开始签订合同时间		合同期限	
3.岗位信息			
聘任岗位		任职时间	
4.教育信息			
毕业院校		院校类别	
所学专业		第二专业	
毕业时间		学习形式(请选择)	
现学历(请选择)		现学位(请选择)	
外语语种		外语水平	
电脑软件操作类别		电脑软件操作水平	
5.职称及职业资格信息			
职称		职称取得时间	
所持职业资			
取得证书时间		证书有效期限	
6.常用联系方式			
家庭住址			
移动电话		固定电话	
Email			
7.紧急联系方式（直系亲属或配偶）			
紧急联系人		紧急联系电话	
紧急联系地址			
8.其他信息			
兴趣爱好		个人特长	

图 5-40 设置字体

说明：（请选择）的字体设置是一个难点，需要注意以下两点：

① 默认情况下，字体设置对被选中的整个单元格生效，需要设置单元格中部分文字的字体，可以双击单元格，进入单元格编辑状态，此时可以选中单元格中部分文字进行设置。

② 字号下拉列表框中并无 7 磅选项，可以使用键盘输入，然后按 Enter 键即可。

（4）合并单元格。

操作：选中标题所在的 A1:E1 单元格区域→单击"开始"面板上的"合并居中"按钮，将标题所在的单元格进行合并，如图 5-41 所示。

图 5-41 合并单元格

以同样的方法，将"认识档案编码""照片"等需要进行合并的录入单元格和各信息类标题所在单元格进行合并，效果如图 5-42 所示。

员工档案信息主表			
人事档案编码			
1. 基本信息			
照片	姓名		身份证号码
	曾用名		民族
	性别 （请选择）		生育状况 （请选择）
	政治面貌		户口所在地
	婚姻状况 （请选择）		是否持有驾照 （请选择）
	籍贯		驾照种类 （请选择）
	身高 （cm）		社保卡号码
	体重 （kg）		公积金号码
2. 入职信息			
部门		用工形式	（请选择）
进入本公司时间		参加工作时间	
开始签订合同时		合同期限	
3. 岗位信息			
聘任岗位		任职时间	
4. 教育信息			
毕业院校		院校类别	
所学专业		第二专业	
毕业时间		学习形式 （请选择）	
现学历（请选择）		现学位 （请选择）	
外语语种		外语水平	
电脑软件操作类		电脑软件操作水平	
5. 职称及职业资格信息			
职称		职称取得时间	
所持职业资格证			
取得证书时间		证书有效期限	
6. 常用联系方式			
家庭住址			
移动电话		固定电话	
Email			
7. 紧急联系方式 （直系亲属或配偶 ）			
紧急联系人		紧急联系电话	
紧急联系地址			
8. 其他信息			
兴趣爱好		个人特长	

图 5-42 完成合并单元格效果图

（5）调整列宽和行高。

操作：用鼠标拖动列编号之间的分割线，调整各列的宽度，使各列的宽度符合数据的录入需求，同时保证美观，如图 5-43 所示。

图 5-43 调整列宽

对列宽的调整需要逐列调整，对行高的调整可以一次性调整全部的行，以保证每一行的高度一致。

操作：用鼠标在行编号上拖动选中第 2 到第 37 行→拖动第 37 行和 38 行行编号之间的分割线，调整第 37 行的高度。因在调整 27 行前选中了第 2 到第 37 行这 36 行，故调整第 37 行行高时，其余的 2 到 36 行均会随之进行调整。调整效果如图 5-44 所示。

员工档案信息主表			
人事档案编码			
	1. 基本信息		
照片	姓名	身份证号码	
	曾用名	民族	
	性别(请选择)	生育状况(请选择)	
	政治面貌	户口所在地	
	婚姻状况(请选择)	是否持有驾照(请选择)	
	籍贯	驾照种类	
	身高(cm)	社保卡号码	
	体重(kg)	公积金号码	

	2. 入职信息		
部门		用工形式（请选择）	
进入本公司时间		参加工作时间	
开始签订合同时间		合同期限	
	3. 岗位信息		
聘任岗位		任职时间	
	4. 教育信息		
毕业院校		院校类别	
所学专业		第二专业	
毕业时间		学习形式（请选择）	
现学历（请选择）		现学位（请选择）	
外语语种		外语水平	
电脑软件操作类别		电脑软件操作水平	
	5. 职称及职业资格信息		
职称		职称取得时间	
所持职业资格证书			
取得证书时间		证书有效期限	
	6. 常用联系方式		
家庭住址			
移动电话		固定电话	
Email			
	7. 紧急联系方式（直系亲属或配偶）		
紧急联系人		紧急联系电话	
紧急联系地址			
	8. 其他信息		
兴趣爱好		个人特长	

图 5-44　调整行高

（6）为单元格填充颜色。

操作：选中需要填充颜色的单元格，单击"开始"面板上"字体"区域中的"填充颜色"下拉列表→选择颜色，即可为单元格填充颜色，效果如图 5-45 所示。

（7）设置数字格式。身份证号码为 18 位数字形式，在默认状态下，录入的 18 位数字将自动转换为科学计数法，不符合需求，应将其转换为"文本"。

操作：选中身份证号码的输入单元格 E4→单击"开始"面板上的"数字格式"下拉列表→选择其中的"文本"项。录入的身份证号码将以文本的形式进行存储和显示，如图 5-46 所示。

其他还需要设置数字格式的单元格如下。

身份证号码：文本

社保卡号码：文本

公积金号码：文本

进入本公司时间：日期

参加工作时间：日期

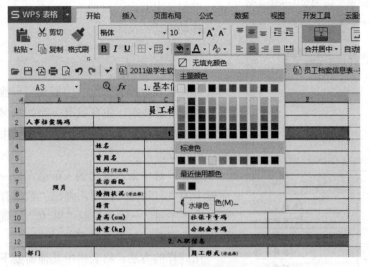

图 5-45　单元格填充颜色

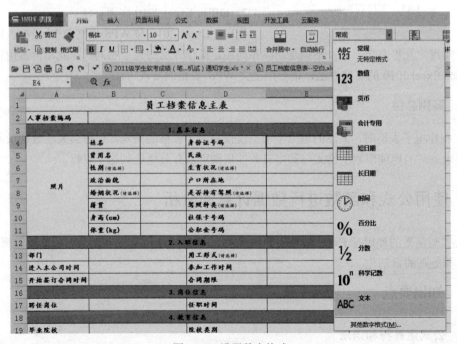

图 5-46　设置数字格式

开始签订合同时间：日期

任职时间：日期

毕业时间：日期

职称取得时间：日期

取得证书时间：日期

移动电话：文本

固定电话：文本

紧急联系电话：文本

图 5-47 下拉列表

（8）设置数据有效性。为避免用户输入错误或不规范的数据，给性别、生育状况、婚姻状况等数据录入单元格设置数据有效性，提供下拉列表供用户选择，以得到规范的数据。

操作：选中录入性别的 C6 单元格→单击"数据"面板上的"有效性"按钮，弹出"数据有效性"对话框→允许"序列"→输入来源"男,女"→确定。即可添加性别下拉列表，如图 5-47 所示。

用同样的方法，将表格中其他需要下拉列表的单元格逐一设置完成。

2）Office Excel 2010 实现方法

Office Excel 2010 与 WPS 表格 2016 版在表格的基本操作实现上几乎完全一样，不论是功能布局还是操作方法均完全相同。在此不再占用篇幅叙述 Office Excel 2010 的实现方法，请参照上文 WPS 表格的实现方法。

4．案例总结

在制作电子表格时，关注的重点不应当仅仅局限于表格的美观，更应当关注数据录入的规范与正确。适当地使用数字格式与数字有效性规则可以有效地达到这一目标。

5.3 使用公式和函数进行数据计算和分析

公式与函数的使用是 Excel 最重要的内容之一，灵活地运用公式和函数可以简化数据计算，实现数据处理的自动化。

5.3.1 知识要点

1．公式运算符和语法

公式是单元格内以等号"="开始的运算符、值、引用或函数的组合，如图 5-48 所示。可在放置结果的单元格中直接输入公式内容，公式输入完毕，计算也随之完成，其计算结果就会显示在单元格中，公式则显示在"编辑栏"中。

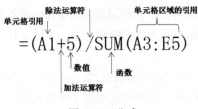

图 5-48 公式

公式中的运算符及引用运算符的应用示例如表 5-2 和表 5-3 所示。

> **注意**：如果在公式中同时使用多个运算符，优先级为：引用运算符→算术运算符→文本运算符→比较运算符。若要改变优先顺序，可使用圆括号。

表 5-2 Excel 公式中的运算符

类型	运算符	含义	示例
算术运算符	＋	加	5＋2.3
	－	减	B2－C2
	＊	乘	3＊A1
	／	除	A1／5
	％	百分比	30％
	∧	乘方	5∧2
比较运算符	＝	等于	(A1+B1)＝C1
	＞	大于	A1＞B1
	＜	小于	A1＜B1
	＞＝	大于等于	A1＞＝B1
	＜＝	小于等于	A1＜＝B1
	＜＞	不等于	A1＜＞B1
文本运算符	＆	连接两个或多个字符串	"古城"＆"西安"得到"古城西安"

表 5-3 Excel 公式中的引用运算符

引用运算符	含义	示例
：	区域运算符，对两个引用之间（包括两个引用）的所有单元格进行引用	A1:A10
，	联合运算符，将多个引用合并为一个引用	SUM(A1:A10,B2:B10)
空格	交叉运算符，产生对同时隶属于两个引用的单元格区域的引用	SUM(E1:E12 A8:H8) E8 同时隶属于两个区域

2. 单元格引用

引用的作用在于标识工作表上的单元格或单元格区域，并指明公式中所使用的数据的位置。

通过引用，可以在公式中使用工作表不同部分的数据，或者在多个公式中使用同一单元格的数值。还可以引用同一工作簿不同工作表的单元格、不同工作簿的单元格、甚至其他应用程序中的数据。

如果要引用单元格，需顺序输入列字母和行数字。例如，D50 引用了列 D 和行 50 交叉处的单元格。如果要引用单元格区域，则输入区域左上角单元格的引用、冒号（：）和区域右下角单元格的引用。典型示例如表 5-4 所示。

表 5-4 典型引用示例

引 用 内 容	引 用 格 式
在列 A 和行 10 中的单元格	A10
从 A10 单元格起到 E16 单元格止的矩形单元格区域	A10:E16
行 5 中的所有单元格	5:5
从行 5 到行 10 的所有单元格	5:10
列 C 中的所有单元格	C:C
从列 C 到列 E 中的所有单元格	C:E

随着大量的数据积累，有时还需要通过链接或者外部引用来共享其他工作簿或工作表中的数据。如图 5-49 中，SUM 函数将计算同一工作簿中 Sheet2 工作表 A3:E5 区域内的和值：

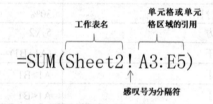

图 5-49 外部引用

单元格引用用以标识工作表上的单元格和单元格区域，指明公式中所用数据的具体位置。通过引用可以在一个公式中使用不同工作表中不同部分的数据，或在多个公式中使用同一个单元格中的数据，根据需求，单元格引用可分为：相对引用、绝对引用和混合引用 3 种。

1）相对引用

相对引用是默认的单元格引用方式。单元格相对引用使用单元格所在的行号和列标为其引用。如：B3 引用了第 3 行与第 2 列交叉处的单元格；单元格区域相对引用由单元格区域左上角至右下角单元格的相对引用组成，中间用冒号（：）分隔。如：A2:E6 是以 A2 单元格为左上角，E6 单元格为右下角的矩形区域的相对引用。

相对引用的特点是，当把计算公式复制或填充到其他单元格时，单元格的引用会自动随着移动位置的变化而变化。

例如：将成绩表中 D2 单元格学生的总分用公式 "=SUM(B2:C2)" 计算出来，然后单击 D2 单元格，将公式复制到 D3 单元格，观察 D3 单元格中的内容，变为 "=SUM(B3:C3)"。如图

5-50 所示。

2）绝对引用

绝对引用指公式和函数中的单元格地址是固定不变的，使用时无论公式被复制到哪个单元格，公式的结果都固定不变。表示它时，在行号和列标前分别加上美元符号"$"，如：$D$3 表示单元格 D3 的绝对引用，而$D$2:$F$7 表示单元格区域 D2:F7 的绝对引用。

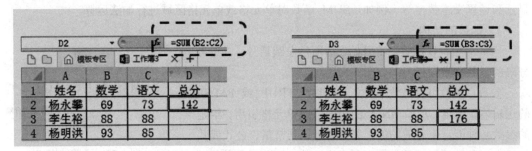

图 5-50　相对引用

例如：将成绩表中 D2 单元格的公式改为"=SUM($B$2:$C$2)"，再将该公式复制到单元格 D3 中，会发现 D3 单元格中的公式仍然是"=SUM($B$2:$C$2)"。

3）混合引用

混合引用指在同一个单元格中，既有相对引用又有绝对引用。混合引用分为绝对列和相对行，或是相对列和绝对行两种。如：$B4,B$4,C$5,$C5。

注意：在公式中引用的单元格中数据发生变化，则公式的计算结果会随之发生改变！

3．使用公式计算数据

公式的输入可直接在单元格中输入，也可在编辑栏中输入，但都以等号"="开始，其后才是表达式。操作步骤如下。

（1）选定要输入公式的单元格。

（2）先输入"="，再输入包含计算数据和其所在的单元格名称的表达式，例如："=3*(4+7-2)"，如图 5-51 所示。

（3）输完后按 Enter 键，或单击编辑栏上的 √ 按钮，计算结果就显示在单元格中。

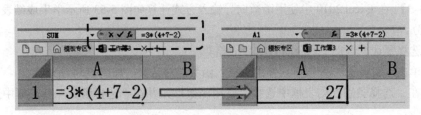

图 5-51　使用公式

4. 函数的使用

电子表格软件提供的函数其实是一些预定义的公式，它们使用一些称为参数的特定数值按特定的顺序或结构进行计算。用户可以直接用它们对某个区域内的数值进行一系列运算，如分析和处理日期值和时间值、确定贷款的支付额、确定单元格中的数据类型、计算平均值、排序显示和运算文本数据等。例如，SUM 函数对单元格或单元格区域进行加法运算。

1) 函数的结构

函数的结构以函数名称开始，后面是左圆括号、以逗号分隔的参数和右圆括号。如图 5-52 所示。

参数：参数可以是数字、文本、形如 TRUE 或 FALSE 的逻辑值、数组、形如 #N/A 的错误值或单元格引用。给定的参数必须能产生有效的值。参数也可以是常量、公式或其他函数。参数不仅仅是常量、公式或函数，还可以是数组、单元格引用。

图 5-52 函数结构

常量：常量是直接键入到单元格或公式中的数字或文本值，或由名称所代表的数字或文本值。例如，日期 2017-8-10、数字 98 和文本"Information"都是常量。公式或由公式得出的数值都不是常量。

2) 函数的嵌套

所谓嵌套函数，就是指在某些情况下，可能需要将某函数作为另一函数的参数使用。也就是说一个函数可以是另一个函数的参数。

例如下列公式在 IF 函数中嵌套使用了 AVERAGE 函数。这个公式的含义是：如果单元格 F2 到 F5 的平均值大于或等于 60，则显示"及格"，否则显示"不及格"。

=IF(AVERAGE(F2:F5)>=60,"及格","不及格")

函数的输入可以采用手工输入和使用函数向导输入两种方法。手工输入比较简单，但要记住函数的名称、参数和作用。使用函数向导输入虽然过程复杂，但无须记住函数的名称和参数。

3) 函数的输入

函数一般采用手工输入或使用向导输入 2 种常用的方式。手工输入函数的方法和单元格中公式的输入方法相同，先在编辑栏里输入等号（=），然后再输入函数本身。对一些复杂的函数通常采用函数向导一步步地输入，可避免在输入过程中产生错误。

【例 5-5】 在 Excel 2010 中使用函数向导输入方式计算如图 5-53 所示学生成绩表中各门课程的平均分。

（1）选择要计算语文平均分的 B13 单元格。

（2）单击编辑栏上的 *fx* 按钮，弹出"插入函数"对话框，如图 5-54 所示。

（3）在"选择类别"列表框中选择"常用函数"，并在"选择函数"列表框中选择所需函数。

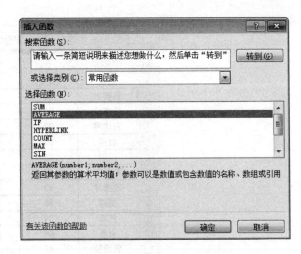

图 5-53 成绩表　　　　　图 5-54 "插入函数"对话框

说明：Excel 提供十多类数百个函数，可以根据类别查找所需的函数，如图 5-55 所示。也可以在"搜索函数"框中输入简短描述查询所需的函数。

（4）单击"确定"按钮，弹出"函数参数"对话框，在该对话框中设置函数的参数，D2:D12，如图 5-56 所示。

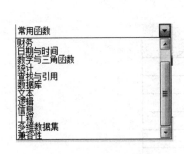
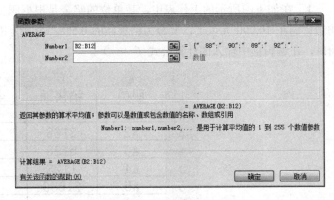

图 5-55 函数类别　　　　　图 5-56 函数参数

（5）单击"确定"按钮，在 B13 单元格中将自动录入公式=AVERAGE(B2:B12)，并将函数的计算结果即语文的平均分显示在 B13 单元格中，如图 5-57 所示。

（6）将 B13 单元格的公式复制到 C13 单元格，由于公式中的单元格引用为相对引用，公式被复制到 C13 单元格中会变成=AVERAGE(C2:C12)，计算出数学的平均分。

> **注意**：更为常用的操作方法是拖动 B13 单元格的填充柄至 C13 单元格，以快速实现公式的复制。

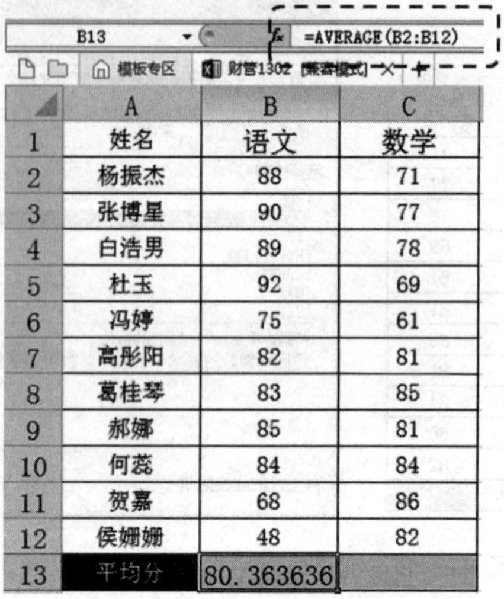

	A	B	C
1	姓名	语文	数学
2	杨振杰	88	71
3	张博星	90	77
4	白浩男	89	78
5	杜玉	92	69
6	冯婷	75	61
7	高彤阳	82	81
8	葛桂琴	83	85
9	郝娜	85	81
10	何蕊	84	84
11	贺嘉	68	86
12	侯姗姗	48	82
13	平均分	80.363636	

图 5-57　函数录入

5.3.2　习题解析

1. 在如下图所示的工作表中，某单位的奖金是根据职员的销售额来确定的。如果某职员的销售额在 10,000 元以上，奖金为销售额的 0.5%，否则为销售额的 0.1%。计算 C2 单元格的值时，在编辑框中输入的计算公式（　　）。

	A	B	C
1	职员	销售额	奖金
2	A1	23571	
3	A2	3168	
4	A3	5168	
5	A4	1123	
6	A5	21586	
7	A6	258	
8	A7	1568	

A．=IF(B2>=10000,B2*0.5%,B2*0.1%)

B．=COUNTIF(B2>=10000,B2*0.5%,B2*0.1%)

C．=IF(B2>=10000,B2*0.005,B2*0.001)

D．=COUNTIF(B2>=10000,B2*0.005,B2*0.001)

【解析】对于这种只有两种情况的问题，最佳的解决方法就是使用 IF()函数。本题目中职工的奖金为销售额的 0.5%或 0.1%，个人到底发多少要看其销售额是否超过 10,000 元，这正和 IF()函数的功能一致。函数格式为 IF(logical_test，value_if_true，value_if_false)，其中 Logical_test 表示条件，结果为 TRUE 或 FALSE 的任意值或表达式。如果条件的逻辑值为 TRUE，IF 函数的计算结果为 value_if_true，如果条件的逻辑值为 FALSE，IF 函数的计算结果为 value_if_false。另外，百分数的表示也和数学中的不一样，Excel 2003 中百分数要用小数表示。

【答案】C。

2．在电子表格中，（　　）函数用来计算某个区域中空单元格的数量。

　　A．COUNT()　　　B．SUM()　　　C．IF()　　　D．COUNTBLANK()

【解析】说到函数，重点要掌握 SUM()、AVERAGE()、MAX()、MIN()、COUNT()和 IF()。为了更好地掌握 Excel，就必须在此基础上多掌握些函数，本题使用的是 COUNTBLANK()函数，掌握了 COUNT()函数后就可以从选项中得出答案。另外，IF()函数也是必须掌握的函数。它的功能是，执行真假值判断，根据逻辑计算的真假值，返回不同结果。使用格式是：IF(logical_test,value_if_true，value_if_false)，其中 Logical_test 表示条件，结果为 TRUE 或 FALSE 的任意值或表达式。如果条件的逻辑值为 TRUE，IF 函数的计算结果为 value_if_true，如果条件的逻辑值为 FALSE，IF 函数的计算结果为 value_if_false。另外，此函数还可以嵌套使用，即 IF 函数的第一个或第二个参数用另一个 IF 函数替代。

【答案】D。

3．在工作表中，某个单元格的内容由公式计算得出，如该单元格显示为#DIV/0!，说明计算公式的（　　）。

　　A．格式错误　　　B．分子值为字符　　　C．分母值为字符　　　D．分母值为 0

【解析】本题考查的知识点是常见的错误信息。当公式被 0(零)除时，会产生错误值#DIV/0!。

【答案】D。

4．假设在工作表中有以下数据，如在 A3 单元格里输入公式=SUMIF(A1:D2,">25",A2:D2)，那么按 Enter 键后在 A3 中显示的数值是（　　）。

	A	B	C	D
1	10	20	30	40
2	10	20	30	40

　　A．100　　　B．70　　　C．200　　　D．140

【解析】本题考查的知识点是 SUMIF 函数。A1:D2 为用于条件判断的单元格区域。">25"，为具体的条件值，A2:D2 实际求和的区域，所以公式=SUMIF(A1:D2,">25",A2:D2)的功能是求区域 A2:D2 内的所有大于 25 的数据总和，即 30+40，所以结果为 70。

【答案】B。

5．设在工作表的单元格 C2 中有公式"=A2+B2"，将 C2 单元格的公式复制到 C3，那么单元格 C3 内的公式是（　　）。

　　A．=A2+B2　　　B．=A3+B3　　　C．=B2+C2　　　D．=B3+C3

【解析】① 相对引用是指：将公式复制到其他单元格时引用会根据当前行和列的内容自动改变。② C2 单元格中的公式复制到 C3 后将变成=A3+B3。

【答案】B。

5.3.3 案例分析——"库存管理表"

1. 任务提出

在工作中,不仅会遇到如"员工档案信息主表"这类主要用于收集、整理与存储数据的电子表格,更多会需要使用电子表格提供的计算能力去对大量的数据进行自动计算。这样一方面能减轻手工计算的工作量,提高工作效率,另一方面更可以避免手工计算容易产生的计算错误。

本案例为一个简易的库存管理表,为读者展示在电子表格中如何利用公式和函数进行数据的计算。库存管理表如图 5-58 所示。

库存管理表

【编制单位: 】【起始日期: 】【终止日期: 】

商品编号	商品单价	上期结存		本期入库		本期出库		本期结存		库存标准	补库显示	生产日期	保质期	是否过期
		数量	金额	数量	金额	数量	金额	数量	金额					
1	120	20		100		90				50		2016-7-1	36	
2	18	30		500		520				10		2014-8-4	36	
3	2	200		480		500				120		2017-6-8	36	
4	2.5	100		240		200				100		2016-5-5	36	
5	360	12		36		30				15		2014-3-5	60	
6	120	15		36		40				15		2013-8-9	60	
7	45	60		36		42				15		2016-7-4	60	

图 5-58 库存管理表

2. 解决方案

观察库存管理表,需要进行计算的项目及解决思路如下。

(1)库存商品的金额需要计算:金额=商品数量×商品单价。

(2)本期结存的商品数量需要计算:本期结存数量=上期结存数量+本期入库数量-本期出库数量。

(3)在商品库存不足库存标准时,应当在补库显示字段中自动进行提示。

判断逻辑为:如果库存标准大于本期结存数量则显示补库,否则不显示。

条件是:库存标准>本期结存数量;

满足条件显示:"补库";

不满足条件显示空白(用空格表示空白)。

这里适合使用 IF 函数进行判断。

(4)在商品过期时,应当在是否过期字段中自动进行提示。

判断逻辑为:如果生产日期到现在超过保质期则显示过期,否则不显示。

条件是:当前日期-生产日期>保质期;

满足条件显示:"过期";

不满足条件显示空白(用空格表示空白)。

这里同样适合使用 IF 函数进行判断。

3．实现方法

1）WPS 表格 2016 实现方法

(1) 录入表格数据,并进行基本的格式设置,如图 5-59 所示。

	A	B	C	D	E	F	G	H	I	J	K	L	M	N	O
1							库存管理表								
2	【编制单位】				【起始日期:						终止日期:		】		
3	商品编号	商品单价	上期结存		本期入库		本期出库		本期结存		库存标准	补库显示	生产日期	保质期	是否过期
4			数量	金额	数量	金额	数量	金额	数量	金额					
5	1	120	20		100		90				50		2016-7-1	36	
6	2	18	30		500		520				10		2014-8-4	36	
7	3	2	200		480		500				120		2017-6-8	36	
8	4	2.5	100		240		200				100		2016-5-5	36	
9	5	360	12		36		30				15		2014-3-5	60	
10	6	120	15		36		40				15		2013-8-9	60	
11	7	45	60		36		42				15		2016-7-4	60	

图 5-59 录入表格数据

(2) 计算本期结存数量。

操作 1：选中商品 1 的本期结存数量单元格 I5→键盘输入"=C5+E5-G5"→按 Enter 键。商品 1 的本期结存数量将被计算出来显示在 I5 单元格中,如图 5-60 所示。

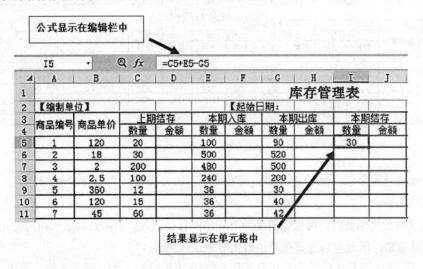

图 5-60 公式计算

操作 2：鼠标拖动 I5 单元格的填充柄,向下填充至 I11 单元格,将 I5 中的公式复制到 I6:I11 单元格中,将整列的数量计算出来,如图 5-61 所示。

I5   fx =C5+E5-G5

库存管理表

	A	B	C	D	E	F	G	H	I	J
1									库存管理表	
2	【编制单位】				【起始日期：】					
3	商品编号	商品单价	上期结存		本期入库		本期出库		本期结存	
4			数量	金额	数量	金额	数量	金额	数量	金额
5	1	120	20		100		90		30	
6	2	18	30		500		520		10	
7	3	2	200		480		500		180	
8	4	2.5	100		240		200		140	
9	5	360	12		36		30		18	
10	6	120	15		36		40		11	
11	7	45	60		36		42		54	
12										

图 5-61　复制公式

（3）计算上期结存金额、本期入库金额、本期出库金额和本期结存金额。

操作：在 D5 单元格中输入公式"=C5*B5"，然后填充到 D6:D11 单元格。

在 F5 单元格中输入公式"=E5*B5"，然后填充到 F6:F11 单元格。

在 H5 单元格中输入公式"=G5*B5"，然后填充到 H6:H11 单元格。

在 J5 单元格中输入公式"=I5*B5"，然后填充到 J6:J11 单元格。

结果如图 5-62 所示。

	A	B	C	D	E	F	G	H	I	J	K	L	M	N	O
1							库存管理表								
2	【编制单位】				【起始日期：】						终止日期：		】		
3	商品编号	商品单价	上期结存		本期入库		本期出库		本期结存		库存标准	补库显示	生产日期	保质期	是否过期
4			数量	金额	数量	金额	数量	金额	数量	金额					
5	1	120	20	2400	100	12000	90	10800	30	3600	50		2016-7-1	36	
6	2	18	30	540	500	9000	520	9360	10	180	10		2014-8-4	36	
7	3	2	200	400	480	960	500	1000	180	360	120		2017-6-8	36	
8	4	2.5	100	250	240	600	200	500	140	350	100		2016-5-5	36	
9	5	360	12	4320	36	12960	30	10800	18	6480	15		2014-3-5	60	
10	6	120	15	1800	36	4320	40	4800	11	1320	15		2013-8-9	60	
11	7	45	60	2700	36	1620	42	1890	54	2430	15		2016-7-4	60	

图 5-62　计算金额

（4）计算补库显示。使用 IF 函数处理补库显示的公式为："=IF(K5>I5,"补库"," ")"。参数说明见图 5-63。

在公式中使用函数时，可以像前文的公式一样直接录入，但函数的录入相对公式来说比较复杂，容易输错，因此可以选择使用函数向导来录入函数。

操作 1：选中商品 1 的补库显示单元格 L5→单击编辑栏上的"插入函数"按钮 fx，弹出"插入函数"对话框→在"插入函数"对话框中找到并选中"IF"函数→单击"确定"，弹出 IF 函数的"函数参数"对话框，如图 5-64 所示。

第 1 个参数为条件。
- K5 为商品 1 的库存标准。
- I5 为商品 1 的本期结存数量。
- K5>I5 即表示商品 1 的库存标准大于本期结存数量。

第 3 个参数为条件不成立时单元格中显示内容。即若 K5>I5 不成立，则单元格中显示空白。这里用空格表示空白。

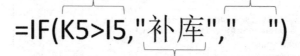

第 2 个参数为条件成立时单元格中显示内容。即若 K5>I5 成立，则单元格中显示补库。

图 5-63　IF 函数参数说明

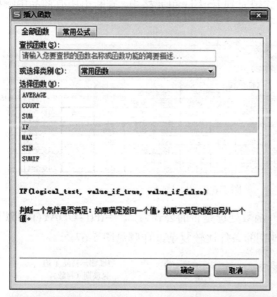

图 5-64　插入 IF 函数

操作 2：将 IF 函数的 3 个参数依次输入"函数参数"对话框的 3 个输入框中，如图 5-65 所示。

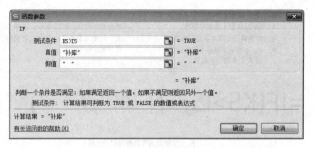

图 5-65　输入参数

操作 3：单击"确定"，计算结果将显示在 L5 单元格中。由于商品 1 的库存数量不足库存标准，因此这里会显示补库。

操作 4：将 L5 单元格中的公式填充到 L6:L11 单元格中，判断出所有商品中哪些需要补库，如图 5-66 所示。

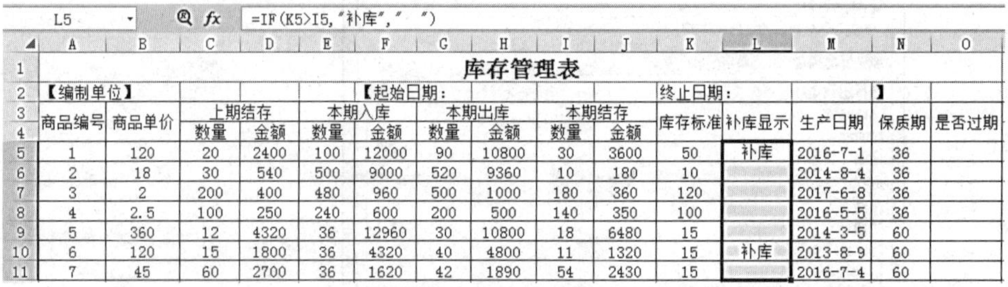

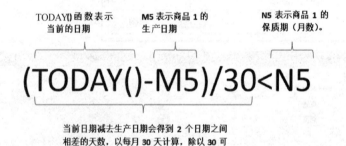

图 5-66　补库显示

（5）计算是否过期。使用 IF 函数处理是否的公式为："=IF((TODAY()-M5)/30<N5," ","过期")"。这个公式中判断是否过期的条件比较复杂，详解见图 5-67。

TODAY() 函数表示当前的日期

M5 表示商品 1 的生产日期

N5 表示商品 1 的保质期（月数）。

$$(TODAY()-M5)/30 < N5$$

当前日期减去生产日期会得到 2 个日期之间相差的天数，以每月 30 天计算，除以 30 可以得到商品 1 生产出来的月数。

图 5-67　计算是否过期

操作 1：选中商品 1 的是否过期单元格 O5→单击"插入函数"按钮→选择 IF 函数并确定→依次输入 IF 函数的 3 个参数，如图 5-68 所示，然后单击"确定"，判断出商品 1 是否过期并显示。

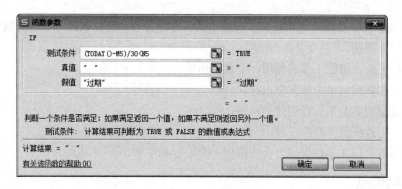

图 5-68　输入参数

操作 2：将 O5 单元格中的公式填充到 O6:O11 单元格中，判断出所有商品中哪些过期。

2）Office Excel 2010 实现方法

Office Excel 2010 使用公式和函数的方法与 WPS 表格 2016 版基本相同，区别仅在于 Excel 的函数参数对话框中的参数名为英文，但意义仍然与 WPS 的中文一一对应，如图 5-69 所示。

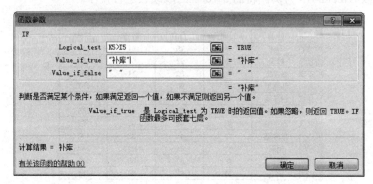

图 5-69　Excel 函数参数对话框

操作步骤在此不再详述。

4．案例总结

公式和函数是强有力的计算工具，用户应熟记常用的函数用法，并能够通过阅读函数说明摸索陌生函数的使用。主要函数的说明请参见本书附录。

5.4　使用数据清单进行数据统计和分析

数据清单是指包含一组相关数据的一系列工作表行。电子表格处理软件在对数据清单进行管理时，通常将其看作是一个数据库。其中，数据清单的行相当于数据库的记录，行标题相当于记录名；数据清单的列相当于数据库的字段，列标题相当于字段名。

大多数电子表格处理软件均提供了大量功能以方便管理和分析数据清单中的数据。但应用时，要遵循如下准则。

- 一般来说，每张工作表使用一个数据清单；
- 避免在数据清单中放置空白行和列；
- 在数据清单的第一行创建列标题；
- 同一列数据的类型应一致；
- 数据清单与其他数据间至少应留出一个空行和空列。

5.4.1 知识要点

1．数据排序

电子表格处理软件提供了多种方法对数据清单进行排序。当用户进行排序时，数据清单中的数据将被重新排列。

【例 5-6】以 Excel 2010 为例，将图 5-70 中的成绩表进行排序。

	A	B	C	D	E
1	姓名	性别	语文	数学	总分
2	冯婷	女	75	61	136
3	杜玉	女	92	69	161
4	杨振杰	男	88	71	159
5	张博星	男	90	77	167
6	白浩男	男	89	78	167
7	郝娜	女	85	81	166
8	高彤阳	男	82	81	163
9	侯姗姗	女	48	82	130
10	何蕊	女	84	84	168
11	葛桂琴	女	83	85	168
12	贺嘉	男	68	86	154

图 5-70 成绩表

（1）单关键字排序：按总分成绩从高到低排序。

选中总分列（E 列）中的任意一个成绩数据单元格→单击"数据"面板中的降序按钮 ↓，即可完成，如图 5-71 所示。注意对比图 5-70 与 5-71，可以发现整个数据清单的行顺序发生了改变，但每一行的数据没有发生改变。

（2）多关键字排序：按性别排序，在性别相同的情况下按总分从高到低排序。

选中数据清单中的任意一个单元格→单击数据面板上的排序按钮 →弹出"排序"对话框→添加条件→分别设置主要关键字和次要关键字为"性别"和"总分"→设置两个关键字的"排序依据"和"次序"→单击"确定"，即可完成排序，如图 5-72 所示。

2．数据筛选

筛选是查找和处理数据清单中数据的快速方法。经过筛选后的数据清单只显示满足条件的数据行，以供用户浏览和分析。它与排序不同，筛选不重排行顺序，只是将不满足条件的行隐藏起来。电子表格处理软件提供了自动筛选和高级筛选两种方法。

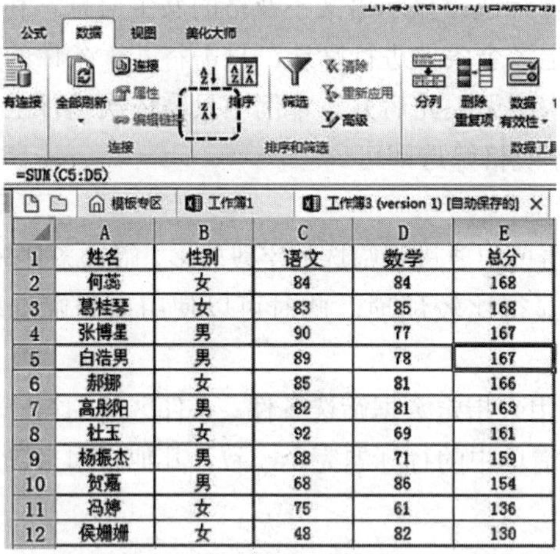

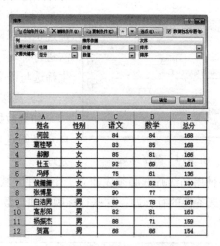

图 5-71　单关键字排序　　　　　　　图 5-72　多关键字排序

1）自动筛选

自动筛选适用于简单条件，可使用户在含有大量数据的数据清单中快速查找到符合条件的记录。

【例 5-7】　以 Excel 2010 为例，对图 5-70 的成绩表进行自动筛选。

（1）文本筛选：只显示女生的信息。选定数据清单中的任意一个单元格→单击数据面板中的"筛选"按钮 ，数据清单的列标题全部变成下拉列表框→单击"性别"下拉列表框选择"女"，如图 5-73 所示。则数据清单中只显示女生的记录，其余的全被隐藏。

图 5-73　文本筛选

说明：更复杂的文本筛选，可以选择下拉列表框中的"文本筛选"选项，以文本的开头字符、结尾字符、包含字符、不包含字符等条件进行筛选。

（2）数字筛选：只显示语文不及格的学生信息。选定数据清单中的任意一个单元格→单击数据面板中的"筛选"按钮 ，数据清单的列标题全部变成下拉列表框→单击"语文"下拉列表框选择"数字筛选"→选择"小于"，弹出"自定义自动筛选方式"对话框→设置条件为小于60→单击“确定”完成筛选，如图5-74所示。则数据清单中只显示语文不及格学生的记录，其余的全被隐藏。

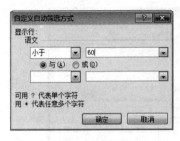

图5-74 数字筛选

（3）多条件筛选：显示语文不及格的女生信息。利用自动筛选也可以限定多个条件进行筛选，只需将若干条件的筛选依次进行即可（次序无关先后）。本例中只需依次进行上文的女生筛选与语文不及格筛选即可。

2）高级筛选

如果数据清单中要进行筛选的字段较多，筛选条件较复杂，自定义筛选就显得比较烦琐，此时可以使用高级筛选功能来处理。

使用高级筛选必须先建立一个条件区域，用来指定数据筛选条件。条件区域的第一行是所有筛选条件的行标题，这些行标题必须与数据清单中的行标题完全一致，其他行用来输入筛选条件。

注意：条件区域与数据清单不能连接，必须用最少1个空白行或列将其隔开。

高级筛选的条件区域应该至少有两行，第一行用来放置列标题，下面的行则放置筛选条件，需要注意的是，这里的列标题一定要与数据清单中的列标题完全一样才行。在条件区域的筛选条件的设置中，同一行上的条件认为是“与”条件，而不同行上的条件认为是“或”条件。

【例5-8】 以Excel 2010为例，对图5-70的成绩表进行高级筛选，显示语文不及格的女生信息。

步骤1：在与数据清单不直接连接的单元格中输入筛选条件，如图5-75所示。

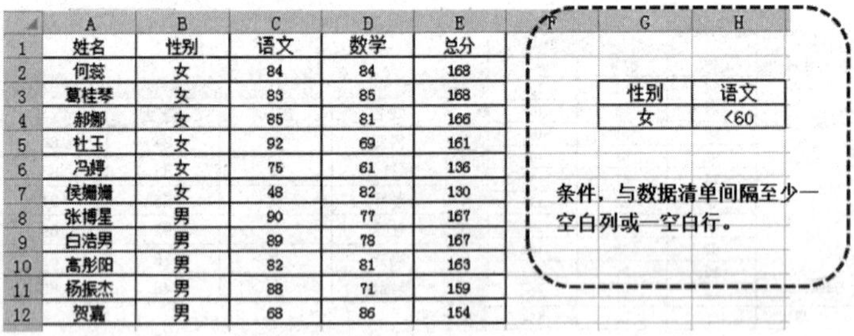

	A	B	C	D	E
1	姓名	性别	语文	数学	总分
2	何蕊	女	84	84	168
3	葛桂琴	女	83	85	168
4	郝娜	女	85	81	166
5	杜玉	女	92	69	161
6	冯婷	女	75	61	136
7	侯姗姗	女	48	82	130
8	张博星	男	90	77	167
9	白浩男	男	89	78	167
10	高彤阳	男	82	81	163
11	杨振杰	男	88	71	159
12	贺嘉	男	68	86	154

性别	语文
女	<60

图5-75 高级筛选条件

步骤2：单击“数据面板”中“排序和筛选”区域内的“高级”按钮 高级。弹出“高级筛选”对话框。在对话框中分别设置“列表区域”和“条件区域”，单击“确定”即可完成筛选。

说明：列表区域即数据清单，条件区域为我们输入的条件所在区域，如图5-76所示；如有必要，可以选择“将筛选结果复制到其他位置”，然后设置“复制到”区域。

	A	B	C	D	E
1	姓名	性别	语文	数学	总分
7	侯姗姗	女	48	82	130
13					
14					
15					
16					

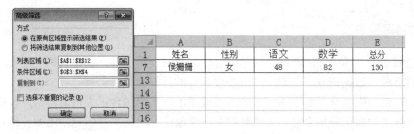

图 5-76 高级筛选 2

3. 分类汇总

分类汇总是对数据清单进行数据分析的一种方法，可对数据清单中的某一项数据进行分类，并对每类数据的相关信息进行统计计算。统计的内容可由用户确定，也可统计同类记录的记录条数，或对某些数值字段求和、求平均值以及求极值等。

在分类汇总之前，应先将数据清单中要分类汇总的数据列进行排序，以便将分类汇总的数据行组织到一起。

【例 5-9】 以 Excel 2010 为例，对图 5-70 的成绩表进行分类汇总，按性别显示各科成绩及总分的平均分。

分析：本例中分类字段为“性别”，汇总方式为“平均值”，汇总项为语文、数学和总分。

步骤 1：按性别对成绩表进行排序。

步骤 2：单击“数据”面板上的“分类汇总”按钮，弹出“分类汇总”对话框，如图 5-77 所示。

步骤 3：在对话框中分别设置分类字段、汇总方式、选定汇总项，单击“确定”。数据的分类汇总结果将显示在原有的数据清单中，如图 5-78 所示。

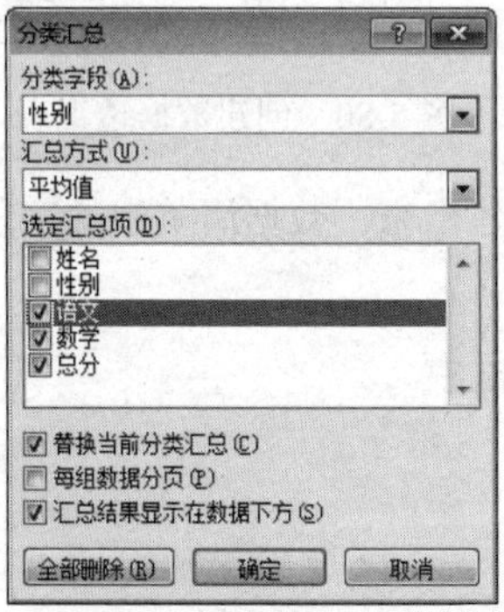

图 5-77 “分类汇总”对话框

	A	B	C	D	E
1	姓名	性别	语文	数学	总分
2	何蕊	女	84	84	168
3	葛桂琴	女	83	85	168
4	郝娜	女	85	81	166
5	杜玉	女	92	69	161
6	冯婷	女	75	61	136
7	侯姗姗	女	48	82	130
8		女 平均值	77.83333333	77	154.8333333
9	张博星	男	90	77	167
10	白浩男	男	89	78	167
11	高彤阳	男	82	81	163
12	杨振杰	男	88	71	159
13	贺嘉	男	68	86	154
14		男 平均值	83.4	78.6	162
15		总计平均值	80.36363636	77.72727273	158.0909091

图 5-78 分类汇总结果

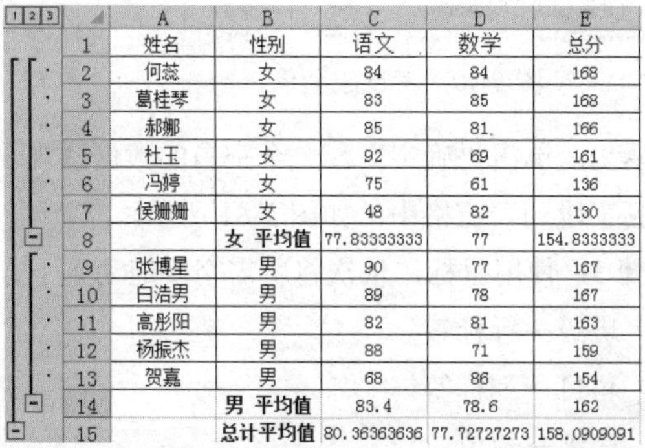

> **说明：** 在分类汇总中我们的数据是分级显示的，现在工作表的左上角出现了这样一个区域 1 2 3，分别单击 1、2、3，可以改变数据清单中分类汇总结果的显示级别。

4. 数据透视表

数据透视表是用来从 Excel 数据清单中总结信息的分析工具。创建数据透视表时，用户可指定所需的字段、数据透视表的组织形式和要执行的计算类型。

图 5-79 是一张包含了数千条记录的考试成绩单，其中包含了大量的数据，数据透视表提供了快速且强大的数值分析功能，帮助我们从中提取出有用的汇总信息，比如各科目的成绩统计、各班级的成绩统计等。

【例 5-10】 以 Excel 2010 为例，运用数据透视表对图 5-79 的考试成绩表进行分析，统计各班级各科目的平均成绩。

步骤 1：选中数据清单中的任一单元格，单击"插入"面板中的"数据透视表"按钮，弹出"创建数据透视表"对话框。如果数据清单符合前文所述的数据清单创建准则，则数据清单区域将被自动选中，如图 5-80 所示。

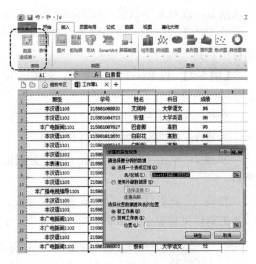

图 5-79 考试成绩单　　　　　　　图 5-80 创建数据透视表

步骤 2：单击"确定"，一个空白的数据透视表将被创建出来。数据清单中的字段将被罗列在右侧字段列表窗格中，如图 5-81 所示。

步骤 3：使用鼠标，依次将所需字段拖动到下方的布局框中。

- 班级→行标签
- 科目→列标签
- 成绩→数值

左侧的空白透视表中将会显示出班级及科目成绩的统计结果。因默认的数据统计方式为"求和"，可以看到现在的成绩统计结果是求和，如图 5-82 所示。

步骤 4：单击数值列表框中的"求和项：成绩"，在弹出菜单中选择"值字段设置"，将值汇总方式变更为"平均值"→单击"确定"。数据透视表中的数据汇总方式将变成我们所需要的平均值，如图 5-83 和图 5-84 所示。

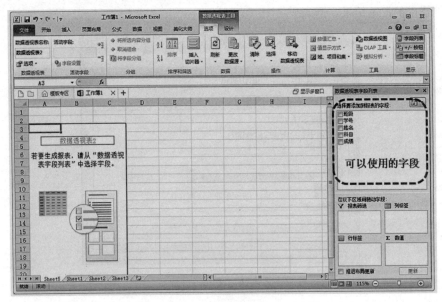

图 5-81　空白数据透视表

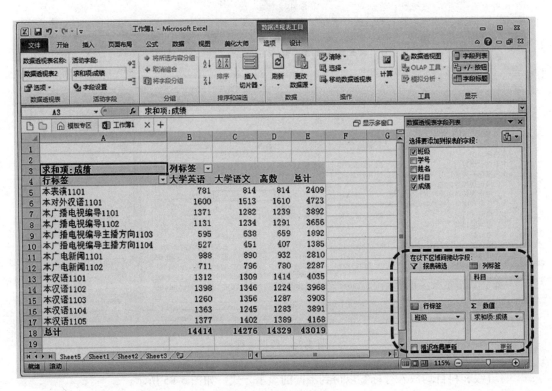

图 5-82　数据透视表

通过改变不同的标签设置，汇总方式，增加筛选条件等，数据透视表可以展现出各式各样满足不同需求的汇总结果。例如：

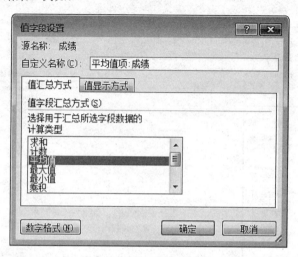

图 5-83　值字段设置

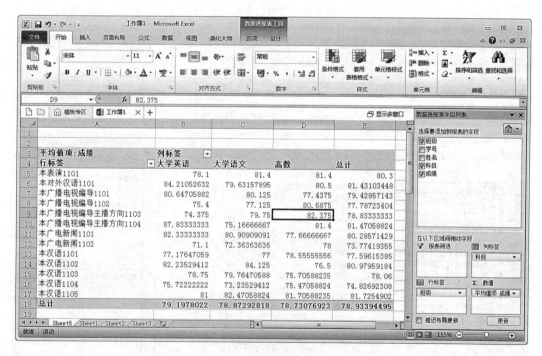

图 5-84　数据透视表

将班级和科目均放入行标签以得到不同的显示方式，如图 5-85 所示。

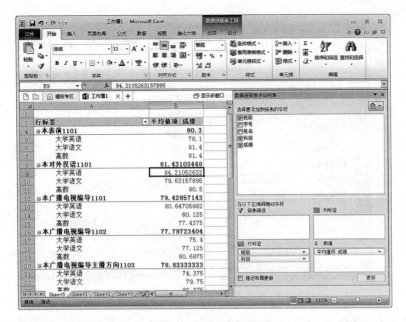

图 5-85 不同显示方式

将成绩的汇总方式变更为"计数",可以统计参加考试人数,如图 5-86 所示。

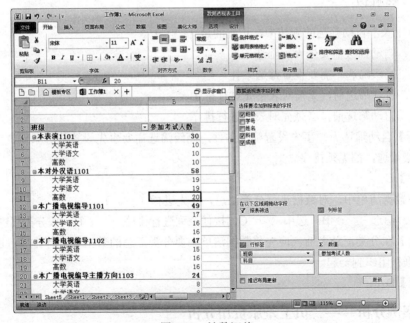

图 5-86 计数汇总

将成绩拖入报表筛选中。并设置筛选不及格成绩,可以统计各班不及格人数,如图 5-87 所示。

图 5-87 统计不及格人数

数据透视表功能强大。可以对数据进行分类、汇总、过滤等，制作出所需要的数据统计报表。在实际工作中举一反三、多加应用，可以提高工作效率。

5.4.2 习题解析

1. 以下关于自动筛选的叙述中，正确的是（   ）。
    A．自动筛选需要先设置筛选条件
    B．高级筛选不需要设置筛选条件
    C．进行筛选前，无需对表格先进行排序
    D．自动筛选前，必须先对表格进行排序

【解析】自动筛选无须事先设置筛选条件，高级筛选需要事先设置筛选条件。无论自动筛选还是高级筛选，都无须排序。

【答案】C。

2. 在数据清单中，对数据进行分类汇总，要先进行（   ）。
    A．筛选　　　B．选中　　　C．按任意列进行排序　　　D．按分类列进行排序

【解析】在分类汇总之前，应先将数据清单中要分类汇总的数据列进行排序，以便将分类汇总的数据行组织到一起。

【答案】D。

5.4.3 案例分析——"员工差旅费用分析"

1．任务提出

快速从大量数据中得到统计分析汇总结果，以辅助决策，这是电子表格处理的一个重要功

能。在这种情况下,仅依靠公式和函数进行统计和分析将会使工作变得异常复杂,利用电子表格所提供的排序、筛选、分类汇总等分析工具将是更好的选择。在电子表格所提供的数据分析工具中,数据透视表无疑是最为便捷、快速,同时也是分析功能最为丰富的选择。

图 5-88 是一张简单的员工差旅费用记录表,利用数据透视表在这张表中从不同的角度,用不同的汇总方式,发现数据背后的数据。

例如:分析不同季度分析费用高低;

分析各部门的出差频率及费用高低;

分析各地区的平均消费水平;

分析出差人员的花费是否正常;

……

	A	B	C	D	E	F	G	H
1	日期	编号	雇员	部门	金额	类别	出差地区	季度
2	2016-1-2	16001	贾欣欣	信息部	¥480.00	住宿费	北京	1
3	2016-1-3	16002	贾亦歆	行政部	¥65.00	餐费	上海	1
4	2016-1-4	16003	李阔	销售部	¥300.00	汽车油费	武汉	1
5	2016-1-5	16004	李炜娟	销售部	¥50.00	汽车过路费	西安	1
6	2016-2-15	16005	李秀阳	市场部	¥260.00	公共交通费	北京	1
7	2016-2-16	16006	李永猛	销售部	¥150.00	其它费用	上海	1
8	2016-2-17	16007	刘璐	市场部	¥450.00	住宿费	深圳	1
9	2016-2-18	16008	刘清远	研发部	¥50.00	餐费	杭州	1
10	2016-3-7	16009	毛海土	项目部	¥300.00	汽车油费	北京	1
11	2016-3-8	16010	贾欣欣	信息部	¥600.00	汽车过路费	上海	1
12	2016-3-9	16011	贾亦歆	行政部	¥200.00	公共交通费	武汉	1
13	2016-3-10	16012	李阔	销售部	¥100.00	其它费用	西安	1
14	2016-4-2	16013	李炜娟	销售部	¥480.00	住宿费	北京	2
15	2016-4-3	16014	李秀阳	市场部	¥70.00	餐费	上海	2
16	2016-4-4	16015	李永猛	销售部	¥300.00	汽车油费	深圳	2
17	2016-4-5	16016	刘璐	市场部	¥550.00	汽车过路费	杭州	2
18	2016-5-1	16017	刘清远	研发部	¥550.00	公共交通费	北京	2

图 5-88 差旅费用记录表

2.解决方案

针对不同的分析需求,可分别创建不同的数据透视表以分析数据。各种统计需求用数据透视表的实现方法是一样的,本案例用"各部门各季度差率费用分析"这个主题进行讲解如何利用数据透视表进行数据分析。

3.实现方法

1)WPS 表格 2016 实现方法

(1)创建空白数据透视表。

操作:选中数据清单中的任一单元格→单击"数据"面板中的"数据透视表"按钮→单击弹出的"创建数据透视表"对话框中的"确定"按钮。WPS 表格将创建一个新的工作表,这张工作表中有一个空白的数据透视表。

(2)选择透视字段。

操作:用鼠标拖动的方式将部门、季度、金额 3 个字段分别拖动到"行区域""列区域"

"数值区域"中,即可生成由这3个字段数据汇总而来的数据透视表,如图5-89所示。

注:这张透视表是一张交叉表。

(3)调整字段布局,形成不同的透视角度。

操作:用鼠标拖动的方式调整部门、季度2个字段其所在的行区域或列区域,可以改变数据透视表的透视角度,以满足用户不同的分析需求。

① 以部门为一级分析指标,季度为二级分析指标,如图5-90所示。

求和项:金额	季度				
部门	1	2	3	4	总计
行政部	265	35	550	95	945
市场部	1110	1420	1500	1590	5620
项目部	300	200	300	520	1320
销售部	900	2210	1040	1270	5420
信息部	1080	220	20	610	1930
研发部	50	550	310	45	955
总计	3705	4635	3720	4130	16190

图 5-89 选择透视字段生成数据透视表

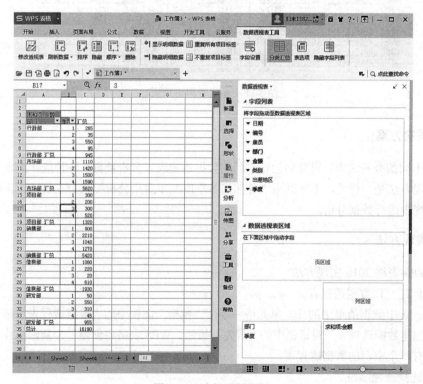

图 5-90 选择分析指标

② 以季度为一级分析指标，部门为二级分析指标，如图 5-91 所示。

③ 可将部门和季度均拖动到列区域，可变透视表数据排列方式为水平排列。

④ 统计各部门个季度的出差次数。

操作：双击数值区域中的"求和项：金额"，弹出"数据透视表字段"对话框，在其中将汇总方式由"求和"变更为"计数"，即可由统计金额总和变更为统计费用出现的次数。

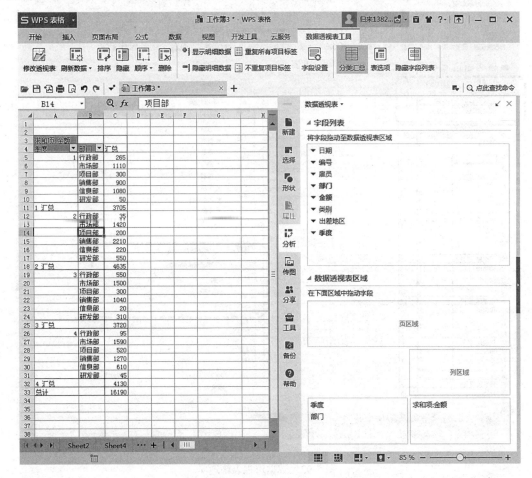

图 5-91　选择不同的一级和二级分析指标

⑤ 利用数据透视表进行筛选。

操作：将"类别"和"出差地区"拖动到"页区域"中，数据透视表上方将出现"类别"和"出差地区" 2 个下拉列表，利用这 2 个下拉列表，可以限定进行统计的数据，如图 5-92 所示。

注：任何字段都可以拖动到"页区域"中成为筛选条件。

⑥ 调整数据透视表外观。数据透视表创建后，实际上已经是一张完全独立存在的新工作表，按照前文的格式设置操作进行设置即可。

2）Office Excel 2010 实现方法

Office Excel 2010 与 WPS 表格 2016 的数据透视表操作基本一样，仅在 2 处界面略有不同。

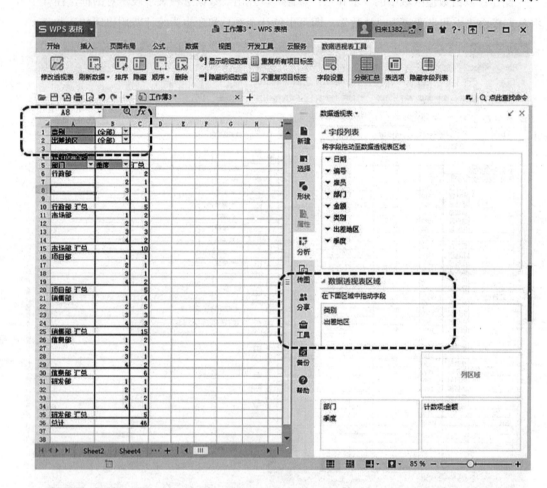

图 5-92 数据透视表筛选

（1）Office Excel 2010 的数据透视表按钮在"插入"面板中。

（2）Office Excel 2010 的数据透视表字段布局界面上的区域命名与 WPS 表格不同，但功能完全一样，对照关系如图 5-93 所示。

4．案例总结

数据透视表是电子表格快速进行数据分析的主要工具，可以实现排序、筛选、分类汇总等种种常用的数据分析功能。使用数据透视表的关键在于理清分析需求、合理进行字段的布局。

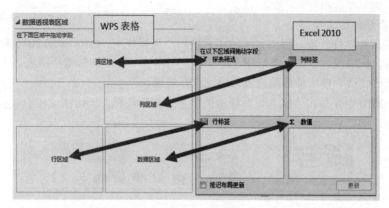

图 5-93　WPS 表格和 Excel 2010 界面对照关系

5.5　使用图表进行数据展现

图表是电子表格处理软件中重要的图形化展现工具。图表可以根据表格中的数据生成各式各样的图形，从而直观、形象地表示和反映数据的意义和变化，使数据易于阅读、评价、比较和分析。

5.5.1　知识要点

1. 创建图表

创建图表有 2 个关键步骤：先选中数据源，然后插入合适的图表类型。

1）选中数据源

选中工作表中需要使用图表来展现的数据区域。需要注意的是：一般情况下，应当选中相应数据的字段名（列标题）。

例如，若需要使用成绩表中的姓名和总分来生成图表，除了姓名数据和总分数据需要选中外，还应当选中姓名和总分这 2 个字段名（列标题），如图 5-94 所示，有底纹的单元格区域即为需要选中的部分。

	A	B	C	D	E	F	G
1	班级	学号	姓名	语文	数学	英语	总分
2	一年一班	215861087824	白素君	98	88	90	276
3	一年一班	215861814226	常馨元	78	60	77	215
4	一年一班	215861814221	陈欢	80	84	85	249
5	一年一班	215861082428	陈阳	77	70	92	239
6	一年一班	215861089905	代卓衡	89	91	97	277
7	一年一班	215861810616	冯倩一飞	74	89	68	231
8	一年一班	215861812903	韩雪	68	88	60	216
9	一年一班	215861084410	何晨	63	80	66	209
10	一年一班	215861812225	何海平	96	64	85	245
11	一年一班	215861086713	孔米文	98	80	89	267
12	一年一班	215861086113	李萌	74	80	84	238

图 5-94　数据源

2）选择合适的图表类型

电子表格处理软件一般均提供常见的图表供用户选择使用，例如 Excel 2010 和 WPS 表格都提供柱形图、折线图、饼图、条形图、面积图、散点图、曲面图等常用图表。上文中的姓名与总分数据就比较适合使用柱形图或者条形图进行展现。

在 Excel 2010 中，单击"插入"面板上的"条形图"按钮，即可生成相应数据的条形图，如图 5-95 所示。

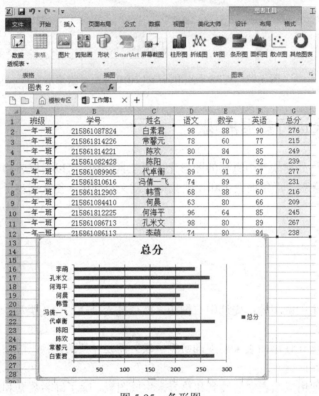

图 5-95　条形图

3）切换行列

由电子表格软件根据数据源自动生成的图表，可能出现坐标轴颠倒，不符合预期的情况，此时可以使用"图表"面板中的"切换行/列"功能进行调整，例如上图中的条形图也可以通过"切换行/列"进行坐标轴的调整，调整结果如图 5-96 所示。

2．编辑图表

1）认识图表

图表在创建后，为默认的图表格式，可以根据用户的需要进行编辑。一个典型的图表，一般都包含如下几个元素，如图 5-97 所示。

（1）图表区：图表区是放置图表及其他元素的大背景。

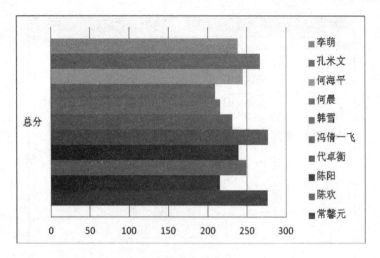

图 5-96 切换行/列

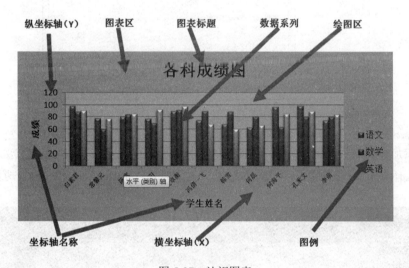

图 5-97 认识图表

（2）绘图区：绘图区是放置图表主体的背景。
（3）图例：图表中每个不同数据的标识。
（4）数据系列：就是源数据表中一行或者一列的数据。
其他还包括横坐标、纵坐标、图表标题等。
2）编辑图表
（1）图表元素格式设置：对图表中各种元素都可以进行边框、阴影、三维样式、发光和柔滑边缘等编辑，只需在相应的图表元素上右击，在弹出菜单中选择相应的元素格式设置选项，然后在弹出的对话框中设置即可。例如，图 5-98 为 Excel 2010 中设置图例格式的对话框。各种元素的设置大同小异。

图 5-98　设置图例格式

（2）添加数据标签。数据标签，是添加在数据系列上的数据标记。在数据系列上右击，弹出菜单中选择"添加数据标签"即可在数据系列上增加数据标志。效果如图 5-99 所示。

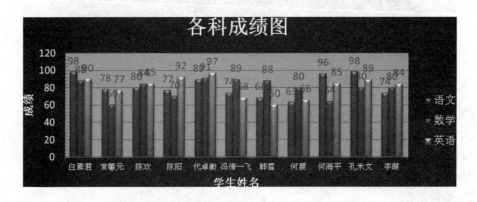

图 5-99　数据标签

在已有数据标签的状态下，再次右击数据系列，单击"设置数据标签"格式，可以改变标签的格式和标签包含的数据内容。标签中可以包含的内容随图表的类型不同而不同。例如，柱形图的数据标签中可以包含"系列名称""类别名称"和"值"3 种数据,而饼图中除这 3 种外,还可以包含"百分比""引导线",如图 5-100 所示。

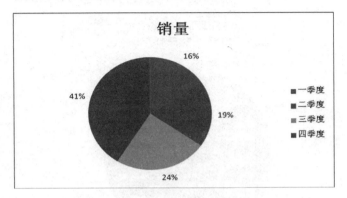

图 5-100　饼图的数据标签

5.5.2　习题解析

1. 常用的统计图表有:柱形图、条形图、折线图、饼图等。下图所示的统计图表类型为(　　)。

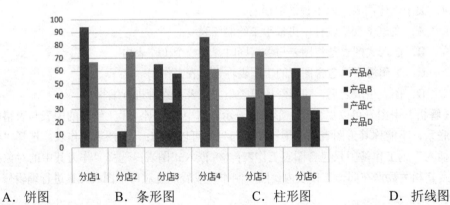

　　A. 饼图　　　　　B. 条形图　　　　　C. 柱形图　　　　　D. 折线图

【解析】本题图表为典型的柱形图。

【答案】C。

2. 电子表格中,为了直观地比较各种产品的销售额,在插入图表时,宜选择(　　)。

　　A. 雷达图　　　　B. 折线图　　　　　C. 饼图　　　　　　D. 柱形图

【解析】柱形图显示一段时间内数据的变化,或显示不同项目之间的对比;折线图按照相同间隔显示数据的趋势;雷达图可以在同一坐标系内展示多指标的分析比较情况;饼图显示组成数据系列的项目在项目总和中所占的比例。就本题而言,柱形图、雷达图都具备比较功能,但柱形图更为合适。

【答案】D。

3. 常用的统计图表有：柱形图、条形图、折线图、饼图等。下图所示的统计图表类型为（　　）。

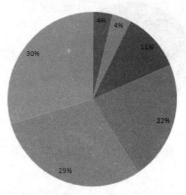

A．饼图　　　　　　B．条形图　　　　　　C．柱形图　　　　　　D．折线图

【解析】本题图表为典型的饼图。

【答案】A。

4. 关于创建图表，以下说法错误的是（　　）。

　　A．在电子表格软件中可以手工绘制图表
　　B．嵌入式图表是将图表与数据同时置于一个工作表内
　　C．工作簿中只包含图表的工作表称为图表工作表
　　D．图表生成之后，可以对图表类型、图表元素等进行编辑

【解析】用图表可以更直观、形象地表示表格中的数据；手工绘制的图表与表格数据没有动态联系，不能称其为图表；使用"图表向导"可以制作：① 图表工作表：选择"作为新工作表插入"则工作簿中只包含图表工作表；② 嵌入式图表：选择"作为其中的对象插入"则图表及其相关数据在同一工作表内；图表制作完成后，可对每个图表元素进行编辑修改。

【答案】A。

5.5.3　案例分析——"销售业绩分析"

1. 任务提出

作为数据分析工具，用户除了希望它能提供全面丰富的分析功能，更希望它能提供美观、直观、图形化的分析结果展现方式，这就是图表。

图 5-101 是一个经过分析得到的"部门销售业绩汇总表"，在这张表中，数字庞大，难以一目了然地从中获取信息。在本案例中，我们将针对不同的数据展现需求，利用不同类型的图表对分析结果进行图形化的展现。

	A	B	C	D	E	F
1	部门	一季度	二季度	三季度	四季度	总额
2	电网事业部	￥1,565,000.00	￥2,368,000.00	￥1,408,000.00	￥8,756,000.00	￥14,097,000.00
3	制造事业部	￥2,080,000.00	￥1,860,000.00	￥3,201,000.00	￥2,435,000.00	￥9,576,000.00
4	金融事业部	￥790,000.00	￥1,260,000.00	￥500,000.00	￥360,000.00	￥2,910,000.00
5	文化事业部	￥4,600,000.00	￥3,640,000.00	￥2,684,000.00	￥1,624,000.00	￥12,548,000.00
6	信息事业部	￥2,400,000.00	￥2,684,000.00	￥2,486,000.00	￥2,697,000.00	￥10,267,000.00
7	汇总	￥11,435,000.00	￥11,812,000.00	￥10,279,000.00	￥15,872,000.00	￥49,398,000.00

图 5-101　部门销售业绩汇总表

2. 解决方案

（1）用柱形图对比各部门的销售业绩。

需要使用数据：部门名称、总额。

（2）用折线图展现各部门的销售发展趋势。

需要使用数据：部门名称、各季度销售额。

（3）用饼图展现各季度销售额在公司销售总额中的占比，观察销售受季节的影响情况。

需要使用数据：季度名称、各季度汇总销售额。

3. 实现方法

1）WPS 表格 2016 实现方法

（1）用柱形图对比各部门的销售业绩。

操作1：选中部门名称数据（包含字段名）A1:A6，同时选中总额数据（包含字段名）F1:F6→单击"插入"面板中的"插入柱形图"下拉列表→选择"簇状柱形图"，如图 5-102 所示。

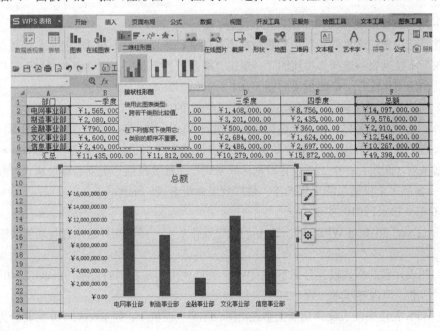

图 5-102　柱形图

操作2：对图表进行如下操作，使图表更加美观。

- 右击图表标题，更改标题文字为"年度部门销售业绩"。
- 右击图表区→单击"设置图表区域格式"→为图表区设置填充色。
- 右击绘图区→单击"设置绘图区格式"→为绘图区设置填充色。
- 右击数据系列→单击"设置数据系列格式"→为数据系列设置填充色。
- 单击"图表工具"面板上的"添加元素"下拉列表→分别添加"图例"→"右侧"和"数据标签→数据标签外"。
- 适当调整图表的大小。

最终完成效果如图 5-103 所示。

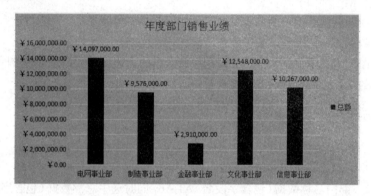

图 5-103　柱形图美化

（2）用折线图展现各部门的销售发展趋势。

操作：选中部门名称和各季度销售数据所在的 A1:E6 单元格→单击"插入"面板中的"插入折线图"下拉列表→选择"折线图"→单击"图表工具"面板上的"切换行列"按钮→参照上文做适当的美化操作。最终效果如图 5-104 所示。

（3）用饼图展现各季度销售额在公司销售总额中的占比。

操作：选中部门名称和各季度销售数据所在的 A1:E6 单元格→单击"插入"面板中的"插入饼图或圆环图"下拉列表→选择"饼图"→右击数据系列（圆饼）→单击"添加数据标签"→右击数据系列（圆饼）→单击"设置数据标签格式"→标签包括"类别名称"和"百分比"→"确定"→参照上文做适当的美化操作。最终效果如图 5-105 所示。

2）Office Excel 2010 实现方法

Office Excel 2010 与 WPS 表格 2016 的图表操作基本一样，在界面设置与功能按钮分布上略有不同。

（1）图表元素的格式设置界面不同，WPS 表格使用的是右侧的窗格，Excel 2010 使用的是弹出对话框，但内容基本一致。

（2）WPS 表格中图表操作功能集中在"图表工具"面板上，而 Excel 2010 将其分为了"图表设计""图表布局"两块面板，功能一致，但内容分布不同。两者对比如图 5-106 所示。

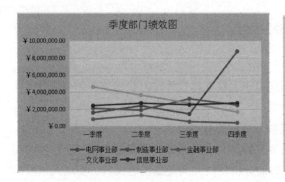

图 5-104 季度部门绩效图

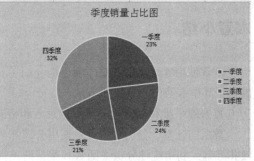

图 5-105 季度销量占比图

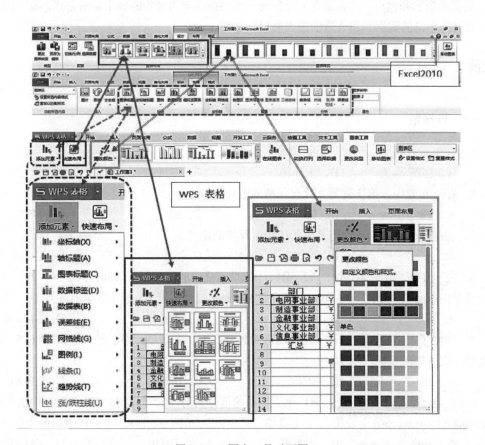

图 5-106 图表工具对照图

4. 案例总结

图表是数据最直观的展示形式，制作图表并不难，难点在于数据源的选择与图表类型的确定，请读者结合工作实际多看多练，以制作出展现效果最好的图表。

本章小结

本章使用 4 个案例，循序渐进地介绍了利用电子表格处理软件进行数据处理的全流程，并讲解了其中涉及的主要操作方法。

数据的采集和存储：关注数据录入和格式以及数据的有效性。

数据的计算、分析和统计：使用公式和函数去处理大量数据的计算问题，以实现计算的高效和准确；利用统计分析类函数和数据清单提供的分析功能尤其是数据透视表去实现大量数据的统计和分析。

数据的展示和输出：图表是数据分析统计结果最直观和有效的展示输出方式。制作图表时一定要选择正确的数据源和合适的图表类型。

习题

一、选择题

1. 在电子表格中，（ ）是组成工作表的最小单位。
   A．字符　　　　　　B．工作簿　　　　　　C．单元格　　　　　　D．窗口
2. 在工作表中，第 5 列第 8 行单元格的地址表示为（ ）。
   A．E8　　　　　　　B．58　　　　　　　　C．85　　　　　　　　D．8E
3. 在电子表格中，下列符号属于比较运算符的是（ ）。
   A．&　　　　　　　 B．^　　　　　　　　 C．<>　　　　　　　　D．:
4. 在电子表格中，若 A1、A2、B1、B2 单元格中的值分别为 100、50、30、20，在 B3 单元格中输入函数 "=IF(A1<=60,A2,B2)"，按 Enter 键后，则 B3 单元格中的值为（ ）。
   A．100　　　　　　　B．50　　　　　　　　C．30　　　　　　　　D．20
5. 在电子表格中，若 A1 单元格的格式为 000.00，在该单元格中输入数值 36.635，按回车键后，则 A1 单元格中的值为（ ）。
   A．36.63　　　　　　B．36.64　　　　　　　C．036.63　　　　　　D．036.64
6. 在电子表格中，若 A1、B1 单元格中的值分别为 80、35，在 A2 单元格中输入函数 "=IF(and(A1>70,B1>30)," 及格 "," 不及格 ")"，按 Enter 键后，则 A2 单元格中的值为（ ）。
   A．及格　　　　　　 B．不及格　　　　　　C．TRUE　　　　　　D．FALSE
7. 在电子表格中，A1 到 C3 单元格中的值如下图所示：

	A	B	C
1	10	20	30
2	30	20	10
3	50	40	30

在 D1 单元格中输入公式"=B1+C1",按 Enter 键后,则 D1 单元格中的值为(①);将 D1 单元格中的公式复制到 D2 单元格中,按 Enter 键后,则 D2 单元格中的值为(②);在 D3 单元格中输入众数函数"=MODE(A1:C3)",按 Enter 键后,则 D3 单元格中的值为(③);在 D4 单元格中输入函数"=SUM(A1:C3)-MAX(A1:C3)-MIN(A1:C3)^2",按 Enter 键后,则 D3 单元格中的值为 (④) 。

① A. 20   B. 30   C. 40   D. 50
② A. 20   B. 30   C. 40   D. 50
③ A. 20   B. 30   C. 40   D. 50
④ A. 10   B. 50   C. 90   D. 180

8. 在电子表格 1 中,A1 单元格中的值为 information,若在 A2 单元格中输入文本函数"=RIGHT(A1,4)",按 Enter 键后,则 A2 单元格中的值为( )。

  A. info   B. orma   C. tion   D. rmat

9. 在电子表格中,A1 单元格中的值为 2014-5-24,若在 A2 单元格中输入函数"=DAY(A1)",按 Enter 键后,则 A2 单元格中的值为( )。

  A. 2014-5-24   B. 2014   C. 5   D. 24

10. 在电子表格中,单元格 A1、B1、C1、A2、B2、C2 中的值分别为 1、2、3、4、5、6,若在 D1 单元格中输入公式"=A1+$B$1+C1",然后将单元格 D1 复制到 D2,则 D2 中的结果为( )。

  A. 6   B. 12   C. 15   D. #REF

11. 在电子表格中,将某学生各科成绩放在 A1:A9 单元格中,判断 A1 单元格中成绩等级的函数正确的是( )。(判断的依据是:成绩大于等于 85 为优良、大于等于 60 为及格,否则不及格)

  A. =IF(A1>=85,"优良",IF(A1>=60,"及格",IF(A1<60,"不及格")))
  B. =IF(A1>=85,"优良",85>A1>=60,"及格",A1<60,"不及格")
  C. =IF(A1>=85,"优良"),IF(A1>=60,"及格"),IF(A1<60,"不及格")
  D. =IF(A1>=85,"优良",IF(A1>=60,"及格","不及格"))

12. 在电子表格中,设单元格 A1 中的值为 100,B1 中的值为 200,A2 中的值为 300,B2 中的值为 400,若在 A3 单元格中输入函数"=SUM(A1:B2)",按 Enter 键后,A3 单元格中的值为( )。

  A. 100   B. 200   C. 500   D. 1000

13. 在电子表格中,在单元格 C1 中输入公式"=ROUND(653.54897,2)",按 Enter 键后,C1 单元格中的值为( )。

  A. 0.54   B. 65   C. 653.54   D. 653.55

14. 在电子表格中,设单元格 A1 中的值为 100,B1 中的值为 50,A2 中的值为 30,B2 中的值为 20,若在 C1 单元格中输入函数"=IF(A1<=60,A2,B2)",按 Enter 键后,C1 单元格中的值为( )。

　　　　A．100　　　　　B．50　　　　　C．30　　　　　D．20

15．在电子表格中，设单元格 A1 中的值为 100，B1 中的值为 50，A2 中的值为 30.6543，B2 中的值为 10，若在 C1 单元格中输入函数"=IF(A1>=60, SUM(B1:B2), ROUND(A2,2))"，按 Enter 键后，C1 单元格中的值为（　　）。

　　　　A．30　　　　　B．60　　　　　C．30.65　　　　D．150

16．在电子表格中，设单元格 A1 中的值为 80，B1 中的值为 35，若在 C1 单元格中输入函数"=IF(AND(A1<60,B1<60),"不及格","补考")"，按 Enter 键后，C1 单元格中的值为（　　）。

　　　　A．80　　　　　B．60　　　　　C．不及格　　　　D．补考

17．在电子表格中，设单元格 A1 中的值为 0，B1 中的值为 60，若在 C1 单元格中常规格式下输入函数"=ROUND(AVERAGE(A1:B1),2)"，按 Enter 键后，C1 单元格中的值为（　　）。

　　　　A．30　　　　　B．30.00　　　　C．70　　　　　D．70.00

18．在电子表格中，（　　）不是计算 A1、A2、A3 单元格中数据平均值的公式。

　　　　A．=(A1+A2+A3)/3　　　　　　B．=SUM(A1：A3)/3

　　　　C．=MAX(A1：A3)/3　　　　　　D．=AVERAGE(A1：A3)

19．在电子表格中，若在 A1 单元格输入了位数较多的数字，按回车键后，A1 单元格显示"########"，其原因是（　　）。

　　　　A．单元格宽度不够　　　　　　B．数字输入错误

　　　　C．单元格格式不正确　　　　　D．数字前面存在特殊符号

20．在电子表格中，（　　）是文本运算符。

　　　　A．*　　　　　B．=　　　　　C．&　　　　　D．<>

21．在电子表格中，设单元格 A1、B1、C1、A2、B2、C2 中的值分别为 1、3、5、7、9、11，若在单元格 D1 中输入函数"=MIN(A1:C2)"，按 Enter 键后，则 D1 单元格中的值为（　　）。

　　　　A．1　　　　　B．5　　　　　C．9　　　　　D．11

22．在电子表格的 A1 单元格中输入函数"=6+16+MAX(16,6)"，按 Enter 键后，A1 单元格中显示的值为（　　）。

　　　　A．6　　　　　B．16　　　　　C．28　　　　　D．38

23．在电子表格的 A1 单元格中输入函数 "=INT(-99.9)"，按 Enter 键后，A1 单元格中的值为（　　）。

　　　　A．-100　　　　B．-99　　　　C．99　　　　　D．100

24．在电子表格中，单元格 A1、A2、B1、B2、C1、C2、D1、D2 单元格中的值分别为 10、10、20、20、30、30、40、40，若在 E1 单元格中输入函数"=SUMIF(A1:D2, ">30",A2:D2)"，按 Enter 键后，则 E1 单元格中的值为（　　）。

　　　　A．10　　　　　B．20　　　　　C．30　　　　　D．40

25．在电子表格中，若在单元格 A1 中输入函数"=WEEKDAY("2016-11-19",2)"，按 Enter

键后，则 A1 单元格中的值为（   ）。

　　　　A．2　　　　　B．6　　　　　C．11　　　　　D．19

26．在电子表格中，若在单元格 A1 中输入函数"=LEN("RUANKAO")"，按 Enter 键后，则 A1 单元格中的值为（   ）。

　　　　A．RUANKAO　　B．R　　　　C．O　　　　　D．7

27．在电子表格中，设单元格 A1 中的值为-100.46，B1 中的值为 100，A2 中的值为 0，B2 中的值为 1，若在 C1 单元格中输入函数"=ABS(ROUND(A1,0)+AVERAGE(A2:B2))"，按 Enter 键后，则 C1 单元格中的值为（   ）。

　　　　A．-100.5　　　B．-99.5　　　C．99.5　　　　D．100.5

28．在电子表格中，下列运算符优先级最高的是（   ）。

　　　　A．：　　　　　B．%　　　　　C．&　　　　　D．<>

29．在电子表格中，单元格 A1、B1、C1、A2、B2、C2 中的值分别为 1、2、3、4、5、6，若在单元格 D1 中输入函数"=sum(A1:A2,B1:C2)"，按 Enter 键后，则 D1 单元格中的值为（①）；若在单元格 D2 中输入公式"=A1+B1-C1"，按 Enter 键后，则 D2 单元格中的值为（②）。

　　　　① A．6　　　　B．10　　　　C．21　　　　D．#REF
　　　　② A．0　　　　B．3　　　　 C．15　　　　D．#REF

30．在电子表格中，设 A1 单元格中的值为 20.23，A2 单元格中的值为 60，若在 C1 单元格中输入函数"=AVERAGE(ROUND(A1,0),A2)"，按 Enter 键后，则 C1 单元格中的值为（   ）。

　　　　A．20.23　　　 B．40　　　　 C．40.1　　　　D．60

31．在电子表格中，单元格 A1、A2、A3、B1、B2、B3、C1、C2、C3 中的值分别为 12、23、98、33、76、56、44、78、87，若在单元格 D1 中输入按条件计算最大值函数"=LARGE(A1:C3,3)"，按 Enter 键后，则 D1 单元格中的值为（   ）。

　　　　A．12　　　　　B．33　　　　C．78　　　　　D．98

32．在电子表格中，单元格 A1、A2、A3、B1 中的值分别为 56、97、121、86，若在单元格 C1 中输入函数"=IF(B1>A1,"E",IF(B1>A2,"F","G"))"，按 Enter 键后，则 C1 单元格中的值为（   ）。

　　　　A．E　　　　　B．F　　　　　C．G　　　　　D．A3

33．在电子表格中，单元格 A1、A2、A3、A4 中的值分别为 10、12、16、20，若在单元格 B1 中输入函数"=PRODUCT(A1:A2)/ABS(A3-A4)"，按 Enter 键后，则 B1 单元格中的值为（   ）。

　　　　A．22　　　　　B．16　　　　C．30　　　　　D．58

34．有如下电子表格工作表，在 A8 单元格中输入函数"=COUNTA(B4:D7)"，按 Enter 键后，则 A8 单元格中的值为（①）；要计算张丹的销售业绩，应在 E4 单元格中输入函数（②）；销售奖金的计算方法是某种商品销售量大于等于 70 奖励 500 元，小于 70 则没有奖励。要计算王星的销售奖金，应在 F6 单元格中输入函数（③）。

① A．4　　　　　B．6　　　　　C．8　　　　　D．12
② A．=SUM(B2:B4,D2:D4)
　 B．=SUM(B2:D2)*(SUM(B4:D4))
　 C．=SUMIF(B2:D2)*(SUM(B4:D4))
　 D．=SUMPRODUCT($B$2:$D$2,$B$4:$D$4)
③ A．=SUM(IF(B6>70,"500"),IF(C6>70,"500"),IF(D6>70,"500"))
　 B．=SUMIF(B6>70,"500"),IF(C6>70,"500"),IF(D6>70,"500")
　 C．=IF(B6>70,"500",IF(C6>70,"500",IF(D6>70,"500")))
　 D．=COUNTIF(B6>70,"500",IF(C6>70,"500",IF(D6>70,"500")))

35．在电子表格中，设单元格 A1、B1、C1、A2、B2、C2 中的值分别为 1、3、5、7、9、5，若在单元格 D1 中输入函数"=AVERAGE(A1:C2)"，按 Enter 键后，则 D1 单元格中的值为（①）；若在单元格 D2 中输入公式"=SUM(A1:B2)-C1-C2"，按 Enter 键后，则 D2 单元格中的值为（②）。

① A．5　　　　　B．10　　　　C．15　　　　D．30
② A．-2　　　　B．2　　　　　C．5　　　　　D．10

二、操作题

1．用 Excel 创建"学生成绩表"（内容如下图所示）。
（1）表格要有可视的边框，并将表中的文字设置为宋体、12 磅、黑色、居中。
（2）用函数计算总分。
（3）用函数计算平均分，计算结果保留 1 位小数。
（4）用公式计算所占百分比，所占百分比=平均成绩/100，计算结果保留 3 位小数。
（5）用公式计算难度系数，难度系数=1－所占百分比，计算结果保留 3 位小数。

学生成绩表

序号	姓名	数学	外语	政治	总分
1	王立萍	50	80	80	
2	刘嘉林	90	70	60	
3	李莉	80	100	70	
4	王华	70	60	90	
5	李民	60	90	50	
6	张亮	80	70	80	
平均分					
所占百分比					
难度系数					

2．用 WPS 表格创建"工资表"（内容如下图所示）。

工资表

部门	姓名	基本工资	奖金	水电费	应发工资
数学组	高秋兰	526.9	2130	60.32	
语文组	韩永军	781	5065	76.35	
语文组	霍丽霞	662.6	4450	59.27	
语文组	李文良	783	3870	65.86	
语文组	庞小瑞	536.4	3530	76.35	
外语组	杨海茹	417.7	4170	58.65	
外语组	张金娥	649	3270	64.65	
数学组	张金科	771	3655	50.96	
外语组	张俊玲	970.8	5125	58.65	
数学组	张庆红	665.7	3330	50.36	
应发工资最大值				工资总额	
基本工资大于600的人数在总人数中占的比例					

要求：

（1）表格要有可视的边框，并将表中的文字设置为宋体、12磅、黑色、居中。
（2）用公式计算应发工资，应发工资=基本工资+奖金-水电费。
（3）用函数计算应发工资最大值。
（4）用函数计算基本工资大于600的人数在总人数中占的比例。
（5）以姓名和应发工资为数据生成饼图，图上包含姓名和应发工资占工资总额的比例。

3．用Excel创建"学生成绩表"（内容如下图所示）。

学生成绩表

姓名	性别	数学	英语	计算机	平均分	等级评定
方芳	女	89	93	78		
程小文	男	83	85	90		
宋立	男	78	67	82		
杨丽芬	女	91	88	95		
李跃进	男	78	72	65		
王自强	男	84	89	96		
刘刚	男	94	75	93		
林敏敏	女	68	83	80		
赵凯	男	85	62	78		
王红	女	75	95	86		
最高分						
最低分						

要求：

（1）表格要有可视的边框，并将表中的文字设置为宋体、12磅、黑色、居中。
（2）用函数计算每名学生的平均分，计算结果保留2位小数。
（3）用函数计算数学、英语、计算机科目的最高分。
（4）用函数计算数学、英语、计算机科目的最低分。
（5）根据平均分用函数计算学生的等级评定。评定方法是：85-100为优秀，70-84为良好，

60-69 为及格，0-59 为不及格。

4．用 WPS 表格创建"成绩分析统计表"（内容如下图所示）。

成绩分析统计表

学号	语文	数学	英语	总分	缺考科目数	排名
201101	120	123	120			
201102	118	124				
201103	128	88	133			
201104	124	120	121			
201105	78	150	89			
201106		77				
201107	145	112				
201108	127	127	109			
201109	79	147	120			
201110	125		108			
201111		127				
201112	126	122	111			
201113	123	136	125			
201114	117	116	144			
201115	125		99			
201116	134	79	124			
201117	123	121	145			
201118	122	78	79			
实考人数						

要求：

（1）表格要有可视的边框，并将表中的文字设置为宋体、12 磅、黑色、居中；并将表格标题设置为宋体、14 磅、黑色、加粗、居中。

（2）用函数计算总分，并填入对应的单元格中。

（3）用函数统计缺考科目数，无成绩的空白单元格为缺考，将统计结果填入对应的单元格中。

（4）用函数统计语文、数学、英语的实考人数，并填入对应的单元格中。

（5）根据总分，用函数计算排名，缺考科目数大于 0 的不进行排名。

5．用 Excel 创建"学生成绩表"和"成绩统计表"（内容如下图所示）。

学生成绩表

语文	数学	英语	总分	名次
120	123	120		
118	124	88		
128	88	133		
124	120	121		
78	150	89		
126	77	121		
145	113	126		
127	127	109		
79	147	120		
125	122	108		
128	127	125		
126	122	111		
123	136	125		
117	116	144		
125	125	99		

成绩统计表

	语文	数学	英语
平均分			
及格率			

要求：

（1）表格要有可视的边框，并将表中的文字设置为宋体、12 磅、黑色、居中。

（2）用函数计算总分，并将计算结果填入对应的单元格中。
（3）用函数计算名次，并将计算结果填入对应的单元格中。
（4）用函数统计语文、数学、英语的平均分，计算结果保留 1 位小数，并将计算结果填入对应的单元格中。
（5）用函数统计语文、数学、英语的及格率，小于 90 分为不及格，计算结果用百分比显示，并将计算结果填入对应的单元格中。
6．用 WPS 表格创建"学生成绩表"和"成绩统计表"（内容如下图所示）。
要求：
（1）表格要有可视的边框，并将表中的文字设置为宋体、12 磅、黑色、居中。

学生成绩表

班级	语文	数学	英语	总分
1	135	111	146	
1	104	122	120	
1	127	116	144	
1	109	133	126	
1	131	104	107	
2	148	91	120	
2	92	129	118	
2	137	127	141	
2	119	91	128	
2	117	103	123	
3	137	96	120	
3	136	104		
3	119	123	110	
3	137	102	135	
3	118	128	131	
3	140			

成绩统计表

班级		实考人数	最高分	最低分
语文	1			
语文	2			
语文	3			
数学	1			
数学	2			
数学	3			
英语	1			
英语	2			
英语	3			

（2）用函数计算总分，将计算结果填入对应的单元格中。
（3）用函数统计各科、各班的实考人数，无成绩的空白单元格为缺考，将统计结果填入对应的单元格中。
（4）用函数计算各科、各班的最高分，将计算结果填入对应的单元格中。
（5）用函数计算各科、各班的最低分，将计算结果填入对应的单元格中。
7．用 WPS 表格创建"职工消费情况统计表"（内容如下表所示）。

职工消费情况统计表

身份证号	姓名	出生日期	收入	支出			节余	可存入的金额
				通信	生活	其他		
15222219940505167x	郁晓兰		4800	200	1800	1050		
330682198301015223	季飞英		5800	50	1600	390		
350802199603010417	景智美		5600	120	1600	450		
350802199504068494	华以莲		5400	80	1700	680		
350802199607050193	齐敏博		5200	130	1900	760		
12010919940703532x	童晴雪		4800	90	1800	820		
120109199808040609	郝星宇		4900	76	1900	900		
440783198604079378	商好洁		5000	88	1200	880		
440783198906230980	薛天成		4900	110	1100	690		

要求：
（1）表格要有可视的边框，并将表中的内容均设置为宋体、12 磅、居中。

(2)根据身份证号,用函数提取出出生日期,并填入对应的单元格中。
(3)用公式计算节余。
(4)假设节余中的 30%用于存入银行,用公式计算可存入的金额,并填入对应的单元格中。
(5)利用格式菜单下的条件格式命令,将姓名列中重名的姓名用红色突出显示。

8. 用 Excel 创建"期终考试成绩表"(内容如下表所示)。

期终考试成绩表

姓名	性别	数学	语文	英语	政治	物理	化学	历史	体育	总成绩	排名
韩俊平	女	66	89	79	97	67	73	69	89		
张铁岭	男	84	78	78	79	79	49	67	76		
李振强	男	67	69	76	66	90	55	66	94		
裴新华	女	79	49	67	76	69	76	66	90		
王 国	男	78	67	69	76	66	90	55	66		
刘丽华	女	79	49	67	76	78	67	69	76		
尚秋华	女	66	49	67	69	67	73	69	89		
李 军	男	55	66	49	67	69	76	66	90		
刘春华	女	55	46	58	63	79	78	76	66		
王 天	男	78	76	66	49	66	49	67	69		
各科平均成绩											

要求:
(1)表格要有可视的边框,并将表中的内容均设置为宋体、12 磅、居中。
(2)用公式计算每名学生的总成绩,其中总成绩=数学+语文+英语×20%+政治×25%+物理×25%+化学×25%+历史×25%+体育×25%。
(3)用函数计算总成绩排名。
(4)用函数计算各科平均成绩和平均总成绩。
(5)以各科平均成绩为数据区域,插入簇状柱形图,图例靠右并显示出各科目名称。

9. 用 WPS 表格创建"停车收费记录表"(内容如下图所示)。

停车收费记录表

序号	日期	停车时间(分钟)	计费时间(小时)	星期	是否周末	停车费用
1	2012-12-21	146				
2	2012-11-22	120				
3	2012-10-23	250				
4	2012-9-24	178				
5	2012-8-25	90				
6	2012-7-26	202				
7	2012-6-27	175				
8	2012-5-28	365				
9	2012-4-29	90				
10	2012-3-30	245				

要求:
(1)表格要有可视的边框,并将表中的内容设置为宋体、12 磅、居中。
(2)用函数计算计费时间,不足 1 小时按 1 小时计算。
(3)用函数计算日期是星期几,填入对应的单元格中。
(4)用函数判断日期是否是周末,填入对应的单元格中。
(5)用函数计算停车费用,其中停车费用的计算方法是:周末每小时 8 元×计费时间,非周末每小时 6 元×计费时间。

第 6 章　演示文稿基础知识

本章主要介绍演示文稿的基本概念、常用演示文稿软件的基本功能以及利用演示文稿软件制作符合需求的、可视化的演示文稿。结合实际案例演示文稿软件制作的操作方法。

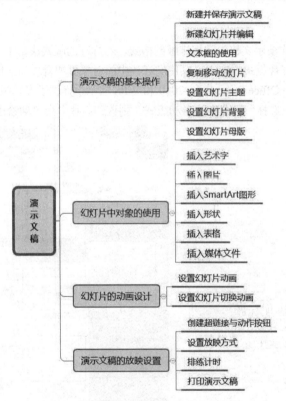

6.1　演示文稿的基本概念及思路

6.1.1　演示文稿基本概念

1. 演示文稿与幻灯片

一个演示文稿对应一个文件，一个演示文稿是由若干张幻灯片组成的，一张幻灯片对应演示文稿中的一页。实际上，制作演示文稿的过程就是制作一组幻灯片的过程。每一张幻灯片是由若干对象组成，对象可以是文本框、表格、图表、形状、图片、SmartArt 图形等。实际上制作幻灯片的过程就是制作幻灯片中一组对象的过程。

2. 占位符

在每张幻灯片中，都有一些虚线框，这些虚线框就是占位符，如图6-1所示。单击占位符即可添加标题和副标题。一般在占位符中可以插入文字信息、对象内容等。占位符实际上就是演示文稿提供的带有输入提示信息的特殊文本框。因此，占位符的编辑（如复制、移动、设置背景和边框等操作）与普通文本框的编辑完全一样。用户可以通过改变幻灯片版式来更改幻灯片中占位符的类型和数量。

3. 幻灯片版式

幻灯片版式是制作演示文稿中常规排版的格式，幻灯片的版式决定了一张幻灯片中占位符的形式和数量，通过幻灯片版式的应用可以使幻灯片中的对象更加合理简洁地完成布局，轻松地完成演示文稿的制作。在 Office PowerPoint 2010 和 WPS 演示中提供了多种版式，如图6-2所示。在创建幻灯片时，若用户选择一种非空的自动版式，则该幻灯片中会自动给出相应的占位符。

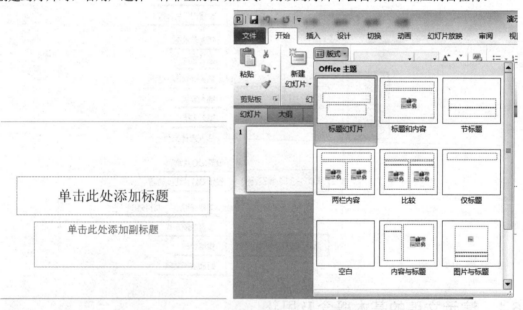

图 6-1　占位符　　　　　　　　图 6-2　幻灯片版式

在创建了空演示文稿后，界面中默认只显示一张幻灯片，在这张幻灯片中有2个占位符，其中文字标识为"单击此处添加标题"和"单击此处添加副标题"。这种只能添加标题内容的幻灯片叫作"标题幻灯片"。它所应用的版式为"标题幻灯片"。一般情况下，标题幻灯片版式只应用在第一张幻灯片和章节的标题幻灯片中。

4. 视图模式

幻灯片视图功能为用户提供了各种适应不同使用情况的操作界面。其中包括普通视图、幻灯片浏览视图、阅读视图、幻灯片放映视图和备注页视图。一般系统默认的是普通视图。

1）普通视图

普通视图是默认显示视图，可用于撰写或设计演示文稿。它是制作演示文稿时主要使用的视图模式，如图 6-3 所示。在其他视图模式下单击普通视图按钮 切换到普通视图。

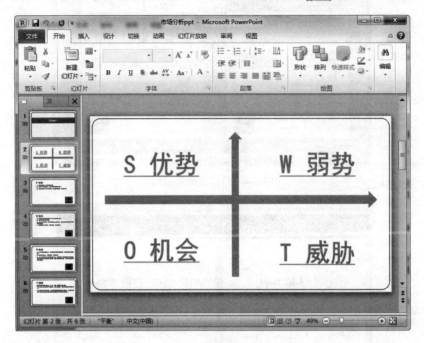

图 6-3　普通视图

2）幻灯片浏览视图

在幻灯片浏览视图中，按序号由小到大顺序显示演示文稿中全部的幻灯片缩略图，便于观看整个演示文稿的质量，改变幻灯片的版式、主题、配色方案等和对幻灯片进行添加、复制、删除、移动等操作。但在该视图下不能对幻灯片进行编辑，如图 6-4 所示。在其他视图模式下单击幻灯片浏览视图按钮 切换到幻灯片浏览视图。

3）阅读视图

阅读视图将以动态方式显示演示文稿的放映效果，预览演示文稿中设置的动画和声音，并能观察每一张幻灯片的切换效果。在其他视图模式下单击阅读视图按钮 切换到阅读视图，如图 6-5 所示。

4）幻灯片放映视图

在演示文稿的制作过程中或制作完成后，可使用"幻灯片放映"观看演示文稿的实际放映效果。放映时，屏幕上演示文稿的标题栏、菜单栏、工具栏和状态栏均隐藏起来，整张幻灯片的内容占满屏幕。单击幻灯片放映按钮 切换到幻灯片放映视图。

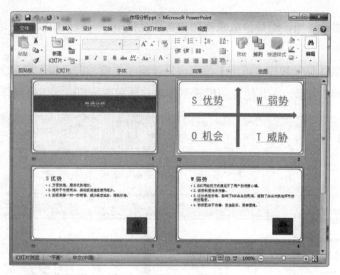

图 6-4　幻灯片浏览视图

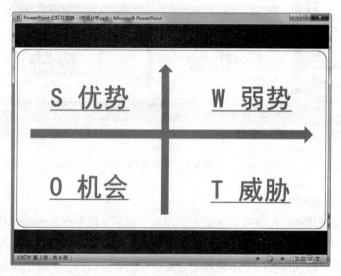

图 6-5　阅读视图

5）备注页视图

备注页视图以整页格式进行显示，用于输入和编辑作者的备注信息。如果在备注页视图中无法看清输入的备注文字，可在"显示比例"对话框中选择一个较大的显示比例，如图 6-6 所示。

注意：在演示文稿工作界面下方的状态栏中无法切换到"备注页视图"。

6.1.2　制作演示文稿一般思路

演示文稿的制作方法因人而异，各不相同。但其制作思路大体上是相同的。为说明演示文稿的制作思路，可将演示文稿制作的一般过程绘制成如图 6-7 所示的流程图。

我们将整个流程大体上分为 3 个部分：基本操作、格式操作以及放映操作。由于动画效果一般都在放映时才能显现出来，所以将这部分归于放映操作而非格式操作。

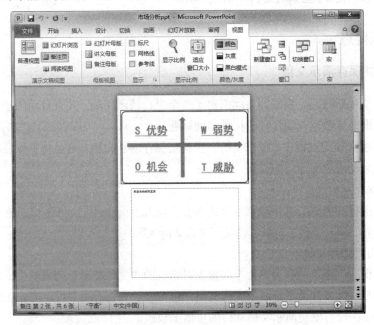

图 6-6　备注页视图

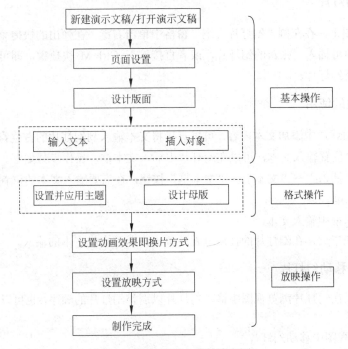

图 6-7　制作演示文稿的流程图

6.2 演示文稿的基本操作

6.2.1 知识要点

1．新建并保存演示文稿

启动演示文稿软件后，系统即自动创建了一个空白演示文稿，并且自动创建一个标题幻灯片，用户可以根据需要输入幻灯片的标题和副标题。

在处理演示文稿的过程中，最重要的一步就是保存演示文稿。这是为了保证编辑工作正常进行，避免因突发故障而造成的数据丢失。

1）一般保存

演示文稿的保存方式与文字处理软件的保存方法几乎完全相同，不同之处在于，演示文稿的默认文件名为"演示文稿 1.pptx""演示文稿 2.pptx"……

2）保存为"幻灯片放映"

在单击"保存"或"另存为"命令后弹出对话框的"文件类型"列表框中，选择要保存的文件类型。一般保存文件类型是演示文稿类型，也可以选择保存为"PowerPoint 放映"。幻灯片放映文件可以在没有安装演示文稿软件的机器上放映。

2．新建幻灯片

在普通视图下，在左侧"幻灯片大纲"窗格中单击右键，在弹出的快捷菜单中选择"新建幻灯片"命令即可插入一张新的幻灯片，或者直接按下 Ctrl+M 快捷键，即可在当前幻灯片的前面插入一张新幻灯片。

3．文本框的使用

如果要向幻灯片中添加文本内容，可以直接将文本输入到幻灯片的占位符中，如果要在占位符之外的其他位置输入文本，可以在幻灯片中插入文本框，操作步骤如下。

（1）单击"插入"→"文本"→"文本框"按钮，在需要输入文本的位置处单击，即可出现一个空的文本框。

（2）在文本框中输入文本。

（3）输入完毕后，在幻灯片的任意位置处单击，即可完成文本的输入。

4．复制并移动幻灯片

用户既可以在幻灯片浏览视图中移动幻灯片以调整幻灯片的顺序，也可以在普通视图中调整幻灯片的顺序。

1）在浏览视图中移动幻灯片

（1）选中要移动的幻灯片。

（2）按住鼠标左键，拖曳时出现一个竖直的插入点用以表示选中的幻灯片将要放置的位置。

（3）确定好位置后，放开鼠标左键，完成移动操作。

2）在普通视图中移动幻灯片

在普通视图中，将鼠标指针指向"幻灯片大纲"浏览窗格中要移动的幻灯片图标上，按住鼠标左键向上或向下拖曳到新位置后松开鼠标左键。

若需要复制幻灯片，只需在拖动鼠标的同时按住键盘上的 **Ctrl** 键就能将移动操作改变为复制操作。

另外，无论复制还是移动操作，还可以通过菜单栏或工具栏中的"剪切""复制""粘贴"命令来实现。

5．设置幻灯片主题

幻灯片主题是一组预设的字体格式和背景的组合。在新建演示文稿时可以使用主题创建，对于已有的演示文稿，也可以对其应用主题，应用的主题还可以根据自己的需要修改颜色、效果及字体等，如图 6-8 所示。

图 6-8　幻灯片主题

6．设置幻灯片背景

在幻灯片中如果只用白色作为背景，会显得有些单调，这时用户可根据演示文稿的具体需求设置幻灯片背景。可以选择纯色或渐变色，也可以选择纹理或者图案，还可以选择计算机中的图片作为所有幻灯片的背景或者某一张幻灯片的背景，使整个演示文稿看着更丰富。设置幻灯片的背景是快速改变幻灯片效果的方法之一。

背景格式对话框中各填充效果设置方法如下。

（1）纯色填充："填充"选项卡→"纯色填充"单选项→"颜色"按钮→选择合适的颜色，如图 6-9 所示。

（2）渐变填充：渐变色是由两种或两种以上的颜色分布在画布上并均匀过渡。"填充"选项卡→"渐变填充"单选项→设置渐变背景，可设置的属性有预设颜色、类型、方向、角度、渐变光圈等，如图 6-10 所示。

（3）纹理填充："填充"选项卡→"图片或纹理填充"单选项→纹理按钮　→选择合适的一种纹理作为幻灯片背景，如图 6-11 所示。

图 6-9　设置纯色背景　　　　　　图 6-10　设置渐变背景

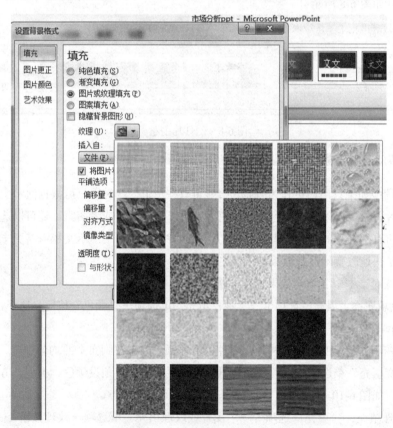

图 6-11　设置纹理背景

（4）图片填充："填充"选项卡→"图片或纹理填充"单选项→单击"文件"按钮或者"剪贴画"按钮→选择图片或者剪贴画作为幻灯片的背景，如图 6-12 所示。

（5）图案填充："填充"选项卡→"图案填充"单选项→选择合适的图案选项→设置前景色和背景色，如图 6-13 所示。

图 6-12　设置图片背景

图 6-13　设置图案背景

7．制作并使用幻灯片母版

母版是演示文稿特有的概念。母版用于存储演示文稿中的一些统一信息，相当于一个模板。这些模板信息包括文本、占位符的大小和位置、背景设计和主题等。通过定义母版的格式，可以统一演示文稿中使用此母版的所有幻灯片的外观。

母版包括 3 种类型，分别是幻灯片母版、讲义母版和备注母版。

（1）幻灯片母版。幻灯片母版是用于存储与模板信息有关的设计模板，这些模板信息包括字形、占位符大小和位置、背景设计和配色方案等，只要在母版中更改了样式，则对应幻灯片中相应的样式也会随之发生改变。

（2）讲义母版。讲义母版是为了方便演讲者在演讲演示文稿时使用的纸稿，纸稿中显示了每张幻灯片的要点内容。讲义母版就是设置要点内容在纸稿中的显示方式，制作讲义母版主要包括设置每页纸上显示的幻灯片数量、排列方式以及页面和页脚的信息等。

（3）备注母版。备注母版是指演讲者在幻灯片下方输入的内容，根据需要可将这些内容打印出来。

在幻灯片母版中对占位符、文字格式、图片等操作均与在普通幻灯片中的一样，不同之处在于，在幻灯片母版中进行的所有操作都将出现在所有幻灯片中。

注意：若创建了标题母版，则幻灯片母版中的操作不会出现在版式为标题幻灯片的幻灯片中，标题幻灯片的格式由标题母版决定。

6.2.2 习题解析

1．在 PowerPoint 中，执行插入新幻灯片的操作后，被插入的幻灯片将出现在（　　）。
　　A．当前幻灯片之前　　　B．当前幻灯片之后　　　C．最前　　　D．最后
【解析】默认被插入的新幻灯片出现在选定幻灯片的前面。
【答案】A。

2．PowerPoint2007 演示文稿默认的文件扩展名是（　　）。
　　A．ppt　　　　　　　B．pps　　　　　　　C．pptx　　　　　　D．htm
【解析】演示文稿的文件扩展名默认为 pptx，PowerPoint 模板为 potx，PowerPoint 放映为 ppsx。
【答案】C。

3．为将演示文稿置于另一台不带 PowerPoint 系统的计算机上放映，那么在放映前应该对演示文稿进行（　　）。
　　A．复制　　　　　　　B．打包　　　　　　　C．压缩　　　　　　D．打印
【解析】复制是将现有的演示文稿拷贝一份一样的，压缩可以使演示文稿文件大小变小，打印是将演示文稿电子版变成纸质版，而打包演示文稿将自动包括链接文件，可以脱离 PowerPoint 软件运行。
【答案】B。

4．幻灯片母版是模板的一部分，它存储的信息不包括（　　）
　　A．文稿内容　　　　　　　　　　　B．颜色主题、效果和动画
　　C．文本和对象占位符的大小　　　　D．文本和对象在幻灯片上的放置位置
【解析】幻灯片母版是用于存储与模板信息有关的设计模板，这些模板信息包括字形、占位符大小和位置、背景设计和配色方案等，只要在母版中更改了样式，则对应幻灯片中相应的样式也会随之发生改变。母版存储的信息不包括文稿内容。
【答案】A。

5．幻灯片的主题不包括（　　）。
　　A．主题动画　　　　　B．主题颜色　　　　　C．主题字体　　　　D．主题效果
【解析】幻灯片主题是一组预设的字体格式和背景的组合。主题不包括动画。
【答案】A。

6．下列关于演示文稿与幻灯片的叙述中，不正确的是（　　）。
　　A．一个演示文稿对应一个文件
　　B．一张幻灯片由若干个演示文稿组成
　　C．一张幻灯片对应演示文稿中的一页
　　D．每一张幻灯片由若干个对象组成
【解析】一个演示文稿就是默认扩展名为 pptx 的一个文件，一个演示文稿中可以包含若干

张幻灯片，一张幻灯片中可以包含若干对象。

【答案】 B。

6.2.3 案例分析——制作"工作总结"演示文稿

1．任务提出

年终总结会议上，工作部门要求员工根据自身的工作情况进行演说。具体要求如下。
（1）新建一个合适风格的演示文稿，然后以"2017 工作总结"为名保存在桌面上。
（2）在标题幻灯片中输入标题及副标题。
（3）新建一张幻灯片，作为目录。
（4）根据需要插入若干张幻灯片，分别在其中输入需要的内容。
（5）复制第一张幻灯片到最后，删除副标题文本。
（6）移动第四张幻灯片到第三张前面。

2．解决方案

首先，工作总结应该选择合适的主题风格，其次，工作总结内容应简洁明了重点突出。工作总结应该具有标题页、目录页、内容页和结束页。
（1）新建演示文稿，设置合适的风格后保存。
（2）在占位符中输入文本。
（3）插入一张幻灯片，并设置相应的版式。
（4）相同的方法插入幻灯片，并输入内容。
（5）复制幻灯片。
（6）移动幻灯片。

效果图如图 6-14 和图 6-15 所示。

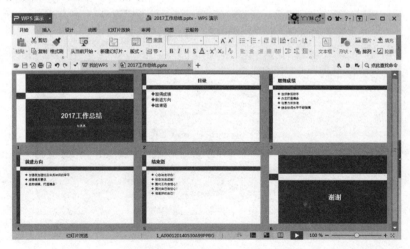

图 6-14　WPS 演示效果图

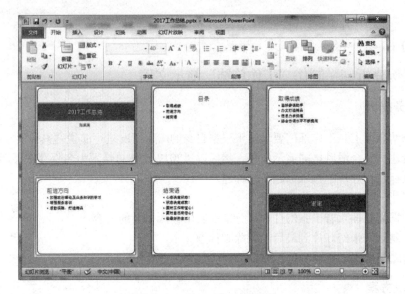

图 6-15 Office 演示效果图

6.2.4 实现方法

1．WPS 演示 2016 实现方法

（1）启动 WPS 演示，工作界面如图 6-16 所示。选择"WPS 演示"→"新建"→"新建"，即可新建一个 WPS 演示文稿。选择"设计"→"更多设计"→"在线设计方案"选项卡→选择合适的设计方案，效果如图 6-17 所示。预览方案后单击"应用本模板风格"即可应用选择模板，效果如图 6-18 所示。选择"WPS 演示"→"保存"命令→选择保存的位置为"桌面"→设置文件名为"2017 工作总结"。界面如图 6-19 所示。

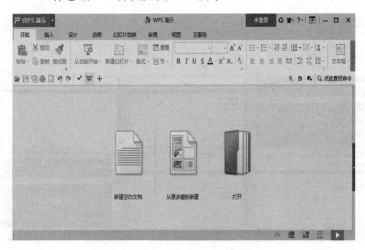

图 6-16 WPS 演示工作界面

图 6-17 在线设计方案

图 6-18 新建演示文稿

图 6-19 保存界面

（2）在第一张幻灯片对应的占位符中输入相应的文字作为工作总结首页。效果如图 6-20 所示。

图 6-20　工作总结首页效果

（3）选择"插入"→"新建幻灯片"→输入目录文本。界面如图 6-21 所示。

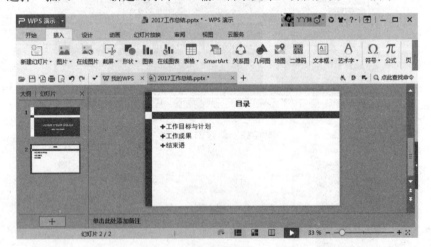

图 6-21　新建幻灯片并设置为目录

（4）插入 3 张幻灯片，分别输入前进方向、取得成绩及结束语。效果如图 6-22 所示。
（5）选中第一张幻灯片，按住 Ctrl 键的同时按住鼠标左键，拖曳至第 5 张幻灯片的后面，放开鼠标左键即可。选中标题，将文字更改为"谢谢"，选中副标题，按下 Delete 键即可删除副标题。效果如图 6-23 所示。

第 6 章　演示文稿基础知识　285

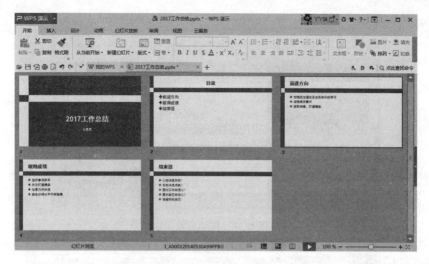

图 6-22　插入 3 张幻灯片

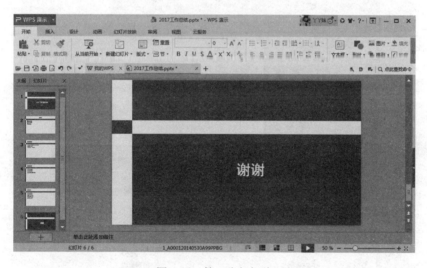

图 6-23　第 6 张幻灯片

（6）选中第 4 张幻灯片，按住鼠标左键，拖曳至第 2 张幻灯片的后面，放开鼠标左键即可。效果如图 6-24 所示。

（7）选择"WPS 演示"→"保存"命令保存演示文稿。

2．Office PowerPoint 2010 实现方法

（1）启动 Microsoft PowerPoint 2010，工作界面如图 6-25 所示。选择"文件"→"新建"→"主题"命令，界面如图 6-26 所示。在打开的"可用模板和主题"中单击选中"平衡"主题，单击"创建"按钮即可创建主题为"平衡"的演示文稿。选择"文件"→"保存"命令，在弹出的对话框中选择保存的位置为"桌面"，文件名为"2017 工作总结"。界面如图 6-27 所示。

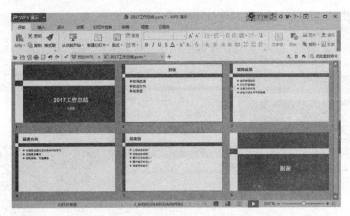

图 6-24 移动后效果

图 6-25 PowerPoint2010 工作界面

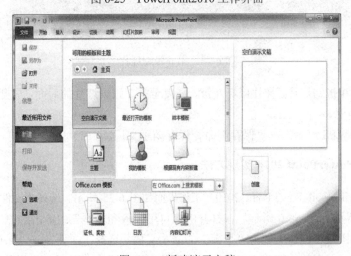

图 6-26 新建演示文稿

图 6-27 保存演示文稿

（2）在第一张幻灯片对应的占位符中输入相应的文字作为工作总结首页。

（3）选择"开始"→"幻灯片"→"新建幻灯片"命令，将新建的幻灯片作为工作总结的目录并输入对应的文本。界面如图 6-28 所示。

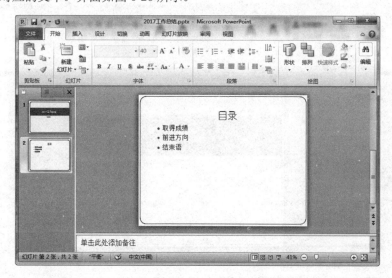

图 6-28 新建幻灯片并设置为目录

（4）插入 3 张幻灯片，分别输入前进方向、取得成绩及结束语。效果如图 6-29 所示。

（5）选中第一张幻灯片，按住 Ctrl 键的同时按住鼠标左键，拖曳至第 5 张幻灯片的后面，放开鼠标左键即可。选中标题，将文字更改为"谢谢"，选中副标题，按下 Delete 键即可删除副标题。效果如图 6-30 所示。

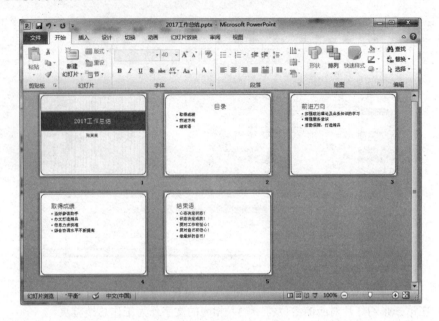

图 6-29　插入 3 张幻灯片

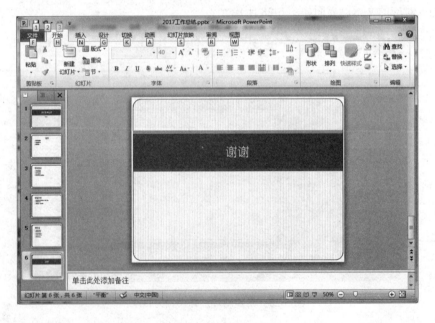

图 6-30　第 6 张幻灯片

（6）选中第 4 张幻灯片，按住鼠标左键，拖曳至第 2 张幻灯片的后面，放开鼠标左键即可。效果如图 6-31 所示。

（7）选择"文件"→"保存"命令保存演示文稿。

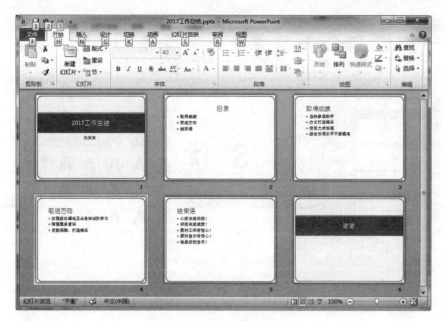

图 6-31　移动后效果

6.2.5　案例总结

本案例主要介绍演示文稿的基本操作。分别以 WPS 演示 2016 和 Office PowerPoint 2010 为例介绍了演示文稿的基本操作。目的是为了让读者通过这个案例的学习能够独立完成演示文稿的常规操作。

（1）新建演示文稿时我们常用的是空白演示文稿，也可以根据需要选择合适的主题建立合适风格的演示文稿。

（2）新建幻灯片的方法有三种：一是通过选项卡新建，二是通过快捷菜单新建，三是通过快捷键新建。

（3）文本的编辑与 Word 相同，这里不再重复。

6.3　幻灯片设计中的对象使用

6.3.1　知识要点

1．插入艺术字

艺术字拥有比普通文本更多的美化和设置功能，如渐变的颜色，个性的形状效果及立体效果等。选择"插入"→"文本"→"艺术字"命令，单击"艺术字"按钮下方的下拉按钮，在打开的下拉列表框中选择合适的艺术字效果，即可插入艺术字，如图 6-32 所示。

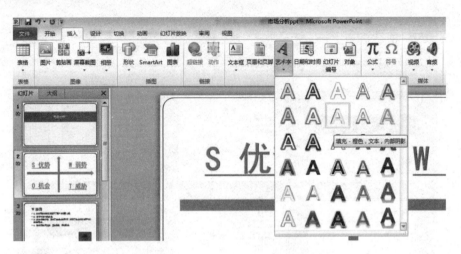

图 6-32　插入艺术字

2．插入图片

图片是演示文稿中十分重要的组成部分，在幻灯片中可以插入计算机中已有的图片，也可以插入 PowerPoint 自带的剪贴画。在演示文稿中插入图片对象的方法与 Word 插入图片对象的方法基本相同，但是多了一种演示文稿所特有的方法：使用带有内容或剪贴画占位符的幻灯片版式，如图 6-33 所示。

该方法的操作步骤如下。

（1）为幻灯片选择带有内容占位符或剪贴画占位符的版式。

（2）单击占位符中的"插入剪贴画"或"插入图片"按钮。

（3）在弹出的"选择图片"或"剪贴画"对话框中选择合适的图片。

图 6-33　插入图片或剪贴画

3．插入 SmartArt 图形

每个 SmartArt 图形都有其设计好的文本和图形的组织方式，因此即使不是专业的设计师，也可以利用 SmartArt 图形使幻灯片所表达的内容更加突出和生动。选择"插入"→"插图"→"SmartArt"命令，在打开的对话框中选择合适的 SmartArt 图形即可插入 SmartArt 图形，如图 6-34 所示。

4．插入形状

演示文稿中的形状包括线条、矩形、基本形状、箭头汇总等。利用不同的形状和形状组合更能突出重点，这些形状经常作为项目元素使用在 SmartArt 图形中。选择"插入"→"插图"→"形状"命令，在打开的下拉列表框中选择合适的形状即可插入对应的形状，如图 6-35 所示。

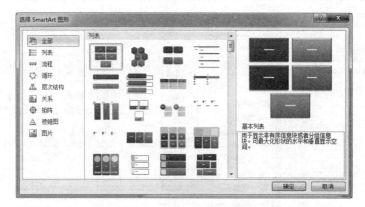

图 6-34　插入 SmartArt 图形

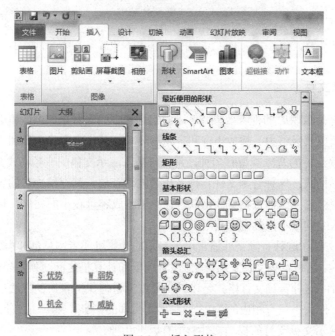

图 6-35　插入形状

5．插入表格及图表

表格和图表是演示文稿中一种重要的数据显示工具，用好表格和图表是提升演示文稿质量和效率的最佳方法之一。

在幻灯片中插入表格的常用方法有 3 种，分别是利用自动版式制作一张带表格的新幻灯片，将表格插入到已有的幻灯片中以及在幻灯片中绘制所需表格，如图 6-36 所示。

图表是指根据表格数据绘制的图形。演示文稿提供了种类繁多的图表类型。用户可以根据需要选择相应的图表类型，如图 6-37 所示。

图 6-36　插入表格

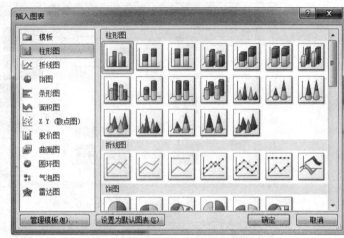

图 6-37　设置图表类型界面

6. 插入媒体文件

为了改善幻灯片放映时的视听效果，可以向幻灯片中插入音乐、声音和影片剪辑等多媒体对象，使演示文稿更具吸引力。播放声音和音乐，要求计算机上有扬声器和声卡。

（1）演示文稿支持的音频类型有多种，常见可插入演示文稿的音频格式介绍如下。

① WAV 波形格式：这种音频文件将声音作为波形存储，其存储声音的容量可大可小。

② MP3 音频格式：这种音频文件可以将音频压缩成容量较小的文件，且在音质丢失很小的情况下把文件压缩到最小，具有保真效果。

③ AU 音频文件：这种音频文件通常用于 UNIX 计算机或者网站创建声音文件。

④ MIDI 文件：这种音频文件是用于乐器、合成器和计算机之间交换音乐信息的标准格式。

⑤ WMA 文件：这种音频文件格式是以减少数据流量但保持音质的方法来达到更高的压缩率目的，生成的文件大小只有相应的 MP3 音频格式文件的一半。

（2）常见的演示文稿支持的视频文件类型有以下几种。

① AVI：AVI 即音频视频交错格式，是将语音和影像同步组合在一起的文件格式。它对视频文件采用了有损压缩方式，压缩比较高。

② WMV：WMV 是微软推出的一种流媒体格式，在同等视频质量下，WMV 格式文件的体积比较小，因此适合在网上播放和传输。

③ MPEG：MPEG 标准的视频压缩编码技术主要利用具有运动补偿的帧间压缩编码技术以减少时间冗余度，利用 DCT 技术减小图像的空间冗余度，利用熵编码在信息表示方面减少了统计冗余度，增强了压缩性能。

6.3.2 习题解析

1. 在 PowerPoint 中，不属于文本占位符的是（　　）。
   A．标题　　　　　B．副标题　　　　　C．图表　　　　　D．普通文本框

【解析】文本占位符包括标题、副标题和文本框等，图表是幻灯片中的一个对象。

【答案】C。

2．PowerPoint 可以通过插入（　　）来完成统计、计算等功能。
   A．图表　　　　　B．Excel 表格　　　　C．所绘制的表格　　　D．Smart Art 图形

【解析】表格和图表是演示文稿中一种重要的数据显示工具。可以通过插入 Excel 表格来实现数据的计算和统计，而图表可以根据复杂数据的比例来显示其对应关系，不能实现计算功能。

【答案】B。

3．有时 PowerPoint 中的幻灯片内容充实，但每张幻灯片中的表格和数据太多，放映时给人非常凌乱的视觉感受，为使其能给人优美的视觉感受，合理的做法是（　　）。
   A．用动画分批展示表格和数据
   B．减小字号，重新排版，以容纳所有表格和数据
   C．制作统一的模板，保持风格一致
   D．以多种颜色和不同的背景图案展示不同的表格

【解析】当幻灯片中的表格和数据太多时就会给人以凌乱的视觉效果，我们可以通过减小字号，重新排版来容纳所有的数据。

【答案】B。

4．当新插入的背景剪贴画遮挡原来的对象时，最合适的调整方法是（　　）。
   A．调整剪贴画的大小
   B．调整剪贴画的位置
   C．删除这个剪贴画，更换大小合适的剪贴画
   D．调整剪贴画的叠放次序，将被遮挡的对象提前

【解析】当新插入的背景剪贴画遮挡原来的对象时，可以调整剪贴画的大小或位置，但剪贴画可能会遮挡其他对象；更换为其他大小合适的剪贴画也可以但有可能不符合演示文稿的风格；调整剪贴画的叠放次序，既可以让两者共存，也不影响演示文稿的整体风格，所以是最合适的调整方法。

【答案】D。

5．在空白幻灯片中，不可以直接插入（　　）。
   A．文本框　　　　B．数据库　　　　　C．艺术字　　　　　D．表格

【解析】空白幻灯片中的对象可以是形状、艺术字、表格和图表、媒体文件等，不可以直接插入数据库。若要插入数据库则需要先插入"对象"。

【答案】B。

6.3.3 案例分析——制作"新产品策划"演示文稿

1．任务提出

某企业计划推广新产品,使消费者在最短的时间内认知新产品的功能,领导要求小王分析新产品推广的主流方法并制作"新产品策划"演示文稿,具体要求如下。

(1)在"新产品策划"演示文稿的第一张幻灯片中插入图片。
(2)在第一张幻灯片中插入音频作为背景音乐。
(3)新建两张幻灯片,分别插入艺术字"产品宣传"和"用数据说话"。
(4)在第二张幻灯片中插入"分离射线"SmartArt 图形,并进行设置。
(5)在第三张幻灯片中插入三列五行的表格,并进行设置。
(6)在第三张幻灯片中插入形状"五角星"对排名第一的进行标注。

2．解决方案

首先"新产品策划"应该图文并茂,吸引观看者的目光,其次应利用图形、表格等多种对象将枯燥的数据立体化。

(1)在第一张幻灯片中插入图片。
(2)在第一张幻灯片中插入音频。
(3)在第二张和第三张幻灯片中插入艺术字。
(4)在第二张幻灯片中插入 SmartArt 图形。
(5)在第三张幻灯片中插入表格。
(6)在第三张幻灯片中插入形状。

效果图如图 6-38 所示。

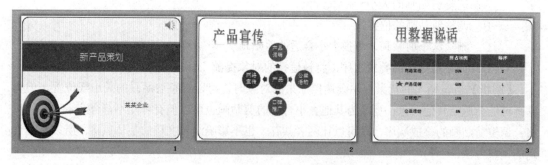

图 6-38 "新产品策划"效果图

6.3.4 实现方法

1．WPS 演示 2016 实现方法

(1)启动 WPS 演示,选择"WPS 演示"→"打开"命令,在弹出的打开对话框中选中桌面上"新产品策划"演示文稿后单击"打开"按钮即可打开"新产品策划"演示文稿。选择"插入"→"图片"→"图片"命令，在弹出的对话框中选择合适的图片后单击"打开"按钮，即可插入图片。选中插入的图片，图片四周出现八个正方形控制点，将鼠标移动到右下角的控制点上，鼠标变成双向箭头，按住鼠标不放，拖曳到合适的位置即可调整图片的大小，将鼠标移动到图片上，鼠标变成四向箭头，按住鼠标不放，拖曳到合适的位置即可调整图片的位置。

（2）选择"插入"→"音频"命令，在弹出的对话框中选择合适的音频后单击"打开"按钮，即可插入音频文件。选择"音频工具"→"设为背景音乐"命令，此时"循环播放直至停止"和"放映时隐藏"对应的复选框将被选中。

（3）选中第二张幻灯片，选择"插入"→"新建幻灯片"命令在第一张幻灯片后插入两张幻灯片，选择"插入"→"艺术字"命令，界面如图 6-39 所示。在对应的艺术字框内输入"产品宣传"，并将艺术字拖曳到幻灯片的合适位置。用同样的方法在第三张幻灯片中插入艺术字"用数据说话"。

图 6-39　选择艺术字样式

（4）选中第二张幻灯片，选择"插入"→"SmartArt 图形"命令，在弹出的对话框中选择第三行第二列的"分离射线"后单击"确定"按钮。界面如图 6-40 所示。按照要求输入对应的文字。选中 SmartArt 图形，选择"设计"→"更改颜色"命令，在弹出的下拉列表中单击"彩色"组第四个即可更改 SmartArt 图形颜色，界面如图 6-41 所示。

（5）选中第三张幻灯片，选择"插入"→"表格"命令，在弹出的下拉列表中拖曳三列五行表格后单击鼠标即可插入表格。选中表格，将表格调整到合适的大小并拖曳到合适的位置后输入对应的文本。

（6）选中第三张幻灯片，选择"插入"→"形状"命令，在弹出的下拉列表中单击选择"星与旗帜"组第四个形状"五角星"，然后在幻灯片合适位置拖曳鼠标即可插入形状"五角星"。选中"五角星"调整其大小并将其拖曳到表格"产品促销"的前方，选择"绘图工具"→"填充"命令，在弹出的下拉列表中单击选择标准色中的红色。

（7）选择"WPS 演示"→"保存"命令保存演示文稿。

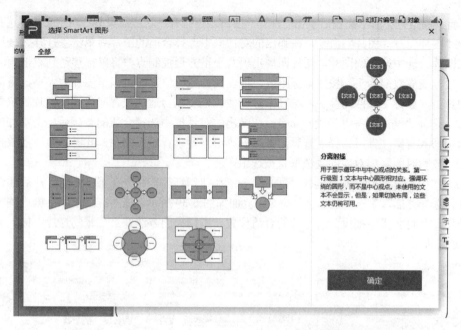

图 6-40 选择"分离射线"SmartArt 图形

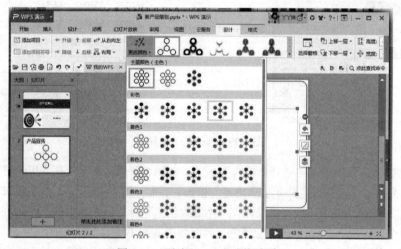

图 6-41 更改 SmartArt 图形颜色

2．Office PowerPoint 2010 实现方法

（1）启动 Microsoft PowerPoint 2010。选择"文件"→"打开"命令，在弹出的打开对话框中选中桌面上"新产品策划"演示文稿后单击"打开"按钮即可打开"新产品策划"演示文稿。选择"插入"→"图像"→"图片"命令，在弹出的对话框中选择合适的图片后，单击"打开"按钮，即可插入图片。选中插入的图片，图片四周出现八个正方形控制点，将鼠标移动到右下角的控制点上，鼠标变成双向箭头，按住鼠标不放，拖曳到合适的位置即可调整图片的大小，将

鼠标移动到图片上,鼠标变成四向箭头,按住鼠标不放,拖曳到合适的位置即可调整图片的位置。

(2) 选择"插入"→"媒体"→"音频"命令,在弹出的对话框中选择合适的音频后单击"打开"按钮,即可插入音频文件。单击"播放"→"音频选项"→"开始"下拉列表中选择"自动",并将"循环播放直至停止"和"放映时隐藏"对应的复选框选中。

(3) 选择"开始"→"幻灯片"→"新建幻灯片"命令在第一张幻灯片后插入两张幻灯片,选中第二张幻灯片,选择"插入"→"艺术字"命令,在弹出的下拉列表中选择第四列第三行艺术字。界面如图 6-42 所示。在对应的艺术字框内输入"产品宣传",并将艺术字拖曳到幻灯片的合适位置。同样的方法在第三张幻灯片中插入艺术字"用数据说话"。

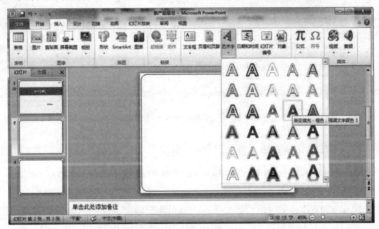

图 6-42　选择艺术字样式

(4) 选中第二张幻灯片,选择"插入"→"插图"→"SmartArt 图形"命令,在弹出的对话框中选择"循环"组中的"分离射线"后单击"确定"按钮。界面如图 6-43 所示。按照要求输入对应的文字。选中 SmartArt 图形,选择"设计"→"更改颜色"命令,在弹出的下拉列表中单击"彩色"组第四个"彩色范围-强调文字颜色 4 至 5"即可更改 SmartArt 图形颜色,界面如图 6-44 所示。

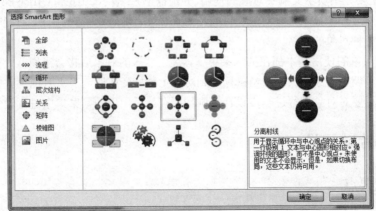

图 6-43　选择"分离射线"SmartArt 图形

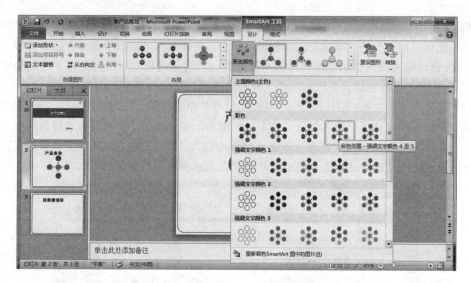

图 6-44　更改 SmartArt 图形颜色

（5）选中第三张幻灯片，选择"插入"→"表格"→"表格"命令，在弹出的下拉列表中拖曳三列五行表格后单击鼠标即可插入表格。选中表格，将表格调整到合适的大小并拖曳到合适的位置后输入对应的文本。

（6）选中第三张幻灯片，选择"插入"→"插图"→"形状"命令，在弹出的下拉列表中单击选择"星与旗帜"组第四个形状"五角星"，然后在幻灯片合适位置拖曳鼠标即可插入形状"五角星"。选中"五角星"调整其大小并将其拖曳到表格"产品促销"的前方，选择"格式"→"形状样式"→"形状填充"命令，在弹出的下拉列表中单击选择标准色中的红色。

（7）选择"文件"→"保存"命令保存演示文稿。

6.3.5　案例总结

本案例主要介绍演示文稿中对象的使用。分别以 WPS 演示 2016 和 Office PowerPoint 2010 为例介绍了在幻灯片中插入各种对象。目的是为了让读者通过这个案例的学习能够初步学会在幻灯片中插入各种对象的方法。

幻灯片中对象的使用基本都在插入菜单下，选中插入的对象后将会出现八个控制点，通过拖曳控制点即可调整对象的大小，当鼠标放到对象上鼠标变成四向箭头时拖曳鼠标即可调整对象的位置，如果要对对象进行进一步设计，则需要在最后出现的新菜单中进行设置。

6.4　幻灯片动画设计

6.4.1　知识要点

在幻灯片中可以加入动画和切换效果使幻灯片具有动态效果。

1. 设置幻灯片动画

幻灯片的动画效果实际上是为幻灯片中的各个对象设置动画效果，而每个动画效果是有一个或多个动作组合而成的。

1）动画样式

幻灯片动画效果样式默认有四组，分别是"进入""强调""退出"效果和动作路径。

2）设置开始方式

在"计时"组的"开始"下拉列表框中选择动画开始的方式，如图6-45所示。各项含义如下：

- 单击时：表示要单击鼠标后才开始播放该动画，这种是默认的动画开始方式。
- 之前：表示设置的动画将与上一个动画同时开始播放，设置这种方式后，幻灯片中对象的序号将变得和前一个动画序号相同。
- 之后：表示设置的动画将与上一个动画播放完毕后自动开始播放，设置这种方式后，幻灯片中对象的序号将变得和前一个动画序号相同。

图 6-45　设置开始方式

3）设置计时

在动画窗格中单击动画选项右侧的下拉按钮，在打开的下拉列表中选择"计时"选项。在"计时"选项卡中可以设置动画延迟播放时间、重复播放次数和播放速度等，界面如图6-46所示。其各选项功能如下：

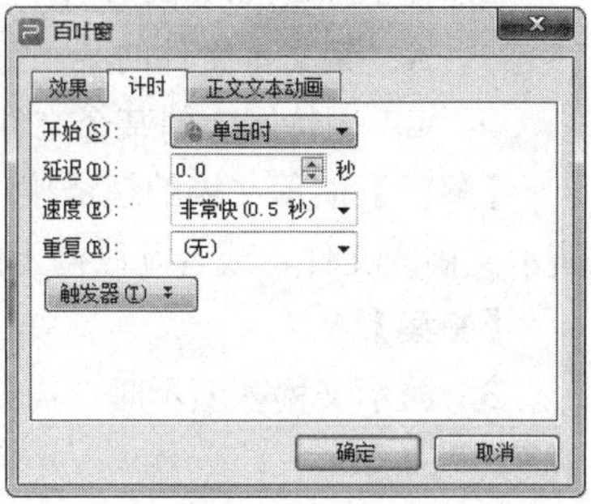

- "开始"：与"计时"组的"开始"下拉列表功能相同。
- "延迟"：设置动画延迟放映的时间。
- "速度"：设置动画播放的速度。
- "重复"：设置动画重复播放的次数。

4）调整动画播放顺序

调整动画播放顺序有两种方法。

- 通过拖动鼠标调整：在动画窗格中选择要调整的动画选项，按住鼠标左键不放进行拖曳，此时有一条黑色的横线随之移动，当横线移动到目标位置时松开鼠标。
- 通过单击按钮调整：在动画窗格中选择要调整的动画选项，单击窗格下方的向上箭头按钮或向下箭头按钮，该动画效果会向上或向下移动一个位置。

图 6-46　设置计时

2. 设置幻灯片切换动画

切换效果是指在幻灯片放映过程中，当一张幻灯片转到下一张幻灯片时所出现的特殊效果。能使幻灯片在放映时更加生动。

3. 创建超链接与动作按钮

在幻灯片中可以加入超链接和动作按钮使幻灯片具有动态效果。

利用演示提供的动作按钮和超链接，可以在演示文稿中创建交互功能。动作按钮可以发挥强大的超链接功能，轻松地从当前幻灯片中链接到另一张幻灯片，另一个程序，或者互联网上的任何一个地方。

> **注意**：在演示文稿中文字、图片等各种对象都可以通过设置其动作，使其具备与动作按钮相同的功能。

6.4.2 习题解析

1. 在演示文稿中，插入超链接时，所链接的目标不能是（　　）。
   A．另一个演示文稿　　　　　　B．同一演示文稿的某一张幻灯片
   C．其他应用程序的文档　　　　D．某张幻灯片中的某个对象

【解析】演示文稿的超链接功能可以轻松地从当前幻灯片中链接到另一张幻灯片，另一个演示文稿或文件，或者互联网上的任何一个地方。不能链接的是幻灯片中的某个对象。

【答案】D。

2. 在 PowerPoint 2007 中，超链接一般不可以链接到（　　）。
   A．某文本文件的某一行　　　　B．某幻灯片
   C．因特网上的某个文件　　　　D．某图像文件

【解析】演示文稿的超链接功能可以轻松地从当前幻灯片中链接到另一张幻灯片，另一个演示文稿或文件，或者互联网上的任何一个地方。

【答案】A。

3. 演示文稿在演示时，需要从第 2 张幻灯片链接到其他文件。为此，应在第 2 张幻灯片中（　　）。
   A．插入动作按钮，并进行超链接设置
   B．自定义动画，并进行超链接设置
   C．自定义幻灯片切换方式，并设置切换效果
   D．自定义幻灯片放映，并设置放映选项

【解析】从一张幻灯片链接到其他文件，可以采用插入动作按钮或者建立超链接。

【答案】A。

4. 演示文稿中，不可以在（　　）上设置超链接。
   A．文本　　　　B．背景　　　　C．图形　　　　D．剪贴画

【解析】在演示文稿中文字、图片等各种对象都可以设置超链接。

【答案】B。

6.4.3 案例分析——制作"市场分析"演示文稿

1．任务提出

制作"市场分析"演示文稿，具体要求如下。

（1）在"市场分析"演示文稿的第一张幻灯片中的标题添加"缩放"动画效果，动画开始方式为"上一动画之后"，延迟为"00:10"。

（2）在第二张幻灯片中给"S优势""W劣势""O机会""T威胁"添加超链接分别链接到对应的幻灯片。

（3）在第三、四、五张幻灯片中添加"返回"动作按钮。

（4）为演示文稿所有幻灯片添加"切出"切换效果。

2．解决方案

（1）打开演示文稿，并为第一张幻灯片添加动画效果。

（2）在第二张幻灯片中添加超链接。

（3）在第三、四、五张幻灯片中添加动作按钮。

（4）为演示文稿添加切换效果。

效果图如图 6-47 所示。

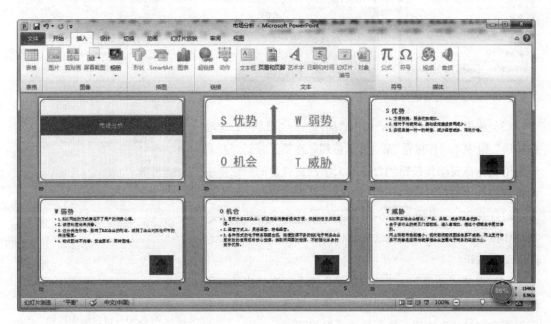

图 6-47 "市场分析"演示文稿

6.4.4 实现方法

1. WPS 演示 2016 实现方法

（1）启动 WPS 演示，选择"WPS 演示"→"打开"命令，在弹出的打开对话框中选中桌面上"市场分析"演示文稿后单击"打开"按钮即可打开"市场分析"演示文稿。选中第一张幻灯片的标题，选择"动画"→"自定义动画"命令，在打开的右侧任务窗格中框选择"自定义动画"→"添加效果"→"进入"→"其他效果"命令，在弹出的对话框中选择"缩放"动画效果，界面如图 6-48 所示。单击右侧任务窗格中动画下拉列表，选择"计时"命令，在弹出的计时对话框中设置"开始"为"之前"，设置延迟为"00:10"。

（2）在第二张幻灯片中选中文本"S 优势"，选择"插入"→"超链接"命令，在弹出的对话框中设置链接到"本文档中的位置"，并选择文档中的位置为"3．S 优势"。界面如图 6-49 所示。使用同样的方法为"W 劣势""O 机会""T 威胁"添加超链接。

图 6-48　添加动画效果

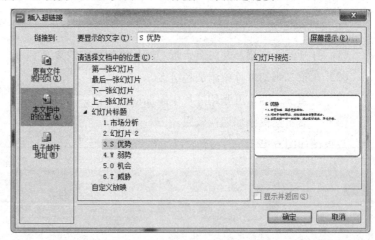
图 6-49　设置超链接

（3）选中第三张幻灯片，单击"插入"→"形状"→"动作按钮"组中"动作按钮 第一张"按钮，在第三张幻灯片右下角用鼠标拖曳动作按钮到合适的大小，在弹出的对话框中设置链接到"幻灯片"，在弹出的对话框中选择幻灯片标题为"幻灯片 2"，界面如图 6-50 所示。单击确定按钮即可添加动作按钮。使用同样的方法在其他两张幻灯片中添加"返回"动作按钮。

（4）选择"动画"→"切换效果"命令，在弹出的右侧任务窗格中选择幻灯片切换组中"切换"效果，并单击"应用于所有幻灯片"按钮。界面如图 6-51 所示。

图 6-50　设置动作按钮

2. Office PowerPoint 2010 实现方法

(1) 启动 Microsoft PowerPoint 2010。选择"文件"→"打开"命令,在弹出的打开对话框中选中桌面上"市场分析"演示文稿后单击"打开"按钮即可打开"市场分析"演示文稿。选中第一张幻灯片的标题,选择"动画"→"高级动画"→"添加动画"命令,在弹出的下拉列表中选择"更多进入效果"。界面如图 6-52 所示。在弹出的对话框中选择"缩放"动画效果。单击右侧任务窗格中动画下拉列表,选择"计时"命令,在弹出的计时对话框中设置"开始"为"之前",设置延迟为"00:10"。

图 6-51 设置切换效果

图 6-52 添加动画效果

(2) 在第二张幻灯片中选中文本"S 优势",选择"插入"→"链接"→"超链接"命令,在弹出的对话框中设置链接到"本文档中的位置",并选择文档中的位置为"3.S 优势"。界面如图 6-53 所示。使用同样的方法为"W 劣势""O 机会""T 威胁"添加超链接。

(3) 选中第三张幻灯片,单击"插入"→"插图"→"形状"→"动作按钮"组中"动作按钮 第一张"按钮,在第三张幻灯片右下角用鼠标拖曳动作按钮到合适的大小,在弹出的对话框中设置链接到"幻灯片",在弹出的对话框中选择幻灯片标题为"幻灯片 2",界面如图 6-54

所示。单击确定按钮即可添加动作按钮。使用同样的方法在其他两张幻灯片中添加"返回"动作按钮。

图 6-53 设置超链接　　　　　　　　　图 6-54 设置动作按钮

（4）选择"切换"→"切换到此幻灯片"→"切出"命令，并单击"切换"→"计时"→"全部应用"命令。界面如图 6-55 所示。

图 6-55 应用计时设置

6.4.5 案例总结

本案例主要介绍演示文稿的动画设计基本操作。分别以 WPS 演示 2016 和 Office PowerPoint 2010 为例介绍了演示文稿的动画设计的方法。目的是为了让读者通过这个案例的学习能够熟练掌握幻灯片动画设置和幻灯片切换设置以及动作按钮设计的方法。

1．幻灯片动画设置

幻灯片动画效果样式默认有四组，分别是"进入""强调""退出"效果和动作路径。添加动画时必须选定添加动画的对象，也可以对已添加的动画进一步进行细节设计。

2．幻灯片切换

设置幻灯片切换时如果单击"全部应用"按钮，则整个演示文稿的每张幻灯片都具有了切换效果。

6.5 幻灯片放映设置

在完成所有的设置之后，就可以开始放映幻灯片了，根据幻灯片的用途和观众的需求，可以有多种放映类型。

6.5.1 知识要点

1. 放映与设置放映

在不同的场合、不同的使用环境中，同一份演示文稿可能需要不同的放映内容和放映顺序。可以使用"自定义放映"命令来设置不同的放映方式。设置界面如图 6-56 所示。常用的是"演讲者放映（全屏幕）"和"在展台浏览（全屏幕）"。其中"演讲者放映（全屏幕）"是演示文稿默认的放映方式。放映时全屏幕状态放映演示文稿，演讲者可以手动切换幻灯片和动画效果，也可以暂停演示文稿。"在展台浏览（全屏幕）"是放映方式中最简单的放映类型，不需要人为控制，系统将自动全屏循环放映演示文稿。可以按 Esc 键结束放映。放映幻灯片可以是全部幻灯片，也可以是其中一部分幻灯片。如果需要循环放映，则需要选中"循环放映，按 Esc 键终止"复选框。

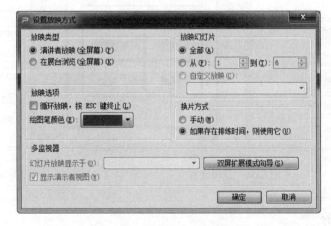

图 6-56　设置放映方式

2. 排练计时

使用排练计时，可以通过预演的方式，为每张幻灯片设置放映时间，使幻灯片能够按照设置的排练计时时间自动进行放映。

演示文稿进入排练计时状态的同时打开"录制"工具栏自动为幻灯片计时，界面如图 6-57 所示。通过单击鼠标或者按 Enter 键控制下一个动画出现的时间。结束放映后即弹出提示对话框，提示排练计时时间并询问是否保留幻灯片的

图 6-57　"录制"工具栏

排练时间,单击"是"按钮进行保存。如果想撤销已有的排练计时,在"设置放映方式"对话框中撤销选中"如果存在排练计时,则使用它"。

3. 打印演示文稿

演示文稿不仅可以进行现场演示,还可以将其打印到纸张上。打印界面如图 6-58 所示。演示文稿创建后,有其默认的大小和页面布局。若默认的大小和页面布局不能满足用户的需求,可设置大小和页面布局。

演示文稿打印时默认是打印整个演示文稿,也可以通过设置打印需要的幻灯片,如图 6-59 所示。

图 6-58　打印设置　　　　　　　　　　　图 6-59　打印幻灯片

6.5.2　习题解析

1. 用户设置幻灯片放映时,不能设置的是(　　)。

　　A. 幻灯片的放映范围　　　　B. 选择观众自行浏览方式放映

　　C. 放映幻灯片大小的比例　　D. 选择以演讲者放映方式放映

【解析】设置幻灯片放映时不能设置幻灯片的大小,都是全屏显示。

【答案】C。

2. 下列关于 PowerPoint 幻灯片放映的叙述中,不正确的是(　　)。

　　A. 可以进行循环放映　　　　B. 可以自定义幻灯片放映

　　　　C. 只能从头开始放映　　　　　D. 可以使用排练计时功能，实行幻灯片自动切换

【解析】设置幻灯片放映时可以从头开始，也可以从任意幻灯片开始，还可以实现幻灯片自动切换并循环放映。

【答案】C。

3. 下列关于 PowerPoint 幻灯片打印的叙述中，正确的是（　　）。
　　A. 只能从第一张幻灯片开始打印
　　B. 可以选择部分幻灯片打印
　　C. 只能打印全部幻灯片
　　D. 只能打印当前幻灯片

【解析】幻灯片打印时可以全部打印，也可以部分打印，还可以选择当前幻灯片打印。

【答案】B。

6.5.3　案例分析——放映"市场分析"演示文稿

1. 任务提出

放映并打印"市场分析"演示文稿，具体要求如下。
（1）对"市场分析"演示文稿的动画进行排练计时。
（2）为演示文稿设置放映类型为"循环放映，按 Esc 键终止"。
（3）打印演示文稿，要求一页纸上显示两张幻灯片，并在幻灯片四周加框。

2. 解决方案

（1）对演示文稿进行排练计时。
（2）设置演示文稿的放映方式。
（3）打印演示文稿。

6.5.4　实现方法

1. WPS 演示 2016 实现方法

（1）启动 WPS 演示，选择"WPS 演示"→"打开"命令，在弹出的打开对话框中选中桌面上"市场分析"演示文稿后单击"打开"按钮即可打开"市场分析"演示文稿。选择"幻灯片放映"→"排练计时"命令，进入排练计时状态。同时打开"预演"工具栏自动为幻灯片计时，界面如图 6-60 所示。通过单击鼠标或者按 Enter 键控制下一个动画出现的时间。结束放映后即弹出提示对话框，提示排练计时时间并询问是否保留幻灯片的排练时间，单击"是"按钮进行保存。

图 6-60　"预演"工具栏

（2）选择"幻灯片放映"→"设置放映方式"命令，在打开的"设置放映方式"对话框中选中"循环放映，按 Esc 键终止"复选框，界面如图 6-61 所示。

（3）选择"WPS 演示"→"打印"→"打印预览"命令，单击"打印预览"→"幻灯片"→"讲义（每页 2 张幻灯片）"，界面如图 6-62 所示。单击"打印预览"→"幻灯片加框"即可给幻灯片四周加框。

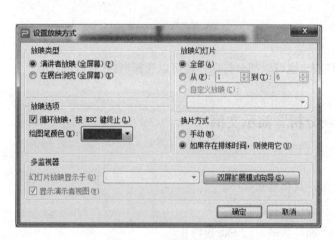

图 6-61 设置放映方式

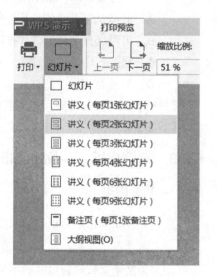

图 6-62 设置打印预览

2. Office PowerPoint 2010 实现方法

（1）启动 Microsoft PowerPoint 2010。选择"文件"→"打开"命令，在弹出的打开对话框中选中桌面上"市场分析"演示文稿后单击"打开"按钮即可打开"市场分析"演示文稿。选择"幻灯片放映"→"设置"→"排练计时"命令，进入排练计时状态。同时打开"录制"工具栏自动为幻灯片计时，界面如图 6-63 所示。通过单击鼠标或者按 Enter 键控制下一个动画出现的时间。结束放映后即弹出提示对话框，提示排练计时时间并询问是否保留幻灯片的排练时间，单击"是"按钮进行保存。

图 6-63 "录制"工具栏

（2）选择"幻灯片放映"→"设置"→"设置放映方式"命令，在打开的"设置放映方式"对话框中选中"循环放映，按 Esc 键终止"复选框，界面如图 6-64 所示。

（3）选择"文件"→"打印"命令，单击"讲义"→"2 张幻灯片"，并选中"幻灯片加框"复选框即可给幻灯片四周加框，界面如图 6-65 所示。

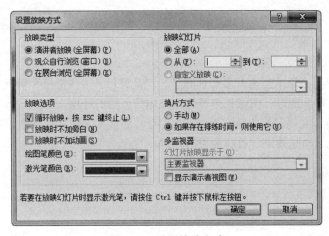

图 6-64　设置放映方式

6.5.5　案例总结

本案例主要介绍演示文稿的放映设置及打印设置。分别以 WPS 演示 2016 和 Office PowerPoint 2010 为例介绍了演示文稿的排练计时、放映和打印的方法。目的是为了让读者通过这个案例的学习能够掌握放映演示文稿的方法以及打印的方法。

（1）幻灯片放映时注意需要从头开始使用快捷键 F5，如果从当前幻灯片开始放映使用快捷键 Shift+F5。

（2）循环放映幻灯片时使用 Esc 键退出。

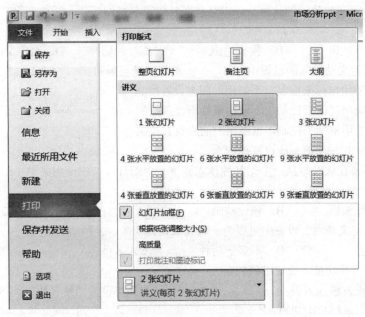

图 6-65　设置打印方式

本章小结

演示文稿主要用于学术交流、多媒体教学、产品展示、工作汇报和情况介绍等许多场合，制作和播放带有文字、图形、图像和声音等多媒体信息的幻灯片。

本章介绍了演示文稿制作的基本操作，为幻灯片添加文字图片和表格等对象的方法，如何设置幻灯片的切换、动画效果、放映效果等知识。

习题

一、选择题

1. PowerPoint 中，添加新幻灯片的快捷键是（　　）。
   A．Ctrl+H　　　　B．Ctrl+N　　　　C．Ctrl+M　　　　D．Ctrl+O
2. PowerPoint 中，播放演示文稿的快捷键是（　　）。
   A．Enter　　　　B．F5　　　　C．Alt+Enter　　　　D．F7
3. 演示文稿中的每一张演示的单页称为（　　），它是演示文稿的核心。
   A．版式　　　　B．模板　　　　C．母版　　　　D．幻灯片
4. PowerPoint 中，为当前幻灯片的标题文本占位符添加边框线，首先要（　　）。
   A．使用"颜色和线条"命令　　　　B．选中标题文本占位符
   C．切换至标题母版　　　　D．切换至幻灯片母版
5. 如果希望在放映时能从第三张幻灯片跳转到第八张幻灯片，需要在第三张幻灯片上设置（　　）。
   A．动作按钮　　　　B．预设动画　　　　C．幻灯片切换　　　　D．自定义动画
6. 在"自定义动画"的设置中，（　　）的说法是正确的。
   A．只能用鼠标来控制，不能用时间来设置控制
   B．只能用时间来控制，不能用鼠标来设置控制
   C．既能用鼠标来控制，也能用时间来设置控制
   D．鼠标和时间都不能设置控制
7. 如果需要在放映时从一个幻灯片淡入到下一个幻灯片，应使用菜单"幻灯片放映"中的（　　）命令进行设置。
   A．动作按钮　　　　B．预设动画　　　　C．幻灯片切换　　　　D．自定义动画
8. 在"自定义动画"设置中可以为一种元素设置（　　）种动画效果。
   A．一种　　　　B．不多于两种　　　　C．多种　　　　D．以上都不对
9. 关于幻灯片切换，说法正确的是（　　）。
   A．可设置进入效果　　　　B．可设置切换音效
   C．可用鼠标单击切换　　　　D．以上全对

10．要使幻灯片在放映时能够自动播放，需要为其设置（　　）。
A．超链接　　　　B．动作按钮　　　　C．排练计时　　　　D．录制旁白

二、操作题

1．利用系统提供的资料创意制作演示文稿。按照题目要求完成后，用演示文稿的保存功能直接存盘。

资料：

要树立正确人才观，培育和践行社会主义核心价值观，着力提高人才培养质量，弘扬劳动光荣、技能宝贵、创造伟大的时代风尚，营造人人皆可成才、人人尽展其才的良好环境，努力培养数以亿计的高素质劳动者和技术技能人才。

要求：

（1）正文内容设置为24磅、宋体。

（2）演示文稿设置飞入动画效果。

（3）在页脚插入备注，内容为"《人民日报》"。

2．利用系统提供的资料创意制作演示文稿。按照题目要求完成后，用演示文稿的保存功能直接存盘。

要求：

（1）插入五边形，将图形设置为强烈效果—强调颜色2，并在图形上录入文字"十三五规划五大发展理念"，将文字设置为宋体、36磅、加粗。

（2）按照图示插入六边形和各段直线，将图形设置为强烈效果—强调颜色2，直线设置为粗线—强调颜色2，在六边形上录入相应的文字，并设置为宋体、20磅、加粗。

（3）插入矩形，将矩形设置为彩色轮廓—强调颜色2，在矩形中录入相应的文字，并设置为宋体、18磅。

（4）为演示文稿填充背景"渐变填充"→"预设颜色"→"羊皮纸"。

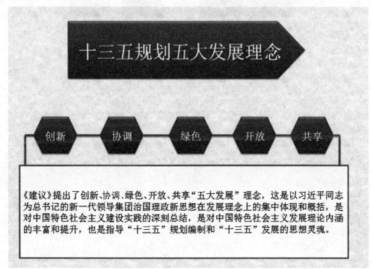

3. 利用系统提供的资料创意制作演示文稿。按照题目要求完成后，用演示文稿的保存功能直接存盘。

要求：

（1）插入椭圆，将图形设置为强烈效果—强调颜色 2，并在图形上录入文字"十三五规划六个坚持"，将文字设置为宋体、36 磅、加粗。

（2）插入 SmartArt 中的表层次结构，将其设置为透明渐变范围—强调文字颜色 2；在插入的图形上录入相应的文字："坚持统筹国内国际两个大局""坚持党的领导""坚持人民主体地位""坚持科学发展""坚持深化改革""坚持依法治国"，并设置为宋体、24 磅、加粗。

（3）为演示文稿填充背景"渐变填充"→"预设颜色"→"羊皮纸"。

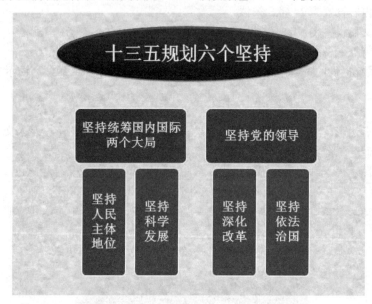

第 7 章　制作出版物

本章将介绍制作出版物的基本流程，并通过案例展现使用出版物软件 Publisher 2010 制作出版物的思路和操作方法。

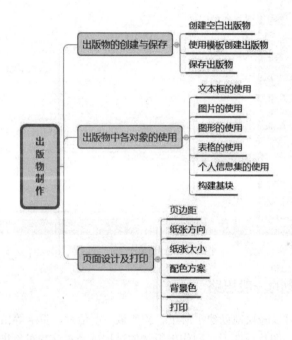

7.1　Publisher 初识

Publisher 2010 是 Microsoft Office 2010 组件之一，是完整的企业发布和营销材料解决方案，可以在企业内部比以往更轻松地设计、创建和发布专业的营销和沟通材料，它能提供比 Microsoft Word 更强大的页面元素控制功能，但比起专业的页面布局软件来还略逊一筹。

7.1.1　基本概念

1）出版物

出版物是指以传播为目的贮存知识信息并具有一定物质形态的出版产品。传统的出版物都是印刷品，包括报纸、杂志、图书、简历、小海报和名片等。

2）工作界面

Publisher 2010 的工作界面如图 7-1 所示。

图 7-1 Publisher 工作界面

7.1.2 创建出版物的一般思路

利用 Publisher 可以轻松地创建小册子、新闻稿、明信片、贺卡等出版物，而这些出版物中一般都使用了文本、图片或图形，制作出版物的过程就是对这些对象进行设置、对页面进行设计的过程。一般思路如图 7-2 所示。

图 7-2 制作出版物流程

用 Publisher 制作出版物的过程一般应该按照这 4 个步骤的先后顺序来进行，可以获得较好的处理效果和处理效率。每个步骤对应的处理操作见表 7-1。

表 7-1 制作出版物步骤

步　　骤	操　　作
获取素材	文字素材、图像素材的收集
对象设置	对文字、图片、图形等素材对象进行设置

续表

步骤	操作
页面设计	对页面大小、背景等进行设置
输出	打印或发布为 HTML

7.2 出版物的创建及保存

7.2.1 知识要点

1. 出版物的创建

1）创建空白的出版物
（1）单击"文件"→"新建"。
（2）在"可用模板"下，单击"空白"出版物→"创建"。
如果没有发现所需大小的空白模板，可单击"更多空白页面大小"。
2）查找并应用模板创建出版物
Publisher 可以应用内置模板、自定义模板，也可以从 Office.com 上搜索可用的模板。Office.com 提供了常用 Publisher 模板，包括新闻稿和海报的各种模板。
要查找并应用 Publisher 中的模板，可按下列操作进行。
（1）单击"文件"→"新建"。
（2）在"可用模板"下，执行下列操作之一。
- 若要使用已安装的模板，请单击"我的模板"→选择所需模板→"创建"。
- 若要使用 Publisher 中安装的预建模板之一，请在"最常用"或"更多模板"下→单击所需的类别→选择所需的模板→"创建"。
- 在"搜索模板"框中输入要搜索的模板→在"Office.com 模板"下选择所需的模板类别→"下载"。

2. 出版物的保存

1）一般保存
单击"文件"→"保存"，设置保存的文件名和路径。制作的出版物文件默认的扩展名为".pub"。也可以将文件保存为文本文件、Word 文件或图形文件等格式。
2）保存为 PDF 格式
如果出版物已经制作完成，不再进行修改了，可以保存为 PDF 文件。单击"文件"→"另存为 Adobe PDF"。但是出版物在保存为 PDF 格式之前，会先要求保存为 pub 格式。

7.2.2 习题解析

1. 使用（   ）可以快速创建出版物。

A．幻灯片　　　　B．模板　　　　C．参考线　　　　D．构建基块

【解析】 在创建出版物时，为了快速创建出精美的出版物，可以选择 Publisher 内置的模板进行创建；为了制作符合自己的独特的个性化的出版物，可以选择空白版式创建出版物。幻灯片是 PowerPoint 软件的内容，创建的是演示文稿。参考线是非打印线，它有助于保证出版物版式的一致性。构建基块是出版物中的可重用对象。

【答案】 B。

2．将出版物保存为（　　）格式后，其内容以后将无法修改。

A．PDF 文件　　　　　　　　　　B．Word 2010 文档
C．Publisher 模板　　　　　　　　D．Publish 文件

【解析】 Publisher 可以将制作的出版物保存的格式类型较多，如 Publisher 模板、Publish 文件、Word 文档、记事本、图像、PDF 文件等。只有保存为 PDF 文件后，其内容将无法修改，但在保存成 PDF 格式之前，Publisher 会首先要求保存为 pub 格式。

【答案】 A。

7.2.3　案例分析——制作"生日贺卡"

1．任务提出

在日常生活中，当得知家人或朋友要过生日时，送上一个自己亲手制作的有文字又有图片的生日宴会邀请卡，可以增进家人或朋友之间的感情。

2．解决方案

Publisher 提供了许多精美的贺卡模板，应用这些模板并在模板的基础上稍加编辑就可以迅速地制作一张精美的贺卡。效果如图 7-3 和图 7-4 所示。

图 7-3　内容页　　　　　　　　　　图 7-4　封面/封底页

7.2.4 实现方法

（1）启动 Publisher，默认就打开了"文件"→"新建"命令，在"可用模板"→"最常用"中选择"贺卡"，在"答谢"中选择"生日宴会请柬"→"下载"，即根据该模板创建了一个出版物，包含两个页面。第一个页面为内容页，第二个页面为封面/封底页。

（2）分别单击第一个页面上的文本框修改其中的姓名、祝贺词及日期时间；单击第二个页面上的空白文本框，添加文字"生日请柬"；单击封底的文本框修改其中的内容为自己所要的内容。一个精美的生日请柬就制作完成了。

（3）保存出版物。打开"文件"→"保存"命令，选择保存位置，文件名为"生日请柬"。

7.2.5 案例总结

当要快速制作比较精美的、内容不是很复杂的出版物时，充分使用 Publisher 提供的模板，可以达到事半功倍的效果。

7.3 出版物上各对象的使用

使用模板可以快速地制作一些简单的出版物，要想制作复杂的或能表达自己意愿的出版物还需在出版物上自行添加文字、图片、图形等对象并对其设置。

7.3.1 知识要点

1. 文本框的使用

文字是出版物的重要内容，也是最基本的内容，而文字的格式以及段落的编排又直接影响出版物的视觉效果。在 Publisher 中处理文字与其他的 Word 等字处理软件有所不同。Word 等字处理软件创建的文档是以文字为主要内容的，当文档建立或打开后就可以输入文字；而在 Publisher 中要添加文字则必须先添加文本框，在文本框内才能输入文字。文本框的操作包括添加和删除、编辑文本框等。

1）添加和删除文字框

（1）添加文本框。在"开始"选项卡或"插入"选项卡→"绘制文本框"或"绘制竖排文本框"→在出版物的适当位置进行绘制→在文本框内输入文字即可。

（2）删除文本框。选择要删除的文本框→键盘"Delete"键或在右键菜单中选择"删除对象"就可以删除文本框。

2）编辑文本框

（1）选择添加的文本框，在其内输入文字内容，可以进行两种格式的设置。一种是文本框的格式设置，一种是文本框内文字格式的设置。在功能区会同时出现"绘图工具"格式和"文本框工具"格式选项卡，如图 7-5 所示。

图 7-5　添加文本框后的功能区

（2）编辑文本框。通过"绘图工具"格式选项卡，可以对文本框进行"形状填充""形状轮廓""阴影效果""三维效果"等关于图形方面的设置，如图 7-6 所示。

图 7-6　"绘图工具"格式选项卡

（3）编辑文本框内的文字。通过"文本框工具"格式选项卡，可以对文字进行"字体""文字方向""文字对齐方式""分栏""首字下沉"等关于文字及段落的设置，如图 7-7 所示。

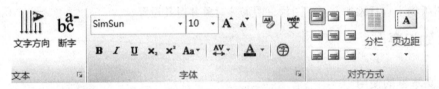

图 7-7　"文本框工具"格式选项卡

3）插入文本文件

如果文本框内的文字内容是以文件的形式保存在别的文件中，选择文本框→"插入"选项卡→"文本"组→"插入文件"→选择要插入的文件，即可将文件中的文本内容插入到选择的文本框中。

2. 插入图片

1）插入剪贴画

（1）打开前面做好的"生日请柬.pub"→选择第二张页面→"插入"选项卡→"插图"组→"剪贴画"按钮→在窗口右侧打开的"剪贴画"窗格中→"搜索文字"栏中输入"蛋糕"→"搜索"，即出现一个"蛋糕"剪贴画，如图 7-8 所示。

图 7-8　搜索剪贴画

(2) 将鼠标移动到剪贴画上→在弹出的三角按钮上→选择"插入"命令,如图 7-9 所示,该剪贴画即插入到了页面中,鼠标拖放剪贴画到适当的位置,并调整其大小。效果如图 7-10 所示。

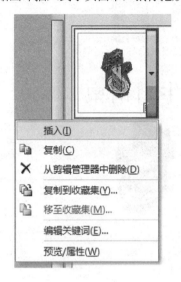

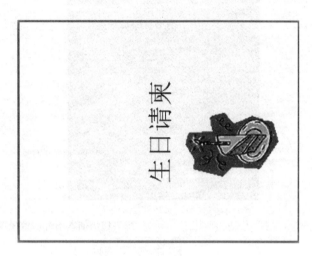

图 7-9　插入剪贴画　　　　　　　　图 7-10　插入"剪贴画"效果图

2)插入图片文件

打开前面做好的"生日请柬.pub"→选择第二张页面→"插入"选项卡→"插图"组→"图片"按钮→文件选择框中选择要插入的图片→"插入"按钮,图片即插入到出版物中,拖放至合适的位置,进行大小及方向的调整即可,如图 7-11 和图 7-12 所示。效果如图 7-13 所示。

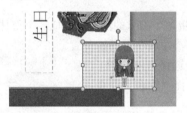

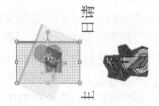

图 7-11　拖放图片　　　　　　　　图 7-12　旋转图片

3．绘制图形

1)绘制图形

打开前面做好的"生日请柬.pub"→选择第二张页面→"插入"选项卡→"插图"功能区→"形状"按钮→选择"基本形状"中的"太阳形"→在页面适当位置按住鼠标左键进行绘制,按住 Shift 键绘制的圆是正圆,否则为椭圆。效果如图 7-14 所示。

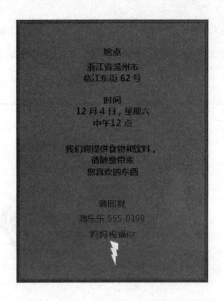

图 7-13　插入图片后效果图

图 7-14　绘制图形

2）组合图形

通过鼠标绘制的每一个图形是独立的，若要将各个独立的图形组合成一个整体，则要使用图形的"组合"功能。将各个独立的图形绘制好，并放在合适的位置后，鼠标单击选择一个图像，按住 Shift 键再单击选择另外的图形，所有要组合的图形选择完后，在鼠标右键菜单中选择"组合"命令，选择的所有独立的图形即组合为一个整体的图形。

4．表格的使用

新建一个空白的出版物，单击"插入"选项卡→"表格"，如图 7-15 所示，拖曳鼠标产生相应的行列数，即在空白处产生相应的表格。选择插入的表格，通过"表格工具"的"设计"选项卡和"布局"选项卡对表格进行格式的设置和表格内文字的设置。

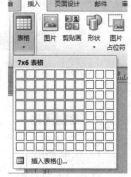

图 7-15　插入表格

5．个人信息集

业务信息集是有关个人或组织的自定义信息组，可用于快速填入出版物（如名片和传单中的相应位置。

业务信息集可以包括个人姓名、职位或职务、组织名称、地址、电话和传真号码、电子邮件地址、标志行或格言以及徽标等组成部分。可以根据需要创建许多不同的业务信息集。

1) 编辑个人信息集

（1）新建一个空白的出版物，单击"文件"→"信息"，有关该出版物的信息就显示出来了，如图 7-16 所示，单击"编辑业务信息"可以对该信息进行"编辑""删除""新建"操作。如图 7-17 所示。

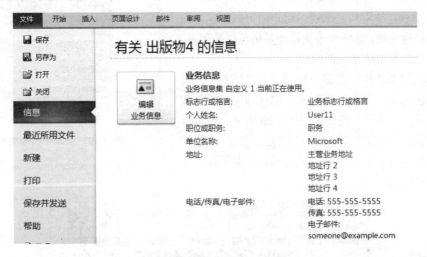

图 7-16　业务信息

（2）单击"编辑"按钮，可以对当前的业务信息进行编辑，如图 7-18 所示，单击"保存"，编辑成功，再单击"更新出版物"，业务信息更新成功。

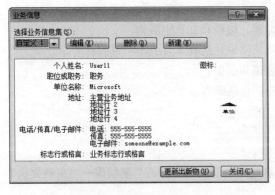 

图 7-17　"业务信息"对话框　　　　图 7-18　"编辑业务信息集"对话框

2) 插入个人信息集

在新建的出版物中，单击"插入"选项卡→"文本"组→"业务信息"→选择要插入的业务信息的部分，如插入"门户"或"域"（个人姓名、单位等）。然后对插入的信息进行文本框的格式设置及文字的格式设置即可。效果如图 7-19 所示。

6. 构建基块

构建基块是可重用对象，包括页面部件、日历、边框和强调线、广告和业务信息。用户可以访问，并在任何时候重复使用构建基块。用户还可以创建和保存自己的构建基块。这些自定义构建基块可以是图形、文本，甚至其他构建基块的组合。

五个构建基块库中的四个库显示在"插入"选项卡的"构建基块"组中，而第五个构建基块库"业务信息"显示在"文字"组中，如图 7-20 所示。也可以单击"构建基块"组右下角的中的"显示构建基块库"标识，如图 7-21 所示，打开"构建基块"对话框，从中选择要构建的基块库。

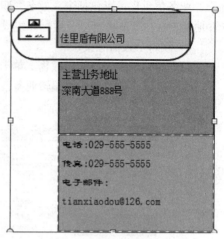

图 7-19 插入个人信息集

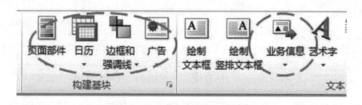

图 7-20 "构建基块"组

五个基块库包括：

- 页面部件：预设格式的结构元素，如标题、边栏和文章出版物。
- 日历：预设格式的每月日历。用户可以从库中，选择本月或下个月的日历。
- 边框和强调色：图形元素，如边框、强调和框架。
- 广告：此库适用于预设格式的广告元素，包括赠券。
- 业务信息：业务信息集。

1）插入来自库的构建基块

以插入"广告"基块库为例。

新建一个出版物，在"插入"选项卡→"构建基块"组→"广告"基块库→"免费提供"基块。效果如图 7-22 所示。

2）创建构建基块

用户可以创建自己的构建基块，例如图像、边框、艺术字等。

右键单击想要创建构建基块的对象→选择"另存为构建基块"，如图 7-23 所示→"新建构建基块"对话框→输入有关构建基块的信息，如图 7-24 所示→"确定"按钮。

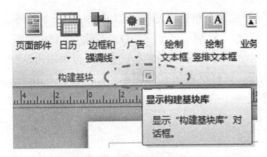 

图 7-21 显示构建基块库　　　　　　图 7-22 插入的构建基块

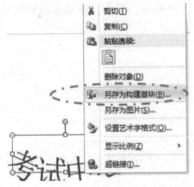 

图 7-23 另存为构建基块　　　　　　图 7-24 "新建构建基块"对话框

标题：创建构建基块的名称。

说明：添加构建基块用途的说明。

库：确定将该构建基块添加到哪个库中。

在库中显示：选中此框可使构建基块在库中可用。

类别：选择库的预建的类别，或键入新的类别名称。

关键字：输入用户自己的关键字，以使搜索更容易构建基块。

7.3.2　习题解析

1．在出版物中添加文字，要通过（　　）对象。

　　A．文本框　　　　B．图形　　　　C．信息集　　　　D．剪贴画

【解析】　在 Word 等其他的文字处理软件中，可以直接输入文字，而在 Publisher 中要添加文字，必须先绘制文本框，在文本框中输入文字。

【答案】　A。

2．在出版物中要添加其他文件中的文字，要通过插入（　　）对象。

　　A．文本框　　　　B．业务信息　　　C．占位符　　　　D．文件

【解析】　在出版物中要添加文字，一是通过绘制文本框，二是通过插入含有文本的文件。

【答案】　D。

3. 要想将出版物中绘制的多个独立的图形形成一个整体图形，可以通过（   ）命令。
   A．组合   B．剪切   C．复制   D．删除

【解析】 在出版物中可以绘制多个图形，若要将这些图形形成一个整体，可以单击选择一个图形，然后按住 Shift 键再分别单击其他的图形，这样就将所有的图形全部选中，右击，选择"组合"命令，这些图形将会形成一个整体图形。

【答案】 A。

4. 下列（   ）对象属于构建基块库。
   A．页面部件   B．图片   C．文字   D．艺术字

【解析】 构建基块是可重用对象，五个构建基块库分别为页面部件、日历、边框和强调线、广告和业务信息。其中四个库显示在"插入"选项卡的"构建基块"组中，而第五个构建基块库"业务信息"显示在"文字"组中。

【答案】 A。

7.3.3 案例分析——"制作运动会赛事广告"

1. 任务提出

一年一度的学校冬季运动会就要举行了，作为运动会秘书长，准备各项材料是理所当然的，像日程安排、赛场新闻、奖状之类的材料，以往都是人工编写，工作量很大。用 Publisher 则可以轻松解决。

本案例制作运动会赛事广告，效果如图 7-25 所示。

2. 解决方案

（1）选择广告模板。
（2）编辑内容。
（3）插入图片。

7.3.4 实现方法

（1）选择"文件"→"新建"→"广告"模板→"已安装的模板"→"引入"模板→"创建"按钮，创建成功，如图 7-26 所示。

（2）对创建的出版物上的对象根据运动会赛事的内容进行修改，效果如图 7-25 所示。

（3）在网上下载一幅"赛跑"的图片，保存在本地磁盘，删掉模板上的"握手"图片，插入保存好的"赛跑"图片，调整大小及位置。这个赛事安排就制作好了。

7.3.5 案例总结

Publisher 内置了大量的出版物布局样式，包括标准化的和非标准化的内容，大大节省了用户的制作时间。所以，有效地利用内置的模板并在此基础上进行修改可以为用户制作个性化的出版物。

图 7-25 案例效果图

图 7-26 "引入"模板

7.4 出版物的页面设计与打印

出版物是由各个基本内容组成的，如文字、文字框、颜色模块、绘制的图形、基本图形、剪贴画、图片、艺术字或表格等，每一种内容都有其自己的特点，有千变万化的设计格式。本节学习对出版物的页面设计和打印的知识。

7.4.1 知识要点

1. 页面设计

在 Publisher 中，页面设计包括页面边距、纸张大小、纸张方向、配色方案及背景色等。实际上，在制作出版物时，Publisher 已自动为出版物设置了默认页面格式。但是每个用户的情况不尽相同，对页面的要求也不同。因此还需要根据具体情况来对出版物的页面设置进行必要的调整。

1）页边距

选择"页面设计"选项卡→"页面设置"组→"页边距"，在弹出的列表中可以选择 Publisher 内置的一些尺寸大小，也可以选择"自定义边距"，打开"版式参考线"对话框，如图 7-27 所示。可以根据"边距参考线""网格参考线""基线参考线"

图 7-27 "版式参考线"对话框

进行边距的设置。

2）纸张方向

在"纸张方向"中可以设置"纵向"和"横向"两种格式。

3）纸张大小

单击"纸张大小"→"页面设置",弹出"页面设置"对话框,在该对话框中可以设置纸张的尺寸和出版物页面的尺寸,从而可以预览到在一张纸上可以打印几个出版物页面。如图7-28所示,该纸张上可以打印10个出版物页面。

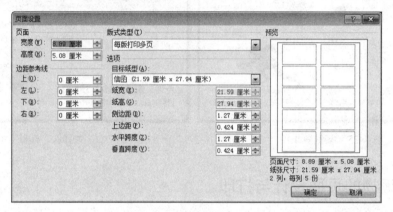

图 7-28 "页面设置"对话框

4）配色方案

在 Publisher 中内置了一些配色方案,选择不同的配色方案,出版物页面上有颜色的区域就会根据所选的配色方案颜色进行变化。极大减少了用户选择颜色的焦虑。如图7-29所示。

图 7-29 配色方案

5）背景

单击"背景"按钮,在下拉列表中提供了"无背景""纯色背景""渐变背景""其他背景"四种选择,如图7-30所示,如果要设置丰富的背景色,可以选择"其他背景"→"填充效果"对话框,在该对话框中可以进行较多的设置,如图7-31所示。

2. 打印

当所有的制作工作完成后,就可以把自己的作品打印出来了。无论是使用自己的打印机还是使用商业打印服务机构的设备,在打印之前都必须认真、仔细地检查出版物的每一页内容,做到万无一失。否则,一旦出版物批量打印或印刷成纸张,如果这时再有错误,就会造成不必要的浪费。打印前一定要逐字逐句地检查,同时对不合理或不满意的设计方案、格式、页面等进行及时调整和修改。除此之外，还应该在打印之前对打印机进行必要的设置，以满足自己的打印需求。

选择"文件"→"打印"，显示"打印"对话框，同时具有"预览"功能，如图 7-32 所示，可以选择打印的份数、纸张大小、纸张方向等。检查无误后，可以选择"打印"按钮进行打印。

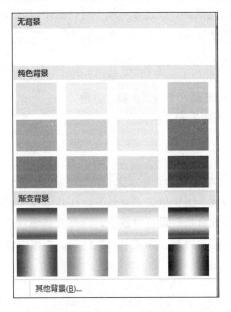
图 7-30 "背景"列表

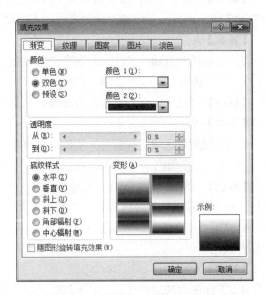
图 7-31 "填充效果"对话框

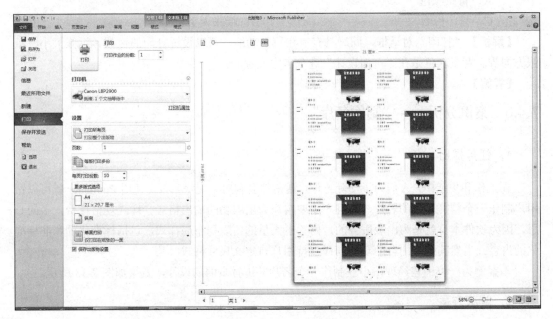
图 7-32 "打印"对话框

7.4.2 习题解析

1. 在设置"页边距"时，下面所列选项，（　　）不是在"版式参考线"中设置的。
   A．表格参考线　　　B．边距参考线　　　C．网格参考线　　　D．基线参考线

【解析】 参考线是保证页面版式一致性的非打印线条。"版式参考线"对话框中可以设置边距参考线、网格参考线和基线参考线，不能设置表格参考线。

【答案】A。

2. 下面所列选项，（　　）属于"纸张方向"。
   A．横向　　　　　　B．水平　　　　　　C．垂直　　　　　　D．斜角

【解析】"纸张方向"只有两种设置，分别是"纵向"和"横向"。

【答案】A。

3. 下面所列选项，（　　）不能设置页面"背景"。
   A．文字颜色　　　　B．纯色背景　　　　C．渐变背景　　　　D．填充背景

【解析】 单击"页面设计"选项卡，在"页面设置"组中单击"背景"，在其下拉列表中可以选择"无背景""纯色背景""渐变背景""其他背景"设置背景色，选择"其他背景"后，会弹出"填充效果"对话框来设置背景。文字颜色是用来设置文字的颜色的，不可以设置页面背景色。

【答案】A。

4. 下面所列选项，（　　）不能在"打印"对话框中设置或显示。
   A．背景颜色　　　　　　　　　　　　B．预览
   C．打印份数　　　　　　　　　　　　D．纸张大小

【解析】"打印"对话框，同时具有"预览"功能，可以设置打印的份数、纸张大小、纸张方向等。背景颜色是在"页面设计"选项卡中设置的。

【答案】A。

7.4.3 案例分析——"制作名片"

1. 任务提出

在工作和生活中，人们为了交际方便，通常都会和对方交换名片。使用 Publisher 就可以帮用户制作一个精美大方的名片，而且不需要用户为出版物的输出格式、样式规格花费太多的心思。因为软件本身就是为出版服务的，内置了大量的出版物布局样式，包括标准化的和非标准化的内容。当然其强大的自助功能同样支持用户自定义尺寸格式。

本案例为一位销售经理田小豆制作一个名片并进行页面的设计，效果如图 7-33 所示。

2. 解决方案

制作这个名片，解决思路如下：

（1）编辑个人信息集。
（2）选择名片模板。
（3）进行页面设计。
（4）打印设置。

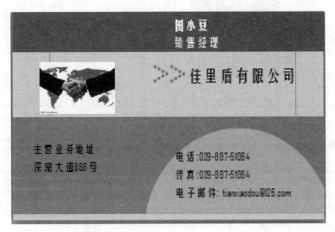

图 7-33　案例效果图

7.4.4　实现方法

（1）启动 Publisher，选择"文件"→"信息"→"编辑业务信息集"→"编辑"按钮，各项内容修改为制作名片人田小豆的个人信息，单击"徽标"下面的"更改"按钮，可修改"徽标"为已准备好的图片，单击保存，如图 7-34 所示。

（2）选择"文件"→"新建"→"名片"模板，在已安装的模板中选择自己想要的名片模板→"创建"按钮，创建成功。

（3）选择"页面设计"选项卡→"方案"组→"柑橘"配色方案。选择"页面背景"组→"背景"→选择"纯色背景"中的"辅色 2 的 30%淡色"。

（4）选择"页面设计"选项卡→"页面设置"组→"页边距"→选择"自定义边距"，打开"版式参考线"对话框，修改边距的数据如图 7-35 所示。单击"纸张大小"，在列表中选择"页面设置"，修改其中的数据如图 7-36 所示。

（5）选择"文件"→"打印"，预览效果为打印 2 列，每列打印 5 张，检查结果无误后，单击"打印"按钮。

7.4.5　案例总结

在制作出版物之前，要将收集的文字、图片等素材准备好，然后在相应模板的基础上对其进行页面设计、背景色的修改等操作，从而达到用户的个性化需求。若不想使用模板或没有找到较好的模板，用户可根据自己的情况自行设计。

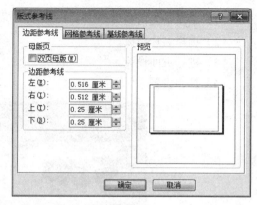

图 7-34 "编辑业务信息集"对话框　　　　图 7-35 "版式参考线"对话框

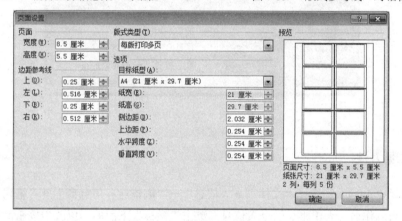

图 7-36 "页面设置"对话框

本章小结

本章讲述了使用 Microsoft Publisher 2010 制作出版物的基本方法。在出版物中可以添加文字、图片、图形、个人信息集等对象。添加文字必须通过使用文本框对象才能进行，这与其他的文字处理软件有所不同。Publisher 提供了各种丰富的出版物模板，用户可以直接使用这些模板或在这些模板基础上稍加修改就可以制作出具有专业水准的出版物。对于需要重复使用的对象，可以将其加入构建基块库。另外，对于文字的排版、图片、图形、表格等对象的编辑操作本章没有详细展开讲述，可参考本书第 4 章"文字处理"。

习题

一、选择题

1. 出版物文件默认的扩展名（　　）。

A．docx　　　　　B．pub　　　　　C．pubx　　　　　D．pdf
2. 在 Publisher 中，可以通过（　　）对象向页面中添加文字。
　　A．文本框　　　B．图形　　　　C．信息集　　　　D．剪贴画
3. 下面（　　）选项，可以给出版物中的图片添加标题。
　　A．绘制文本框　B．标题　　　　C．母版　　　　　D．图片边框
4. 在 Publisher 中，想将编辑过的图片恢复到编辑前的状态，可以通过（　　）命令。
　　A．重设图片　　B．更改图片　　C．取消　　　　　D．裁剪
5. 在 Publisher 中，通过（　　）命令可以设置图片的环绕方式。
　　A．更改图片　　B．文字环绕　　C．自动换行　　　D．旋转
6. 在 Publisher 中，通过（　　）可以快速设置绘制的图形样式。
　　A．图片样式　　B．形状样式　　C．更改形状　　　D．旋转
7. 对文本框进行（　　）操作，可以实现文字在两个文本框之间流动。
　　A．分栏　　　　B．创建链接　　C．分隔符　　　　D．动作按钮
8. 在 Publisher 中，设置文字的首字下沉时，可以选择下沉和（　　）两种效果。
　　A．上凸　　　　B．悬挂　　　　C．下凹　　　　　D．分栏
9. 在 Publisher 中，要重复使用某个对象，可以将该对象建立为（　　）。
　　A．构建基块　　B．模板　　　　C．文本　　　　　D．图形
10. 要在出版物中添加个人姓名、单位、电话等信息，可以通过（　　）基块完成。
　　A．页面部件　　B．日历　　　　C．业务信息　　　D．广告

二、操作题

请制作如下图所示的"学术沙龙"宣传海报。

第 8 章 Visio 图形设计

本章将介绍 Visio 图形设计的基本概念和操作方法,并结合不同的案例来展现图形设计的思路和操作方法。

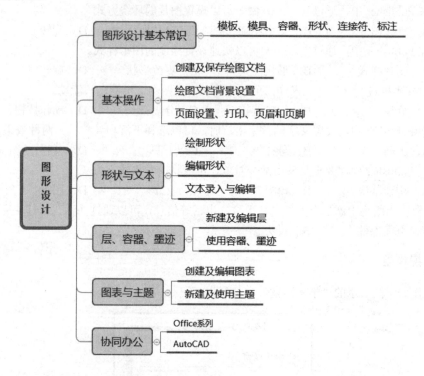

8.1 Visio 图形设计基本概述

8.1.1 Visio 图形设计基本概念

Visio 是一款商业图表绘制软件,具有操作简单、功能强大、可视化的操作界面等特点,可以用不同的形状来描述用户的思想,最终以形象化的图形、图像等不同的方式和其他使用者进行资源共享。

1. 模板

模板是为了实现特定功能,由样式、命令、偏好设置以及模具等元素组成的集合。

2. 模具

模具就是图件或形状的组合。

3. 容器

容器就是用来放置其他图件或形状的一种形状，它可以非常清晰地描述出区域内图件或者图形的关系，并且可以通过对容器的操作，来完成对一组图形或者形状成员的编辑。

4. 形状

形状通常由行为和属性构成，属性主要是为了帮助识别和标注该形状，行为可以让使用者快速地和其他图形进行连接。

5. 连接符

连接符是形状之间用来连接的各种线段，并且可以通过自动延伸、缩短以及改变角度等方式维持图形之间的连接。

6. 标注

标注是用来对图形进行注释说明的。

8.1.2 Visio 图形设计工作界面

Visio 图形设计工作界面如图 8-1 所示。

8.1.3 Visio 图形一般思路

通过 Visio 图形设计软件可以快速地创建工程图、流程图、图表以及项目管理图等图形，在图形设计的过程中，经常使用图片、文本以及形状等元素，图形的具体实现过程就是将这些元素放置在绘图区，通过形状组合，用文本进行功能描述以及页面设置等操作，最后以不同的形式输出，见图 8-2。

利用 Visio 实现相关图形，一般是按照如下几个步骤来完成的，这样可以提高工作效率。见表 8-1。

8.2 Visio 基本操作

8.2.1 知识要点

1. 创建绘图文档

在 Visio 2010 中，用户可以通过系统自带模板、现有文档、Office.com 模板等方式建立自己所需要的绘图文件，其建立方式可以参照第 7 章"制作出版物"。

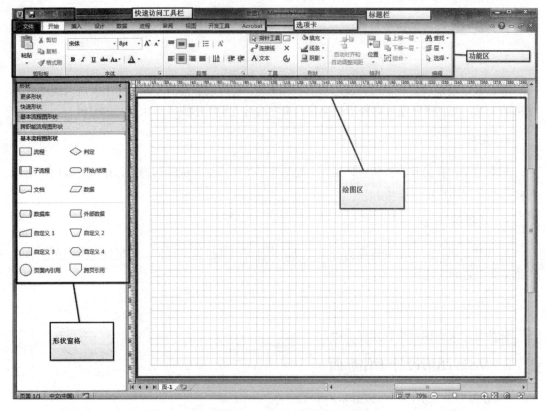

图 8-1　Visio 工作界面

图 8-2　图形设计流程

表 8-1　图形设计实现步骤

步　　骤	操　　作
获取素材	图片、文字以及背景素材
绘制形状	绘制形状、文字描述、形状组合等
页面设置	设置页面大小、纸张方向等
输出	以需要的方式进行存储发布

2．保存绘图文档

在 Visio 2010 中，用户可以通过保存对编辑的绘图文档进行存储，保存通常可以分为"保存""另存为""自动存储"三种,默认扩展名为".vsd"。其保存方式可以参照第 4 章"文字处理"。

3. 背景设置

背景通常分为系统预置背景和新建图形背景两种,在使用预置背景时,会自动产生一个背景页,通过对背景页的编辑,可以将编辑后的效果显示到绘图页。

1)添加和编辑背景

"设计"选项卡→"背景"功能组→"背景"工具按钮,在列表中选中系统预置背景,在背景页中编辑图形,就可以把该图形显示到绘图页,见图 8-3 和图 8-4。

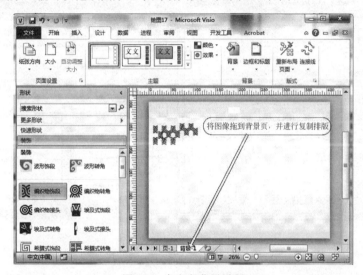

图 8-3　自定义背景设置

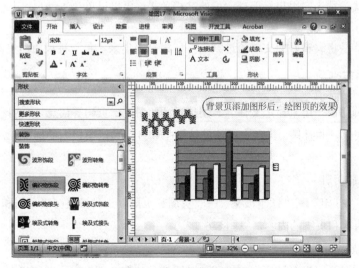

图 8-4　自定义背景效果

2）更改背景色调

"设计"选项卡→"背景"功能组→"背景"工具按钮→"背景色"选项，在弹出的菜单中选择"默认颜色"/"主题颜色"/"标准色"/"无填充"中的任一项即可实现。

4. 绘图打印

1）文档页面设置

合理的页面设置，可以使文档具有不错的排版效果，页面设置一般包括有纸张方向、纸张大小、打印设置等，见图8-5。

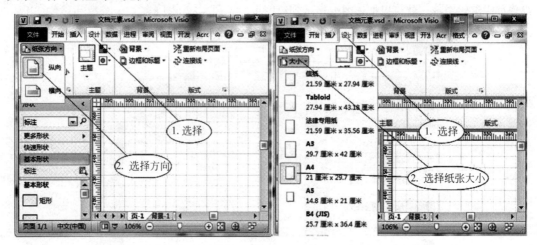

图8-5　页面设置效果

2）打印与打印预览

打印预览就是预先向用户呈现打印后的文档效果。可以以单个平铺页，上一个平铺页和下一个平铺页等方式预览。

快速打印就是将编辑好的文档通过默认打印机打印出来，是一种最为简单的打印方式。

5. 页眉和页脚

页眉和页脚通常是用来显示文件名、创建日期和时间、页码等信息，页眉和页脚分别处于文档的顶部和底部，并且只会出现在打印的绘图上和打印预览模式下的屏幕上，不会出现在绘图页上。

1）新建页眉页脚

"文件"→"打印"→"打印预览"→"页眉和页脚"工具按钮→"页眉和页脚"对话框，分别输入页眉内容和页脚的内容，见图8-6。

2）删除页眉页脚

清除"页眉和页脚"对话框中页眉和页脚区域部分的全部内容，即完成删除操作。

8.2.2 习题解析

1. 根据模板新建绘图文件时,主要有最近使用的模板、(   )与 Office.com 模板三种。
   A. 绘图模板   B. 模板类别   C. 我的模板   D. 基本模板

【解析】在 Visio2010 中,用户不但可以新建空白文档,也可以通过系统自带的模板或者现有的绘图文档来建立绘图文件,模板主要包含了最近使用的模板、模板类别以及 Office.com 模板。

【答案】B。

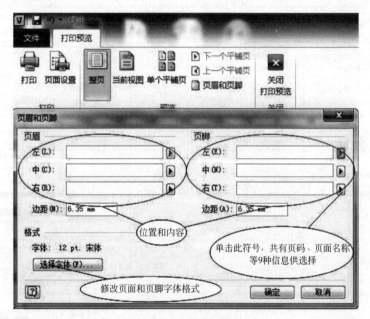

图 8-6   页眉页脚设置

2. 在 Visio 中,将已有的绘图文件打开编辑后,可以通过(   )功能,改变该文档的文件类型。
   A. 保存   B. 另存为   C. 自动存储   D. 复制粘贴

【解析】用户编辑绘图文档后,可以通过"文件"→"保存"或者是快速访问工具栏当中的保存按钮,进行存储,此时文件类型为系统默认的绘图文件类型;如果是通过"文件"→"另存为",则可以选择相应的文件类型,也可以更改主文件名。

【答案】B。

8.2.3 案例分析——"软件开发进度计划表(甘特图)"

1. 任务提出

甘特图主要是用条形图的方式显示活动的整个过程以及每个过程所持续的时间,便于控制整个项目进度。

2．解决方案

为了对整个项目进行风险控制，本案例采用了日常安排类中的甘特图对整个项目以及子过程进行描述，具体效果如图 8-7 所示。

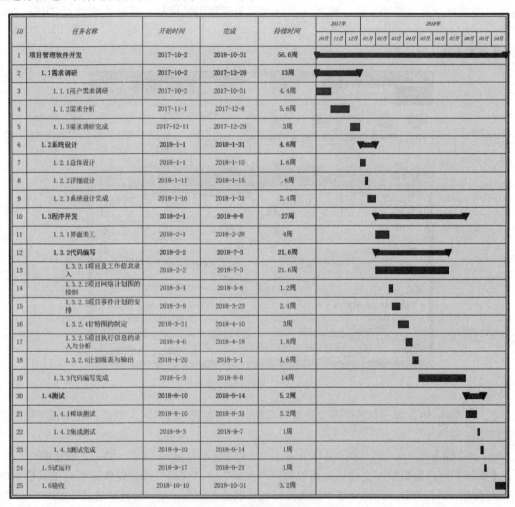

图 8-7　软件开发进度图

8.2.4　实现方法

步骤 1：单击"文件"→"新建"→"日常安排"→"甘特图"→"创建"按钮，在弹出的"甘特图选项"对话框中，设置任务数、开始时间以及完成日期，主要单位、次要单位和持续时间等属性，见图 8-8。

步骤 2：在绘图页中的甘特图表中，填入所有的任务名称，并且通过"甘特图"选项卡→"任务"功能组→"降级"工具按钮，对需要进行降级的任务进行降级，并且把相关的任务通过"链接"工具按钮进行链接，见图 8-9。

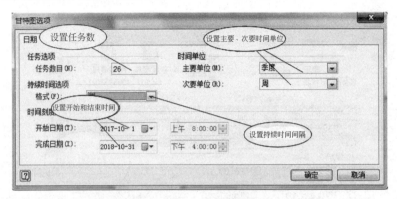

图 8-8　软件开发过程设置

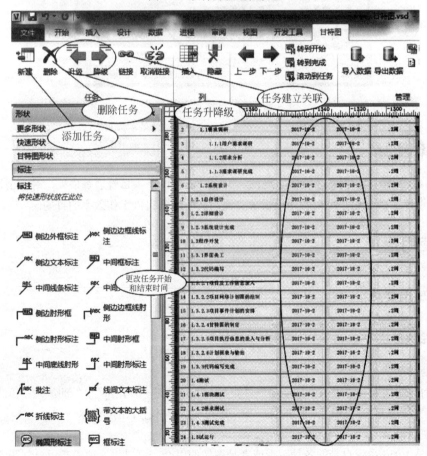

图 8-9　设置软件开发任务

步骤 3：选中需要更改开始时间和结束时间的单元格，单击"开发工具"选项卡→"形状设计"功能组→"保护"工具按钮→"保护"对话框，去掉对形状的保护，然后更改该任务的开始时间和结束时间。见图 8-9 和图 8-10。

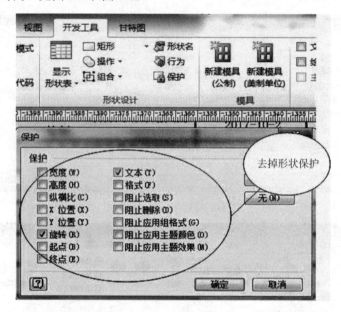

图 8-10　消除形状保护

8.2.5　案例总结

在 Visio 2010 中，提供了常规、地图、工程、流程图、项目管理等模板，对于个性化不突出的图形设计文档，用户可以利用模板来实现，从而达到提供工作效率的目的。

8.3　使用形状

8.3.1　知识要点

1. 绘制形状

1）基本形状

"开始"选项卡→"工具"功能组→"矩形"下拉按钮→"矩形"/"椭圆"/"折线"/"任意多边形"/"弧形"/"铅笔"中的任一项，即可完成基本形状的绘制。

2）使用模具

模具是 Visio 系统自带的各种图形或者是图像的组合，可以快速地提高用户制图的效率。

"形状"窗格→"更多形状",在弹出的选项中选择相应的模具分类,在列表中选择所需要的模具,拖到绘图页中即可。

2. 选择形状

在 Visio 2010 中形状的选择可以分为规则和不规则操作两类,规则形状的选择可以参照第 4 章"文字处理"中的图形应用部分。

(1)不规则形状的可以选择"开始"选项卡→"编辑"功能组→"选择"下拉按钮→"套索选择"选项,见图 8-11。

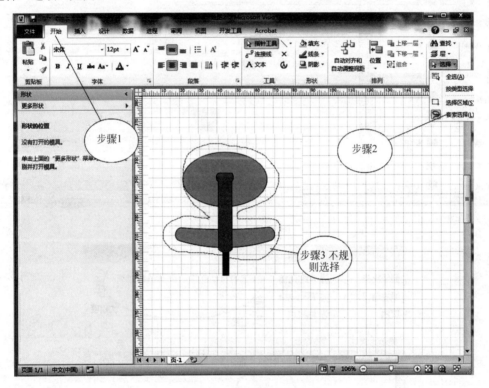

图 8-11 不规则选择效果

(2)按类型选择。"开始"选项卡→"编辑"功能组→"选择"下拉按钮→"按类型选择"选项→"按类型选择"对话框,按"形状类型""形状角色""图层"等方式进行形状选择,单击"确定"即可完成,见图 8-12。

3. 形状连接

1)自动连接

"视图"选项卡→"视觉帮助"功能组→"自动连接"复选框,单击形状四周的三角符号即可实现两个形状的连接,见图 8-13。

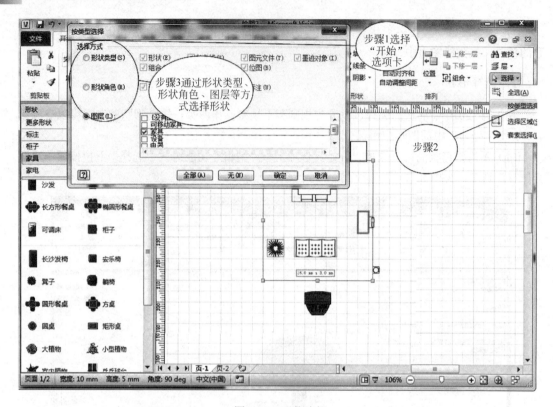

图 8-12 形状选择

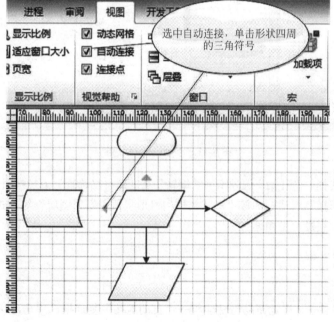

图 8-13 自动连接

2)手动连接

选择"形状"窗格→"直线-曲线连接线"/"动态连接线"选项中的一个,将连接线的两个端点分别移动到两个连接的形状上面即可。

4. 形状组合

组合可以将不同位置的形状变成一个整体;调整叠放次序可以使图形达到不同的效果。具体操作可以参照第 4 章"文字处理"中的图形应用部分。

5. 文本

文本在图形中的主要功能就是对图形的关键环节进行文字描述,可以通过"开始"选项卡→"工具"功能组→"文本"功能按钮,其具体格式的编辑可参照第 4 章"文字处理"。

8.3.2 习题解析

1.（   ）表示所选形状处于锁定状态,用户无法对其进行调整大小或旋转等操作。

　　A．控制手柄　　　　B．选择手柄　　　　C．锁定手柄　　　　D．旋转手柄

【解析】以上四种手柄的主要功能就是为了调整形状的大小以及旋转等。控制手柄：主要是用来调整形状的方向以及角度,就是选中形状后出现的黄色菱形符号；选择手柄：可以用来调整形状的大小,就是形状被选中时,形状周围出现的绿色方块符号；锁定手柄：体现了所选中的形状处于锁定状态,大小和角度不能被用户更改,选择形状后周围所出现的灰色方块符号；旋转手柄：当形状被选中后,出现的绿色圆圈符号,主要是用来对形状进行旋转。

【答案】C。

2. 按（   ）快捷键可以将当前绘图页中的所有形状选中。

　　A．Ctrl+A　　　　B．Ctrl+B　　　　C．Alt+A　　　　D．Alt+B

【解析】Ctrl+A 可以将绘图页中的所有形状选中；Ctrl+B 是文字加粗功能。

【答案】A。

3. 在 Visio 图形设计中,按住（   ）键可以绘制正方形和正圆。

　　A．Ctrl　　　　B．Shift　　　　C．Alt　　　　D．Delete

【解析】在利用 Visio 绘制椭圆时和 Shift 键相结合就可以绘制成正圆；绘制矩形时和 Shift 键相结合,就可以绘制出正方形。

【答案】B。

4. 在 Visio 中,可以使用（   ）键复制文本,可以使用（   ）键移动文本。

　　A．Ctrl+A　　　　B．Ctrl+C　　　　C．Ctrl+Z　　　　D．Ctrl+X

【解析】Ctrl+A 功能是全部选中；Ctrl+C 功能是复制；Ctrl+X 功能是剪切；Ctrl+Z 是撤销。

【答案】B、C。

8.3.3 案例分析——"房屋租赁数据流图"

1. 任务提出

数据流图从数据传递和加工的角度能非常清晰地描述数据在系统内部的逻辑流向和处理转换过程,常用来描述公司的业务处理流程。

2. 解决方案

在本案例中通过选择"软件和数据库"类别中的"数据流"模板使图形设计更加标准;选择文本按钮使图形描述得更加清晰;组合是图形统一。具体效果见图8-14。

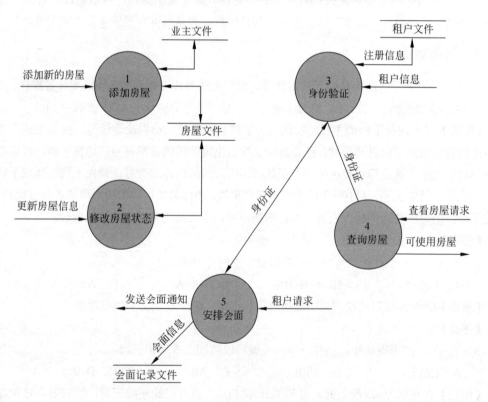

图 8-14 房屋租赁数据流图

8.3.4 实现方法

步骤1:"文件"→"新建"→"软件和数据库"→"数据流图表"→"创建"按钮。

步骤2:"形状"窗格→"数据流图表形状"→"数据流程"形状,在绘图页上绘制5个数据流程模具，用文本工具分别输入"1 添加房屋""2 修改房屋状态""3 身份验证""4 查询房屋""5 安排会面"。见图 8-15。

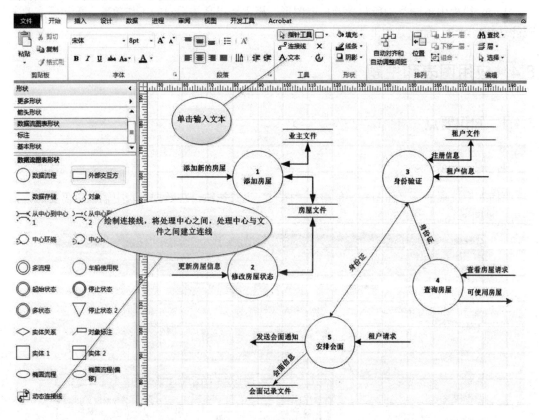

图 8-15　绘制数据流程

步骤 3：单击"形状"窗格→"数据流图表形状"→"数据存储"形状，在绘图页上绘制 4 个数据存储文件，并输入"业主文件""租户文件""房屋文件""会面记录文件"。

步骤 4：单击"形状"窗格→"数据流图表形状"→"动态连接线"形状，在绘图页上绘制多条连接线，并用文本工具数据对应请求信息，连接到对应的处理环节。

步骤 5：单击"形状"窗格→"数据流图表形状"→"动态连接线"形状，绘制多条动态连接线，选中"添加房屋到业主文件""添加房屋到房屋文件""修改房屋状态到房屋文件""身份验证到安排会面""身份验证到租户文件"几个连接线，单击"开始"选项卡→"形状"功能组→"线条"→"箭头"→"双箭头"选项。用动态连接线把数据处理和数据处理、数据处理和数据文件之间连接起来。并通过文本工具在连接线上标注相应的文本内容，见图 8-15。

步骤 6：将所有形状选中，右击并选择"组合"选项。

8.3.5 案例总结

Visio 模板中不同类别所包含的标准图形，极大地提高了用户的工作效率，再和用户的主观能动性相结合，能创建出非常个性的图形。

8.4 应用图表和主题

8.4.1 知识要点

1. 插入图表

"插入"选项卡→"插图"功能组→"图表"工具按钮，在数据源表中输入所需要的数据即可，见图 8-16。

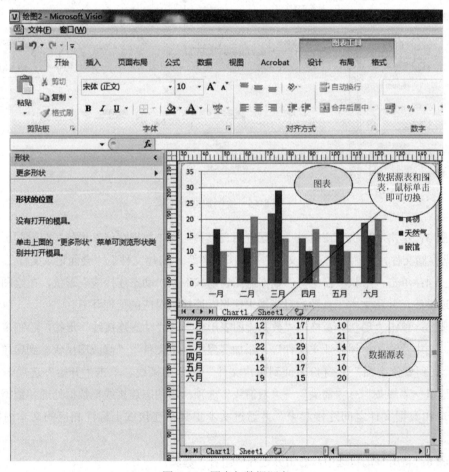

图 8-16 图表与数据源表

2. 编辑图表

编辑图表不但包含了编辑图表的数据源,还可以改变图表类型、图表标题、图例等内容,具体操作方式可以参照第 5 章"电子表格处理"中的使用图表表现数据部分。

3. 使用主题

1)使用系统预置主题

"设计"选项卡→"主题"功能组→"主题"下列按钮,在弹出的列表主题中选择"无主题"选项,就可以取消形状设置的主题,见图 8-17。

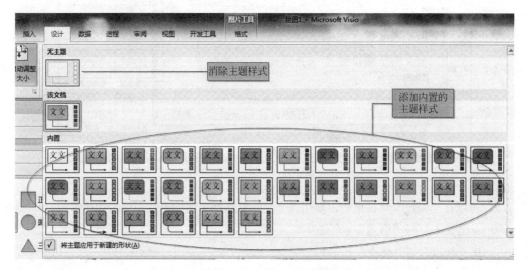

图 8-17 设置与取消主题

2)新建主题

"设计"选项卡→"主题"功能组→"效果"下拉按钮→"新建主题效果"选项→"新建主题效果"对话框,"常规"设置主题效果名称;"文本"可以设置用到的字体;"线条"可以设置图案样式,边框粗细,透明度以及圆角类型;"填充"可以设置形状的填充颜色以及透明度;"阴影"用来设置形状所产生的阴影样式,偏移的位置以及缩放;"连接线"可以用来设置连接线的图案样式、粗细、透明度还有连接线的起始点等,见图 8-18。

8.4.2 习题解析

1. 在 Visio 中的主题不仅可以应用到当前绘图页中,而且还可以应用到( )中。
   A. 模板　　　　　　　　　　　　B. 其他文档
   C. 所有绘图页　　　　　　　　　D. 其他 Office 组件

【解析】Visio 中的主题可以通过应用于当前页和所有页两个选项。

【答案】C。

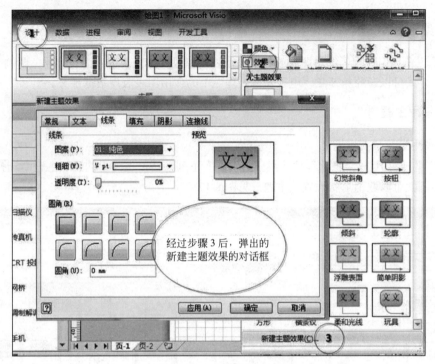

图 8-18 自定义主题

2. 可以在"保护"对话框中，启用（　　）复选框来保护形状不受主题的影响。

A."文本"与"格式"

B."起点"与"终点"

C."阻止应用主题颜色"与"阻止应用主题效果"

D."阻止选取"与"阻止删除"

【解析】Visio 主题保护包含"阻止应用主题颜色"和"阻止应用主题效果"两个选项，如图 8-19 所示。

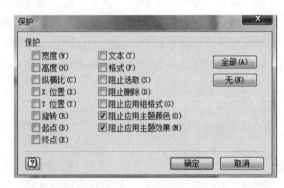

图 8-19 主题保护

【答案】C。

3. 在绘图页中选择形状,右击"外部数据"窗口并执行( )选项,即可将数据链接到形状中。

  A. 将数据链接到形状   B. 链接到形状

  C. 链接到绘图   D. 刷新链接

【解析】Visio 引入外部数据的方式如图 8-20 所示。

【答案】A。

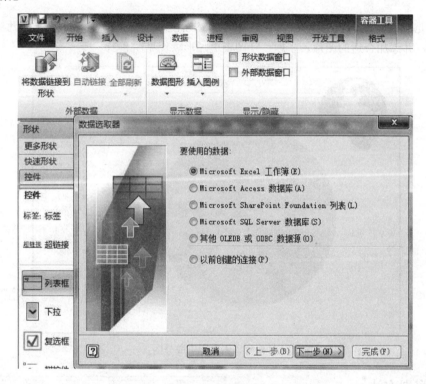

图 8-20 链接数据

4. 用户可以通过"数据图形"中的( )方式,用颜色来表示形状数据的唯一值与范围值。

  A. 文本   B. 数据栏   C. 图标集   D. 按值显示颜色

【解析】文本:用户可以使用包含列名和值的文本标注,或只显示数据值的标题的文本样式来显示形状数据;数据栏:主要是以缩略图表或图形的方式动态显示数据;图标集:主要是可以使用标志、通信信号和趋势箭头等图标集来显示数据;按值显示颜色:通过应用颜色来表示唯一值或范围值。

【答案】D。

8.4.3 案例分析——"大气污染成分图"

1. 任务提出

空气是人类赖以生存的重要元素,然而大气污染已经严重威胁到人们的健康,本案例通过图表的方式,向人们展示了大气污染成分,增强人们的环保意识。

2. 解决方案

通过选择合适的图表类型向人们展示和人们生活息息相关的日常活动在大气污染中所占到的比重,并添加合适的图片、主题,使图表更加形象,见图8-21。

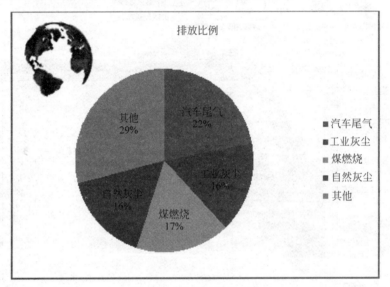

图 8-21 大气污染成分图

8.4.4 实现方法

步骤1:"插入"选项卡→"插图"功能组→"图片"工具按钮→"插入图片"对话框中→"绿色地球"图片→"打开"按钮,并将图片移动到合适位置。

步骤2:"插入"选项卡→"插图"功能组→"图表"工具按钮,将需要显示的数据填写到数据表格中,见图8-22。

步骤3:在图表编辑状态下,选择"图表工具-设计"选项卡→"数据"功能组→

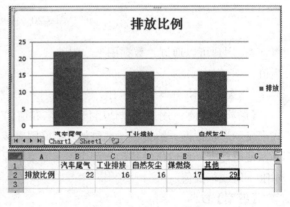

图 8-22 大气污染数据

"切换行/列"工具按钮→"选择数据"工具按钮→"选择数据源"对话框→"图表数据区域"中,选择创建图表的数据,单击"确定",见图8-23。

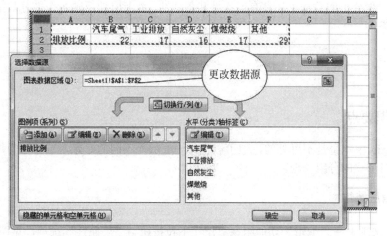

图 8-23　更改数据源

步骤4:在图表编辑状态,选择"图表工具-设计"选项卡→"类型"功能组→"更改图表类型"工具按钮→"更改图表类型"对话框→"饼图"→"确定"。

步骤5:在图表编辑状态,选择"图表工具-布局"选项卡→"标签"功能组→"数据标签"→"其他数据标签选项"→"设置数据标签格式"对话框,选择"类别名称""百分比"选项,单击"关闭"按钮。见图8-24。

图 8-24　设置数据标签效果图

8.4.5 案例总结

图表可以使分析的数据更加具有层次性和条理性,能及时地反映各个部分数据之间的关系以及变化趋势。

8.5 层

8.5.1 知识要点

层在 Visio 中本身是不可见的,但可以在每一层放入不同的对象,也可以为每层设置不同的属性实现对形状的分组管理。

1. 编辑层属性

"开始"选项卡→"编辑"功能组→"层"下拉按钮→"层属性"选项,见图 8-25。

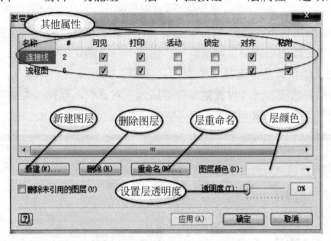

图 8-25 编辑层属性

2. 为层分配对象

通过层分配,可为该图层分配对象,通过层属性,可以设置不同层具有不同的显示效果,见图 8-26。

8.5.2 案例分析——"公式与图形"

1. 任务提出

在工程技术或科学计算中,编辑公式在图形设计中是不可缺少的,合理地为公式分配图层,使图形的组成更具有层次感。

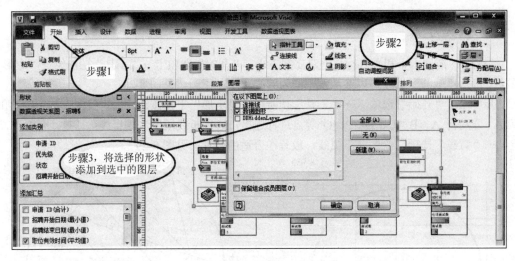

图 8-26 分配层

2．解决方案

为使案例具有非常好的观赏性，本案例采用了建立参考线以及为每层设置不同颜色的方法，使蝴蝶定理公式具有更好的层次感，如图 8-27 所示。

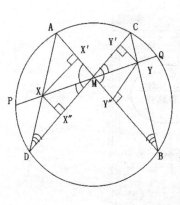

从 X 向 AM 和 DM 作垂线，设垂足分别为 X'和 X"。类似地，从 Y 向 BM 和 CM 作垂线，设垂足分别为 Y'和 Y"。

证明过程如下：

$\because \triangle MXX' \sim \triangle MYY'$

$\therefore \dfrac{MX}{MY} = \dfrac{XX'}{YY'}$

$\because \triangle MXX'' \sim \triangle MYY''$

$\therefore \dfrac{MX}{MY} = \dfrac{XX''}{YY''}$

$\because \triangle AXX' \sim \triangle CYY''$

$\therefore \dfrac{XX'}{YY''} = \dfrac{AX}{CY}$

$\because \triangle DXX'' \sim \triangle BYY'$

$\therefore \dfrac{XX''}{YY'} = \dfrac{DX}{BY}$

综上所述

$$\left(\dfrac{MX}{MY}\right)^2 = \dfrac{XX'}{YY'} \cdot \dfrac{XX''}{YY''} = \dfrac{AX \cdot DX}{CY \cdot BY} = \dfrac{PX \cdot QX}{PY \cdot QY} = \dfrac{(PM - XM) \cdot (MQ + XM)}{(PM + MY) \cdot (QM - MY)} = \dfrac{(PM)^2 - (MX)^2}{(PM)^2 - (MY)^2}$$

由于 PM=MQ

现在

$$\dfrac{(MX)^2}{(MY)^2} = \dfrac{(PM)^2 - (MX)^2}{(PM)^2 - (MY)^2}$$

因此，我们得出结论： MX=MY，也就是说，M 是 XY 的中点。

图 8-27 公式与层最终结果

8.5.3 实现方法

步骤1：拖动水平和垂直标尺，建立参考线，"开始"选项卡→"工具"功能组→"矩形"下拉按钮→"椭圆"选项，以参考线中心为圆心，绘制正圆，见图8-28。

步骤2："开始"选项卡→"工具"功能组→"矩形"下拉按钮→"折线图"选项绘制出直线，分别将A、B、C、D、P、Q等点进行连接，通过折线段绘制垂直线；通过"工具"功能组→"弧线"选项，绘制若干弧线，放置在合适的位置，见图8-29。

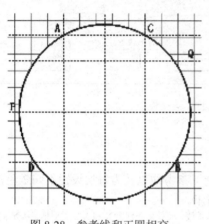
图8-28 参考线和正圆相交

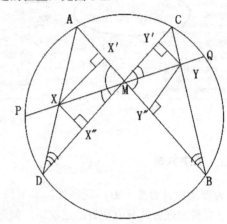
图8-29 连接效果图

步骤3："开始"选项卡→"编辑"功能组→"层"下拉按钮→"层属性"→"图层属性"对话框，新建所需图层，并设置每层颜色，见图8-30。

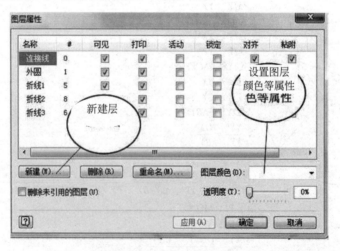
图8-30 新建层与编辑层属性

步骤4：选中公式中的形状，单击"开始"选项卡→"编辑"功能组"层"下拉按钮→"分配层"选项,见图 8-31。

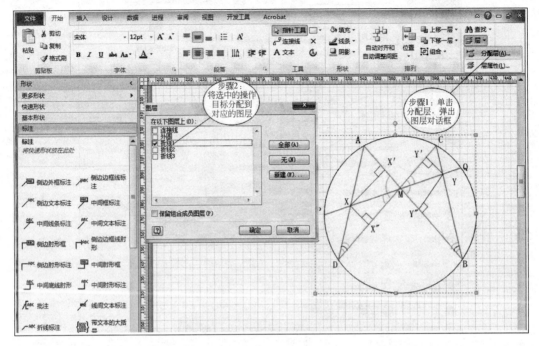

图 8-31　分配层

步骤 5:将所有形状选中,右击并选择"组合"菜单命令。

步骤 6:单击"开始"选项卡→"工具"功能组→"文本块"工具按钮,然后输入证明定理所包含的文本内容。

8.5.4　案例总结

合理地为图形设置层,可以为不同的部分设置不同的属性,使图形具有非常好的层次感。

8.6　使用墨迹和容器

8.6.1　知识要点

1. 墨迹

单击"审阅"选项卡→"标记"功能组→"墨迹"功能按钮,就可以在绘图页实现墨迹绘制;通过"笔"选项卡→"墨迹书写工具"/"笔"功能组,完成对墨迹的笔迹、粗细、颜色等设置。见图 8-32。

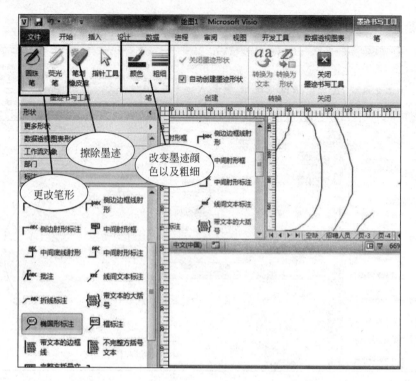

图 8-32 设置墨迹

2. 容器

容器就是用来放置其他图件或形状的一种形状，它可以非常清晰地描述出区域内图件或者图形的关系，并且可以通过对容器的操作，来完成对一组图形或者形状成员的编辑。容器可以随着形状的添加来自动调整大小，通过删除形状，来减小容器，也可以通过对容器的锁定，禁止向容器内添加、减少成员形状。

1）插入容器

"插入"选项卡→"图部分"功能组→"容器"工具按钮，在弹出的列表中选择用户所需类型即可。

2）编辑容器

选中容器对象，单击"格式"选项卡→"大小"/"样式"/"容器样式"/"成员资格"等功能组，完成对容器对象大小、样式、标题、锁定等属性的编辑，见图 8-33。

8.6.2 习题解析

1. 在绘图页中，Visio 将使用不同的（　　）来显示每个审阅者的标记。
   A. 名称　　　　B. 字母　　　　C. 颜色　　　　D. 格式

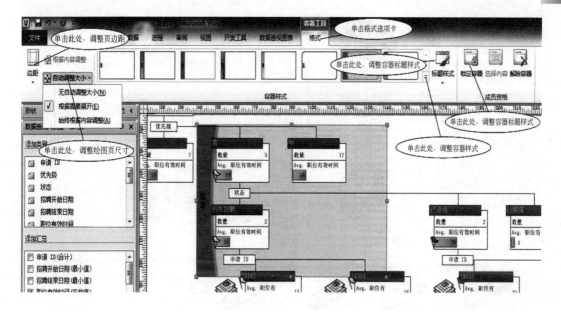

图 8-33 编辑容器属性

【解析】Visio 将使用不同的颜色来显示每个审阅者的标记。

【答案】C。

2．在审阅标记时，用户可以在绘图页的右侧，选择包含审阅者名字缩写的标签来查看（　　）。

  A．审阅者的覆盖图　　　　　　　　B．包含标记的原始图
  C．不包含标记的原始图　　　　　　D．审阅者的详细信息

【解析】审阅者的覆盖图：在绘图页的右侧，选择包含审阅者名字缩写的标签即可。

    包含标记的原始图：选择"原文档"标签即可。

【答案】A。

8.6.3 案例分析——"网络拓扑图"

1．任务提出

无纸化办公现在在企业或者高校是非常流行的办公模式，一张详尽的网络拓扑结构图，不但提高了网络管理的效率，也提高了网络的安全性能。

2．解决方案

为了确保网络的安全性，利用容器将网络分为专业网络和办公网络两部分，为了使网络拓扑结构图更加明了，还使用了标注以及主题，效果见图 8-34。

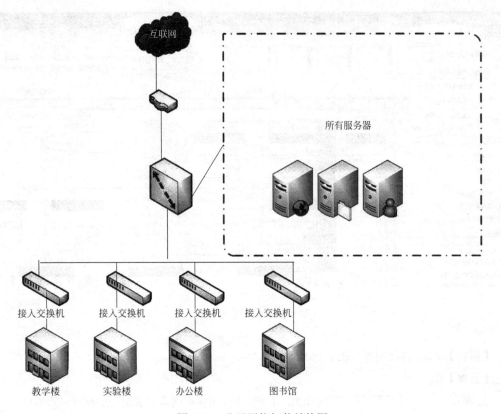

图 8-34 公司网络拓扑结构图

8.6.4 实现方法

步骤 1：单击"文件"→"新建"选项→"网络"→"详细网络图"→"确定"按钮。

步骤 2：选中"网络和外设""网络位置""网络符号"以及"服务器"等分类中交换机、路由器、服务器等形状，在绘图页上完成相关设备的绘制，并摆放到合适的位置。

步骤 3："插入"选项卡→"图部分"功能组→"容器"下拉按钮，绘制出两个容器。将几个服务器放置在容器 1 中，将办公地点以及所用到的交换机放置在容器 2 中；选中容器 1，单击"开始"选项卡→"形状"功能组→"填充"/"线条"下拉按钮，将填充效果设置为无，线条设置为虚线；将容器 2 选中，将其填充效果和线条颜色都设置为无，见图 8-35。

步骤 4："开始"选项卡→"工具"功能组"矩形"下拉按钮→"折线图"选项绘制出直线，将网络中的各种设备连接在一起，并通过文本工具输入文本内容。

步骤 5："审阅"选项卡→"标记"功能组→"墨迹"按钮，通过"笔"选项卡→"墨迹书写工具"/"笔"等功能组，设置笔形、颜色、粗细等属性，对网络拓扑结构图进行补充说明。见图 8-36。

第 8 章　Visio 图形设计　　359

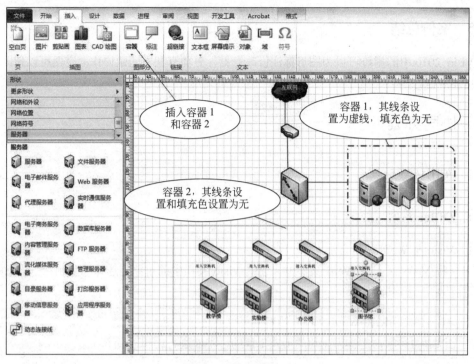

图 8-35　编辑容器属性

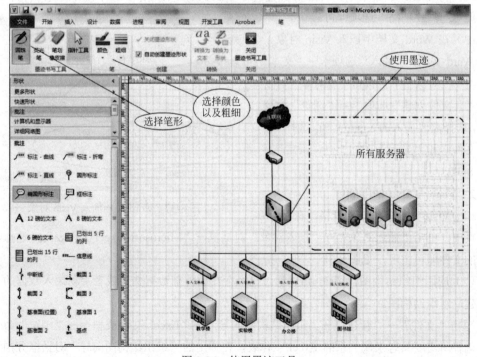

图 8-36　使用墨迹工具

8.6.5 案例总结

Visio 2010 中的墨迹可以为图形标注修改意见，更加有利于团队协作；容器可以使图形看起来更加规范。

8.7 协同办公

8.7.1 知识要点

1. Office 系列

1）Visio 与 Word 相结合

（1）将 Visio 嵌入在 Word 文件中。选中 Visio 文档中的对象，选择"复制"→"粘贴"/"选择性粘贴"选项即可。

> **注意**：直接粘贴在 Word 文档中的对象可以通过双击鼠标左键进行编辑；选择性粘贴在 Word 文档中的对象，是作为图片的形式出现的，不能进行编辑。

（2）将 Word 文档嵌入在 Visio 中。选择 Word 中的文本内容，选择"复制"，打开 Visio 绘图页，选择"粘贴"选项即可。

（3）在 Word 文档中插入 Visio 对象。打开 Word 文档，"插入"选项卡→"文本"功能组→"对象"下拉按钮→"对象"对话框→"有文件创建"选项卡→"浏览"命令按钮，选择需要插入的 Visio 文档，选择"链接到文件"和"显示为图标"→"确定"，见图 8-37。

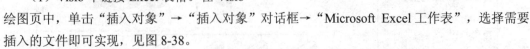

图 8-37　word 文档插入 Visio 对象

2）Visio 与 Excel 相结合

（1）Visio 中链接 Excel 表格。在 Visio 绘图页中，单击"插入对象"→"插入对象"对话框→"Microsoft Excel 工作表"，选择需要插入的文件即可实现，见图 8-38。

（2）应用组织结构图。Visio 可以通过已经存在的外部数据文件或者手动录入数据的方式快速建立组织结构图。

单击"文件"→"新建"→"组织结构图向导"→"Excel 文件类型"→"浏览"命令按钮，选择所需要具有隶属关系的 Excel 工作表，在弹出的"组织结构图向导"对话框分别添加需要显示的字段和形状数据字段，单击"完成"按钮，见图 8-39。

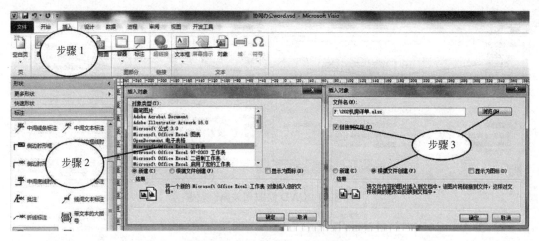

图 8-38　Visio 中嵌入 Excel 表格

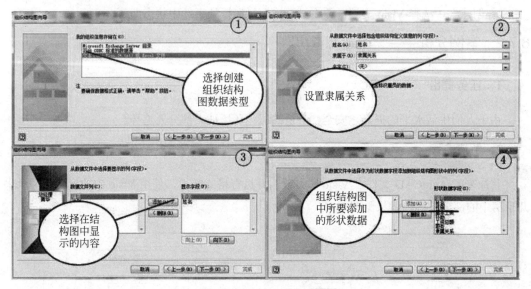

图 8-39　Visio 中组织结构图

3）Visio 与 PowerPoint 相结合

通过"复制""粘贴"将选中的 Visio 图形嵌入在 PowerPoint 文档中。

2．协同 Auto CAD 绘图

1）Visio 中嵌入 AutoCAD 图形

单击"插入"选项卡→"插图"功能组→"CAD"工具按钮→"CAD 绘图属性"对话框→"常规"选项卡，设置页面比例；通过"图层"选项卡对颜色、线条粗细、可见性等相关属性进行设置，见图 8-40。

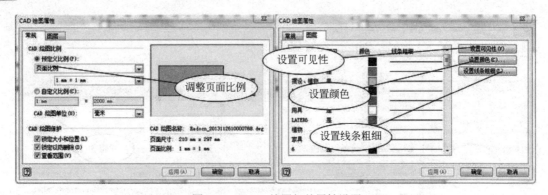

图 8-40　CAD 绘图相关属性设置

2）在 AutoCAD 中使用 Visio 图形

打开 AutoCAD 文档，单击"插入"选项卡→"OLE"选项命令→"插入对象"对话框→"由文件创建"，选择 Visio 文档，并将"链接"复选框处于选中状态即可。

8.7.2　案例分析——"改造儿童房"

1．任务提出

由于人们生活水平的提高，安全、舒适的居住环境被大部分人追捧。

2．解决方案

将原来的 AutoCAD 文件在 Visio 中打开，并进行格式转换，使用 Visio 中的形状代替原来儿童房中的部分设施，效果见图 8-41。

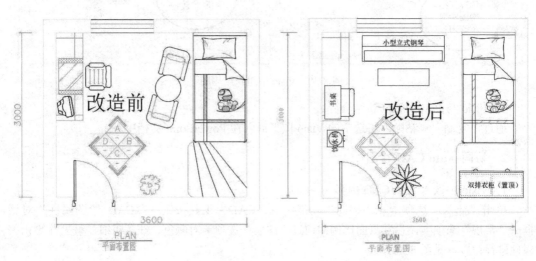

图 8-41　房间改造前后对比图

8.7.3 实现方法

步骤 1：单击"文件"→"打开"→"儿童房 05-05.dwg"，单击"打开"按钮。

步骤 2：选中"儿童房 05-05.dwg"文件，右击选择"CAD 绘图对象"→"转换"→"确定"，将 cad 文件转换为 Visio 能编辑的图形文件。

步骤 3：通过家电和家具分类，分别在图中对应位置置换或者添加用户需要的家具，通过"文本"工具按钮，对房间内所要放置的物品进行描述，见图 8-42。

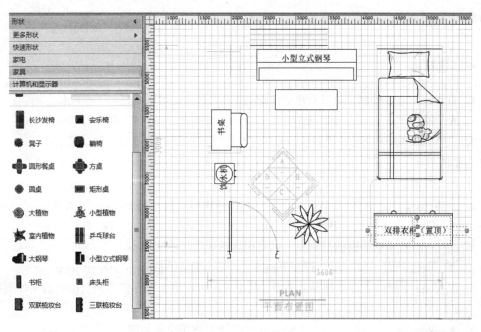

图 8-42　房间规划图

步骤 4：操作完成后，可以根据用户的需求，通过"另存为"功能对文件进行存储。

8.7.4 案例总结

Visio 图形设计相对于 AutoCAD 这种专业的制图软件，使用的范围更加广泛，也更加容易操作。

本章小结

本章主要介绍了 Visio 2010 图形设计的基础知识和图形设计的操作技巧，形状是图形设计的基础，层、图表、图片、容器在美化图形方面起到了非常重要的作用，通过对本章的学习应该了解和掌握以下内容。

（1）图形设计的相关概念。

（2）图形设计的工作界面。
（3）绘制、编辑形状等相关操作。
（4）利用模板创建绘图文档。
（5）创建、编辑图表等相关操作。
（6）创建、编辑层。
（7）容器和墨迹。

习题

一、选择题

1. 在 Visio 2010 中除了可以新建空白绘图文档之外，还可以通过（　　）来建立绘图文档。
　　A．模具　　　　B．形状　　　　C．模板　　　　D．图表

2. 在 Visio 2010 中可以通过修改自定义快速访问工具栏的位置，使其显示在（　　）的上方或者是下方。
　　A．标题栏　　　B．工具栏　　　C．绘图区　　　D．功能区

3. 在 Visio 2010 中绘图形状时，（　　）键和矩形工具一起使用，可以绘制出正方形。
　　A．Ctrl　　　　B．Shift　　　　C．Alt　　　　　D．Esc

4. （　　）是形状周围的控制点，只有在选择形状时才会显示。
　　A．形状手柄　　B．控制手柄　　C．旋转手柄　　D．控制点

5. 在 Visio 中提供了许多种存储类型，其中表示可以将文档存储为网页格式的文件类型是（　　）。
　　A．Web 网页　　　　　　　　　　B．图形交换格式
　　C．可缩放的向量图形　　　　　　D．可移植网络图形

二、操作题

1. 利用"部件和组件绘图"模板来创建一个平面零件图，如图 8-43 所示。

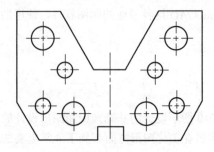

图 8-43　零部件效果图

2. 利用"因果图"模板来创建一个车间噪音因果分析图，如图 8-44 所示。

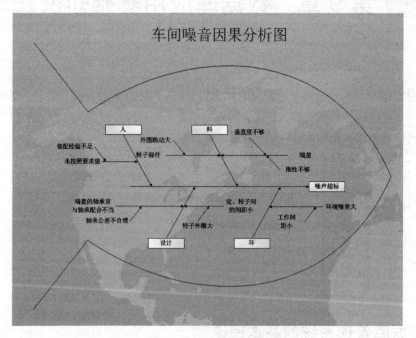

图 8-44　噪音因果分析效果图

第 9 章 数据库应用基础知识

随着社会信息化的快速普及大数据时代的到来,人们在日常生活和工作中小到处理个人资料,大到一个单位的信息系统和大型的企事业的信息系统都离不开数据库技术的应用。本章主要介绍数据库应用的基本概念以及数据库管理系统的基本理论。

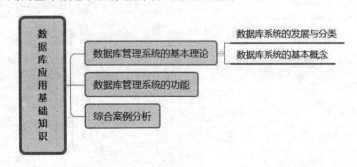

9.1 数据库管理系统的基本理论

9.1.1 数据库系统的发展与分类

1. 数据库系统的发展

计算机在数据管理方面也经历了由低级到高级的发展过程。计算机数据管理随着计算机硬件、软件技术和计算机应用范围的发展而发展,经历了人工管理、文件系统、数据库管理、分布式数据库系统和面向对象数据库系统几个阶段。

1) 人工阶段

20 世纪 50 年代中期以前,计算机主要用于科学计算。没有专门管理数据的软件,数据管理任务,包括存储结构、存取方法、输入/输出方式等完全由程序设计人员负责。

2) 文件系统

20 世纪 50 年代后期到 60 年代中期,计算机的应用不仅用于科学计算,而且大量用于管理。操作系统中有了专门进行数据库管理的软件,称为文件系统。

3) 数据库管理系统

20 世纪 60 年代后期以来,计算机用于管理的规模更为庞大,应用越来越广泛,为解决多用户、多应用共享数据的需求,使数据为尽可能多的应用提供服务,出现了数据库技术和统一管理数据的专门软件系统即数据库管理系统。

4) 分布式数据库系统

数据库技术与网络通信技术的结合产生了分布式数据库系统。网络技术的发展为数据库提供了分布式运行环境，从主机到终端的体系结构发展到客户机/服务器系统结构。

5）面向对象数据库系统

数据库技术与面向对象程序设计技术结合产生了面向对象数据库系统。面向对象数据库系统采用了面向对象的观点来描述现实世界实体的逻辑组织、对象之间的限制和联系等。能够自然地存储复杂的数据对象以及这些对象之间的复杂关系，提高了数据库管理效率，降低了用户使用的复杂性。

2．数据库系统的分类

数据库管理系统（DBMS）的分类方式有很多种，常见的有 3 种：基于的数据模型、支持的用户数和数据库分布至多少个站点。

1）DBMS 所基于的数据模型

当前许多商业 DBMS 中所用的主要数据模型是关系数据模型。有些商业系统中实现了对象数据模型，但是未得到广泛使用。许多传统应用仍然在基于层次和网状数据模型的数据库系统上运行。关系 DBMS 一直在向前发展，特别是它还结合了对象数据库中开发的一些概念。这样就促使一种新的数据库类型得以出现，即对象-关系 DBMS。因此基于数据模型，可以将 DBMS 划分为以下几类：关系 DBMS、对象 DBMS、对象-关系 DBMS、层次 DBMS、网状 DBMS 以及其他 DBMS。

2）系统所支持的用户数

单用户系统一次只支持一个用户，大多数情况下，这种系统都用在个人计算机上。多用户系统占 DBMS 的大多数，可同时支持多个用户。

3）数据库分布至多少个站点

如果 DBMS 只位于单一的一个计算机上，那么这个 DBMS 就是集中式的。集中式 DBMS 可以支持多个用户，但 DBMS 和数据库本身完全在一台计算机上。分布式 DBMS（DDBMS）可以使实际的数据库和 DBMS 软件分布在多个站点上，并通过一个计算机网络相连接。同构 DDBMS 在多个站点上使用同样的 DBMS 软件。最近的趋势是开发软件来访问在异构 DBMS 下存储的多个原有自治数据库。这就引出了联合 DBMS（或多数据库系统），在这样的系统里，各 DBMS 是松耦合的，并有一定程度的本地自治性。许多 DBMS 都使用客户端/服务器体系结构。

9.1.2 数据库系统的基本概念

1．数据库

数据库（DataBase，DB）是统一管理的、长期存储在计算机内的有组织的相关数据的集合。其特点是数据间联系密切、冗余度小、独立性较高、易扩展并且可以为各类用户共享。数据的存储独立于使用它的程序；对数据库插入新数据，修改和检索原有数据均能按一种公用的和可控制的方式进行。

2．数据库管理系统

数据库管理系统（DataBase Management System，DBMS）是对数据进行科学地组织和存储，帮助用户高效地获取或维护数据的系统软件。数据库管理系统是位于用户与操作系统之间的一层数据管理软件。它的主要功能是，为用户或应用程序提供访问数据库的方法，包括数据库的建立、查询、更新及各种数据控制。

3．数据库应用系统

数据库应用系统指系统开发人员利用数据库系统资源开发的面向某一类实际应用的软件系统。例如：学籍管理系统、工资管理系统、图书管理系统等。

4．数据库系统

数据库系统（DataBase System）是指引进数据库技术后的计算机系统，能实现有组织地、动态地存储大量的相关数据，提供数据处理和信息资源共享的便利手段。

5．数据模型

数据模型是用来描述现实世界中的事物及其联系的，它将数据库中的数据按照一定的结构组织起来，并能反映事物本身及事物之间的各种联系。

1）常用数据模型

不同的数据模型具有不同的数据结构形式。目前最常用的数据结构模型有如下 4 种：

- 层次模型(Hierarchical Model)：用树型结构表示实体及其之间的联系。
- 网络模型(Network Model)：用网状结构表示实体及其之间的联系。
- 关系模型(Relational Model)：用二维表结构来表示实体及其之间的联系。
- 面向对象数据模型(Object Oriented Model)：用对象、类型、继承和方法等基本面向对象技术构造的实体及其之间的联系。

其中层次模型和网状模型统称为非关系模型。非关系模型的数据库系统在 20 世纪 70 年代非常流行。关系数据模型以关系数学理论为基础，一个二维表就是一个关系，不仅能描述实体本身，而且还能反映实体之间的联系，模型简单、使用方便，其应用也最广泛。

2）关系模型常用术语

关系模型中常用的术语有关系、元组、属性、域、关系模式、主关键字和外部关键字。其中学生关系与术语的对应关系如图 9-1 所示。

(1) 关系：一个关系就是一张二维表，每个关系有一个关系名。

(2) 元组：表中的一行即为一个元组，也称为一个记录。

(3) 属性：表中的一列即为一个属性，也称为一个字段或者数据项。

(4) 域：属性的取值范围，例如性别的取值范围为"男"或"女"。

(5) 关系模式：对关系的描述，它对应一个关系的结构。可表示为：

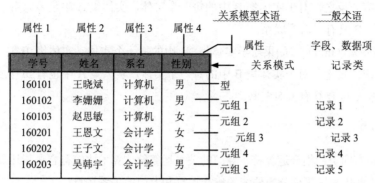

图 9-1　学生关系与术语的对应情况

关系名（属性 1，属性 2，…，属性 n）。

（6）主关键字：在表中能够唯一标识一个记录的属性或属性组合，称为候选关键字。一个表中可能有多个候选关键字，从中选择一个作为主关键字，简称主键。

（7）外部关键字：如果表 A 和表 B 中有公共字段，且该字段在表 B 中是主键，则该字段在表 A 中就称为外部关键字，简称外键。

关系数据库的主要特点如下。

- 关系中的每个属性必须是不可分割的数据项（表中不能再包含表）。
- 关系中每一列元素必须是同一类型的数据，来自同一个域。
- 关系中不能出现相同的字段。
- 关系中不能出现相同的记录。
- 关系中的行、列次序可以任意交换，不影响其信息内容。

6．E-R 模型

E-R（实体-联系）模型是一种描述信息世界的重要手段。E-R 模型独立于具体的计算机系统。E-R 模型的主要成分是实体、联系和属性，通常可用 E-R 图来表示：矩形表示实体型，矩形框内为实体名；椭圆表示属性，椭圆框内为属性名；菱形表示联系，菱形框内为联系名。

（1）实体：客观存在并可相互区分的事物。同一类型实体的集合构成实体集。

（2）属性：实体所具有的某一特性。一个实体可以由若干个属性来刻画。实体名和各个属性名的集合构成实体型。

（3）联系：现实世界的事物之间存在的联系，包括实体内部的联系和实体之间的联系。两个实体之间的联系可分为以下 3 类。

① 一对一联系（1:1）。如果对于实体集 A 中的每一个实体，实体集 B 中至多有一个实体与之对应；反之亦然，则称 A 与 B 具有一对一联系。

② 一对多联系（1:n）。如果对于实体集 A 中的每一个实体，实体集 B 中有 n 个实体

（n≥0）与之对应；反之，对于实体集 B 中的每一个实体，实体集 A 中至多只有一个实体与之对应，则称 A 与 B 具有一对多联系。

③ 多对多联系（m:n）。如果对于实体集 A 中的每一个实体，实体集 B 中有 n 个实体（n≥0）与之对应；反之，对于实体集 B 中的每一个实体，实体集 A 中也有 m 个实体（m≥0）与之对应，则称 A 与 B 具有多对多联系。

7. 关系运算

关系运算符有四类：集合运算符、专门的关系运算符、算术比较符合逻辑运算符。根据运算符的不同，关系代数运算可分为传统的集合运算和专门的关系运算。

1）传统的集合运算

（1）并（UNION）。设有两个关系 R 和 S，它们具有相同的结构。R 和 S 的并是由属于 R 或属于 S 的元组组成的集合，运算符为∪。记为 T=R∪S。

（2）差（DIFFERENCE）。R 和 S 的差是由属于 R 但不属于 S 的元组组成的集合，运算符为−。记为 T=R−S。

（3）交（INTERSECTION）。R 和 S 的交是由既属于 R 又属于 S 的元组组成的集合，运算符为∩。记为 T=R∩S。R∩S=R−（R−S）。

2）选择运算

从关系中找出满足给定条件的那些元组称为选择。其中的条件是以逻辑表达式给出的，值为真的元组将被选取。这种运算是从水平方向抽取元组。

3）投影运算

从关系模式中挑选若干属性组成新的关系称为投影。这是从列的角度进行的运算，相当于对关系进行垂直分解。

4）连接运算

连接运算是从两个关系的笛卡儿积中选择属性间满足一定条件的元组。

5）除法运算

在关系代数中，除法运算可理解为笛卡儿积的逆运算。

设被除关系 R 为 m 元关系，除关系 S 为 n 元关系，那么它们的商为 m−n 元关系，记为 R÷S。商的构成原则是：将被除关系 R 中的 m−n 列，按其值分成若干组，检查每一组的 n 列值的集合是否包含除关系 S，若包含则取 m−n 列的值作为商的一个元组，否则不取。

8. 数据库设计

数据库设计（Database Design）是指根据用户的需求，在某一具体的数据库管理系统上，设计数据库的结构和建立数据库的过程。通常数据库的设计可分为以下 6 个阶段。

（1）需求分析阶段。该阶段调查和分析用户的业务活动和数据的使用情况，掌握所用数据的种类、范围、数量以及它们在业务活动中交流的情况，确定用户对数据库系统的使用要求和各种约束条件等，形成用户需求分析报告。

（2）概念设计阶段。该阶段对用户要求描述的现实世界（可能是一个公司、一个商场或者一个学校等），通过分类、聚集和概括，建立抽象的概念数据模型（例如 E-R 模型）。这个概念模型应反映现实世界各部门的信息结构、信息流动情况、信息间的互相制约关系以及各部门对信息储存、查询和加工的要求等。

（3）逻辑设计阶段。该阶段主要工作是将现实世界的概念数据模型设计成数据库的一种逻辑模式，即适应于某种特定数据库管理系统所支持的逻辑数据模式（例如关系模式）。与此同时，可能还需为各种数据处理应用领域产生相应的逻辑子模式。这一步设计的结果就是所谓"逻辑数据库"。

（4）物理设计阶段。该阶段根据特定数据库管理系统所提供的多种存储结构和存取方法等依赖于具体计算机结构的各项物理设计措施，对具体的应用任务选定最合适的物理存储结构（包括文件类型、索引结构和数据的存放次序与位逻辑等）、存取方法和存取路径等。这一步设计的结果就是所谓"物理数据库"。

（5）测试阶段。该阶段是在数据系统投入使用之前，通过精心制定的测试计划和测试数据来测试系统的性能是否满足设计要求，发现问题。

（6）运行维护阶段。该阶段数据库应用系统经过测试、试运行后即可正式投入运行。运行维护是系统投入使用后，必须不断地对其进行评价、调整与修改，直至系统消亡。

在任一设计阶段，一旦发现不能满足用户数据需求时，均需返回到前面的适当阶段，进行必要的修正。经过如此的迭代求精过程，直到能满足用户需求为止。事实上，数据库设计中，对每一个阶段设计成果都应该通过评审。评审的目的是确认某一阶段的任务是否全部完成，从而避免出现重大的错误或疏漏，保证设计质量。

9.2 数据库管理系统的功能

（1）数据库定义功能：提供数据定义语言，让用户能够方便地定义数据库的逻辑结构、存储结构和存储路径，描述对数据的完整性和安全性等要求；

（2）数据存取功能：提供数据操纵语言，在保证数据的完整性和安全性基础上，方便、高效地实现数据的查找、插入、修改和删除等操作；

（3）数据组织与存储功能：把需要在数据库中存储的数据，包括用户数据、存储路径、数据字典等，进行合理组织，并确定数据的逻辑结构和物理存储方式，以提高存储空间利用率和存取效率；

（4）事务运行管理功能：提供事务运行管理及运行日志，事务运行的安全性监控和数据完整性检查，事务的并发控制及系统恢复等功能；

（5）数据库建立维护功能：包括数据库初建、数据转换、数据库转储、数据库重组和重构、系统性能监视分析等，为数据库管理员提供一系列维护工具软件，用于提高系统运行效率；

（6）通信接口：为了提高数据库系统的开发性，扩大应用范围，数据库管理系统提供与其他类型数据库系统或软件之间的格式转换和网络通信功能，实现异构数据库互访和互操作。

9.3 综合案例分析

1．任务提出

某学院希望收集并整理学生的电子信息，能提供成绩查询功能。

2．解决方案

（1）信息处理技术员首先收集学生现有信息构建 E-R 图，如图 9-2 所示。

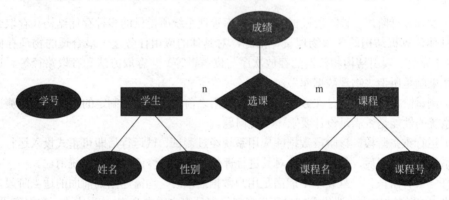

图 9-2　E-R 图

（2）将构建的 E-R 图转换为关系模式。

实体转换为学生、课程两个独立的关系模式，如下所示。

学生（学号，姓名，性别）　　　　　；学号为主键

课程（课程号，课程名）　　　　　　；课程号为主键

联系的转换

学生选课的 n:m "选课" 联系有一个成绩属性，应建立一个新关系模式：

选课（学号，课程号，成绩）

（3）根据关系模式建立二维表的表结构及关系。

学生（学号，姓名，性别）　　　　　；学号为主键

学生表中各字段属性见表 9-1。

表 9-1　学生表

字段名	类型	宽度	是否主键	说明
学号	文本	8	主键	
姓名	文本	10		
性别	文本	1		

课程（课程号，课程名）　　　　　；课程号为主键

课程表中的各字段属性见表 9-2。

表 9-2　课程表

字段名	类型	宽度	是否主键	说明
课程号	文本	8	主键	
课程名	文本	20		

选课（学号，课程号，成绩）

选课表中各字段属性见表 9-3。

表 9-3　选课表

字段名	类型	宽度	是否主键	说明
学号	文本	8	主键	
课程号	文本	10		
成绩	数字	整型		

（4）根据需要建立相关查询。

3．实现方法

1）建立数据库

启动 Access2010，按照图 9-3 所示步骤创建数据库。

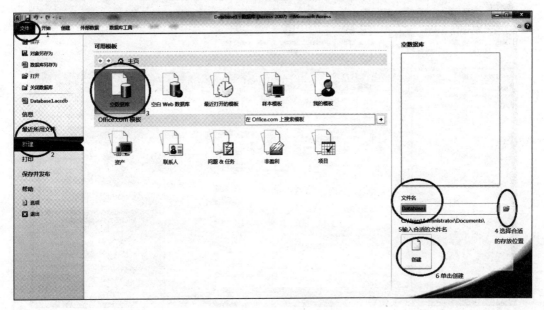

图 9-3　创建数据库

2）建立表结构

单击"创建"→"表格"→"表设计"（如图 9-4 所示），即可创建一个表名为"表 1"的表，同时启动"表设计器"，如图 9-5 所示。根据表 9-1 的要求，输入字段名并选择相应的数据类型，在"学号"字段上右击，在弹出的快捷菜单中选择"主键"即可建立主键。创建完各字段后，单击快速访问工具栏上的保存按钮，输入表名"学生表"，同样的方法根据表 9-2 和表 9-3 建立"课程表"和"选课表"。创建好的表结构如图 9-6、9-7 和 9-8 所示。

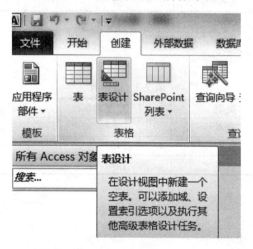

图 9-4　创建表结构

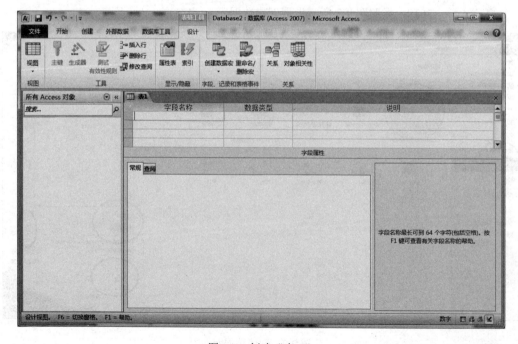

图 9-5　创建"表 1"

第 9 章　数据库应用基础知识

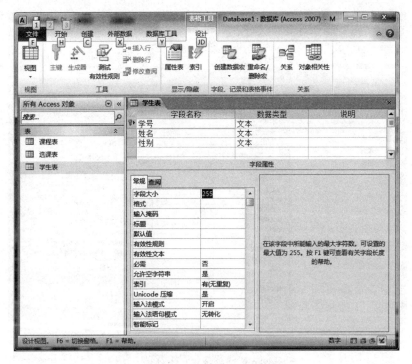

图 9-6　"学生表"表结构

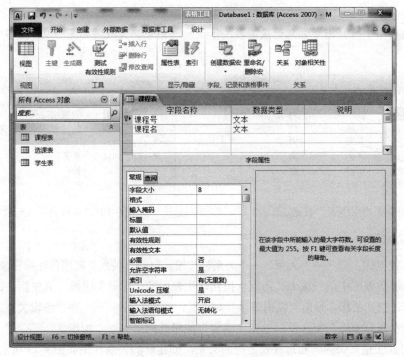

图 9-7　"课程表"表结构

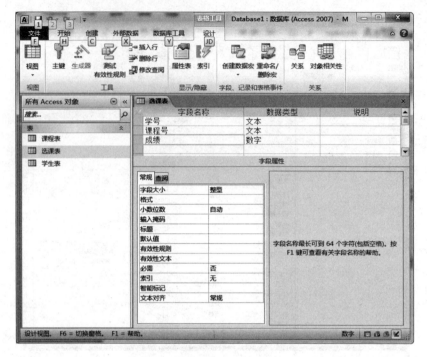

图 9-8 "选课表"表结构

3）输入记录

在导航窗格中打开需要输入记录的表，依次输入记录，完成后如图 9-9、图 9-10 和 9-11 所示。

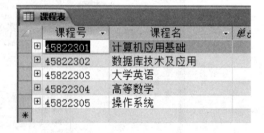

图 9-9 "学生表"表记录　　　　　图 9-10 "课程表"表记录

4）建立关系

单击"数据库工具"→"关系"→"关系"按钮，启动"关系"视图。在弹出的"显示表"对话框中添加数据库中的三张表。用鼠标按住学生表中的"学号"字段，拖曳到选课表的"学号"字段上，松开鼠标，弹出"编辑关系"对话框，如图 9-12 所示。在"编辑关系"对话框中选中"实施参照完整性"复选框后单击"确定"按钮返回"关系"窗口。

同样的方法建立课程表和选课表之间的关系，创建好的关系视图如图 9-13 所示。

第 9 章　数据库应用基础知识　377

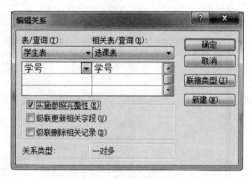

图 9-11 "选课表"表记录　　　　图 9-12 "编辑关系"对话框

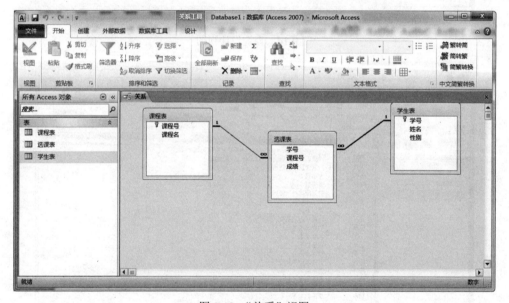

图 9-13 "关系"视图

5）建立查询

单击"创建"→"查询"→"查询设计"按钮，启动查询设计视图，同时打开"显示表"对话框。在"显示表"对话框中依次选择学生表、课程表和选课表单击"添加"使其显示在设计视图中。在设计网格中设定显示输出的字段。单击每一列的字段行的单元格，打开单元格对应的下拉列表，在下拉列表中选择需要的字段即可设置该列。如果要显示一个数据源的所有列可以选择带有"*"的选项。选择好字段的设计视图如图 9-14 所示。单击"运行"按钮，系统自动将设计视图转换为数据表视图，并显示查询结果如图 9-15 所示。

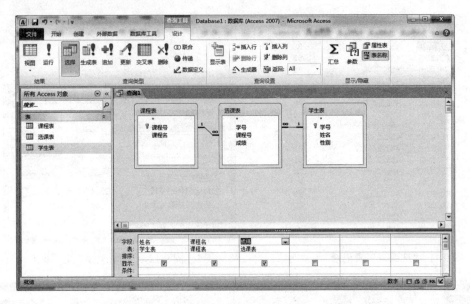

图 9-14　查询设计视图

图 9-15　查询结果

9.4　习题解析

1．关系代数运算是以集合操作为基础的运算，其 5 种基本运算是并、差、（　　）、投影和选择。

　　A．交　　　　　　　B．连接　　　　　　　C．逻辑运算　　　　　D．笛卡儿积

【解析】关系代数运算的 5 种基本运算是并、差、交、投影和选择。

【答案】A。

2．在数据库中能够唯一标示一个元组的属性或属性的组合称为（　　）。

　　A．关键字　　　　B．字段　　　　　C．记录　　　　　D．关系

【解析】在数据库中能够唯一标示一个元组的属性或属性的组合称为关键字，表中的一行称为一个记录，表中的一列称为一个字段，一个关系就是一张二维表。

【答案】A。

3．下列关于主键的叙述中，不正确的是（　　）。

　　A．设置多个主键可以查找不同表中的信息

　　B．主键可以包含一个或多个字段

　　C．设置主键的目的是保证表中所有记录都能被唯一识别

　　D．如表中没有可用作唯一识别的字段，可用多个字段来组合成主键

【解析】在表中能够唯一标识一个记录的属性或属性组合，称为候选关键字。一个表中可能有多个候选关键字，从中选择一个作为主关键字，简称主键。

【答案】A。

4．职工的"工资级别"与职工的联系是（　　）。

　　A．一对一联系　　B．一对多联系　　C．多对多联系　　D．无联系

【解析】一名职工只对应一个工资级别，而一个工资级别对应多名职工。

【答案】B。

5．某书店管理系统用（书号，书名，作者，出版社，出版日期，库存数量……）一组属性来描述"图书"，宜选（　　）作为主键。

　　A．书号　　　　　B．书名　　　　　C．作者　　　　　D．出版社

【解析】主键要求记录不能重复，在书店管理系统中书名、作者、出版社都有可能重复。

【答案】A。

6．Access 数据库属于（　　）。

　　A．层次数据库　　B．网状数据库　　C．关系数据库　　D．面向对象数据库

【解析】Access 数据库属于关系数据库。

【答案】C。

本章小结

本章主要介绍了数据库系统的发展与分类、数据库系统的基本概念：数据库、数据库管理系统和 E-R 模型，关系运算以及数据库系统数据库管理系统的功能。最后用一个综合实例模拟了数据库设计的一般流程。

习题

1. DBMS 是（　　）的简称。
   A．数据库管理系统　　　　　　　　B．数据库使用系统
   C．数据处理系统　　　　　　　　　D．数据库操作系统
2. 下列关于关系型数据库基本概念的叙述中，不正确的是（　　）。
   A．索引可以确保数据查询的准确率
   B．主键是数据库中具有唯一性的字段
   C．实体可以是具体的人、事或物，也可以是抽象的概念
   D．实体所具有的某一特性称为属性
3. 下列关于表和数据库关系的叙述中，正确的是（　　）。
   A．一个数据库可以包含多个表　　　B．一个表可以包含多个数据库
   C．一个数据库只能包含一个表　　　D．一个表只能包含一个数据库
4. 某高校数据库系统中，一个学生可以选修多门课程，一门课程也可以由多个学生选择，则学生与课程之间的关系类型为（　　）。
   A．一对一　　　B．一对多　　　C．多对一　　　D．多对多
5. 设有关系 R、S、T 如下所示，则（　　）。

关系 R		
工号	姓名	部门
0101	张成	行政
0102	何员	销售

关系 S		
工号	姓名	部门
0107	李名	测试
0110	杨海	研发

关系 T		
工号	姓名	部门
0101	张成	行政
0102	何员	销售
0107	李名	测试
0110	杨海	研发

A．T=R∩S　　　B．T=R∪S　　　C．T=R/S　　　D．T=R×S

第 10 章 计算机网络与互联网

本章介绍计算机网络和互联网基本知识,并在此基础上,讲述网络新技术——移动互联网、物联网和云计算的概念及应用领域。

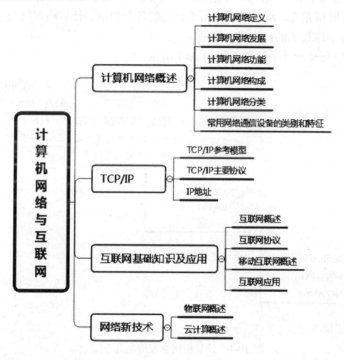

10.1 计算机网络概述

1997 年,在美国拉斯维加斯的全球计算机技术博览会上,微软公司总裁比尔·盖茨发表了著名的演说。他在演说中提到的"网络才是计算机"的精辟论点,充分体现出信息社会中计算机网络的重要基础地位。随着互联网络的发展,计算机网络技术已经成为当今世界高新技术发展的核心之一。

本节先介绍计算机网络的定义,接着从计算机网络发展谈起,讨论计算机网络的功能、构成和分类,最后介绍计算机网络中常用的硬件设备和介质类型。

10.1.1 计算机网络定义

计算机网络是指通过线路互连起来、自治的计算机的集合。确切地讲,就是将分布在不同地理位置上的具有独立工作能力的计算机、终端及其附属设备用通信设备和通信线路连接起来，按照网络协议进行数据通信，实现资源共享和信息传递的信息系统。

此定义有三方面的含义：一是网络通信的目的是共享资源；二是网络中的计算机是分散且具有独立功能的；三是有一个全网性的网络操作系统。

10.1.2 计算机网络发展

计算机网络起源于 20 世纪 60 年代的美国，它最早应用于军事领域，后来进入民用。经过近 60 年的不断发展和完善，现已广泛应用于社会的各个领域。计算机网络与通信技术的融合，使得 Internet 成为全球最大的计算机公用网。

计算机网络发展分为 4 个阶段，如图 10-1 所示。

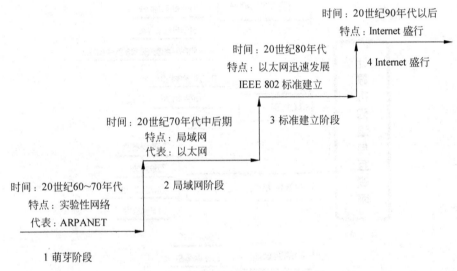

图 10-1 计算机网络发展的几个阶段

10.1.3 计算机网络的功能

计算机网络是计算机技术和通信技术相结合的产物。计算机网络的主要功能有以下几方面。

1．数据通信

数据通信是计算机网络的最基本的功能之一，可以使分散在不同地理位置的计算机间相互传送信息。通过计算机网络用户可以在网上传送电子邮件、进行数据交换、发布新闻消息、远程电子教育等。

2．资源共享

计算机网络的资源可分成硬件资源、软件资源和信息资源 3 大类。相应地，资源共享也分为硬件共享、软件共享和数据共享。硬件共享是指网络中的用户可以共享连接在网络中的打印机、硬盘、CPU 等硬件资源，使用户节省投资，协同完成某项任务，便于集中管理和负载均衡。软件共享是指允许互联网上的用户远程访问各种类型的数据库、文件、程序等资源的共享。

3．提高计算机可靠性和可用性

其主要表现在计算机连成网络之后，各计算机之间可以通过网络互为备份；当某个计算机发生故障后，便可通过网络由别处的计算机代为处理；当网络中计算机负载过重时，可将作业传送给网络中另一较空闲的计算机去处理，从而减少用户的等待时间、均衡各计算机的负载，提高系统的可靠性和可用性。

4．分布式处理

对于综合性的大型问题可采用合适的算法，将任务分散到网络中不同的计算机上进行分布式处理，各计算机协作并行完成相关部分，使整个系统性能大为增强。利用网络技术将计算机连成高性能分布式计算机系统，使它具有解决复杂问题的能力。

10.1.4　计算机网络构成

计算机网络通常由 3 部分组成，分别是资源子网、通信子网和通信协议。

通信子网就是计算机网络中负责数据通信的部分。

资源子网是计算机网络中面向用户的部分，负责全网络面向应用的数据处理工作。

通信协议是通信双方必须共同遵守的规则和约定。协议包括三要素：语法，即用来规定信息的格式；语义，用来说明通信双方应当怎么做；时序，即详细说明事件的先后顺序。计算机网络构成如图 10-2 所示。

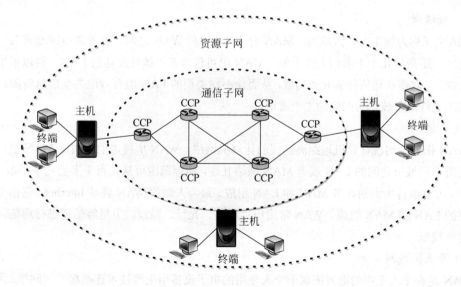

图 10-2　计算机网络构成图

10.1.5 计算机网络分类

对计算机网络的分类方法很多,可以按网络覆盖范围、交换方式、网络拓扑结构等分类。

1. 从网络节点分布来看

目前广泛使用的分类方法是按照网络覆盖范围分类,可以将计算机网络分为局域网(Local Area Network,LAN)、城域网(Metropolitan Area Network,MAN)、广域网(Wide Area Network,WAN)、个人区域网(Personal Area Network,PAN)。

1)局域网

LAN 是指将有限的地理区域内的各种通信设备互连在一起的通信网络。它具有很高的传输速率(几十到上吉比特每秒),其覆盖范围一般不超过几十千米,通常将一座大楼或一个校园内分散的计算机连接起来构成 LAN。LAN 具有信息传送速度快、组网成本低、易于管理等特点。

无线局域网(Wireless Local Area Network,WLAN)是目前最新,也是最热门的一种局域网。它的最大特点是自由,只要在网络的覆盖范围内,可以在任何一个地方与服务器及其他工作站连接,而不需要重新敷设电缆。非常适合移动办公族,在机场、酒店、宾馆等,只要无线网络能够覆盖,可以随时随地连接上无线网络。

无线局域网内的设备需要联网,需要无线路由器,在这个无线电波覆盖的有效范围都可以采用 WiFi 连接方式进行联网,如果无线路由器连接了一条 ADSL 线路或者别的上网线路,则又被称为热点。

2)城域网

MAN 又称为城市网、区域网。MAN 介于 LAN 和 WAN 之间,其覆盖范围通常为一个城市或地区,距离从几十千米到上百千米。MAN 中可包含若干彼此互连的 LAN,可以采用不同的系统硬件、软件和通信传输介质构成,从而使不同类型的 LAN 能有效地共享信息资源。MAN 通常采用光纤或微波作为网络的主干通道。

3)广域网

WAN 指的是实现计算机远距离连接的计算机网络。WAN 所覆盖的范围比 MAN 更广,它一般是将不同城市之间的 LAN 或者 MAN 网络互连,地理范围可从几百千米到几千千米。大型的 WAN 可以由各大洲的许多 MAN 和 LAN 组成。最为人知的 WAN 就是 Internet,它由全球成千上万的 LAN 和 MAN 组成。WAN 常用电话电路、光纤、微波、卫星等信道进行通信,数据传输速率较低。

4)个人区域网

PAN 是在个人工作的地方把属于个人使用的电子设备用无线技术连接起来的网络,因此也常称为无线个人区域网(Wireless PAN,WPAN),其范围在 10m 左右。

2. 从交换方式上看

按交换方式来分类,计算机网络可以分为电路交换网、报文交换网和分组交换网。

1)电路交换(Circuit Switching)

电路交换类似于传统的电话交换方式,用户在开始通信前,必须申请建立一条从发送端到接收端的物理信道,并且在双方通信期间始终占用该信道,数字信号经过变换成为模拟信号后才能在线路上传输。

2)报文交换(Message Switching)

报文交换类似于古代的邮政通信方式,数据单元是要发送的一个完整报文,其长度并无限制。报文交换是一种数字化网络。当通信开始时,源主机发出的一个报文被存储在交换机里,交换机根据报文的目的地址选择合适的路径发送报文,这种方式称作存储-转发方式。

3)分组交换(Packet Switching)

分组交换也称为包交换方式,分组交换也采用报文传输,但它不是以不定长的报文作传输的基本单位,而是将一个长的报文划分为许多定长的报文分组,以分组作为传输的基本单位。这不仅大大简化了对计算机存储器的管理,而且也加速了信息在网络中的传播速度。由于分组交换优于线路交换和报文交换,具有许多优点,因此它已成为计算机网络的主流。

3. 从网络拓扑结构上看

计算机网络拓扑将构成网络的节点和连接节点的线路抽象成点和线,用几何关系表示网络结构,从而反映出网络中各实体的结构关系。常见的网络拓扑结构有总线型、星形、环形、树形、混合型拓扑结构等几种。

1)总线型结构

总线型拓扑是使用最普遍的一种网络,网络中所有的节点都连接到一条公用的通信电缆上,采用基带进行信息的传输,任何时刻只有一个节点占用线路,并且占有者拥有线路的所有带宽。这种结构的特点是结构简单灵活,建网容易,使用方便,性能好。其缺点是主干总线对网络起决定性作用,总线故障将影响整个网络。总线型网络结构如图 10-3 所示。

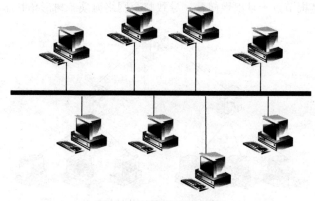

图 10-3 总线型网络结构

2）星形结构

在星形结构中，各个节点与中心节点的集线器连接，中心节点完成网络数据的转发。中心节点可以对整个网络进行管理，因此对中心节点的性能要求比较高，中心节点的故障会使整个网络瘫痪，一般节点有故障时不影响其他节点工作。星形网络的特点是结构简单，建网容易，便于控制和管理。其缺点是中心节点负担较重，容易形成系统的"瓶颈"，线路利用率不高。星形拓扑结构如图10-4所示。

3）环形结构

在环形结构中，各节点通过中继器首尾相连形成一个闭合环形线路，每个节点需安装中继器，以接收、放大、发送信号。环形网络中的信息传送是单向的，即沿一个方向从一个节点传到另一个节点，任意一个节点发生故障，都会导致整个网络瘫痪。这种结构的特点是结构简单，建网容易，便于管理。其缺点是当节点过多时，将影响传输效率，不利于扩充。环形拓扑结构如图10-5所示。

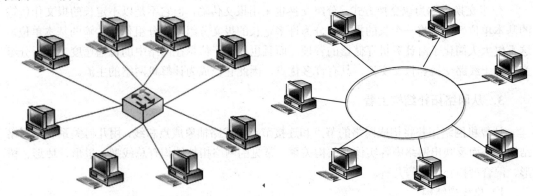

图10-4 星形结构拓扑　　　　　图10-5 环形拓扑结构

4）树形结构

树形网络是总线型结构的拓展，它是在总线型网络的基础上加上分支形成的，其传输线路可有多条分支，但不形成回路。树形网络是一种分层网，其结构可以对称，联系固定，具有一定容错能力。缺点是根节点一旦出现问题，导致整个网络瘫痪。树形拓扑结构如图10-6所示。

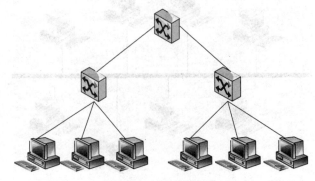

图10-6 树形拓扑结构

5）网状结构

网状网络主要指各节点通过传输线路互连起来,并且每一个节点至少与其他两个节点相连,网状拓扑结构具有较高的可靠性,但其结构复杂,实现起来费用较高,不易管理和维护,不常用于局域网。网状拓扑结构如图 10-7 所示。

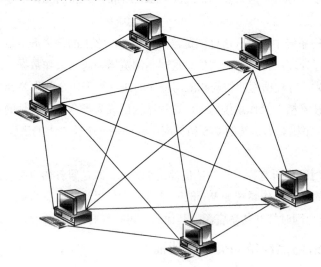

图 10-7　网状拓扑结构

4．从通信方式分类

从通信方式上可分为点对点传输网络和广播式传输网络。

1）点对点传输网络

点对点传输网络是以点对点的连接方式把计算机连接起来,信息沿着一定的线路一步一步地传下去,直到目的地。

2）广播式传输网络

所有连到网上的计算机都可以接收到某一台计算机发出的信号。在 LAN 上有总线型网、星形网和树形网;在 WAN 上有微波、卫星方式传播的网络。

5．从服务方式上看

从服务方式上可分为客户机/服务器（C/S）模式、浏览器/服务器（B/S）模式、对等网（P/P 网）。

1）客户机/服务器模式

C/S 是指两个逻辑（往往是物理的）系统（客户机和服务器）及其应用程序逻辑组件之间复杂关系的协同。客户机/服务器模式将一个应用分为前端（客户端）、后端（服务器）两部分。服务器是指提供客户机服务的逻辑系统;客户机是指向服务器请求提供服务的逻辑系统。

2）浏览器/服务器模式

B/S 模式就是只安装维护一个服务器（Server），而客户端采用浏览器（Browse）运行软件。它是随着 Internet 技术的兴起，对 C/S 结构的一种变化和改进。主要利用了不断成熟的 WWW 浏览器技术，结合多种 Script 语言（VBScript、JavaScript…）和 ActiveX 技术，是一种全新的软件系统构造技术。

在 B/S 体系结构系统中，用户通过浏览器向分布在网络上的许多服务器发出请求，服务器对浏览器的请求进行处理，将用户所需信息返回到浏览器。而其余如数据请求、加工、结果返回以及动态网页生成、对数据库的访问和应用程序的执行等工作全部由 Web Server 完成。随着 Windows 将浏览器技术植入操作系统内部，这种结构已成为当今应用软件的首选体系结构。显然，B/S 结构应用程序相对于传统的 C/S 结构应用程序是一个非常大的进步。

3）对等网

对等网是指在网络中所有计算机的地位都是平等的，既是服务器也是客户机，所有计算机中安装的都是相同的单机操作系统如 Windows 7 等，它可以设置共享资源，但受连接数限制，一般只允许 10 个用户同时打开共享资源，其他用户再打开时提示连接数太多。

10.1.6 常用网络通信设备的类别和特征

1．常用设备

1）网卡

网卡又称为网络适配器或网络接口卡（Network Interface Card，NIC）。网卡通常有两种：一种插在计算机主板插槽中；另一种集成在主板上。网卡的主要功能是将计算机处理的数据转换为能够通过介质传输的信号。网卡形状如图 10-8 所示。

广义上，网卡由网卡驱动程序和网卡硬件两部分组成。驱动程序使网卡和网络操作系统兼容，实现计算机与网络的通信，支持硬件通过数据总线实现计算机和网卡之间的通信。在网络中，如果一台计算机没有网卡，或者没有安装驱动程序，那么这台计算机也将不能和其他计算机通信。

图 10-8　网卡形状

2）集线器

集线器（Hub）的主要功能是对接收到的信号进行再生整形放大，以扩大网络的传输距离，同时把所有节点集中在以它为中心的节点上。它工作于 OSI（开放系统互连参考模型）参考模型的第一层，即"物理层"。集线器与网卡、网线等传输介质一样，属于局域网中的基础设备，采用 CSMA/CD（即带冲突检测的载波监听多路访问技术）介质访问控制机制。集线器每个接口简单地收发比特，收到 1 就转发 1，收到 0 就转发 0，不进行碰撞检测。

Hub 是一个多端口的转发器，当以 Hub 为中心设备时，网络中某条线路产生了故障，并不影响其他线路的工作。所以 Hub 在局域网中得到了广泛的应用。大多数时候它用在星形与树形网络拓扑结构中，以 RJ45 接口与各主机相连（也有 BNC 接口），Hub 按照不同的说法有很多种类。集线器的形状如图 10-9 所示。

3）交换机

交换机（Switch），是一种用于电信号转发的网络互连设备，还具有物理编址、错误校验及信息流量控制等功能，有的还具有路由器和防火墙等功能。交换机形状如图 10-10 所示。

图 10-9　集线器形状

图 10-10　交换机形状

4）路由器

路由器（Router）能在复杂的互连网络中为经过该设备的每个信息单元，寻找一条最佳传输路径，并将其有效地转到目的节点。路由器具有判断网络地址和选择连接路径的功能，从而能大大提高通信速度，提高网络系统畅通率。路由器形状如图 10-11 所示。

图 10-11　路由器形状

2．常用介质

传输介质是网络中信号传输的载体，是连接信息收发双方的物理通道，分为有线介质和无线介质两大类。不同的传输介质，传输信号的能力、有效距离、造价等性质均不同。

1）有线介质

双绞线（Twisted Pair，TP）是目前局域网中使用最广泛、价格最低廉的一种有线传输介质。它由两条相互绝缘的铜导线扭结在一起构成。其采用两两相绞的绞线技术可以降低外部电磁干扰传送的信息。双绞线既可以传输模拟信号，也可以传输数字信号。双绞线的最长传输距离为几千米到十几千米，双绞线的最高传输速率为 100Mb/s。双绞线形状如图 10-12 所示。

光纤也称光缆，其全称为光导纤维。光纤通信是以光波为信息载体，以光纤为传输介质的一种通信方式。光纤通信作为一门新兴技术，已经成为信息最理想、最有发展前途的传输介质。

光纤形状如图 10-13 所示。

图 10-12　双绞线

图 10-13　光纤

光纤作为网络传输介质具有诸多优点，例如通信容量大，传输距离远；信号串扰小，保密性好；抗电磁干扰，传输质量佳；尺寸小、重量轻，便于敷设和运输；材料来源丰富，无环境污染；无辐射，难于窃听；适应性强，寿命长等。

2）无线介质

无线介质主要是指微波、无线电波、红外线、蓝牙等。无线通信利用的是物理学的电磁波理论，电磁波是发射天线感应电流而产生的电磁振荡辐射。电磁波在自由空间传播，被接收天线感应。通过无线介质进行无线传输的方式有微波通信、无线电通信、红外线通信及蓝牙通信等。目前很多家庭或局域网构建的都是无线网络。

10.1.7　习题解析

1．1986 年 6 月"资源共享的计算机网络"研究计划的成果是（　　）。
　　　A．Internet　　　　B．ARPANET　　　C．以太网　　　　D．令牌环网
【解析】世界上最早的计算机网络是 ARPANET（Internet 的前身）。它是美国国防部高级计划研究署"资源共享的计算机网络"研究计划的成果。ARPANET 于 1969 年正式投入运行。
【答案】B。

2．第三代计算机网络的主要特点是（　　）。
　　　A．计算机-计算机网络　　　　　　B．以单机为中心的联机系统
　　　C．国际网络体系结构标准化　　　D．基于个人计算机的局域网
【解析】计算机网络的发展大体上经历了 4 个阶段，即远程联机系统、计算机-计算机网络、开放式标准化网络、Internet 发展。
【答案】C。

3．网络是分布在不同地理位置的多个独立的（　　）的集合。

A．局域网系统　　　B．多协议路由器　　　C．操作系统　　　D．自治计算机

【解析】计算机网络定义：计算机网络是一些互连的、自治的计算机系统的集合。

【答案】D。

4．按数据的交换方式分类，计算机网络可划分为（　　）。

  A．WAN、MAN、LAN

  B．电路交换网、报文交换网、分组交换网

  C．星形网、环形网、总线型网

  D．Windows NT、Novel、UNIX

【解析】计算机网络按交换方式可以分为电路交换、报文交换和分组交换。

【答案】B。

5．为了使两个采用不同高层协议的主机能通信，在两个网络之间要采用（　　）。

  A．交换机　　　B．网桥　　　C．网关　　　D．路由器

【解析】网桥、交换机工作在数据链路层，路由器工作在网络层，网关在传输层以上。

【答案】C。

10.2　TCP/IP

  TCP/IP 是当前最流行的商业化协议，被公认为当前的工业标准或事实标准。TCP/IP 是一个协议簇，其中最重要的协议是传输控制协议（Transfer Control Protocol，TCP）和网际协议（Internet Protocol，IP）。TCP 和 IP 是两个独立且紧密结合的协议，负责管理和引导数据报文在 Internet 上的传输。二者使用专门的报文头定义每个报文的内容。TCP 负责和远程主机的连接，IP 负责寻址，使报文送达目的方。

10.2.1　TCP/IP 参考模型

  TCP/IP 参考模型将计算机网络划分为 4 个层次，如图 10-14 所示。

  1）应用层

  负责处理特定的应用程序数据，为应用层软件提供网络接口，包括 HTTP（超文本传输协议）、TELNET（远程登录）协议、FTP（文件传输协议）等。

  2）传输层

  为两台主机间的进程提供端到端的通信。主要协议有 TCP（传输控制协议）和 UDP（用户数据报协议）。

  3）网络层

  确定数据包从源端到目的端的选择路由。网络层的主要协议有 IPv4（Internet 协议版本 4）、ICMP（Internet 控制报文协议）以及 IPv6（Internet 协议版本 6）等。

  4）主机网络层

  主机网络层规定了数据包从一个设备的网络层传输到另一个设备的网络层的方法。

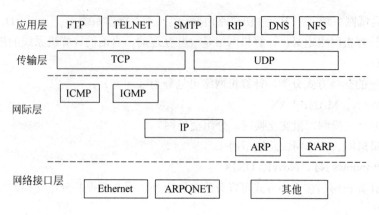

图 10-14　TCP/IP 协议簇

10.2.2　TCP/IP 主要协议

（1）TCP 是面向连接的、保证高可靠性（数据无丢失、数据无失序、数据无错误、数据无重复到达）的传输层协议。TCP 通过三次握手建立连接、通信完成时要拆除链接，TCP 用于端到端的传输。

（2）UDP 是面向无连接的、不可靠的传输。UDP 主要应用于那些面向查询-应答的服务，如 NTP（网络时间协议）和 DNS。

（3）ICMP 是用来传送 IP 的控制信息，主要用来提供有关通向目的地址的路径信息。PING 是最常用的基于 ICMP 的服务。

（4）IP 是将多个包交换网络连接起来，它在源地址和目的地址之间传送一种称为数据包的东西，它提供对数据大小的重新组装功能，以适应不同网络对包大小的要求。IP 不提供可靠的传输服务，不提供端到端的确认，对数据没有差错控制，它只使用报头的校验码，不提供重发和流量控制。

10.2.3　IP 地址

1. IP 地址发展及意义

IP 地址是指互联网协议地址（Internet Protocol Address）。是 IP 提供的一种统一的地址格式，它为互联网上的每一台主机分配一个逻辑地址，以此来屏蔽物理地址的差异。

目前网络上运行的 IP 版本为 4，即 IPv4，已成功运行了近 30 年。在这 30 年的发展当中，IP 协议簇发展、壮大了很多，完善了整个 TCP/IP 体系。例如可自动进行 IP 地址分配的 DHCP，扩展网络地址的 NAT 协议，用于网络管理的 SNMP 等。

IPv4 使用 4 字节作为地址，地址范围只有 2^{32} 个。早在 10 年前，互联网地址危机被提上议程，当时预计互联网资源在 2005 年就会分配完毕。后来随着 CIDR 和 NAT 技术的出现减缓了 IP 地址资源枯竭的速度。随着移动互联网的发展，IP 地址已经逐渐向 IPv6 地址过渡，已经被

128 位的 IPv6 地址代替。

2．IP 地址分类

Internet 委员会定义了 5 种 IP 地址类型以适合不同容量的网络，即 A 类~E 类。其中 A、B、C 三类，由 Internet NIC 在全球范围内统一分配，见表 10-1。D、E 类为特殊地址。

A 类地址最多能有 126 个网络，A 类地址的范围为 1~126，每个网络最多能有 16777214 台主机。该类地址适合大型网络使用。A 类地址的第一位为 0。

B 类地址最多能有 16383 个网络，B 类地址的范围为 128~191，每个网络能有 65534 个主机。该类地址适合中型网络使用。B 类地址以 10 开头。

C 类地址以 110 开头，C 类地址的范围为 192~223，最多能有 2097150 个网络，每个网络最大主机数为 254，该类地址适合小型网络使用。

D 类地址不分网络地址和主机地址，它的第 1 个字节的前 4 位固定为 1110。D 类地址的范围是 224.0.0.1~239.255.255.254。D 类地址又称为广播地址，仅供特殊协议向选定的节点发送信息时使用。

E 类地址（前 4 位是 1111）保留为以后用。

表 10-1　IP 地址指派范围

网络类别	最大可指派的网络数	第一个可指派的网络号	最后一个可指派的网络号	每个网络中的最大主机数
A	$126(2^7-1)$	1	126	16777214
B	$16383(2^{14}-1)$	128.1	191.255	65534
C	$2097151(2^{21}-1)$	192.0.1	223.255.255	254

3．特殊 IP 地址

几种常见的特殊 IP 地址如下。

1）直接广播地址

在 A、B、C 类地址中，若主机号为全 1，则这个地址称为直接广播地址。路由器使用这种地址把一个分组发送到一个特定网络上的所有主机，所有主机都会接收到具有这种类型的目的地址的分组。需要注意的是，这个地址在 IP 分组中只能用作目的地址。一般不使用的特殊 IP 地址见表 10-2。

表 10-2　一般不使用的特殊 IP 地址

网络号	主机号	源地址使用	目的地址使用	代表的意思
0	0	可以	不可	在本网络上的主机
0	host-id	可以	不可	在本网络上的某个主机 host-id
全 1	全 1	不可	可以	只在本网络上进行广播
net-id	全 1	不可	可以	对 net-id 上的所有主机进行广播
127	非全 0 或全 1 的任何数	可以	可以	用作本地软件回环测试之用

2）受限广播地址

IP 地址为 255.255.255.255，这个地址用于定义在当前网络上的广播地址。一个主机若想把报文发送给所有其他主机，就可以使用这样的地址作为分组中的目的地址，但是路由器会把这种类型的地址阻拦，使这样的广播仅限于本地局域网。

3）这个网络上的主机

IP 地址为 0.0.0.0，表示这个网络上的主机。这发生在某个主机在运行程序时但又不知道自己的 IP 地址，主机为了要发现自己的 IP 地址，就给引导服务器发送 IP 分组，并使用这样的地址作为源地址，而且使用 255.255.255.255 作为目的地址。

4）这个网络上的特定主机

具有全 0 网络号的 IP 地址表示在这个网络上的特定主机，用于当某个主机向同一网络上的其他主机发送报文。

5）环回地址

第一个字节等于 127 的 IP 地址作为环回地址，这个地址用来测试机器的软件。当使用这个地址时，分组永远不离开这个机器，这个分组就简单地返回到协议软件，因此这个地址可以用来测试 IP 软件。应注意，这种地址在 IP 分组中既能用作目的地址，也能用作源地址。

4．IPv6 地址

随着互联网用户数量的快速增长，IPv4 的有限地址将被耗尽，为了解决地址空间不足的问题，互联网工程任务组（IETF）设计了用于替代现行版本 IPv4 的下一代 IP 协议——IPv6，由 128 位二进制代码表示，采用点分十六进制来表示。相比 IPv4，IPv6 具有以下优势。

（1）IPv6 具有更大的地址空间。IPv6 中 IP 地址的长度为 128 位，即最大地址数为 2^{128}。

（2）IPv6 使用更小的路由表，提高了路由器转发数据包的速度。

（3）IPv6 具有更高的安全性。在使用 IPv6 的网络中，用户可以对网络层的数据进行加密并对 IP 报文进行校验，在 IPv6 中的加密与鉴别选项提供了分组的保密性与完整性，极大地增强了网络的安全性。

（4）如果新的技术或应用需要时，IPv6 协议允许扩充。

IPv6 中，每个地址占 128 位，地址空间大于 3.4×10^{38}。IPv6 地址采用冒号十六进制的记法表示，它把每个 16 位的值用十六进制值表示，各值之间用冒号分隔。例如：

68E6：8C64：FFFF：FFFF：0：1180：960A：FFFF

在十六进制记法中，允许把数字前面的 0 省略。上面的 0000 中的前 3 个 0 省略。

冒号十六进制记法可以允许零压缩，即一连串连续的零可以由一对冒号取代，例如

FF05：0：0：0：0：0：0：B3 可以写成 FF05::B3。规定在任一地址中只能使用一次零压缩。

10.2.4 习题解析

1．126.108.10.25 是（　　）IP 地址。

A．A 类　　　　　B．B 类　　　　　C．C 类　　　　　D．D 类

【解析】0.0.0.0～127.255.255.255 属于 A 类地址；
　　　　128.0.0.0～191.255.255.255 属于 B 类地址；
　　　　192.0.0.0～223.255.255.255 属于 C 类地址。

【答案】A。

2. 在 IP 网络中，B 类地址用（　　）位表示网络号。

A．2　　　　　　　B．7　　　　　　　C．14　　　　　　D．16

【解析】IP 地址共 32 位，B 类地址的前两位"10"作为标识，接下来 14 位表示网络号，最后 16 位表示主机号。

【答案】C。

3. 在 IPv4 中，组播地址是（　　）地址。

A．A 类　　　　　B．B 类　　　　　C．C 类　　　　　D．D 类

【解析】在 IPv4 中，D 类地址属于组播地址。

【答案】D。

4. 一个 IPv6 的简化写法为 8∶∶D0∶123∶CDEF∶89A，那么完整的地址应该是（　　）。

A．8000∶0000∶0000∶0000∶00D0∶1230∶CDEF∶89A0
B．0008∶00D0∶0000∶0000∶00D0∶0123∶CDEF∶089A
C．8000∶0000∶0000∶0000∶D000∶1230∶CDEF∶89A0
D．0008∶0000∶0000∶0000∶00D0∶0123∶CDEF∶089A

【解析】IPv6 地址采用冒号十六进制记法表示，而且使用一次零压缩的格式。

【答案】D。

10.3　互联网基础知识及应用

10.3.1　互联网概述

Internet 也称国际互联网，是全球最具影响力的计算机互联网络，它在通信、资源共享、信息查询等方面，给人们的生产和生活带来了极大的方便。

Internet 是由分布在世界各地的、数以万计的、各种规模的计算机网络，借助于网络互连设备——路由器，互相连接而形成的全球性互联网络。

1. 互联网的功能和构成

互联网的功能，主要是一个现代的通信载体，可以通过互联网实现通信、资源共享、服务、新闻、广告的快速传播。国际互联网是一个媒体，全方位的高技术交互信息系统，要对它的功能准确划分是比较困难的。

从技术使用角度，国际互联网的主要功能可分为以下几类：即电子邮件、远程登录、文件传输、客户机/服务器连接、网络电话、网络传真、网络可视会议等。

互联网是指多个计算机网络相互连接而成的一个网络，它是在功能和逻辑上组成的一个大型网络。采用 TCP/IP。从广义上来说就是"连接网络的网络"。

2．互联网的发展

因特网，又称国际互联网，它最早产生于 1969 年美国国防部的高级研究规划署，最初的目的只是远程计算机的数据共享，后来发展成将世界各地的计算机及计算机网络连接起来，形成了一个无边无际的超级大网。Internet 的主要服务项目有电子邮件（E-mail）、远程登录（Telnet）、查询服务（Finger）、文件传输（FTP）、文档服务器（Archive）、新闻论坛（Usenet）、电子公告牌（BBS）、新闻群组（News Group）等。1986 年，美国国家科学基金会（National Science Foundation）建立了大学之间互联的骨干网络 NSFnet，这是互联网历史上重要的一步。互联网中成功接入的比较重要的其他网络包括 Usenet、Fidonet、Bitnet。整个 20 世纪 90 年代，互联网成功地容纳了原有的计算机网络中的大多数。1994 年，NSFNET 转为运营商，成为今天全世界的人所共知的互联网络的前身。

1987 年 9 月 20 日，钱天白教授从北京向德国凯尔斯鲁厄大学发出第一封电子邮件开始，互联网正式在中国大陆地区运行。我国于 1994 年 4 月正式接入因特网。1996 年已经形成了中国科技网（CSTNET）、中国教育和科研计算机网（CERNET）、中国公用计算机互联网（CHINANET）和中国金桥信息网（CHINAGBN）四大具有国际出口的网络体系。前两个网络用于科研，后两个网络面向大众服务，属于商业性质。

10.3.2 互联网协议

互联网主要由 URL、HTML、DNS 等协议构成。

1．统一资源定位符

统一资源定位符（URL）是对可以从互联网上得到的资源的位置和访问方法的一种简洁的表示。URL 给资源的位置提供一种抽象的识别方法，并用这种方法给资源定位，系统就可以对资源进行各种操作，如存取、更新、替换和查找其属性。互联网上的每个文件都有一个唯一的 URL，它包含的信息指出文件的位置以及浏览器应该怎么处理它。

统一资源定位符的语法是一般的、可扩展的，它使用 ASCII 码的一部分来表示互联网的地址。一般统一资源定位符的开始标志着一个计算机网络所使用的网络协议。

URL 的一般形式由以冒号隔开的两大部分组成，并且在 URL 中的字符对大写或小写没有要求。

URL 的一般形式为

<协议>://<主机>:<端口>/<路径>

2. 超文本传输协议

为了使超文本的链接能够高效地完成，需要用超文本传输协议（HTTP）来传送一切必需的信息。从层次的角度看，HTTP 是面向事务的应用层协议，它是万维网上能够可靠地交换文件（包括文本、声音、图像等各种多媒体文件）的重要基础。

HTTP 有两类报文：① 请求报文——从客户向服务器发送请求报文；② 响应报文——从服务器到客户的回答。

由于 HTTP 是面向正文的，因此在报文中的每一个字段都是一些 ASCII 码串，因而每个字段的长度是不确定的。

3. 域名系统及 DNS 协议

域名系统（Domain Name System）是因特网使用的命名系统，用来把便于人们使用的机器名字转换为 IP 地址，如 www.sina.com。将域名映射为 IP 地址的过程称为域名解析，由专门的域名解析服务器来完成这个过程。为了避免重名，域名采用层次结构，各层次的子域名之间用圆点隔开，从右至左分别是第一级域名（或称为顶级域名）、第二级域名……直至主机名，即主机名……第二级域名.第一级域名。图 10-15 所示为因特网域名空间。

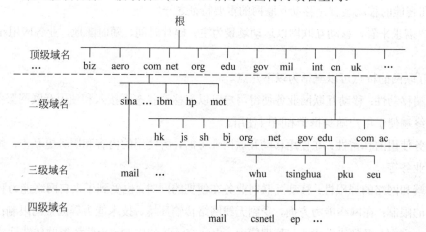

图 10-15　因特网的域名空间

顶级域名又分为国家顶级域名，如.cn 代表中国，.us 代表美国；通用顶级域名，如.net 代表网络服务机构，.org 代表非盈利组织，.com 表示公司企业，.gov 代表政府部门。

二级域名是指顶级域名之下的域名，在国际顶级域名下，它是指域名注册人的网上名称，如 yahoo，microsoft 等。

三级域名用字母（A～Z,a～z）、数字（0～9）和连接符"-"组成，各级域名之间用实点"."连接。三级域名的长度不能超过 20 个字符。

10.3.3 移动互联网概述

1．移动互联网概念

移动互联网是互联网与移动通信各自独立发展后互相融合的新兴市场,目前呈现出互联网产品移动化强于移动产品互联网化的趋势。从技术层面的定义,以宽带 IP 为技术核心,可以同时提供语音、数据和多媒体业务的开放式基础电信网络;从终端的定义,用户使用手机、上网本、笔记本电脑、平板电脑、智能本等移动终端,通过移动网络获取移动通信网络服务和互联网服务。

移动互联网的核心是互联网,因此一般认为移动互联网是桌面互联网的补充和延伸,应用和内容仍是移动互联网的根本。

2．移动互联网的特点

移动互联网是互联网与移动通信应用高度融合的产物。移动互联网与桌面互联网共享着互联网的核心理念和价值观,但移动互联网有实时性、隐私性、便携性、准确性、可定位的特点,日益丰富和智能的移动装置是移动互联网的重要特征之一。

从客户需求来看,移动互联网以运动场景为主,碎片时间、随时随地,业务应用相对短小精悍。

移动互联网的特点可以概括为以下几点。

- 终端移动性:移动互联网业务使得用户可以在移动状态下接入和使用互联网服务,移动的终端便于用户随身携带和随时使用。
- 业务使用的私密性:在使用移动互联网业务时,所使用的内容和服务更私密,如手机支付业务等。
- 终端和网络的局限性:移动互联网业务在便携的同时,也受到了来自网络能力和终端能力的限制:在网络能力方面,受到无线网络传输环境、技术能力等因素的限制;在终端能力方面,受到终端大小、处理能力、电池容量等的限制。无线资源的稀缺性决定了移动互联网必须遵循按流量计费的商业模式。
- 业务与终端、网络的强关联性:由于移动互联网业务受到了网络及终端能力的限制,因此,其业务内容和形式也需要适合特定的网络技术规格和终端类型。

3．无线网络 4G 和 5G 的基本概念

4G 的技术特点可以归纳为以下几点。

- 4G 能够以 100Mb/s 的速率传输高质量的视频图像数据,通话只是 4G 手机的一个基本功能。

- 4G 终端可以实现便携式计算机、便携式电视机的很多重要功能。
- 4G 移动通信系统具备全球漫游、接口开放、终端多样化。能与 2G、3G 系统兼容。

5G 通信技术作为概念性的技术在 2001 年由日本 NTT 公司提出，而在我国，5G 概念则是于 2012 年 8 月在中国国际通信大会上被提出。目前，5G 通信技术还没有统一的制式标准。前不久，报道称韩国三星公司已研发出 5G 通信技术，该技术被命名为 Nomadic Local Area Wireless Access（简称 NoLA）。手机在利用该技术后无线下载速度可以达到 3.6Gb/s。本文将简要阐述 5G 通信技术的概念，并结合目前通信领域先进的技术（如云计算等）及概念性产品（如光场相机、比特币等）来阐述该技术在未来的发展和应用前景。

对于不同的 RAN（Radio Access Network，无线电接入网），利用扁平化 IP 概念更容易使 5G 网络升级至一个单纳米核心网络。随着向扁平化 IP 架构的转型，移动运营商可以做到：

- 减少数据通道中的网络元素，从而减少运营成本和资本支出。
- 在运用新型的应用中，一定程度上减少数据在传输过程中的损耗。
- 将整个通信系统中的延迟最小化，如果无线链路中的延迟被增强，也会在系统中得到完整识别。
- 分别独立改善无线网与核心网，使之相比从前的网络，拥有更好的拓展性，也可以建立更灵活的网络结构。
- 发展一个更灵活的核心网络，这个核心网可以作为基站，在移动终端与通用 IP 接入网中提供更新颖的服务。
- 创建一个更具有竞争力的平台，对于有线网络来说，具有价格和性能表现上的优势。

扁平化的网络结构在网络中去除了语音功能导向中的分层。为了取代覆盖在语音网络中的数据包，可以构造更简化的数据结构，这样即可去除网络链条中多样的元素。

10.3.4 互联网应用

1. 网上信息的浏览、搜索和下载

1）网上信息的浏览

浏览器（Browser）实际上是一个软件程序，用于与 WWW 建立链接，并与之进行通信。它可以在 WWW 系统中根据链接确定信息资源的位置，将用户感兴趣的信息资源取出来，对 HTML 进行解释，然后将文字、图像或者多媒体信息还原出来。

目前比较流行的浏览器软件是 Microsoft（微软）公司的产品 Internet Explorer（IE）。它被集成到微软公司的操作系统中。IE 将随 Windows 操作系统自动完成安装，其图标会呈现在桌面上。常见的网页浏览器还包括 Google 的 Chrome、搜狗、360 浏览器、百度浏览器、遨游浏览器等。下面介绍 IE 浏览器的一些使用方法。

（1）浏览网页。打开浏览器软件后，在地址栏输入要浏览网页的域名或 IP 地址就可以访问网站，如在地址栏输入主页 www.jsjkx.com，按 Enter 键确认后，进入《计算机科学》期刊的主页，如图 10-16 所示。

图 10-16 《计算机科学》期刊主页

（2）默认主页的设置。默认主页是启动浏览器时直接进入的网页。上网浏览时，可以把经常浏览的网页设置为默认主页。设置方法是，在 IE 浏览器窗口选择"工具"菜单中的"Internet 选项"，在"常规"选项卡中的"主页"一栏输入默认主页的地址，设置完成后，单击"确定"按钮即可，如图 10-17 所示。

（3）收藏网页。对自己喜欢的网页可以进行分类收藏，这样下次进入时可以从收藏夹中选择已经收藏的地址进入网页，省去再次查找网页的时间。

在 IE 浏览器选择"收藏夹"菜单中的"添加到收藏夹"命令，并为收藏的网页命名，选择创建位置，然后单击"添加"按钮即可完成收藏网页操作，如图 10-18 所示。

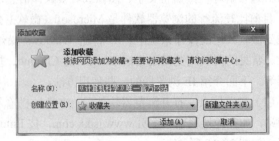

图 10-17 "Internet 选项"对话框　　　　图 10-18 "添加收藏"对话框

(4) 保存网页。如果需要将某一网页保存，可以选择"文件"菜单中的"另存为"命令，打开"保存网页"对话框，选择要保存网页的位置，输入文件名，单击"保存"按钮即可完成保存网页操作。

(5) 打印网页。在浏览器窗口中打开"文件"菜单，选择"打印"命令，在弹出的对话框中可以设置打印选项，设置完成后单击"打印"按钮即可打印。打印之前也可以通过选择"打印预览"命令查看打印效果。

2）搜索信息

在互联网的海量信息中，快速找到自己所需要的信息，主要通过搜索引擎。搜索引擎是根据一定的策略、运用特定的计算机程序搜集互联网上的信息，再对信息进行组织和处理，并将处理后的信息显示给用户，是为用户提供检索服务的系统。

目前比较流行的搜索引擎是谷歌（www.google.com）。Google 是第一个被公认为全球最大的搜索引擎，在全球范围内拥有无数的用户。中国互联网用户最多的搜索引擎是百度（www.baidu.com），如图 10-19 所示。它也是全球最大的中文搜索引擎，此外还有搜狗（www.sogu.com）等。

图 10-19　百度首页

目前，搜索引擎都提供友好的使用界面，用户使用非常方便。人们经常使用的搜索方式是在搜索引擎中输入关键词，然后单击"搜索"按钮即可，系统很快返回查询结果，这样使用方便，但是查询的结果却不准确，可能包含着许多无用的信息。

3）网上信息的下载

用户可以从 Internet 上下载信息，也可以把信息上传到互联网上，让其他用户共享。随着云计算的出现，特别是基于云计算技术的云存储技术给用户通过互联网下载和上传信息提供了更方便的手段。

迅雷是目前常用的下载工具，拥有比目前用户常用下载软件快 7～10 倍的下载速度，是一款 P2P 技术的下载工具，能够有效降低死链比例，支持多点续传；支持不同的下载速率；可以智能分析哪个节点速度最快；支持各节点自动路由。

下载并安装好迅雷之后，其主界面如图 10-20 所示。

在搜索栏中，查找 QQ，则出现图 10-21 所示的腾讯 QQ 下载资源。

图 10-20　迅雷主界面

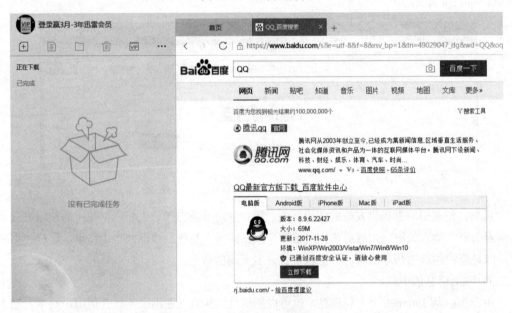

图 10-21　QQ 下载资源

在网上找到要下载 QQ 的安装文件，选择普通下载，弹出迅雷下载界面，如图 10-22 所示。

选择立即下载，在迅雷"正在下载"列表中，可看到正在下载腾讯安装文件，如图 10-23 所示。

2．文件传输

文件传输是指一个文件或其中的一部分从一个计算机系统传到另一个计算机系统。FTP 用于 Internet 上控制文件的双向传输。同时，它也是一个应用程序。用户可以通过它把自己的计算机与其他运行 FTP 协议的服务器相连。

图 10-22　下载界面

图 10-23　正在下载界面

FTP 使用客户服务器方式。一个 FTP 服务器进程可同时为多个客户进程提供服务。FTP 的服务器进程由主进程和从属进程两大部分组成：一个主进程，负责接受新的请求；另外有若干从属进程，负责处理单个请求。

常用的文件传输工具有 WinSCP、FreeFTP、GoFTP、FireFTP 等。

FreeFTP 是一款支持简单可靠文件传输且易于使用的 FTP 软件。它支持所有标准的 FTP（FTP、SFTP、FTPS）。可以把远程地址作为文件夹存储，通过鼠标单击在任意时间进行访问。支持多种方式管理文件传输，提供对本地文件浏览历史记录等。

3．即时通信软件

即时通信软件是通过即时通信技术来实现在线聊天、交流的软件，目前中国最流行的有 QQ、MSN 等。

即时通信软件具有如下特点。

- 收发文字、文本信息。
- 组织结构的显示。
- 用于在线的状态感知。
- 语音、视频通话。
- 通信录功能。
- 消息提醒功能。

腾讯 QQ 支持在线聊天、视频通话、点对点断点续传文件、共享文件、网络硬盘、自定义面板、QQ 邮箱等多种功能，并可与多种通信终端相连。QQ 主界面如图 10-24 所示。

4．电子邮件

电子邮件是一种用电子手段实现信息交换的通信方式，是 Internet 应用最广的服务。本节将对其进行简单介绍。

在 Internet 上，电子邮件（Electronic Mail，E-mail）是一种通过计算机网络与其他用户联系的电子式邮政服务，也是当今使用最广泛且受欢迎的通信方式。通过 Internet 的电子邮件系统，不仅可以发送文字信息，还可以发送各种声音、图像和影像等多媒体信息，而且不受地域限制。许多人对网络的认识都是从发送和接收电子邮件开始的。

图 10-24　QQ 主界面

1）电子邮件地址

E-mail 要在浩瀚无边的 Internet 上传递，并能准确无误地到达收件人手中，对方必须有一个在全世界唯一的地址。这个地址就是电子邮件地址，而电子邮件信箱就是用该地址的标识。Internet 的电子邮件地址是一串英文字母和特殊符号的组合，由符号@分成两部分，中间不能有空格和逗号。它的一般形式为 username@hostname。其中，Username 是用户申请的账号，即用户名，通常由用户的姓名和其他具有用户特征的标识命名；符号@读作 at，翻译成中文是"在"的意思；hostname 是邮件服务器的域名，即主机名，用来标识邮件服务器在 Internet 中的位置，也就是用户在邮件服务器上的信箱所在。因此，用公式表示 E-mail 地址的格式为：E-mail 地址=用户名+@+邮件服务器域名。

2）电子邮件的格式

电子邮件一般由信头和信体两部分组成。

（1）信头。信头相当于信封，通常包括以下几项内容。

① 发送人：发送者的 E-mail 地址，它是唯一的。

② 收件人：收件人的 E-mail 地址，因为可以一次给多人发信，所以收件人的地址可以有多个，多个收件人的地址用分号（；）或逗号（，）隔开。

③ 抄送：表示发送给收件人的同时也可以发送到其他人的 E-mail 地址，可以是多个地址。

④ 主题：信件的标题。作为一个可以被发送的信件，它必须包括发送人、收件人和主题三部分。

（2）信体。信体相当于信件的内容，可以是单纯的文字，也可以是超文本，还可以包含附件。

3）电子邮箱

电子邮箱是人们在网络保存邮件的存储空间，一个电子邮箱对应一个 E-mail 地址，有了电子邮箱才能收发邮件。现在，许多网站提供电子邮箱服务，有的需要付费，有的是免费的，可以通过申请获得个人免费邮箱。

10.3.5　习题解析

1．DNS 是基于（　　）模式的分布式系统。
　　A．C/S　　　　B．B/S　　　　C．P2P　　　　D．以上均不正确

【解析】DNS 是一个基于客户机/服务器模式的分布式数据库管理系统，对应 OSI 参考模型的应用层，主要作用是进行域名和 IP 地址之间的相互映射。

【答案】A。

2．下载协议中，与电子邮件系统没有直接关系的是（　　）。
　　A．MIME　　　B．POP3　　　C．SMTP　　　D．SNMP

【解析】SMTP 用于发送邮件。POP 用于接收邮件。MIME 增加了邮件主体的结构，并定义了传送非 ASCII 码的编码规则。SNMP 是为了解决 Internet 上的路由器管理问题而提出的，与邮件无关。

【答案】D。

3．在 Internet 上，实现超文本传输的协议是（　　）。
　　A．Hypertext　　B．FTP　　　C．WWW　　　D．HTTP

【解析】Hypertext 是超文本，WWW 是服务，FTP 是文件传输协议，HTTP 是超文本传输协议，负责浏览器和 Web 服务器间数据的交换。

【答案】D。

4．标准的 URL 组成：服务器类型、主机名和路径及（　　）。
　　A．客户名　　　B．浏览器名　　C．文件名　　　D．进程名

【解析】URL 的一般形式为<协议>://<主机>:<端口>/<路径>。

【答案】C。

10.4 网络新技术

10.4.1 物联网概述

1. 物联网定义和发展

1) 物联网的定义

物联网是在互联网、移动通信网等通信网络的基础上,针对不同应用领域的需求,利用具有感知、通信与计算能力的智能物体自动获取物理世界的各种信息,将所有能够独立寻址的物理对象互连起来,实现全面感知、可靠传输、智能处理,构建人与物、物与物互连的网络智能信息服务系统。

2) 物联网的发展

"物联网"的概念产生于20世纪90年代,而真正引起各国政府与产业界重视是在2000年国际电信联盟(ITU)的"信息社会世界峰会"(WSIS)之后。2005年度ITU报告的题目是《物联网》(Internet of Things,IoT),该报告表述了以下重要的观点。

- 物联网是Internet功能与连接对象的自然延伸和拓展。
- 物联网实现人与人、人与物、物与物广泛地互连。
- 物联网的目标是实现物理世界与信息世界的深度融合。

2009年6月欧盟委员会提出了"Internet of Things-An action plan for Europe"的物联网行动方案。行动方案提出了关于加强物联网管理,保护个人隐私与个人信息,加强支持物联网相关研究的10项建议以及12项具体的行动计划。欧洲将物联网的发展划分为4个阶段。

- 第一个阶段(2010年前)的特点是:基于射频识别(RFID)技术实现低功耗、低成本的单个物体间的互连,并在物流、零售、制药等领域开展局部的应用。
- 第二个阶段(2010—2015年)的特点是:利用传感网与无处不在的RFID标签实现物与物之间的广泛互联,针对特定的产业制定技术标准,并完成部分网络的融合。
- 第三个阶段(2015—2020年)的特点是:具有可执行指令的RFID标签广泛应用,物体进入半智能化,物联网网间互联标准制定完成,网络具有高速数据传输能力。
- 第四个阶段(2020年之后)的特点是:物体具有完全的智能响应能力,异构系统能够实现协同工作,人、物、服务与网络达到深度融合。

2. 物联网的架构

物联网本身的结构复杂,系统多样,一般将物联网的结构分为感知层、网络层、应用层三个层次。物联网架构图如图10-25所示。

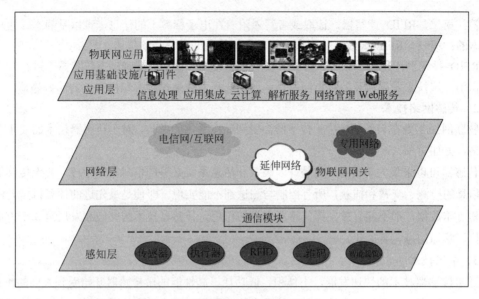

图 10-25 物联网架构图

（1）感知层，是实现物联网全面感知的基础。以 RFID、传感器、二维码等为主，利用传感器采集设备信息，利用射频识别技术在一定范围内实现发射和识别。主要功能是通过传感设备识别物体，采集信息。例如在感知层中，信息化管理系统利用智能卡技术，作为识别身份、重要信息系统密钥；建筑中用传感器节点采集室内温湿度等，以便及时进行调整。

（2）网络层，是服务于物联网信息汇聚、传输和初步处理的网络设备和平台。通过现有的三网（互联网、广电网、通信网）或者下一代网络 NGN，远距离无缝传输来自传感网所采集的巨量数据信息；它负责对传感器采集的信息进行安全无误的传输，并对收集到的信息进行分析处理，而且将结果提供给应用层。同时，网络层"云计算"技术的应用确保建立实用、适用、可靠和高效的信息化系统和智能化信息共享平台，实现对各类信息资源的共享和优化管理。

（3）应用层，主要解决信息处理和人机界面问题，即输入输出控制终端，如手机、智能家电的控制器等，主要通过数据处理及解决方案来提供人们所需要的信息服务。应用层直接接触用户，为用户提供丰富的服务功能，用户通过智能终端在应用层上定制需要的服务信息；如查询信息、监控信息、控制信息等。下面是在应用层中的应用举例。例如，如果回家前用手机发条信息，空调就会自动开启；家里漏气或漏水，手机短信会自动报警。随着物联网的发展，应用层会大大拓展到各行业，给人们带来实实在在的方便。

3．物联网关键技术

物联网关键技术可以从以下三个方面来考察。

1) RFID 技术

RFID 技术由下面几个方面结合而成。第一，是在某一个事物上有标识的对象，是 RFID 电子标签；第二，RFID 读写器，读取或者写入附着在电子标签上的信息，可以是静态，也可以是动态的；第三，RFID 天线，是用在读写器和标签之间做信号的传达。

RFID 技术利用优越的条件，促使人类对事物设施等在静态或者动态等状态下进行管理和自动识别。该技术发展涉及的难点问题是：如何选择最佳工作频率和机密性的保护等。

2）传感网络技术

物联网经常处在自然环境中，传感器会受到环境恶劣的考验。对于传感器技术的要求会更加严格，更加苛刻。

传感器可以采集大量信息，它是许多装备和信息系统必备的信息摄取手段。若无传感器对最初信息的检测、交替和捕获，所有控制与测试都不能实现。即使是最先进的计算机，若没有信息和可靠数据，都不能有效发挥传感器本身的作用。传感器技术的突破和发展有 3 个方面：网络化、感知信息、智能化。

3）纳米技术

随着传感器技术的快速发展，小体积、低功耗、高性能的微传感器开始受到人们的重视，并开始大规模应用。利用纳米技术制造的纳米传感器更可完成现有传感器所不能完成的功能。纳米技术的优势在于使得物联网中体积越来越小的物体能够进行交互和连接。

4．物联网的应用领域

（1）工业领域的应用：产品设备管理、能源管理、工业安全生产管理。

（2）农业领域的应用：温室环境信息的采集和控制、节水灌溉的控制和管理、环境信息和动植物信息的检测。

（3）智能家居领域的应用：家庭智能化、小区智能化和城市智能化三者之间融成一个真正广义的智能控制网。

（4）医疗领域的应用：整合的医疗保健平台、电子健康档案系统。

（5）环境监测领域的应用：主要是通过实施地表水水质的自动监测，实现水质的连续监测和远程监控。

（6）智能交通领域的应用：公交行业无线视频监控平台、智能公交站台、电子票务、车管专家和公交手机"一卡通"。

（7）物流领域的应用：供应链网络优化、供应链的可视性。

（8）智能校园领域的应用：电子钱包、身份识别和银行圈存。

5．物联网的前景和挑战

尽管物联网应用前景广阔，人们也应该认识到物联网的发展不是一蹴而就的。物联网面临的挑战包括安全和隐私、数据保护、资源控制、信息共享、标准制定、服务开放性和互操作性等。

10.4.2 云计算概述

云计算是分布式计算、并行计算和网络计算的发展。

计算资源分布在网络侧大量的计算机上,而非本地计算机或单台集中式远程服务器中,用户通过接入互联网、利用云提供的编程接口、云计算终端软件或者浏览器访问云提供的不同服务,把"云"作为数据存储以及应用服务的中心。

云计算是一种商业计算模型,它将计算任务分布在大量计算机构成的资源池上,使用户能够按需获取计算力、存储空间和信息服务。

1. 云计算的特点和发展

从研究现状上看,云计算具有以下特点。

(1)超大规模。"云"具有相当的规模。例如,Google 云计算已经拥有 100 多万台服务器;Amazon、IBM、微软和 Yahoo 等公司的"云"均拥有几十万台服务器。"云"能赋予用户前所未有的计算能力。

(2)虚拟化。云计算支持用户在任意位置使用各种终端获取服务。所请求的资源来自"云",而不是固定的有形的实体。应用在"云"中某处运行,但实际上用户无须了解应用运行的具体位置,只需要一台笔记本电脑或一个 PDA,就可以通过网络服务来获取各种能力超强的服务。

(3)高可靠性。"云"使用了数据多副本容错、计算节点同构可互换等措施来保障服务的高可靠性,使用云计算比使用本地计算机更加可靠。

(4)通用性。云计算不针对特定的应用,在"云"的支撑下可以构造出千变万化的应用,同一片"云"可以同时支撑不同的应用运行。

(5)高可伸缩性。"云"的规模可以动态伸缩,满足应用和用户规模增长的需要。

(6)按需服务。"云"是一个庞大的资源池,用户按需购买,像自来水、电和煤气那样计费。

(7)极其廉价。"云"的特殊容错措施使其可以采用极其廉价的节点来构成云;"云"的自动化管理使数据中心管理成本大幅降低;"云"的公用性和通用性使资源的利用率大幅提升;"云"设施可以建在电力资源丰富的地区,从而大幅降低能源成本。因此,"云"具有前所未有的性能价格比。所以,用户可以充分享受"云"的低成本优势,需要时花费几百美元,一天时间就能完成以前需要数万美元、数月时间才能完成的数据处理任务。

2. 云计算的服务形式

云计算包括以下几个层次的服务:基础框架即服务(IaaS)、平台即服务(PaaS)和软件即服务(SaaS)。云计算服务形式如图 10-26 所示。

目前业界公认的第三方的对于云计算的定义和解释是 NIST(National Institute of Standards and Technology,美国国家标准和技术研究院)的说法,其对于云计算的服务形式的说明如下。

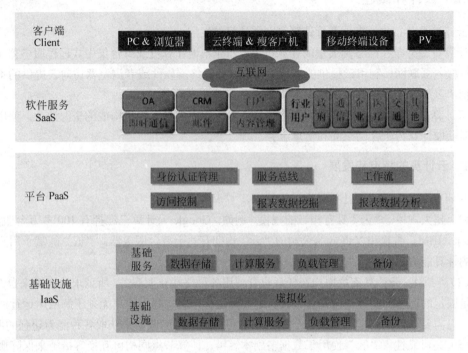

图 10-26 云计算服务形式

1）基础框架即服务（IaaS）

提供给消费者的服务是处理能力、存储、网络和其他基本的计算资源，用户能够利用这些计算资源部署和运行任意软件，包括操作系统和应用程序。消费者不能管理或控制任何云计算基础设施，但能控制操作系统、储存、部署的应用，也有可能获得有限制的网络组件（例如防火墙、负载均衡器等）的控制。

2）平台即服务（PaaS）

提供给消费者的服务是把客户使用支持的开发语言和工具（如 Java、Python、.Net 等）开发或者购买的应用程序部署到供应商的云计算基础设施上。消费者不需要管理或控制底层的云基础设施，包括网络、服务器、操作系统、存储等，但客户能够控制部署的应用程序，也可能控制运行应用程序的托管环境配置。

3）软件即服务（SaaS）

提供给消费者的服务是运营商运行在云计算基础设施上的应用程序，消费者可以在各种设备上通过瘦客户端界面访问，如浏览器（例如基于 Web 的邮件）。消费者不需要管理或控制任何云计算基础设施，包括网络、服务器、操作系统、存储，甚至独立的应用能力等，消费者仅仅需要对应用进行有限的、特殊的配置。

简单来说，IaaS 提供的是远程的登录终端界面（虚拟服务器）或者 Web Service 接口（云存储）；PaaS 提供的是数据库连接串或者中间件部署界面，或者是应用的部署管理界面；SaaS 提供的就是访问应用的客户端或者 Web 界面。

3．云计算的应用领域

云计算理念正在迅速普及，结合国外云计算产品的大量实践应用研究，云计算主要应用在以下领域。

1）医药医疗领域

医药企业与医疗单位一直是国内信息化水平较高的行业用户，在"新医改"政策推动下，医药企业与医疗单位将对自身信息化体系进行优化升级，以适应医改业务调整要求，在此影响下，以"云信息平台"为核心的信息化集中应用模式将孕育而生，逐步取代目前各系统以分散为主体的应用模式，进而提高医药企业的内部信息共享能力与医疗信息公共平台的整体服务能力。

2）制造领域

随着"后金融危机时代"的到来，制造企业的竞争将日趋激烈，企业在不断进行产品创新、管理改进的同时，也在大力开展内部供应链优化与外部供应链整合工作，进而降低运营成本、缩短产品研发生产周期，未来云计算将在制造企业供应链信息化建设方面得到广泛应用，特别是通过对各类业务系统的有机整合，形成企业云供应链信息平台，加速企业内部"研发-采购-生产-库存-销售"信息一体化进程，进而提升制造企业的竞争实力。

3）金融与能源领域

金融、能源企业一直是国内信息化建设的"领军性"行业用户，在未来的几年中，中石化、中保、农行等行业内的企业信息化建设将进入"IT 资源整合集成"阶段，在此期间，需要利用"云计算"模式，搭建基于 IaaS 的物理集成平台，对各类服务器基础设施应用进行集成，形成能够高度复用与统一管理的 IT 资源池，对外提供统一硬件资源服务，同时在信息系统整合方面，需要建立基于 PaaS 的系统整合平台，实现各异构系统间的互连互通。因此，云计算模式将成为金融、能源等大型企业信息化整合的"关键武器"。

4）电子政务领域

未来，云计算将助力中国各级政府机构"公共服务平台"建设。目前，各级政府机构正在积极开展"公共服务平台"建设，努力打造"公共服务型政府"的形象，在此期间，需要通过云计算技术来构建高效运营的技术平台，其中包括：利用虚拟化技术建立公共平台服务器集群，利用 PaaS 技术构建公共服务系统等方面，进而实现公共服务平台内部可靠、稳定地运行，提高平台不间断服务能力。

5）教育科研领域

未来，云计算将为高校与科研单位提供实效化的研发平台。目前，云计算应用已经在清华大学、中科院等单位得到了初步应用，并取得了很好的应用效果。在未来，云计算将在我国高校与科研领域得到广泛的应用与普及,各大高校将根据自身研究领域与技术需求建立云计算平台,并对原来各下属研究所的服务器与存储资源加以有机整合,提供高效可复用的云计算平台,为科研与教学工作提供强大的计算机资源,进而大大提高研发工作效率。

6)电信领域

在国外,Orange、O2 等大型电信企业除了向社会公众提供 ISP 网络服务外,同时也作为"云计算"服务商,向不同行业用户提供 IDC 设备租赁、SaaS 产品应用服务,通过这些电信企业创新性的产品增值服务,也强力地推动了国外公有云的快速发展与增长。因此,在未来,国内电信企业将成为云计算产业的主要受益者之一,从提供的各类付费性云服务产品中得到大量收入,实现电信企业的利润增长,通过对不同国内行业用户需求分析与云产品服务研发、实施,打造自主品牌的云服务体系。

10.4.3 习题解析

1. 物联网的核心和基础是( )。
    A. 无线通信网   B. 传感器网络   C. 互联网   D. 有线通信网

【解析】物联网就是物物相连的互联网。物联网的核心和基础仍然是互联网,是在互联网基础上的延伸和扩展的网络。

【答案】C。

2. 物联网的定义中,关键词为:( )、约定协议、与互联网连接和智能化。
    A. 信息感知设备   B. 信息传输设备   C. 信息转换设备   D. 信息输出设备

【解析】物联网是指通过各种信息感知,实时采集任何需要监控、连接、互动的物体或过程等各种需要的信息,与互联网结合形成的一个巨大网络。

【答案】A。

3. 物联网中物与物、物与人之间的通信是( )方式。
    A. 只利用有线通信   B. 只利用无线通信
    C. 综合利用有线和无线两者通信   D. 既非有线亦非无线的特殊通信

【解析】物联网定义中说其用户端延伸和扩展到了任何物品与物品之间,进行信息交换和通信。物联的核心和基础仍然是互联网。

【答案】C。

4. SaaS 是( )的简称。
    A. 软件即服务   B. 平台即服务   C. 基础设施即服务   D. 硬件即服务

【解析】Saas 即软件即服务。

【答案】A。

5. 微软公司于 2008 年 10 月推出的云计算操作系统是( )。

A. GoogleAppEngine   B. 蓝云   C. Azure   D. EC2

【解析】微软公司于 2008 年 10 月推出了云计算平台：Windows Azure platform。

【答案】C。

本章小结

本章讲述了计算机网络和互联网的基础知识。通过本章内容的学习，应掌握计算机网络和互联网定义、功能、构成，掌握网络通信设备和互联网通信协议 TCP/IP，熟悉互联网常用应用，了解移动互联网、物联网和云计算的概念及应用领域。

习题

1. 正确的 IP 地址是（   ）。
   A. 202.112.111.1   B. 202.2.2.2.2
   C. 202.202.1   D. 202.257.14.13

2. 下列关于电子邮件的说法，正确的是（   ）。
   A. 收件人必须有 E-mail 地址，发件人可以没有 E-mail 地址
   B. 发件人必须有 E-mail 地址，收件人可以没有 E-mail 地址
   C. 发件人和收件人都必须有 E-mail 地址
   D. 发件人必须知道收件人住址的邮政编码

3. 一台微型计算机要与局域网连接，必须安装的硬件是（   ）。
   A. 集线器   B. 网关
   C. 网卡   D. 路由器

4. 域名 MH.BIT.EDU.CN 中的主机名为（   ）。
   A. MH   B. EDU
   C. CN   D. BIT

5. 以下关于电子邮件的说法中，不正确的是（   ）。
   A. 电子邮件的英文简称是 E-mail
   B. 加入因特网的每个用户通过申请都可以得到一个电子信箱
   C. 在一台计算机上申请的电子邮箱，以后只有通过这台计算机上网才能收信
   D. 一个人可以申请多个电子信箱

6. 下列各项中，非法的 Internet 的 IP 地址是（   ）。
   A. 202.96.12.14   B. 202.196.72.140
   C. 112.256.23.8   D. 201.124.38.79

7. 某人的电子邮件到达时，若他的计算机没有开机，则邮件（　　）。
   A．退回给发件人　　　　　　　B．开机时对方重发
   C．该邮件丢失　　　　　　　　D．存放在服务商的 E-mail 服务器

8. 计算机网络的目标是实现（　　）。
   A．数据处理　　　　　　　　　B．文献检索
   C．资源共享与信息传输　　　　D．信息传输

9. 假设邮件服务器的地址是 email.bj.164.com，则用户的正确的电子邮箱地址的格式是（　　）。
   A．用户名#email.bj.163.com
   B．用户名@email.bj.163.com
   C．用户名&email.bj.163.com
   D．用户名$email.bj.163.com

10. 计算机的网络分为局域网、城域网和广域网，下列属于局域网的是（　　）。
    A．ChinaDDN 网　　　　　　　B．Novell 网
    C．Chinanet　　　　　　　　　D．Internet

11. 在计算机网络中，英文缩写 LAN 的中文名是（　　）。
    A．局域网　　　　　　　　　　B．城域网
    C．广域网　　　　　　　　　　D．无线网

12. 下列的英文缩写和中文名字的对照中，正确的是（　　）。
    A．WAN——广域网
    B．ISP——因特网服务程序
    C．USB——不间断电源
    D．RAM——只读存储器

13. Internet 中不同网络和不同计算机相互通信的基础是（　　）。
    A．ATM　　　　　　　　　　　B．TCP/IP
    C．Novell　　　　　　　　　　D．X.25

14. 电话拨号连接是计算机个人用户常用的接入因特网的方式。称为"非对称数字用户线"的接入技术的英文缩写是（　　）。
    A．ADSL　　　　　　　　　　 B．ISDN
    C．ISP　　　　　　　　　　　 D．TCP

15. 根据域名代码规定，表示教育机构的域名代码是（　　）。
    A．net　　　　　　　　　　　　B．com
    C．edu　　　　　　　　　　　　D．org

16. 以下正确的电子邮箱地址的格式是（   ）。

    A．wang.163.com   B．wang@163.com

    C．wang#163.com   D．www.wang.163.com

17. 为了用 ISDN 技术实现电话拨号方式接入 Internet，除了要具有一条直拨外线和一台性能合适的计算机外，另一个关键硬件设备是（   ）。

    A．网卡   B．集线器

    C．服务器   D．内置或外置调制解调器（Modem）

18. 与网络计算相比，不属于云计算特征的是（   ）。

    A．资源高度共享   B．适合紧耦合科学计算

    C．支持虚拟机   D．适用于商业领域

19. 将平台作为服务的云计算服务类型是（   ）。

    A．IaaS   B．PaaS   C．SaaS   D．三个选项都是

20. （   ）年中国把物联网发展写入政府工作报告

    A．2000   B．2008   C．2009   D．2010

21. 第三次信息技术革命指的是（   ）。

    A．互联网   B．物联网   C．智慧地球   D．感知中国

22. （   ）是负责对物联网收集到的信息进行处理、管理、决策的后台计算处理平台。

    A．感知网   B．网络层   C．云计算平台   D．物理层

第 11 章 信息安全与法律法规

从计算机诞生至今，随着互联网和各种智能设备的普及，人类文明已经进入了数字化信息时代，本章将介绍信息安全和病毒的基础知识与信息安全保障常见技术；还有相关的知识产权与法律法规。

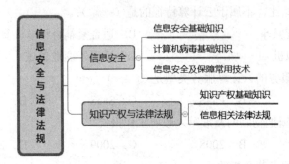

11.1 信息安全

随着计算机技术、网络技术、通信技术的不断发展，改变着人们的生活和工作方式，非常多的工作都离不开计算机和各种信息工具，我们每个人乃至整个社会正在不断地越来越依赖于信息系统和各种数据。近年来计算机病毒和网络黑客等信息犯罪也变得异常活跃，已经成为全球化的社会问题，所以如何保护好信息安全就显得非常重要。

11.1.1 信息安全基础知识

1．信息安全基本内容

（1）实体安全：主要包括环境安全、设备安全和媒体安全，它用来保证硬件和软件本身的安全。也是防止对信息威胁和攻击的基础。

（2）运行安全：主要包括备份与恢复、病毒的检测与消除、电磁兼容等。用来保证计算机能在良好的环境里持续工作。

（3）信息资产安全：主要包括确保计算机信息系统资源和信息资源不受自然和人为有害因素的威胁和危害。

（4）人员安全：主要包括人的基本安全素质（安全知识、安全技能、安全意识等）和人的深层安全素质（情感、认知、伦理、道德、良心、意志、安全观念、安全态度等）。

2．信息安全基本要素

信息安全的基本要素主要有以下 7 种。

（1）保密性：信息不泄漏给非授权的用户、实体或者过程的特性。
（2）完整性：数据未经授权不能进行改变的特性，即信息在存储或传输过程中保持不被修改、不被破坏和丢失的特性。
（3）可用性：可被授权实体访问并按需求使用的特性。
（4）真实性：信息内容真实可靠，能对信息的来源进行判断的特性。
（5）不可抵赖性：通过技术和有效的责任机制，防止用户否认其行为的特性。
（6）可核查性：能为出现的网络安全问题提供调查依据和手段的特性。
（7）可控性：对信息的传播及内容具有控制能力，访问控制即属于可控性。

3．计算机信息系统安全保护等级划分

据 1999 年 9 月 13 日，由国家公安部提出并组织制定，国家质量技术监督局发布了《计算机信息系统安全保护等级划分准则》，并定于 2001 年 1 月 1 日实施。其中把计算机信息安全划分为了 5 个等级（GB 17859—1999）。

第一级：用户自主保护级。本级的计算机信息系统可信计算机通过隔离用户与数据，使用户具备自主安全保护的能力。它具有多种形式的控制能力，对用户实施访问控制，即为用户提供可行的手段，保护用户和用户组信息，避免其他用户对数据的非法读写与破坏。

第二级：系统审计保护级。与用户自主保护级相比，本级的计算机信息系统可信计算机实施了粒度更细的自主访问控制，它通过登录规程、审计安全性相关事件和隔离资源，使用户对自己的行为负责。

第三级：安全标记保护级。本级的计算机信息系统可信计算机具有系统审计保护级所有功能。此外，还提供有关安全策略模型、数据标记以及主体对客体强制访问控制的非形式化描述；具有准确地标记输出信息的能力；消除通过测试发现的任何错误。

第四级：结构化保护级。本级的计算机信息系统可信计算基建立于一个明确定义的形式化安全策略模型之上，它要求将第三级系统中的自主和强制访问控制扩展到所有主体与客体。此外，还要考虑隐蔽通道。本级的计算机信息系统可信计算基必须结构化为关键保护元素和非关键保护元素。计算机信息系统可信计算基的接口也必须明确定义，使其设计与实现能经受更充分的测试和更完整的复审。加强了鉴别机制；支持系统管理员和操作员的职能；提供可信设施管理；增强了配置管理控制。系统具有相当的抗渗透能力。

第五级：访问验证保护级。本级的计算机信息系统可信计算基满足访问监控器需求。访问监控器仲裁主体对客体的全部访问。访问监控器本身是抗篡改的；必须足够小，能够分析和测试。为了满足访问监控器需求，计算机信息系统可信计算基在其构造时，排除那些对实施安全策略来说并非必要的代码；在设计和实现时，从系统工程角度将其复杂性降低到最小程度。支持安全管理员职能；扩充审计机制，当发生与安全相关的事件时发出信号；提供系统恢复机制。

系统具有很高的抗渗透能力。

4．计算机系统安装及使用的基本安全知识

计算机系统安装应使用正版系统，并尽量升级系统版本及时更新系统补丁；在使用时应使用正版软件，拒绝盗版软件。不安装来历不明的软件，不下载来历不明的文件，不打开来历不明的文件，不随便扫描二维码，不打开来历不明电子邮件，不随意泄露相关信息，养成良好的上网习惯等都可以提高计算机等智能设备的系统安全性。

5．涉密信息等级划分

根据《中华人民共和国保守国家秘密法》将涉密信息等级分为："绝密""机密""秘密"三级。

绝密：最重要的国家秘密，泄露会使国家的安全和利益遭受特别严重的损害。

机密：重要的国家秘密，泄露会使国家的安全和利益遭受严重的损害。

秘密：一般的国家秘密，泄露会使国家的安全和利益遭受损害。

如违反了《中华人民共和国保守国家秘密法》，对涉密信息造成泄露，将会受到法律的制裁，承担相应的后果，涉密人员应加强保密意识重视保密工作。

11.1.2 计算机病毒基础知识

"计算机病毒"一词最早是由美国计算机病毒研究专家 Fred.Cohen 博士在其论文《电脑病毒实验》中提出的。计算机病毒就是一段可执行代码或一个程序，是计算机编程人员编写的具有破坏性的指令或代码。因为这类代码程序就像生物病毒一样，具有自我繁殖、互相传染以及激活再生等生物病毒特征，所以我们称这类代码程序为计算机病毒。

1．计算机病毒的定义

计算机病毒（Computer Virus）：1994年2月18日，我国正式颁布实施了《中华人民共和国计算机信息系统安全保护条例》，在第二十八条中明确指出：计算机病毒指"编制者在计算机程序中插入的破坏计算机功能或者破坏数据，影响计算机使用并且能够自我复制的一组计算机指令或者程序代码"。

2．计算机病毒的产生

计算机病毒的产生是计算机技术和以计算机为核心的社会信息化进程发展到一定阶段的必然产物。其产生的过程可分为：程序设计→传播→潜伏→触发→运行→实行攻击。究其产生的原因主要为以下几种。

（1）一些计算机爱好者满足自己的表现欲，故意编制出一些特殊的计算机程序。而此种程序流传出去就演变成计算机病毒，此类病毒破坏性一般不大。

（2）产生于个别人的报复心理。如台湾的学生陈盈豪亲自编写一个能避过各种杀病毒软件的病毒 CIH，著名的 CIH 病毒也就因此而诞生。

（3）来源于软件加密。一些商业软件公司为了不让自己的软件被非法复制和使用，运用加密技术，编写一些特殊程序附在正版软件上，如遇到非法使用，则此类程序自动激活，于是就会产生一些新病毒，如巴基斯坦病毒。

（4）产生于游戏。编程人员在无聊时互相编制一些程序输入计算机，让程序去销毁对方的程序，如最早的"磁芯大战"。

（5）用于研究或实验而设计的"有用"程序。由于某种原因失去控制而扩散出来。

（6）由于政治、经济和军事等特殊目的。一些组织或个人也会编制一些程序用于进攻对方电脑，给对方造成灾难或直接性的经济损失。

3．计算机病毒的特性

计算机病毒作为一种计算机程序，和一般程序相比，具有以下 5 个主要的特点。

（1）传播性：计算机病毒具有自我复制的能力，可以通过 U 盘、光盘、电子邮件、网络等中介进行传播。从一个文件或一台计算机传染到其他没有被感染病毒的文件或计算机，每一台被感染了病毒的计算机，本身既是一个受害者，又是计算机病毒的传播者。

（2）隐蔽性：计算机病毒一般不易被人察觉，它们将自身附加在正常程序中或隐藏在磁盘中较隐蔽的地方，有些病毒还会将自己改名为系统文件名，不通过专门的杀毒软件，用户一般很难发现它们。另外病毒程序的执行是在用户所不知的情况下进行的，不经过专门的代码分析，病毒程序与正常程序没有什么区别。正是由于这种隐蔽性，计算机病毒得以在用户没有觉察的情况下扩散传播。

（3）潜伏性：大部分的计算机病毒在感染计算机后，一般不马上发作，它可以长期隐藏在其中，可以是几周或者几个月，甚至是几年，只有在满足其特定条件后，对系统进行破坏。

（4）可激发性：有些病毒被设置了一些如日期等激活条件，只有当满足了这些条件时才会实施攻击。

（5）破坏性：计算机病毒一旦侵入系统，都会对系统及应用程序造成不同程度的影响。轻者会占用系统资源，降低计算机的性能，重者可以删除文件、格式化磁盘，导致系统崩溃，甚至使整个计算机网络瘫痪。病毒破坏的程度，取决于编写者的用心。

4．计算机病毒的种类

计算机病毒有不同的分类方式，甚至同一种病毒根据不同的分类方式也会被归于不同的类型，以下介绍三种最常见的计算机病毒分类方式。

1）根据计算机病毒的破坏性分类

（1）良性病毒：一般是编程人员恶作剧的产物，只是为了表现其自身，并不会彻底破坏系统和数据，但会降低系统工作效率的一类计算机病毒。

（2）恶性病毒：指那些一旦发作后，就会破坏计算机系统或数据，造成计算机系统瘫痪的一类计算机病毒。

2）根据病毒的连接方式分类

（1）源码型病毒：攻击高级语言所编写的源程序，这类病毒在源程序编译之前插入其中，随源程序一起编译、连接成可执行文件，使病毒成为合法文件的一个部分，该类型病毒较为少见。

（2）入侵型病毒：可用自身代替正常程序中的部分模块。这类病毒一般是攻击某些特定程序，比较难以发现且较难清除。

（3）操作系统型病毒：可用其自身部分替代或加入操作系统的部分功能。这类病毒直接感染操作系统，会导致系统瘫痪或崩溃，危害性较大。

（4）外壳型病毒：通常将自身附在正常程序的开头或结尾，相当于给正常程序加了个外壳。大部分的文件型病毒都属于这一类。

3）根据病毒的传染方式分类

（1）引导型病毒：能感染到软硬盘中的主引导记录，感染系统引导区的病毒。

（2）文件型病毒：又称为"寄生病毒"，是文件感染者。它主要运行在计算机的存储器中，通常感染扩展名为 COM、EXE、SYS 等类型的文件。

（3）混合型病毒：同时具有引导型病毒和文件型病毒特点的病毒。

（4）宏病毒：用 BASIC 语言编写的病毒程序寄存在 Office 文档上的宏代码，宏病毒主要影响对文档的各种操作。

5．计算机病毒的预防与处理

计算机病毒一般来说都会破坏计算机的功能或数据，影响计算机的使用，在日常使用当中我们应提高自身安全意识，加强病毒防范。

（1）计算机病毒的预防手段主要分为软件、硬件及操作使用三个方面。

① 软件方面：安装杀毒软件及软件防火墙，及时更新病毒库。

② 硬件方面：安装防病毒卡或硬件防火墙，采取内外网隔离等手段。

③ 操作使用方面：不下载不明文件，不安装不明软件，不访问不正当网页。

（2）计算机病毒的处理主要在硬件及软件两个方面。

① 硬件方面：中病毒后首先断开计算机和外部的连接，防止病毒继续传播感染；并对使用的 U 盘等工具先行进行查毒或格式化确保其无毒防止病毒二次感染，若 U 盘中有重要数据或需确保 U 盘不被病毒感染，应使用带有写保护功能的 U 盘，当写保护功能激活时，此类 U 盘一般不会被病毒感染。

② 软件方面：使用杀毒软件进行全盘查杀，若有引导文件感染导致在 Windows 系统下无法查杀干净的情况，则使用 DOS 引导盘在 Windows 系统外进行查杀或格式化重做系统进行查杀；针对不同的病毒使用不同的杀毒软件或方法，比如 U 盘病毒专杀，蠕虫病毒专杀软件等。

11.1.3 信息安全及保障常用技术

1．信息安全的管理措施

计算机信息系统的安全必须引起使用单位的重视，所以应当建立并健全计算机系统的信息安全管理制度。信息安全措施多种多样，但总体来说主要是技术层面及管理层面相结合。信息安全的管理措施可以最大限度地弥补技术上的漏洞和不足，其内容主要如下。

（1）建立信息安全管理的组织体系。
（2）指定信息安全策略。
（3）加强相关人员安全管理和培训。
（4）信息系统及数据分类管理。
（5）物理介质和环境安全管理。

2．数据备份及恢复

数据备份：是保证数据安全的一项重要措施，指为防止系统出现操作失误或系统故障等原因导致数据丢失，而将全部或部分数据集合从应用主机的存储器复制到其他的存储介质的过程。

数据恢复：根据需要将备份的数据恢复到需要使用的计算机或信息设备上的过程；另一种数据恢复是指通过技术手段，将保存在各种计算机硬盘、存储磁带库、可移动存储、数码存储卡、MP3 等设备上丢失的电子数据进行抢救和恢复的技术。

3．计算机病毒防治

（1）安装主流杀毒软件。如：360、诺顿等，定时进行病毒库的更新。
（2）定时对操作系统升级。应及时进行系统补丁更新安装，避免系统漏洞被黑客或病毒利用。
（3）重要数据的备份。尽量将重要数据文件存放在 C 盘以外空间，可存在 U 盘、光盘或网络云盘上。
（4）设置健壮密码。用户在设置账号密码（如：系统密码、电子邮件、上网账号、QQ 账号等）时，应尽量使用不少于 8 位字符长度的密码，不要使用一些特殊意义字符（如出生年月或姓名拼音），或过于简单的数字（如 8 个 1、12345678）作为密码，在系统允许的情况下，最好选择大小字母和数字的复合组合作为密码。
（5）安装防火墙。接入互联网的电脑，特别是使用宽带上网的，最好能安装防火墙，可选择 360、瑞星、诺顿等个人防火墙。防火墙可阻挡来自网络上大部分攻击，防止你的个人重要信息被窃取。
（6）不要在互联网上随意下载或安装软件。病毒的一大传播途径，就是 Internet。潜伏在网络上的各种可下载程序中，如果你随意下载、随意打开则极易中病毒。

（7）不要轻易打开电子邮件的附件。近年来造成大规模破坏的许多病毒，都是通过电子邮件传播的。即使是熟人发送的邮件附件也不一定保险，有的病毒会自动检查受害人电脑上的通信录并向其中的所有地址自动发送带毒文件。比较妥当的做法是先将附件保存下来，先用查毒软件彻底检查，没有危险后再进行打开。

（8）不要轻易访问带有非法性质的网站或不健康内容的网站。这类网站一般都会含有恶意代码，轻则出现浏览器首页被修改无法恢复，注册表被锁等故障，重则可能会因中毒等原因造成文件丢失、硬盘被格式化等重大损失。

（9）尽量避免在无防毒软件的机器上使用 U 盘、移动硬盘等可移动储存介质。使用别人的移动存储时先进行病毒查杀。

（10）培养基本计算机安全意识。

4．防火墙技术

防火墙技术：一种保护计算机网络安全的技术性措施，是用来阻挡外部不安全因素影响的内部网络屏障，其目的就是防止外部网络用户未经授权的访问。防火墙本身具有较强的抗攻击能力，它是提供信息安全服务、实现网络和信息安全的基础设施。

根据防火墙介质不同可分为：软件防火墙、硬件防火墙或软硬结合防火墙。

根据防火墙位置不同可分为：网络防火墙和计算机防火墙。

5．信息数据加密（解密）技术

信息数据加密技术：最常用的安全保密手段，利用技术手段把重要的数据变为乱码（加密）传送，使其不能被非法用户读取其中信息。

信息数据解密技术：在加密信息到达目的地后再用相同或不同的手段还原，使其能够被用户理解。

6．用户访问控制技术

用户访问控制技术：指系统对用户身份及其所属的预先定义的策略组限制其使用数据资源能力的手段。访问控制的主要目的是限制访问主体对客体的访问，从而保障数据资源在合法范围内得以有效使用和管理。

11.1.4 习题解析

1. 计算机信息系统的使用单位（　　）安全管理制度。
   A．不一定都要建立健全
   B．可以建立健全
   C．自愿建立健全
   D．应当建立健全

【解析】计算机信息系统的安全必须引起使用单位的重视，所以应当建立并健全计算机系统的信息安全管理制度。

【答案】D。

2．下列措施，不能有效防范计算机病毒的是（　　）。
　　A．及时更新病毒库，并经常对系统进行检查
　　B．数据之间的传输尽量使用移动存储器
　　C．不要随便直接运行或打开来历不明的电子邮件中的附件
　　D．使用 Windows Update 更新操作系统，并及时下载并安装补丁程序

【解析】病毒会自我复制并感染，插上移动存储后病毒会感染移动存储使之带毒，所以不能防范计算机病毒。

【答案】B。

3．用计算机上网时防范木马攻击的措施不包括（　　）。
　　A．及时更新升级系统并修补漏洞　　　B．不要随意打开来历不明的邮件
　　C．尽量使用共享文件夹传递信息　　　D．不要随意下载来历不明的软件

【解析】使用共享文件夹传递信息不能防止木马或病毒的攻击。

【答案】C。

4．以下关于企业信息安全措施的叙述中，不正确的是（　　）。
　　A．遵循三分管理七分技术的原则加强信息安全的技术措施
　　B．在电子合同中可以用电子签名来表明不可抵赖性
　　C．入侵检测软件用来发现系统中是否有被攻击的迹象
　　D．加强员工的信息安全意识教育非常重要

【解析】应该为遵循七分管理三分技术的原则加强信息安全的技术措施。

【答案】A。

5．涉密信息系统划分为绝密级、机密级、秘密级三个等级保护的作用不包括（　　）。
　　A．保护重点更加突出　　　　　　B．确保不会再发生泄密事件
　　C．保护方法更加科学　　　　　　D．保护的投入产出更加合理

【解析】不管是哪个级别的保护等级，只能是尽量防范与杜绝泄密事件，但是很难做到确保不再发生泄密事件这么绝对。

【答案】B。

11.2　知识产权与法律法规

11.2.1　知识产权基础知识

1．知识产权的概念

知识产权又称为"知识所属权"或"智慧财产权"，指"权利人对其智力劳动所创作的成

果享有的财产权利",一般只在有限时间期内有效。

2. 知识产权的主要内容

(1) 专利权

专利权是依法授予发明创造者或单位对发明创造成果独占、使用、处分的权利。

专利权的主体:有权提出专利申请和专利权,并承担相应的义务的人,包括自然人和法人。

专利权的客体:发明、实用新型、外观设计。

(2) 商标权

商标,是为了帮助人们区别不同的商品而专门有人设计、有意识地置于商品表面或其包装物上的一种标记。商标权是指商标使用人依法对所使用的商标享有的专用权利。

商标权的主体:申请并取得商标权的法人或自然人。

商标权的客体:经过国家商标局核准注册受商标法保护的商标,即注册商标,包括商品商标和服务商标。

(3) 著作权(版权)

著作权,也称版权,是公民、法人或非法人单位按照法律享有的对自己文学、艺术、自然科学、工程技术等作品的专有权,著作权是一种民事权利。

著作权的主体:指著作权所有者,即著作权人。包括作者、继承著作权的人、法人或非法人单位、国家。

著作权的客体:指受著作权保护的各种作品。可以享受著作权保护的作品,涉及文学、艺术和科学作品,它是由作者创作并以某种形式固定下来能够复制的智力成果。

随着人类社会不断发展,进入工业社会、信息化社会后知识产权的内容更加丰富,不断地加入新的内容,由发明专利、商标以及工业品外观设计等方面又组成了工业产权。工业产权包括专利、商标、服务标志、厂商名称、原产地名称、制止不正当竞争,以及植物新品种权和集成电路布图设计专有权等,在一些国家可通过申请专利来对计算机软件等发明进行知识产权保护,在我国是采用著作权法来保护计算机软件产品的。

我们平时所说的正版即"正确地使用版权"。版权是属于版权所有人的,版权所有人提出使用条件,使用者只要符合条件,就算是正确地使用,就不违反版权法。一般来说我们购买了正版,只是获得了其使用权,而未获得其复制、出售或修改的权利。

盗版则是指在未经版权所有人同意或授权的情况下,对其复制的作品、出版物等进行由新制造商制造跟源代码完全一致的复制品、再分发的行为。在绝大多数国家和地区,此行为被定义为侵犯知识产权的违法行为,甚至构成犯罪,会受到所在国家的处罚。盗版出版物通常包括盗版书籍、盗版软件、盗版音像作品以及盗版网络知识产品。盗版购买者无法得到法律的保护,也不会得到应有的后续(如升级、技术支持等)服务。

所以不使用盗版软件,不复制扩散未经授权的正版软件等文明使用计算机的行为也是现代计算机用户需要遵守的规定。

3. 知识产权的主要特点

（1）无形性

知识是一种无形财产，所以知识产权是一种无形的财产权。

（2）地域性

即只在所确认和保护的地域内有效；即除签有国际公约或双边互惠协定外，经一国法律所保护的某项权利只在该国范围内发生法律效力。所以知识产权既具有地域性，在一定条件下又具有国际性。

（3）时间性

即只在规定期限保护。即法律对各项权利的保护，都规定有一定的有效期，各国法律对保护期限的长短可能一致，也可能不完全相同，只有参加国际协定或进行国际申请时，才对某项权利有统一的保护期限。我国相关知识产权保护期限如表 11-1 所示。

表 11-1　我国相关知识产权保护期限

保 护 类 型	保 护 期 限
发明专利	自专利申请日起 20 年
实用新型专利	自专利申请日起 10 年
外观设计专利	自专利申请日起 10 年
公民的作品发表权	作者生前终生及死亡后 50 年
商标权	自核准注册之日起 10 年
商业秘密	不确定

（4）专有性

即独占性或垄断性；除权利人同意或法律规定外，权利人以外的任何人不得享有或使用该项权利。这表明权利人独占或垄断的专有权利受严格保护，不受他人侵犯。只有通过"强制许可""征用"等法律程序，才能变更权利人的专有权。

（5）确认性

无形的智力财富不像有形资产一样直观可见，所以知识性及创造性成果需要在依法审查后才能得到法律保护。

（6）双重性

一些知识产权具有财产权和人身权两种属性。

11.2.2　信息相关法律与法规

我国目前在知识产权、计算机系统安全保护及互联网管理、信息安全等方面已经具有较完备的相关法律和法规体系，现罗列其中若干，读者可在我国相关法律文献中查阅详细内容。

1. 知识产权相关的法律法规

- 《中华人民共和国专利法》

- 《中华人民共和国专利法实施细则》
- 《国防专利条例》
- 《集成电路布图设计保护条例》
- 《著作权集体管理条例》
- 《中华人民共和国商标法》
- 《中华人民共和国商标法实施条例》
- 《中华人民共和国著作权法》
- 《中华人民共和国著作权法实施条例》
- 《计算机软件保护条例》
- 《中华人民共和国知识产权海关保护条例》
- 《中华人民共和国海关关于知识产权保护的实施办法》
- 《奥林匹克标志保护条例》
- 《中华人民共和国合同法（节选）》
- 《中华人民共和国担保法》
- 《中华人民共和国反不正当竞争法》

2. 计算机系统安全保护及互联网管理的法律法规要点

- 《计算机信息网络国际联网安全保护管理办法》（公安部令第 33 号）
- 《互联网电子公告服务管理规定》
- 《互联网信息服务管理办法》
- 《教育网站和网校暂行管理办法》
- 《计算机软件保护条例》
- 《中华人民共和国网络安全法》（中华人民共和国主席令第五十三号）

3. 信息安全相关法律法规

我国目前已经具有较完备的信息安全相关法律法规体系，现罗列其中若干，读者可在我国相关法律文献中查阅详细内容。

- 《计算机信息系统安全保护条例》
- 《电子签名法》
- 《计算机信息安全保护条例》

11.2.3 习题解析

1. 发明专利受法律保护的期限是（　　）。一旦保护期限届满，权利将自行终止，成为社会公众可以自由使用的知识。

A．10年　　　　　B．20年　　　　　C．50年　　　　　D．不确定的

【解析】发明专利的受保护期限为自专利申请日起20年。

【答案】B。

2．小张购买了一个正版软件，因此他获得了该软件的（　　）。

　　　A．出售权　　　　B．复制权　　　　C．使用权　　　　D．修改权

【解析】小张购买正版软件，获得的是一个个人范围内使用的授权。小张无权自行出售、复制及对其修改。

【答案】C。

3．企业信息系统使用盗版软件的风险与危害不包括（　　）。

　　　A．企业应用软件不能正常运行　　　　B．侵犯知识产权的法律风险
　　　C．盗版软件安装不上，运行不了　　　D．不能获得升级和技术支持服务

【解析】使用盗版软件是一种侵犯他人（公司）知识产权的违法行为，并可能会出现很多如不能支持其他应用软件、不能获得正常的售后服务（后续升级与技术支持等）、容易中病毒等问题。

【答案】C。

4．根据我国著作权法规定，侵犯他人著作权所承担的赔偿责任属于（　　）。

　　　A．道德责任　　　B．民事责任　　　C．行政责任　　　D．刑事责任

【解析】著作权是一种民事权利，侵犯著作权应当承担民事责任。

【答案】B。

5．（　　）不属于知识产权保护之列。

　　　A．专利　　　　　B．商标　　　　　C．著作和论文　　D．定理和公式

【解析】定理和公式属于全人类共同的财产，这些反映自然界的科学定理等不受知识产权保护，如果说要对这些东西提供保护的话，知识产权就不再是促进人类文明的发展，和其设立的初衷相违背。

【答案】D。

本章小结

　　在信息化社会的今天，信息安全的重要性正越来越关乎到我们每一个人及社会甚至国家。只有从每个人做起，养成良好的信息安全素养，提高信息安全意识，了解计算机病毒的相关知识，掌握一定的信息安全技术，才能更好地适应当前信息化社会的发展，避免造成不必要的损失。我们每个人每天的生活、工作与学习都会进行各种各样的信息操作，只有养成良好的信息处理职业道德，了解相关的知识产权、计算机系统安全保护及互联网管理、信息安全等方面法律法规，才能使我们避免自己的合法利益受到损害，让我们不至于在信息化社会中成为法盲触犯相关的法律法规。因篇幅等原因未能详尽描述的相关知识内容烦请读者参考相关专业书籍与资料。

习题

1. 下面无助于加强计算机安全的措施是（　　）。
   A. 安装杀毒软件并及时更新病毒库　　B. 及时更新操作系统补丁包
   C. 定期整理计算机硬盘碎片　　　　　D. 安装使用防火墙

2. 下面描述正确的是（　　）。
   A. 只要不使用 U 盘，就不会使系统感染病毒
   B. 只要不执行 U 盘中的程序，就不会使系统感染病毒
   C. 软盘比 U 盘更容易感染病毒
   D. 设置写保护后使用 U 盘就不会使 U 盘内的文件感染病毒

3. 下列关于计算机病毒的叙述，不正确的是（　　）。
   A. 计算机病毒的出现使计算机的安全性遇到了严重挑战
   B. 计算机病毒会使系统资源受到损失
   C. 计算机病毒不会破坏计算机的操作系统
   D. 计算机病毒可记录用户的摄像头操作，从远程窥探隐私

4. 下列关于防火墙的叙述，不正确的是（　　）。
   A. 防火墙能强化安全策略
   B. 防火墙能有效防范计算机中已存在的病毒
   C. 防火墙能有效记录网上的活动
   D. 防火墙不能防范 IP 地址的欺骗

5. 下列选项中不属于计算机病毒特征的是（　　）。
   A. 隐蔽性　　　B. 稳定性　　　C. 破坏性　　　D. 传播性

6. 下列关于计算机病毒的叙述中，正确的是（　　）。
   A. 计算机病毒不能够实现自身复制　　B. 计算机病毒只会破坏系统软件
   C. 计算机病毒不会通过光盘传播　　　D. 宏病毒会影响对文档的操作

7. 以下不是我国涉密信息等级的是（　　）。
   A. 绝密　　　　B. 机密　　　　C. 秘密　　　　D. 保密

8. 下列叙述，正确的是（　　）。
   A. 合作作品的著作权由合作作者共同享有
   B. 公民利用本单位物质条件撰写的论文，其著作权属于作者个人
   C. 受委托创作的作品，如果合同中没有约定，其著作权属于委托人
   D. 摘要汇编作品的著作权由原作品的作者享有

9. 下列属于专利法保护对象的是（　　）。
   A. 科学发现　　　　　　　　　　B. 智力活动的规则和方法
   C. 疾病的诊断和治疗方法　　　　D. 产品发明

10. 法人或者其他组织的软件著作权，保护期为（　　）年
    A. 20　　　　　B. 30　　　　　C. 40　　　　　D. 50
11. 购买了一个正版软件，就获得了这个软件的（　　）。
    A. 复制权　　　B. 修改权　　　C. 出售权　　　D. 使用权
12. 下列不属于著作权保护的是（　　）。
    A. 工程设计图纸　B. 口述作品　　C. 署名小说　　D. 国家颁布的法律
13. 为保护计算机软件著作权人的权益，国务院颁布实施了（　　）。
    A. 《中华人民共和国著作权法》　　　B. 《软件著作保护法规》
    C. 《计算机软件保护条例》　　　　　D. 《中华人民共和国软件保护法》
14. 下列选项中，不属于信息安全基本特征的是（　　）。
    A. 保密性　　　B. 准确性　　　C. 完整性　　　D. 可用性
15. 由国家机关下达任务开发的软件，若在项目任务书或者合同中对软件著作权未作明确规定的，其软件著作权由（　　）享有。
    A. 接受任务的法人或其他组织　　　B. 下达任务的国家机关
    C. 相关的国家机关　　　　　　　　D. 双方共同

附录 A 计算机常用英语词汇表

一、常用词汇及例句

A

administrator   n.   管理员
PMT offers the GUI to network administrator for input, modification or deletion of policy and relevant information.
algorithm   n.   算法
Additionally, this algorithm was tested with regard to gender differences.
array   n.   数组
The image is then stored on the computer hard disk as a vast array of black or white dots.
attachment   n.   附件
Any file that travels with an e-mail message is called an e-mail attachment.

B

backup   n.   备份文件
We had no computer backup and had to rely on old paper files to reconstruct the records.
baseline   n.   基线
Do you know what a baseline is in configuration management?
binary   n.   二进制数
Computers operate using binary numbers.
bug   n.   计算机程序漏洞
There is a bug in the system.

C

cache   n.   快速缓冲贮存区
The maximum size of the client cache, in bytes.
client   n.   客户端
The JSP page is made for test, the client can adjust speed of motor through browser and display the wave style of speed.
compress   vt.   压缩

You can compress huge amounts of data on to a CD-ROM.

computer   n.   计算机

He programmed his computer to compare all the possible combinations.

copy   vt.   复制

The new copiers only copy onto one side of the paper.

D

data   n.   数据

We were drowning in data but starved of information.

database   n.   数据库

Database software stores data as a series of records.

debug   vt.   调试

These operators are used mainly to debug assembly - language code.

decompress   vt.   解压缩

Some downloaded files are compressed, therefore, users must decompress them before installation.

desktop   n.   桌面

All you have to do is right-click on the desktop and select New Folder.

disk   n.   磁盘

These files have been zipped up to take up less disk space.

display   vi.   显示

Using the option to display only text speeds things up a lot.

document   n.   文档

When you use a computer to create, edit, and print document, word processing is used.

double-click   n.   双击

With techniques for running applications on most PC, you can double-click a desktop icon or select the application from a menu.

domain   n.   域名

Is the domain name already registered or still available?

E

e-commerce   n.   电子商务

E-commerce has become the market trend of the century.

exit   n.   退出

I can open other applications without having to exit WordPerfect.

F

file   n.   文件
Double click on the icon to open the file.
firewall   n.   防火墙
New technology should provide a secure firewall against hackers.
folder   n.   文件夹
All you have to do is right-click on the desktop and select New Folder.
format   vt.   使格式化
The disk is too large to format for the specified file system.

G

graphic   adj.   图解的
It can handle even the most complex graphic jobs, freeing up your computer for other tasks.

H

hacker   n.   黑客
This site was attacked by a hacker last week.
hardware   n.   计算机硬件
Hardware is the mechanical components of a computer.

I

information   n.   信息
Information is the key element for the whole society.
instructions   n.   指令
The instructions are translated into binary code, a form that computers can easily handle.
interface   n.   界面;接口
Operating systems provide an interface between users and the computer.
internet   n.   互联网
Internet addresses are also known as URLs.
intranet   n.   内联网
An Intranet is simply the application of Internet technology within an internal or closed user-group.

J

jamming   n.   人为干扰

At last, the measure anti-jamming of the hardware and software is introduced.

K

keyboard   n.   键盘
Most personal computers are equipped with a Keyboard as the primary input device.

L

label   n.   标签
The catalog is organized alphabetically by label name.

M

mainboard   n.   主板
Setup has detected an incompatibility between your video card computer's mainboard.
memory   n.   存储器，内存
Memory provides the processor with temporary storage for programs and data.
mouse   n.   鼠标
You can check your email with a click of your mouse.
multimedia   n.   多媒体
Multimedia enables you to see, hear, and understand the thoughts of others.

N

network   n.   网络
The network will provide the gamut of computer services to your home.
Notepad   n.   记事本
One can open, save, save as a simple function, such as Notepad.

O

online   adj.   在线的，联网的
Online shopping is a process that consumers go through it to purchase products or services over the Internet.

P

pixel   n.   像素
Regardless of the shape the cursor assumes, it always has a single hotspot pixel.
print   vt.   打印
You have to type in commands, such as "help" and "print".

project　n.　工程，项目
It is questionable whether the expenditure on this project is really justified.
protocol　n.　（数据传递的）协议
A protocol is the special set of rules that end points in a telecommunication connection use when they communicate.

Q

quantity　n.　量，数量
In algebra, the sign X usually denotes an unknown quantity.

R

reboot　n.　重新启动
You must reboot this computer for the name change to take effect.

S

server　n.　服务器
How to install FTP Server for File Transfer service?
shortcut　n.　快捷方式
To remove a shortcut, right - click the shortcut and select Remove Shortcut.
software　n.　软件
Most software programs allow you to compose emails offline.
system　n.　体系，系统
Generally software can be divided into two types: system software and application software.

T

template　n.　模板
The deal is likely to provide a template for other agreements.

U

user guide　n.　用户指南
User guide describes how to interact with the information system to accomplish specific tasks.

V

version　n.　版本
The second-hand version is a poor copy of the original.
virtual　adj.　虚拟的

One day virtual reality will revolutionize the entertainment industry.

virus   n.   病毒

Hackers are said to have started a computer virus.

W

wireless   adj.   无线的

The devices in our brain are some sort of wireless computer network.

二、常用缩略语、术语及例句

ALU   运算器

The ALU performs all the arithmetic and logical functions.

API   应用程序接口

Source data: via API calls a 3rd party program.

ASP   动态服务器页面

An ASP file normally contains HTML tags, just like an HTML file.

assembler language   汇编语言

An assembler language programmer writes one mnemonic instruction for each machine - level instruction.

BBS   电子公告板系统

To enhance the publicity on internet, they publicized on Campus BBS.

Big Data   大数据

Experimental results prove the effectiveness of the algorithm, and it suits the large data.

BIOS   基本输入输出系统

Read some BIOS information, such as the BIOS version, date, name, etc.

CAD   计算机辅助设计

CAD and desktop publishing continue to be improved with ever new and faster PCs.

CAM   计算机辅助制造

University degree or holder with minimum three years experience in CAM engineer.

CAI   计算机辅助教学

The Network Multimedia CAI Courseware provides a bran - new teaching mode.

CD-ROM   可记录光盘

A single CD-ROM can hold more than 500 megabytes of data.

cloud computing   云计算

From this angle character, final user just is cloud calculative true owner.

compiling program   编译程序

By compiling program and calculation, such type of structural optimum design is carried out.

CPU 中央处理器

CPU Stands for Central Processing Unit.

control unit 控制器

The control unit decoded the 18 bits.

digital media 数字媒体

Complete digital media tasks via the PC and across various media devices.

DNS 域名系统

Domain Name System (DNS) is the base for many services on Internet today.

file system 文件系统

The disk is too large to format for the specified file system.

floppy disk 软盘

These discs hold more than 400 times as much information as a conventional computer floppy disk.

FTP 文件传输协议

Simple FTP server and client programs, you can realize simple communication.

Internet of things 物联网

And the internet of things has gotten more and more attention with the development of social and economy.

interpretive program 解释程序

Many contain embedded interpretive programming languages, but these languages aren't as robust as the standalone languages mentioned above.

GUI 图形用户界面

Visual (visualization): the use of graphical user interface (GUI) programming methods.

high-level language 高级语言

Most programs that can be written in a high - level language are processor - independent.

HTML 超文本标示语言

Click here to see output produced by the HTML Report Service.

HTTP 超文本传输协议

Wireless Gateways translate the wireless protocol request to the standard HTTP protocol.

inkjet printer 喷墨打印机

Three types of printers are available: wire printers, ink jet printers and laser printers.

input device 输入设备

Most computers are equipped with a keyboard as primary input device.

intellectual property right 知识产权

The issue of intellectual property right an evitable problem during digital library construction.

IP 网际协议

Every connection that you make to the network is stamped with your IP address.

LAN 局域网

A LAN is a computer communication network in a local area, which connects various computers.

laser printer 激光打印机

This new laser printer is compatible with all the leading software.

machine language 机器语言

We would all be programming in assembly language or even machine language.

MIS 信息管理系统

J2EE Framework is the key technology design MIS of modern enterprises.

Mobile Internet 移动互联网

Social networking is also a primary driver in mobile Internet usage.

network communication 网络通信

With the development of computer network communication and intelligence technologies, RMCS has sped.

OA 办公自动化

Detail need not say, result how, send me detailed data through OA.

object program 目标程序

Translation of a source program into an executable program (an object program).

OSI 开放式系统互联参考模型

Ethernet bridging occurs in the data - link layer of the OSI model.

output device 输出设备

The printer is the most commonly used output device besides the monitor.

processing management 进程管理

Recruiting data management and processing management.

Recycle Bin 回收站

The sole reason the Recycle Bin exists is to implement an undo facility for deleted files.

RAM 随机读写存储器

The system has 256 MB RAM, expandable to 2GB.

RFID 射频识别技术，电子标签

This marks the RFID standards - setting activities was officially launched.

ROM 只读存储器

You can compress huge amounts of data on to a CD-ROM.

security mechanism 安全机制

Security mechanism is a very key problem in designing mobile agent system.

SMTP 简单邮件传输协议

The SMTP protocol is used for the transmission of e - mails .

source program 源程序

The source program is written in a free field format.

system icon 系统图标

System icon on minimize and always on top features.

TCP/IP 传输控制协议/网际协议

We use sequence number of TCP/IP to realize the FIFO order.

UDP 用户数据报协议

And realize network connection on UDP agreement of network between two computers.

URL 统一资源定位符

You'll have a customized URL to make accessing your PC a snap.

USB 通用串行总线

The device plugs into one of the laptop's USB ports.

WAN 广域网

You can take part in multiplayer games either on a WAN network or via the internet.

Wi-Fi 无线局域网

Wi-Fi refers to a set of wireless networking technologies.

附录 B Excel 常用函数及使用方法

一、日期与时间函数

1. DAY 函数

函数名称：DAY
主要功能：返回一个月中第几天的数值，介于 1 到 31 之间。
使用格式：DAY(serial_number)
参数说明：serial_number 是进行日期及时间计算时使用的日期-时间代码。

2. DATE 函数

函数名称：DATE
主要功能：日期时间代码中代表日期的数字。
使用格式：DATE(year,month,day)
参数说明：year 为指定的年份数值（小于 9999）；month 为指定的月份数值，其值在 1 到 12 之间；day 为一个月中第几天的数字，其值在 1 到 31 之间。

3. WEEKDAY 函数

函数名称：WEEKDAY
主要功能：返回代表一周中第几天的数值，是一个 1 到 7 之间的整数。
使用格式：WEEKDAY(serial_number,return_type)
参数说明：serial_number 为一个表示返回值类型的数字，return_type 从星期日=1 到星期六=7，用 1；从星期一=1 到星期日=7，用 2；从星期一=0 到星期日=6，用 3。

二、数学与三角函数

4. SUM 函数

函数名称：SUM
主要功能：计算单元格区域中所有数值的和。
使用格式：SUM(number1,number2,…)
参数说明：number1,number2,…是 1 到 255 个待求和的数值。单元格中的逻辑值和文本将被忽略。但当作为参数键入时，逻辑值和文本值有效。

5. SUMIF

函数名称：SUMIF

主要功能：对满足条件的单元格求和。

使用格式：SUMIF(range,criteria,sum_range)

参数说明：range 为要进行计算的单元格区域，criteria 是由数字、表达式或文本形式定义的条件，sum_range 是用于求和计算的实际单元格。

6. ROUND

函数名称：ROUND

主要功能：按指定的位数对数值进行四舍五入。

使用格式：ROUND(number,num_digits)

参数说明：number 为要四舍五入的数值，num_digits 为执行四舍五入时采取的位数。如果此参数为负数，则圆整到小数点的左边；如果此参数为零，则圆整到最接近的整数。

7. ABS 函数

函数名称：ABS

主要功能：求出相应数字的绝对值。

使用格式：ABS(number)

参数说明：number 代表需要求绝对值的实数。

8. INT 函数

函数名称：INT

主要功能：将数值向下取整为最接近的整数。

使用格式：INT(number)

参数说明：number 表示要取整的实数。

9. SIGN 函数

函数名称：SIGN

主要功能：返回数字的正负号：为正时，返回 1；为零时，返回 0；为负时，返回-1。

使用格式：SIGN(number)

参数说明：number 为任意实数。

10. POWER 函数

函数名称：POWER

主要功能：返回某数的乘幂。

使用格式：POWER(number,power)

参数说明：number 为底数，任意实数。

三、统计函数

11. AVERAGE 函数

函数名称：AVERAGE

主要功能：返回其参数的算术平均值；参数可以是数值或包含数值的名称、数组或引用。

使用格式：AVERAGE(number1,number2,…)

参数说明：number1,number2,…是用于计算平均值的 1 到 255 个数值参数。

12. MAX 函数

函数名称：MAX

主要功能：返回一组数中的最大值，忽略逻辑值及文本。

使用格式：MAX(number1,number2,…)

参数说明：number1,number2,…是准备从中求取最大值的 1 到 255 个数值、空单元格、逻辑值或文本数值。

13. MIN 函数

函数名称：MIN

主要功能：返回一组数中的最大值，忽略逻辑值及文本。

使用格式：MIN(number1,number2,…)

参数说明：number1,number2,…是准备从中求取最小值的 1 到 255 个数值、空单元格、逻辑值或文本数值。

14. COUNT

函数名称：COUNT

主要功能：计算区域中包含数字的单元格个数。

使用格式：COUNT(value1,value2,…)

参数说明：value1，value2，…是 1 到 255 个参数，可以包含或应用各种不同类型的数据，但只对数字型数据进行计数。

15. COUNTA

函数名称：COUNTA

主要功能：计算区域中非空单元格的个数。

使用格式：COUNTA(value1,value2,…)

参数说明：value1，value2，…是 1 到 255 个参数，代表要进行计数的值和单元格。值可以是任意类型的信息。

16．COUNTIF 函数

函数名称：COUNTIF

主要功能：计算某个区域中满足给定条件的单元格数目。

使用格式：COUNTIF(range,criteria)

参数说明：range 为要计算其中非空单元格数目的区域，criteria 是以数字、表达式或文本形式定义的条件。

17．RANK

函数名称：RANK

主要功能：返回某数字在一列数字中相对于其他数值的大小排名。

使用格式：RANK (number，ref，order)

参数说明：number 为要查找排名的数字，ref 是一组数或相对一个数据列表的引用，非数字值将被忽略，order 是在列表中排名的数字，如果为 0 或忽略，降序；非零值，升序。

18．LARGE 函数

函数名称：LARGE

主要功能：返回数据组中第 k 个最大值。

使用格式：LARGE(array,k)

参数说明：array 用来计算第 k 个最大值点的数值数组或数值区域，k 为所要返回的最大值点在数组或数据区中的位置（从最大值开始）。

19．PRODUCT 函数

函数名称：PRODUCT

主要功能：计算所有参数的乘积。

使用格式：PRODUCT(number1,number2,…)

参数说明：number1,number2,…是要计算乘积的 1 到 255 个数值、逻辑值或者代表数值的字符串。

20．MODE 函数

函数名称：MODE

主要功能：返回一组数据或数据区域中的众数（出现频率最高的数）。

使用格式：MODE(number1,number2,…)

参数说明：number1,number2,…是 1 到 255 个数值、名称、数组或对数值的引用。

四、逻辑函数

21．IF 函数

函数名称：IF

主要功能：判断是否满足某个条件，如果满足返回一个值，如果不满足则返回另一个值。

使用格式：IF(logical_test,value_if_true,Value_if_false)

参数说明：logical_test 代表逻辑判断表达式；value_if_true 表示当判断条件为逻辑"真（TRUE）"时的显示内容，如果忽略返回"TRUE"；value_if_false 表示当判断条件为逻辑"假（FALSE）"时的显示内容，如果忽略返回"FALSE"。IF 函数最多可嵌套 7 层。

五、文本函数

22．LEN 函数

函数名称：LEN

主要功能：统计文本字符串中字符数目。

使用格式：LEN(text)

参数说明：text 表示要统计的文本字符串。

23．LEFT 函数

函数名称：LEFT

主要功能：从一个文本字符串的第一个字符开始返回指定个数的字符。

使用格式：LEFT(text,num_chars)

参数说明：text 为要提取字符的字符串，num_chars 为要提取的字符数；如果忽略，为 1。

24．RIGHT 函数

函数名称：RIGHT

主要功能：从一个文本字符串的最后一个字符开始返回指定个数的字符。

使用格式：RIGTH(text,num_chars)

参数说明：text 为要提取字符的字符串，num_chars 为要提取的字符数；如果忽略，为 1。

25．MID 函数

函数名称：MID

主要功能：从文本字符串中指定的起始位置返回指定长度的字符。

使用格式：MID(text,start_num,num_chars)

参数说明：text 为准备从中提取字符串的文本字符串，start_num 为提取的起始位置，num_chars 为指定的长度。

六、查找与引用函数

26．INDEX 函数

函数名称：INDEX

主要功能：在给定的单元格区域中，返回特定行列交叉处单元格的值或引用。

使用格式：INDEX(array,row_num,column_num) 或 INDEX(reference,row_num,column_num,area_num)

参数说明：array 为单元格区域或数组常量，row_num 是数组或引用中要返回值的行序号，column_num 是数组或引用中要返回值的列序号；reference 为在给定单元格区域中，返回特定行列交叉处单元格的值或引用，area_num 指定所要返回的行列交叉点位于引用区域组中的第几个区域。第一个区域为1，第二个区域为2，以此类推。

27．MATCH 函数

函数名称：MATCH

主要功能：返回符合特定值特定顺序的项在数组中的相对位置。

使用格式：MATCH(lookup_value,lookup_array,match_type)

参数说明：lookup_value 在数组中所要查找匹配的值，可以是数值、文本或逻辑值，或者对上述类型的引用；lookup_array 含有要查找的值的连续单元格区域，一个数组，或是对某数组的引用；match_type 选数字-1、0 或 1。match_type 指定了 lookup_value 与 lookup_array 中数值进行匹配的方式。